本書出版得到國家古籍整理出版專項經費資助

宋刻宋拓《歷代鐘鼎彝器款識法帖》輯存

上冊

〔宋〕薛尚功 撰

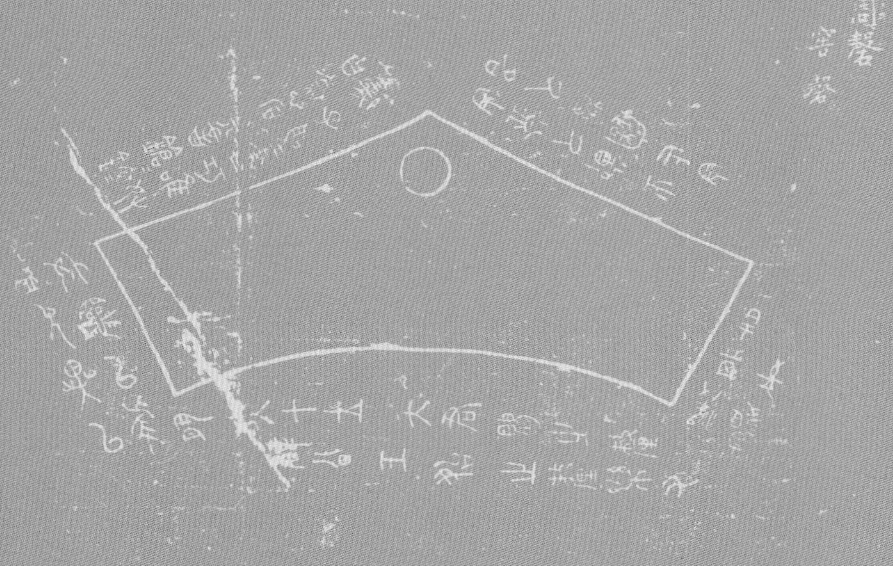

中華書局

圖書在版編目(CIP)數據

宋刻宋拓《歷代鐘鼎彝器款識法帖》輯存/(宋)薛尚功撰. —北京:中華書局,2021.9
ISBN 978-7-101-15240-1

Ⅰ.宋… Ⅱ.薛… Ⅲ.金文-彙編-中國-古代 Ⅳ.K877.33

中國版本圖書館 CIP 數據核字(2021)第 118785 號

責任編輯:張 芃
封面設計:毛 淳

宋刻宋拓《歷代鐘鼎彝器款識法帖》輯存
(全二册)
〔宋〕薛尚功 撰
*
中 華 書 局 出 版 發 行
(北京市豐臺區太平橋西里 38 號 100073)
http://www.zhbc.com.cn
E-mail:zhbc@zhbc.com.cn
北京雅昌藝術印刷有限公司印刷
*
787×1092 毫米 1/8 · 60 印張 · 300 千字
2021 年 9 月北京第 1 版 2021 年 9 月北京第 1 次印刷
印數:1-1000 册 定價:1280.00 元

ISBN 978-7-101-15240-1

出版説明

《歷代鐘鼎彝器款識法帖》二十卷（以下簡稱《款識》），宋薛尚功撰，是宋代收録彝器款識最豐富的書。薛尚功，字用敏，錢塘（今浙江杭州）人。宋紹興年間（一一三一—一一六二）以通直郎簽書定江軍節度判官廳事。

《款識》全書收先秦、秦漢器凡五百十一器，以青銅器最多。原爲石刻，現在流傳的版本多爲後世木刻本與傳寫本，主要有：一、明萬曆十六年（一五八八）萬岳山人硃印本；二、明崇禎六年（一六三三）朱謀垔校刊本；三、清嘉慶二年（一七九七）阮元刻本；四、清嘉慶十二年（一八〇七）孫星衍平津館臨宋寫本；五、繆荃孫藏清康熙五十八年（一七一九）陸亮友桐氏據汲古閣本抄校本。其中以朱謀垔本評價較高，流傳較廣。

《款識》一書原石出於薛氏手摹，祖本爲紹興十四年（一一四四）江州公庫石刻本。宋亡之後原石無存，祇有若干宋拓傳世，而世人見者無多。一九二九年，中研院史語所整理明清内閣大庫檔案時，發現宋拓石本《款識》卷十三、十四殘葉三紙；一九三一年，史語所又購得十六葉殘葉。因石本傳世珍稀，史語所便合此十九葉宋拓殘本刊印百部流傳。這是唯一刊行的，也是一般人唯一能見到的《款識》宋拓。

一九三七年，史語所又購藏《款識》卷十七，爲首尾完具的一卷石鼓文。

一九五七年，中國社會科學院考古研究所購藏《款識》卷十八原拓全卷。

一九五六年，上海市文物管理委員會購買《款識》卷十四、十七、十八、二十各若干殘葉，後移交上海圖書館保存。

此外，黄丕烈《蕘圃藏書題識》中提到的「余藏石刻殘本，少一至六，又十七、十八，共八卷」，久不知去向，近年始重見於世。黄丕烈舊藏本存有卷七至十六、十九、二十。所缺之卷十七恰爲史語所藏本，卷十八爲考古所藏本。

本書收録公私所藏原石宋拓本《款識》共十四卷，其中卷七至十六爲黄丕烈舊藏本，卷十七爲史語所藏本，卷十八爲考古所藏本，卷十九、二十爲黄丕烈舊藏本。又收録史語所所藏卷十三、十四殘葉集一册，上海圖書館所藏卷十四、十七、十八、二十殘葉集一册。全書二十卷，除前六卷不確定存佚外，後十四卷已得完足。今將此印出，書後並附歷來相關論文，藉供研究參酌。

宋拓《款識》或久在中秘，或秘藏民間，不能爲世所知用。今通過努力，取得公私授權將其出版，不啻爲文物的重新出土。

本書編排，原則上以宋裝之兩開合爲一頁，個别圖形之銘文，爲避免其中斷，於版面作適度調整，以保持圖形完整。

整理者

二〇二〇年十二月

目録

鍾鼎彝器帖

歷代鐘鼎彝器款識法帖
錢唐薛尚功編次并釋音
周器款識
鐘
周鐘
遲父鐘一　維揚石本
遲父作姬齊姜和楚鍾
用昭乃穆不顯龍光乃
用祈匄多福侯父眔齊
萬年眉壽子〻孫〻無疆寶

遲父鐘二　博古録
釋音同前
遲父鐘三　攷古圖
釋音同前
遲父鐘四　古器物銘
釋音同前

釋音同前

是鐘遲父為齊姜作也曰用昭乃穆穆不顯龍光則穆穆以言其敬和不顯以言其甚顯而龍光者又言其承天子之寵光也詩言為龍為光是又於鐘樂之大者樂所以示其和而銘之所載又以形容其和之德福以類應故祈匃多福亦求福不回之謂也是其所以為子孫無疆之寶焉

盄和鐘

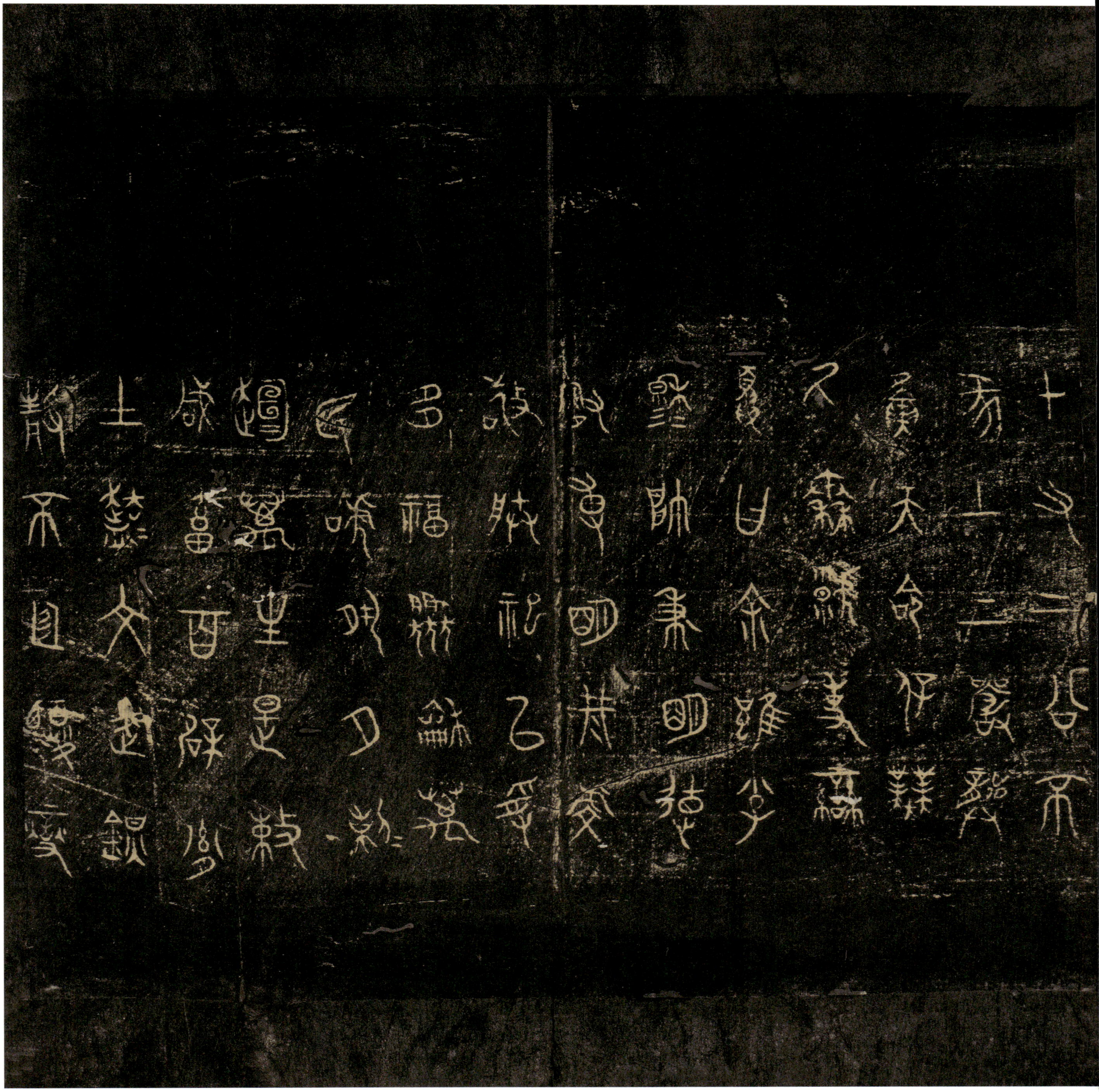

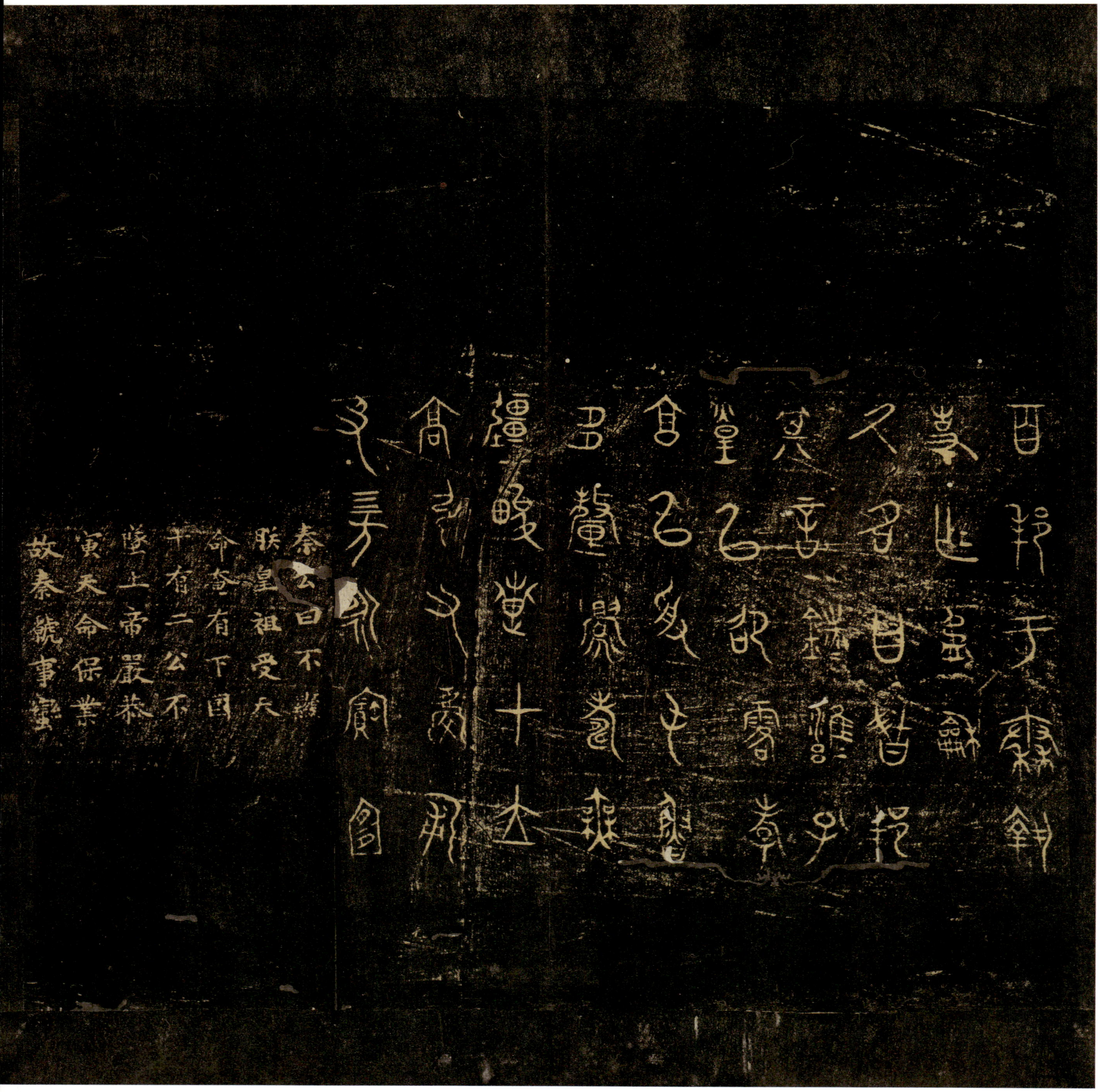
秦公曰不顯
朕皇祖受天
命奄有下國
十有二公不
墜上帝嚴恭
寅天命保業
故秦虢事蠻

夏曰余雖小
祖〻師秉明德
叡敷明刑虔
敬朕祀以受
多福協和萬
民呼夙夕剌
起萬生是敕
咸畜百辟胤
士桓〻文武鎮
靜不廷夓燮
百辟于秦執
事作盄和
政各曰皆邦
其音鍈〻雍〻孔
煌以昭格孝
享以受純魯
多釐眉壽無
疆畯恵在位
高弘有慶溥
及四方永寶宜

右鐘銘按古器物銘云丕顯朕皇祖受天命奄有下
國十有二公歐陽文忠公集古録以為太史公筴記於秦

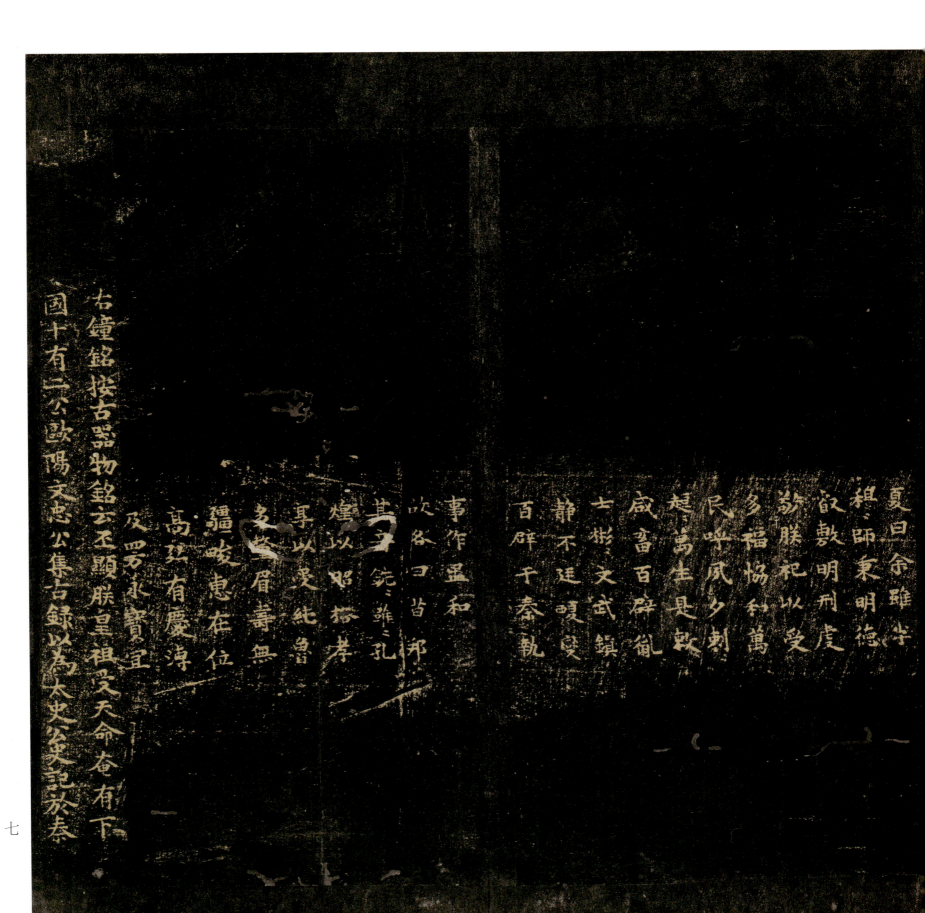

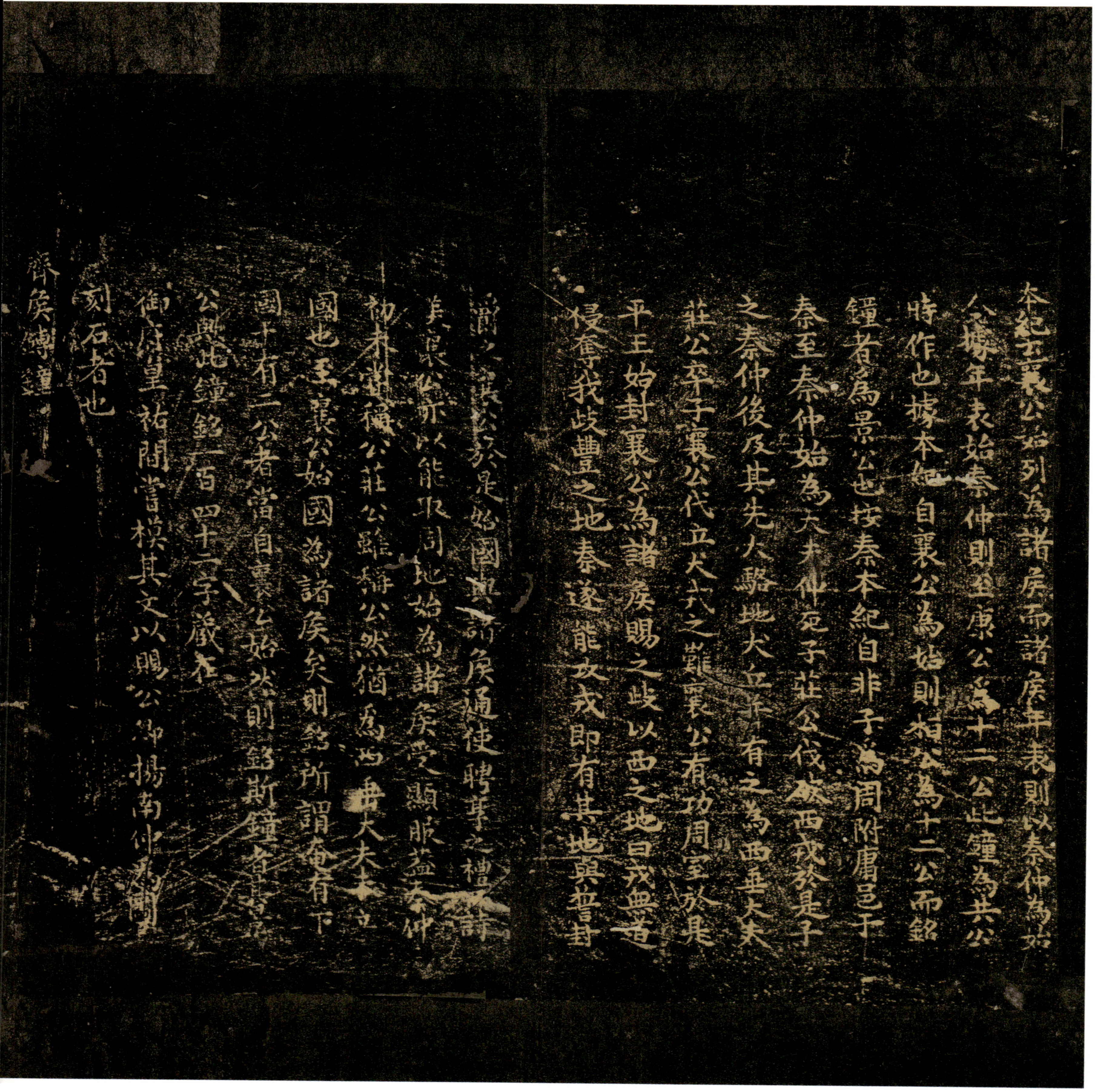

本紀云襄公始列爲諸侯而諸侯年表則以秦仲爲始
公據年表始秦仲則至康公爲十二公此鐘爲共公
時作也據本紀自襄公爲始則桓公爲十二公而銘
鐘者爲景公也按秦本紀自非子爲周附庸邑于
秦至秦仲始爲大夫仲死子莊公伐破西戎於是子
之秦仲後及其先大駱地犬丘并有之爲西垂大夫
莊公卒子襄公代立犬戎之難襄公有功周室於是
平王始封襄公爲諸侯賜之岐以西之地曰戎無道
侵奪我岐豐之地秦遂能攻戎即有其地與誓封
爵之襄公於是始國與諸侯通使聘享之禮詩
秦襄公亦以能取周地始爲諸侯受顯服蓋秦仲
初有爵稱公莊公雖稱公然猶爲西垂大夫未立
國也至襄公始國爲諸侯矣則銘所謂奄有下
國十有二公者當自襄公始然則銘斯鐘者當是
公與此鐘銘一百四十二字嚴在
御府皇祐間嘗模其文以賜公卿揚南仲爲圖
刻石者也

齊侯鎛鐘

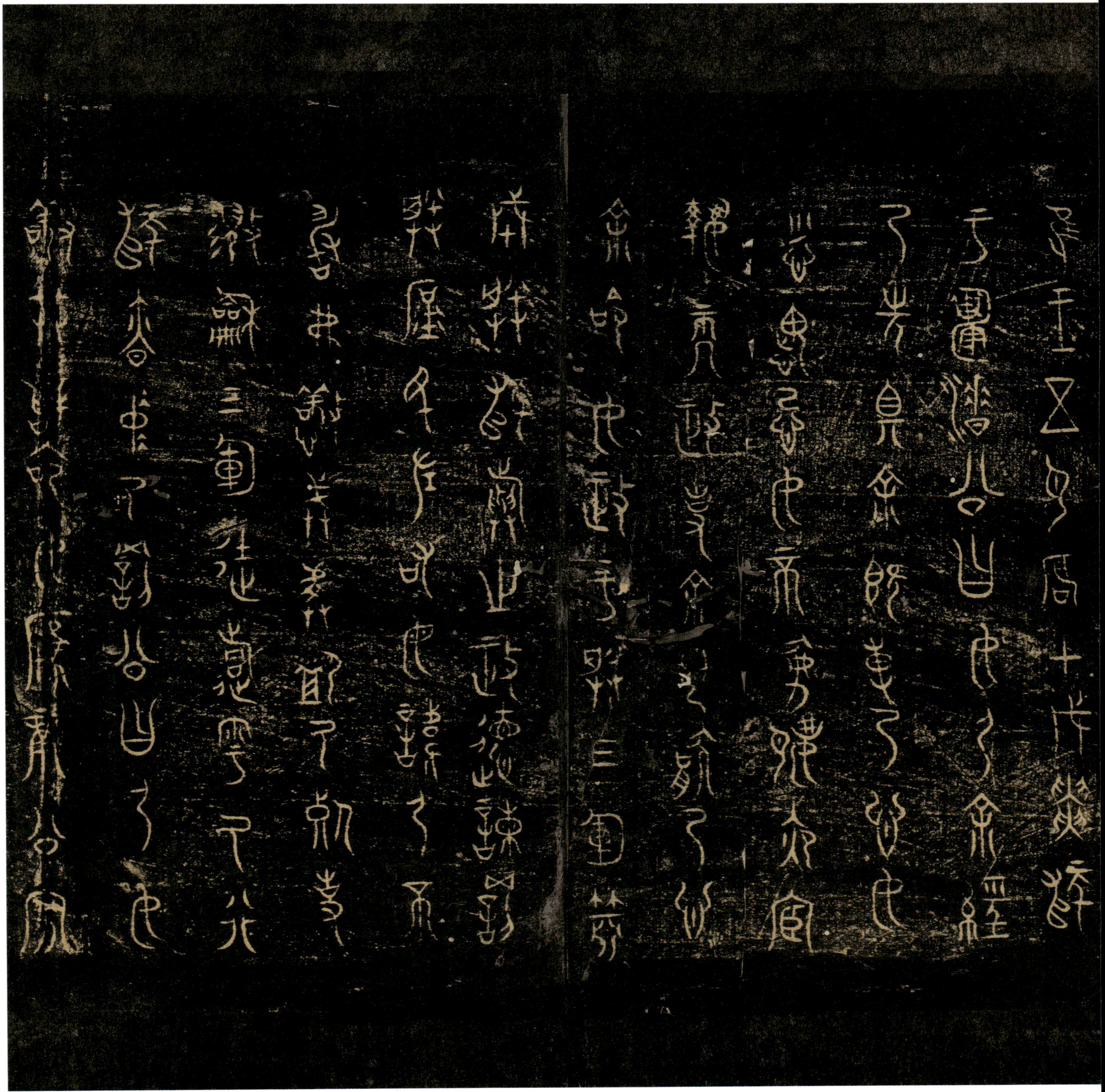

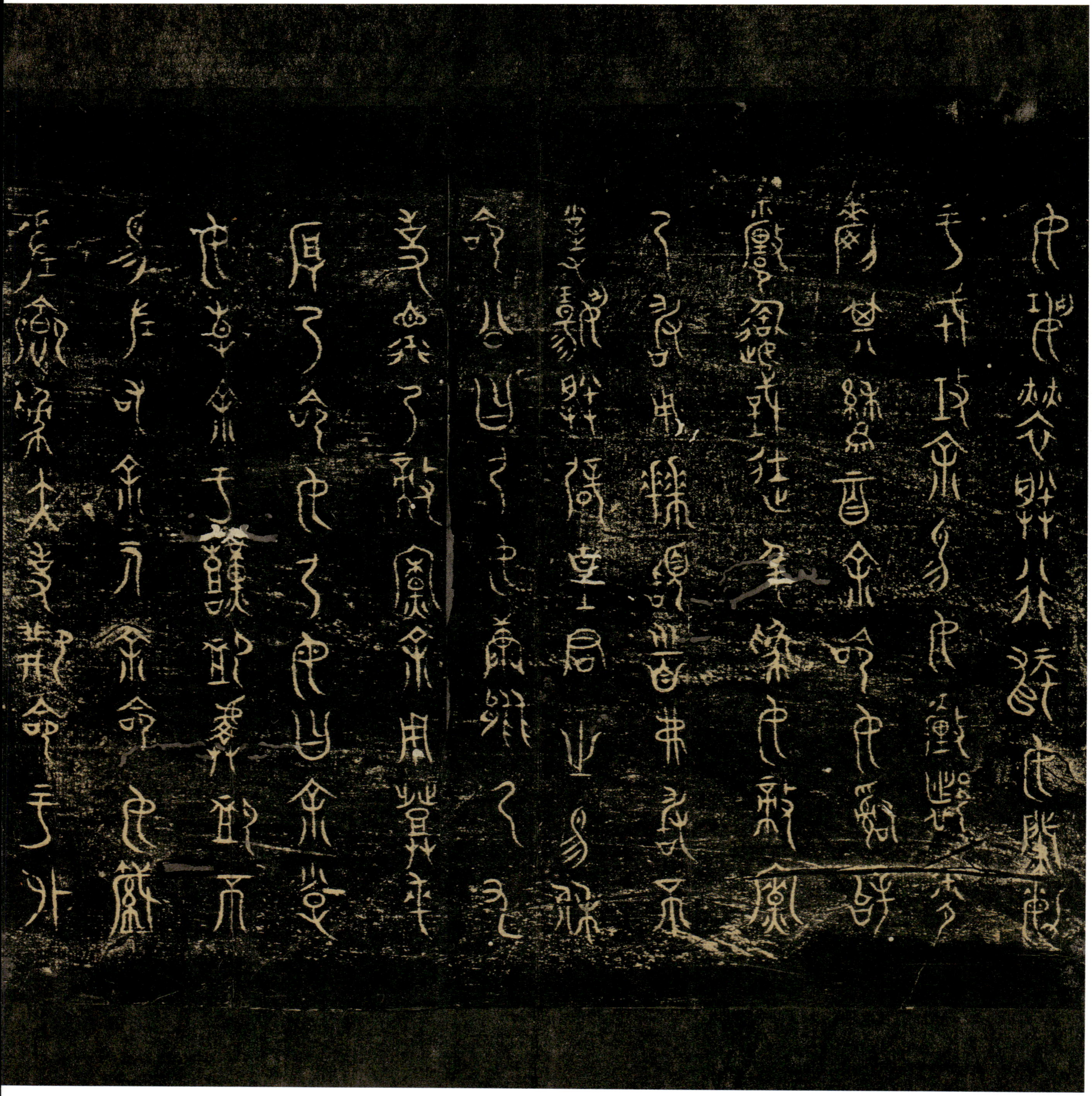

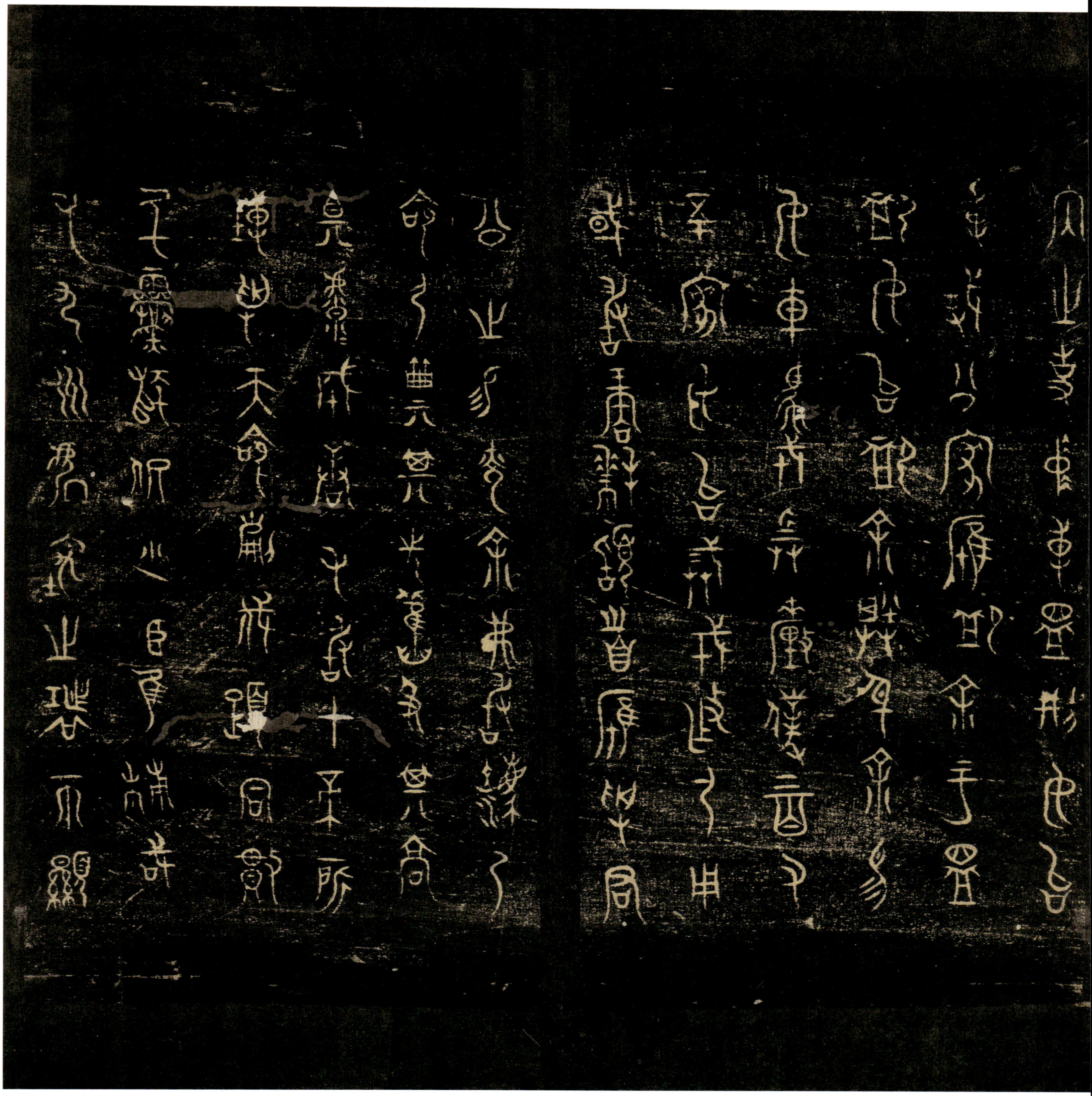

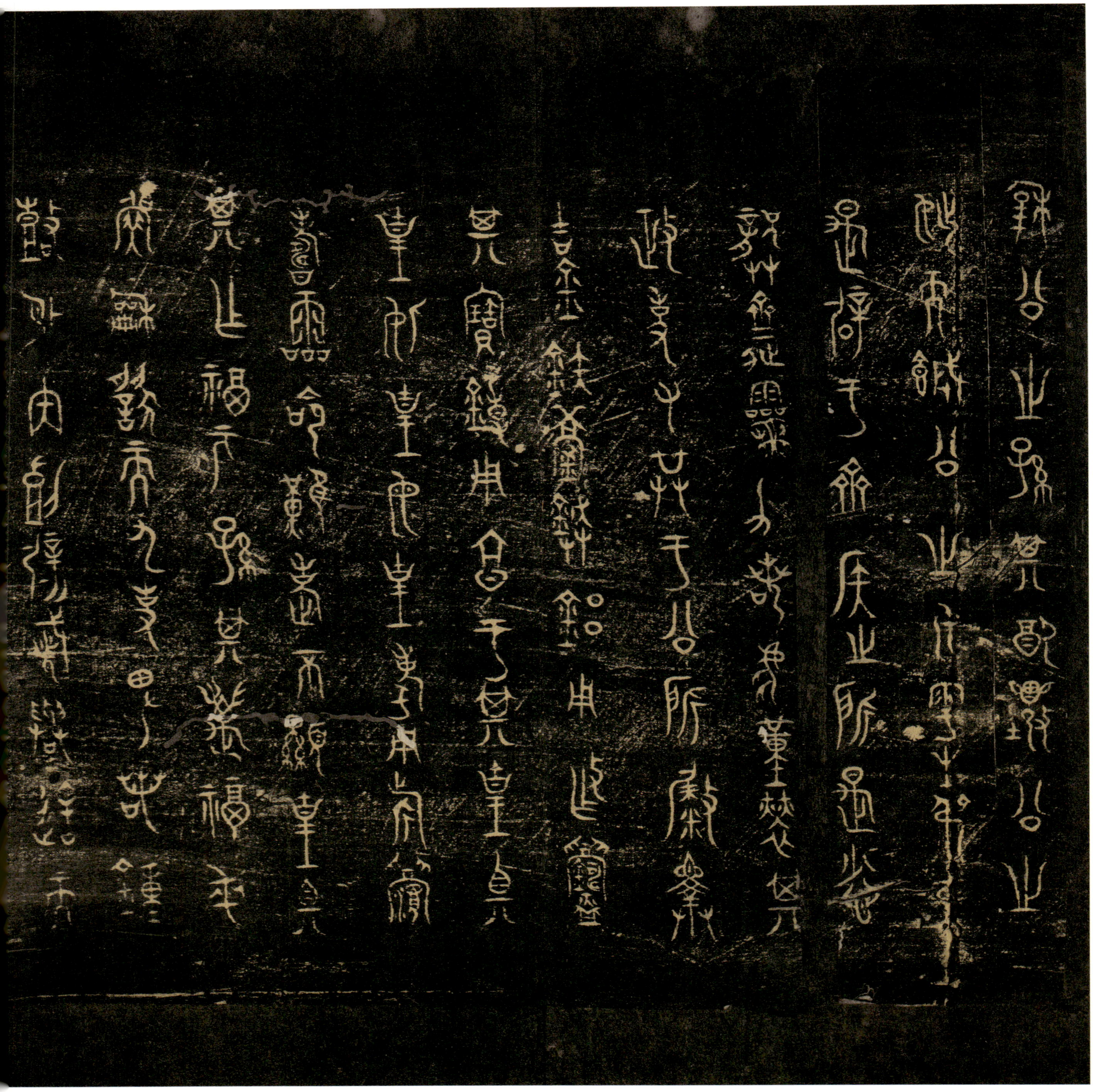

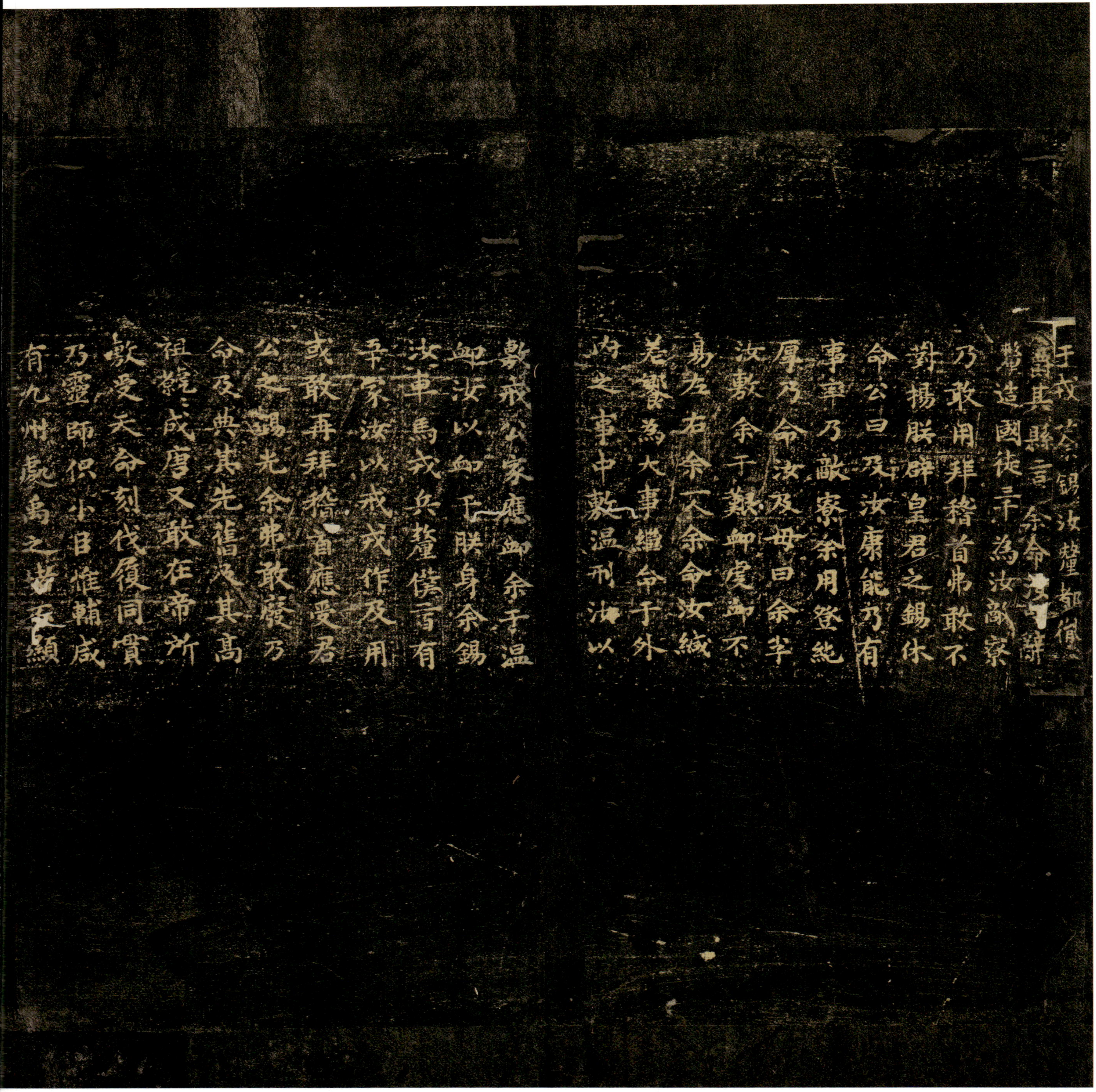
于戎攻錫汝釐都脩
爵其縣三百余命汝司辭
造國徒三千為汝敵寮
乃敢用拜稽首弗敢不
對揚朕辟皇君之錫休
命公曰及汝康能乃有
事率乃敵寮余用登純
厚乃命汝及毋曰余少
汝數余于艱卹虔卹不
易左右余一人余命汝織
差饗為大事繼命于外
内之事中數温刑汝以
敷戒公家應卹余于温
卹汝以卹余朕身余錫
汝車馬戎兵釐僕三百有
五十家汝以戒戎作及用
或敢再拜稽首應受君
公之錫光余弗敢廢乃
命及典其先舊及其高
祖虩虩成唐又敢在帝所
敷受天命刻伐夏同貫
乃靈師伊小臣惟輔咸
有九州處禹之堵丕顯

穆公之孫其配襄公之
延而鍼公之女雩生叔及
是辟于齊侯之所是心
力若虎謹勞其
政事有恭于公所𢽪擇
吉金鈇鎬錛鋁用作鑄
其寶鎛用享于其皇祖
皇妣皇母皇考用祈眉
壽令命難老不顯皇祖
其作福元孫其萬福純
魯和協而有事俾若鐘
鼓外內開闢都俞俞造而
朋剝毋或承類汝考
壽萬年永保其身俾
百斯男而埶斯字綴
義政齊侯左右毋央
毋已至于葉曰武靈
成子孫永保用享

[illegible]文有曰師于淄陲按太公呂望周封於爽鳩之墟
營丘之地是為齊郡今臨淄是也曰命汝政于朕三
軍總成朕師旟之政則申以告戒之辭也曰咸有九
州則齊之封域有所謂臨淄東萊此海高密膠

東太山縣安濟南平原蓋兖州也曰處禹之都者
齊四岳之後四岳佐禹有功封於申呂故言處禹
之都也曰不顯穆公之孫其配歇恐是夔字公之妣字書
字音之女好兒娘而鹹公之女者蓋古之彝器不嗣銘
其功業而又及其配偶之事是猶詩言齊侯之子
衛侯之妻東宮之妹邢侯之姨皆紀其當時婚
姻異姓之國也曰穀擇吉金用作鑄其寶鎛者
字說以謂厚以广物為大薄以薄物為小鎛以薄
訓小故也國語曰細鈞有鐘無鎛尚大故也大鈞
有鎛無鐘尚細故也以此推之則鎛鐘比特鐘為小
比編鐘為天令此鐘銘曰鎛敔其形制乃大於時
鐘蓋春秋之時禮樂征伐自諸侯出而等威制
度無復先王之法而妄自夸大耳以周官制器則
首言鐘師而以鎛師為之次是其自異而比制器
之時蓋齊之中世其實周鐘也詳其銘文受錫
者三一曰錫汝釐都其縣二百一曰國徒三千一曰錫汝車
馬戎兵釐僕二百有五十家三曰錫乃吉金鈇鎬
女鏐鏻鋁用作鑄其寶鐘齊侯以勳庸顯著
其錫蕃庶如此其銘之鋪張又如此此藏武仲所

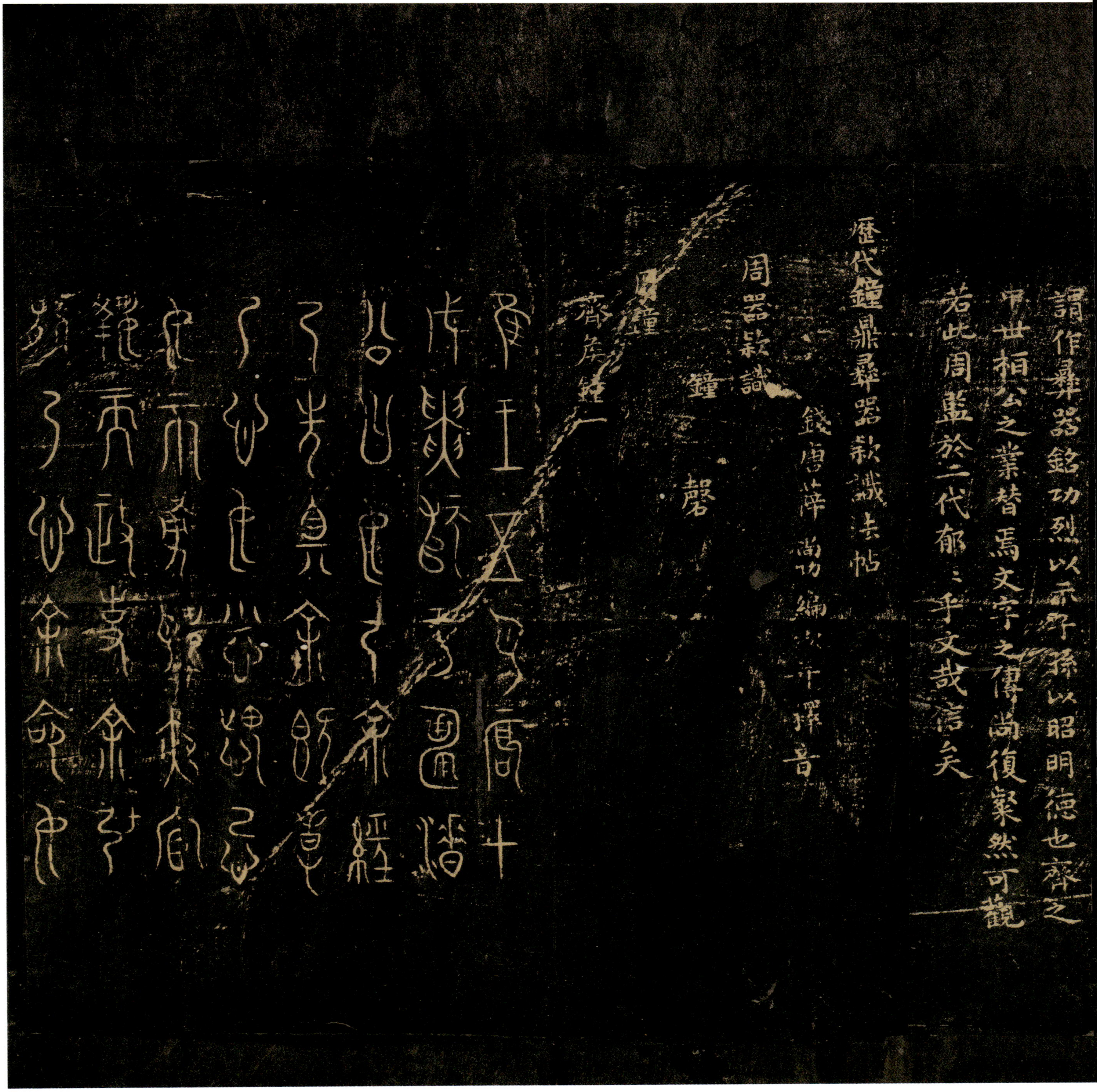
謂作彝器銘功烈以示子孫以昭明德也齊之
中世桓公之業替焉文字之傳尚復粲然可觀
若此周監於二代郁〻乎文哉信矣

歷代鐘鼎彝器款識法帖

錢唐薛尚功編次并釋音

周器款識

鐘　磬

周鐘

齊侯鐘一

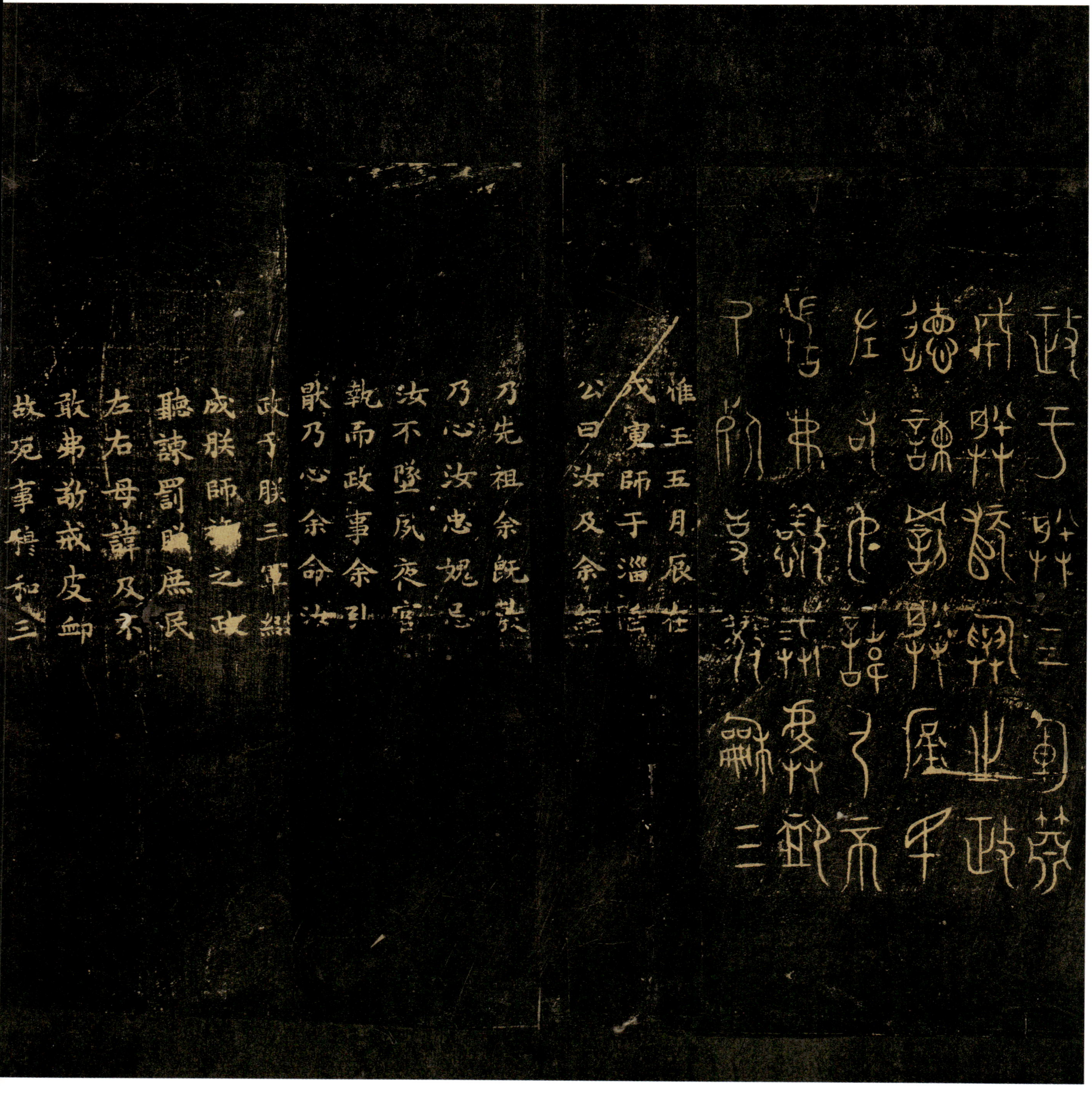
惟王五月辰在
戊寅師于淄
公曰汝及余
乃先祖余既
乃心汝忠媿
汝不墜夙夜
執而政事余引
猒乃心余命汝
政于朕三軍
成朕師
聽諫罰
左右毋諱及不
敢弗敬戒虔卹
故死事戮和三

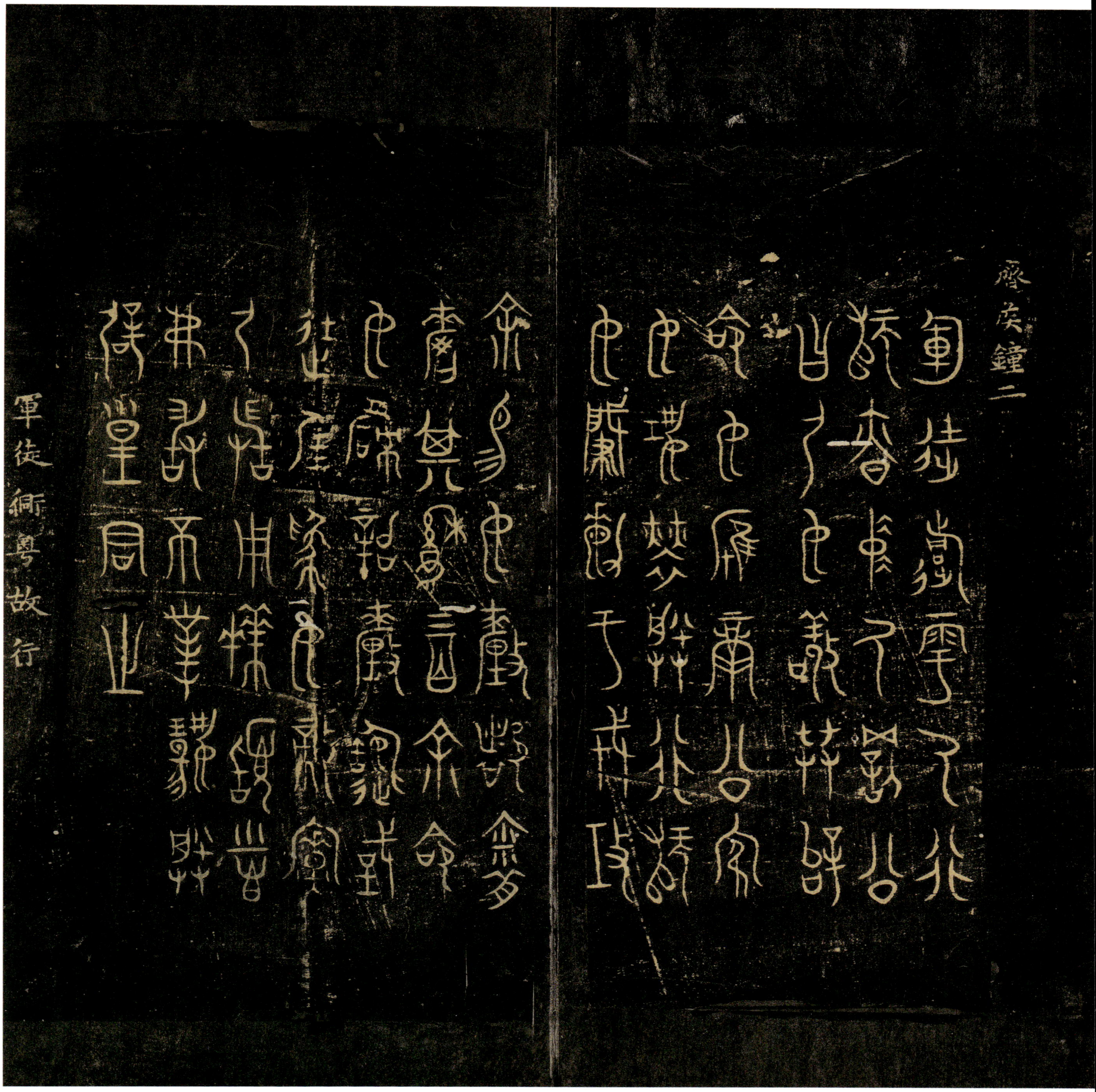
齊侯鐘二
軍徒衕粤故行

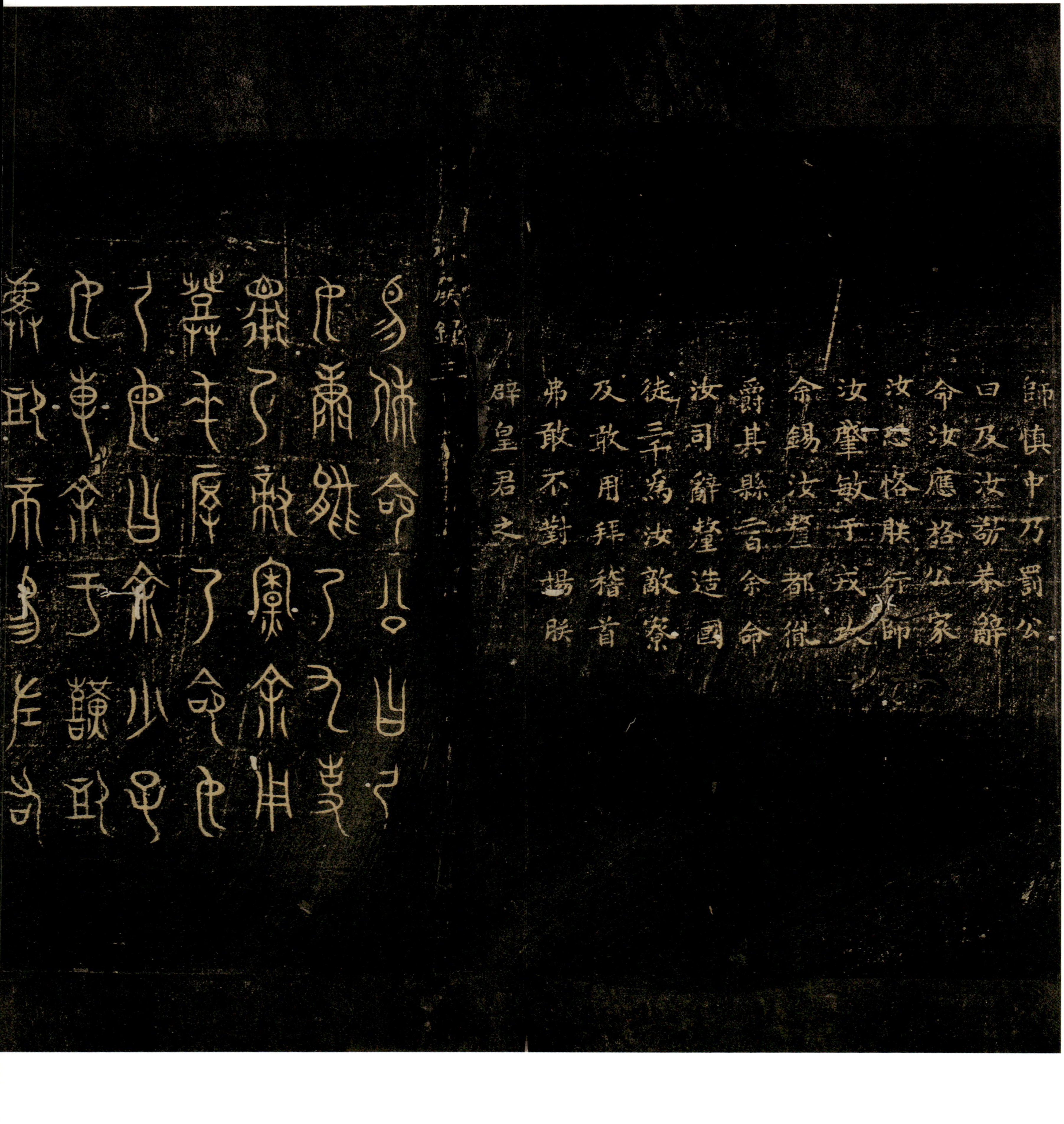
師慎中乃罰公
曰及汝汝敬恭辭
命汝應格公家
汝恐恪朕行師
汝肇敏于戎攻
余錫汝釐都俻
爵其縣三百余命
汝司辭釐造國
徒三千為汝敵寮
及敢用拜稽首
弗敢不對揚朕
辟皇君之

齊侯鐘四

錫休命公曰發

汝康能乃有事

宰乃敵察余用

登純厚乃命汝

及乎旦余小子

汝敢余于巤佩

虔卹不易力右

余又余命汝

遑皿發諆命于

公周之事中敦

益刑以敵戒公

家雁卹余于

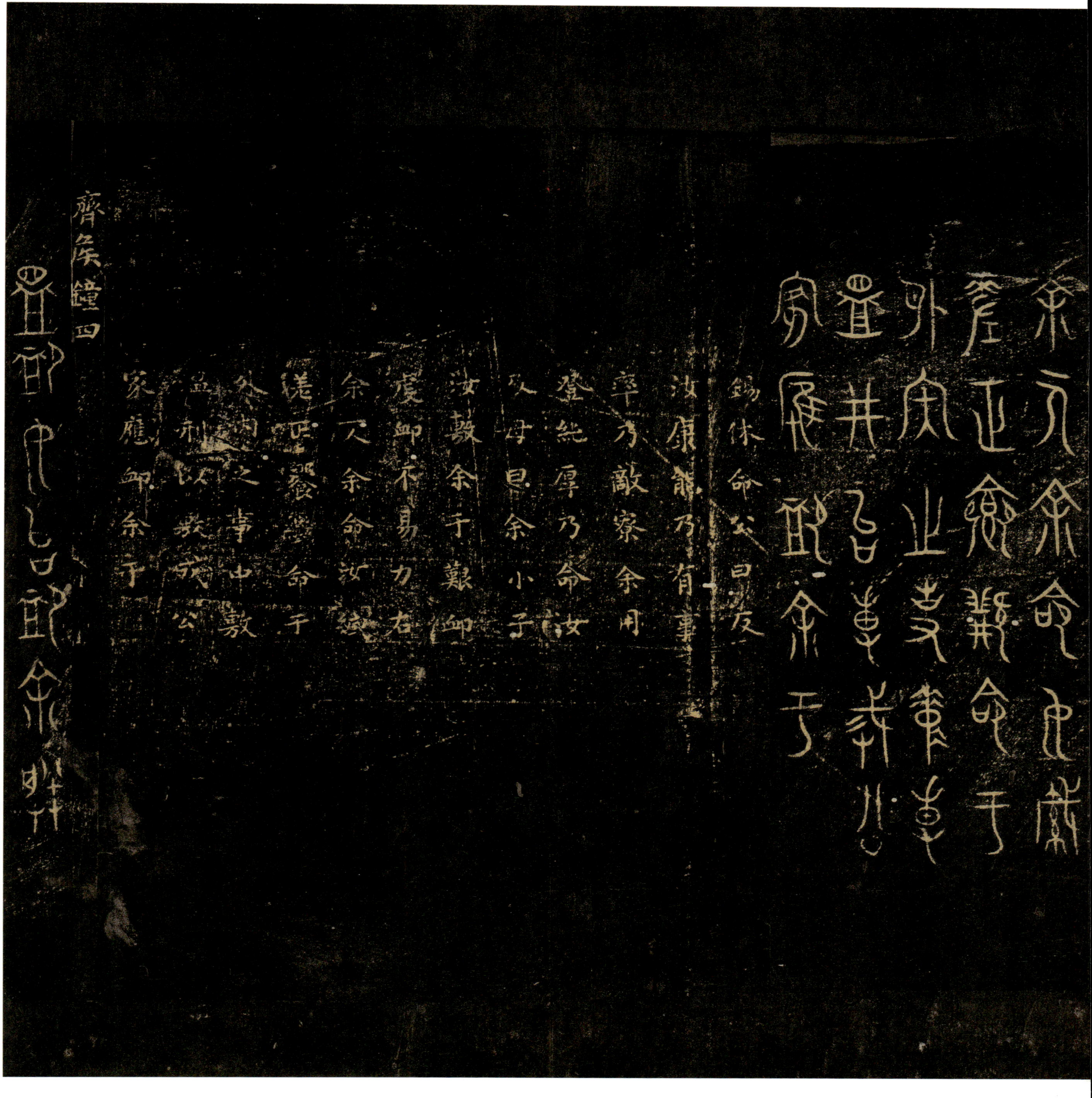

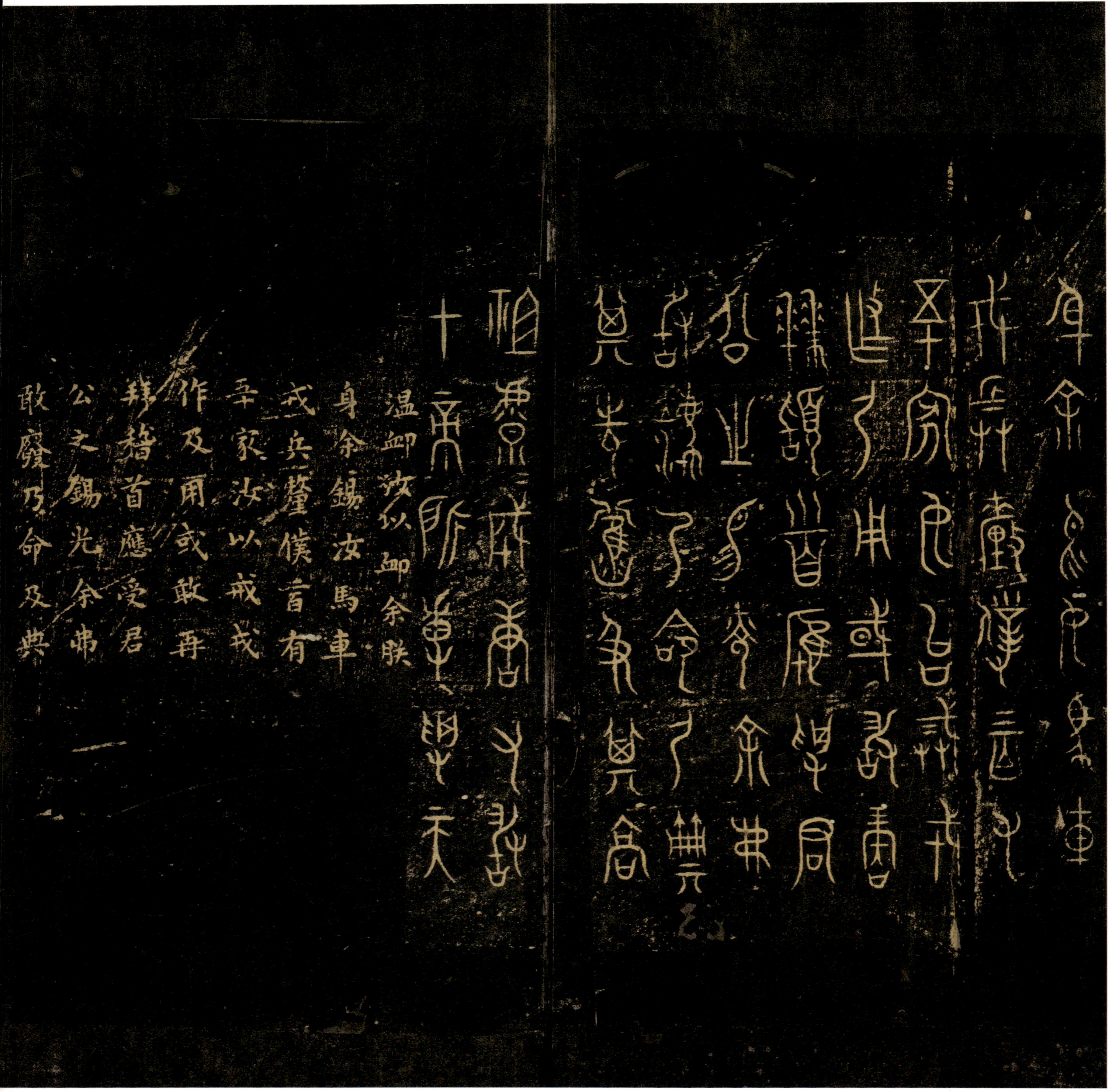
温卹汝以卹余朕
身余錫汝馬車
戎兵釐僕百有
平家汝以戒戎
作及用或敢再
拜稽首應受君
公之錫光余弗
敢廢乃命及典

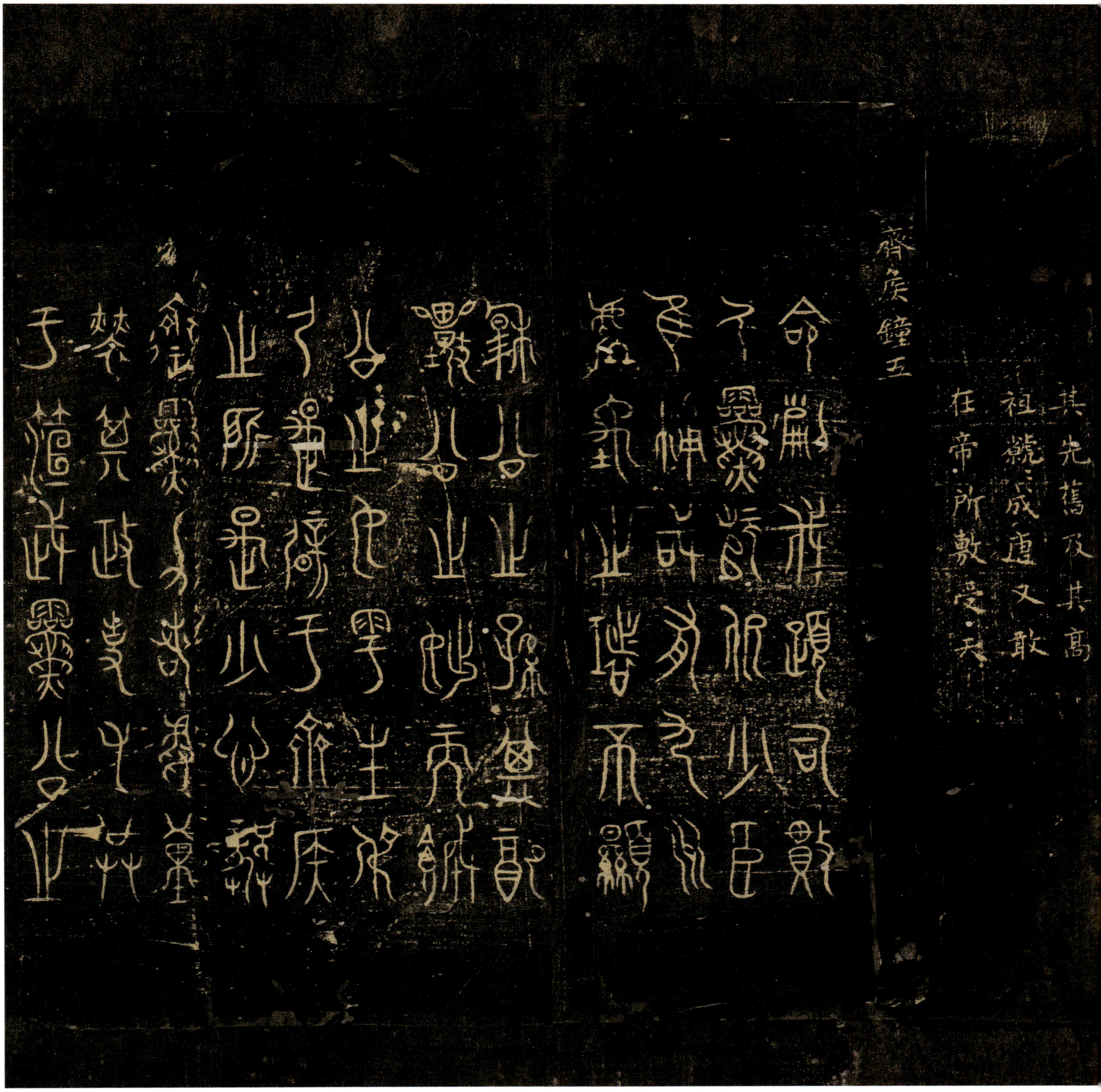
齊侯鐘五
其先舊及其高
祖虩虩成唐又敢
在帝所敷受天

命刻伐夏司敗
乃靈師伊小臣
惟輔咸有九州
處禹之都不顯
穆公之孫其配
襄公之妣而鍼
公之女雩生叔
及是辟于齊侯
之是心龔
齊靈力虎謹
恪其政有恭
于桓武公之
所桓武靈公錫
齊侯鐘六

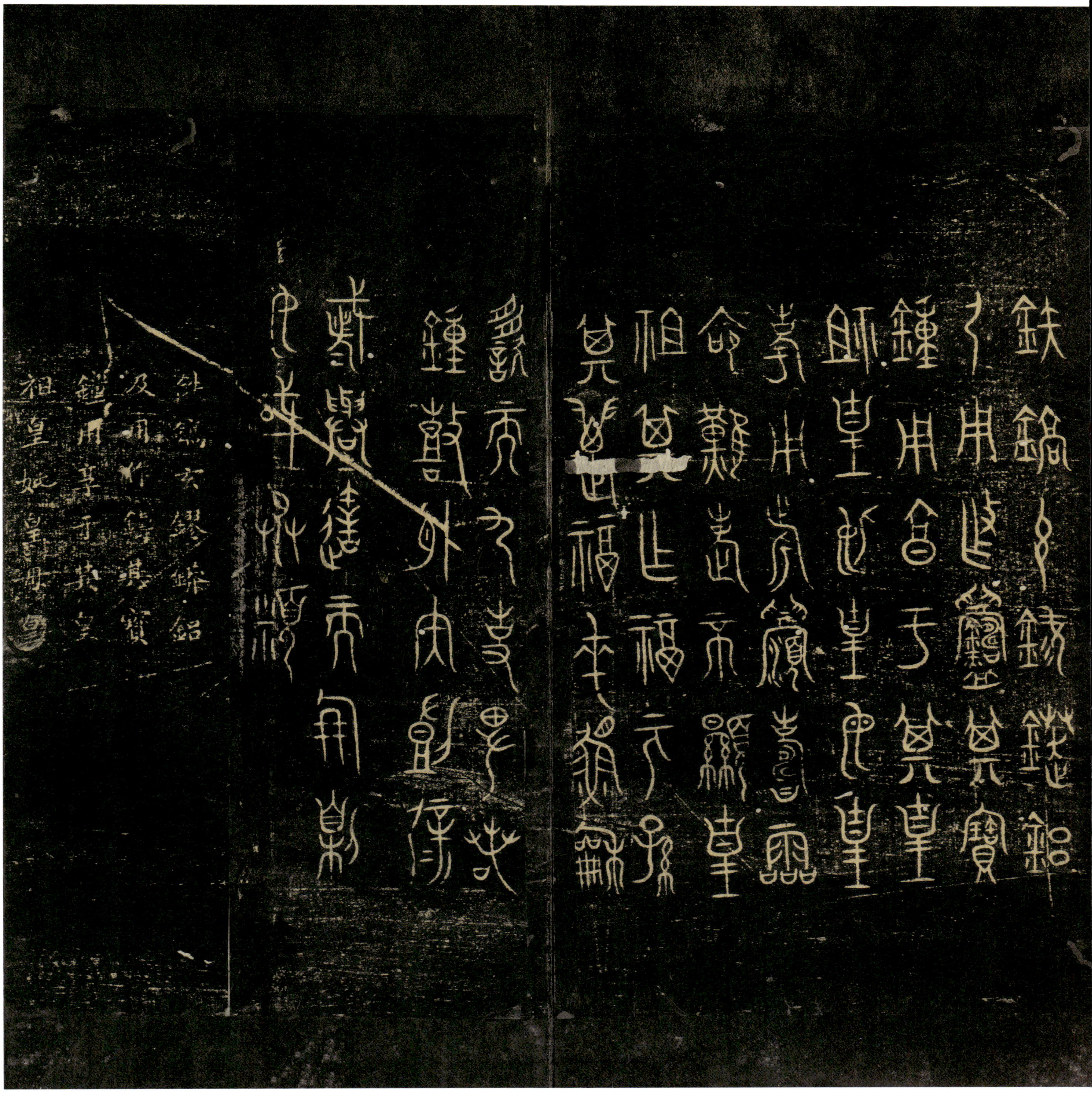

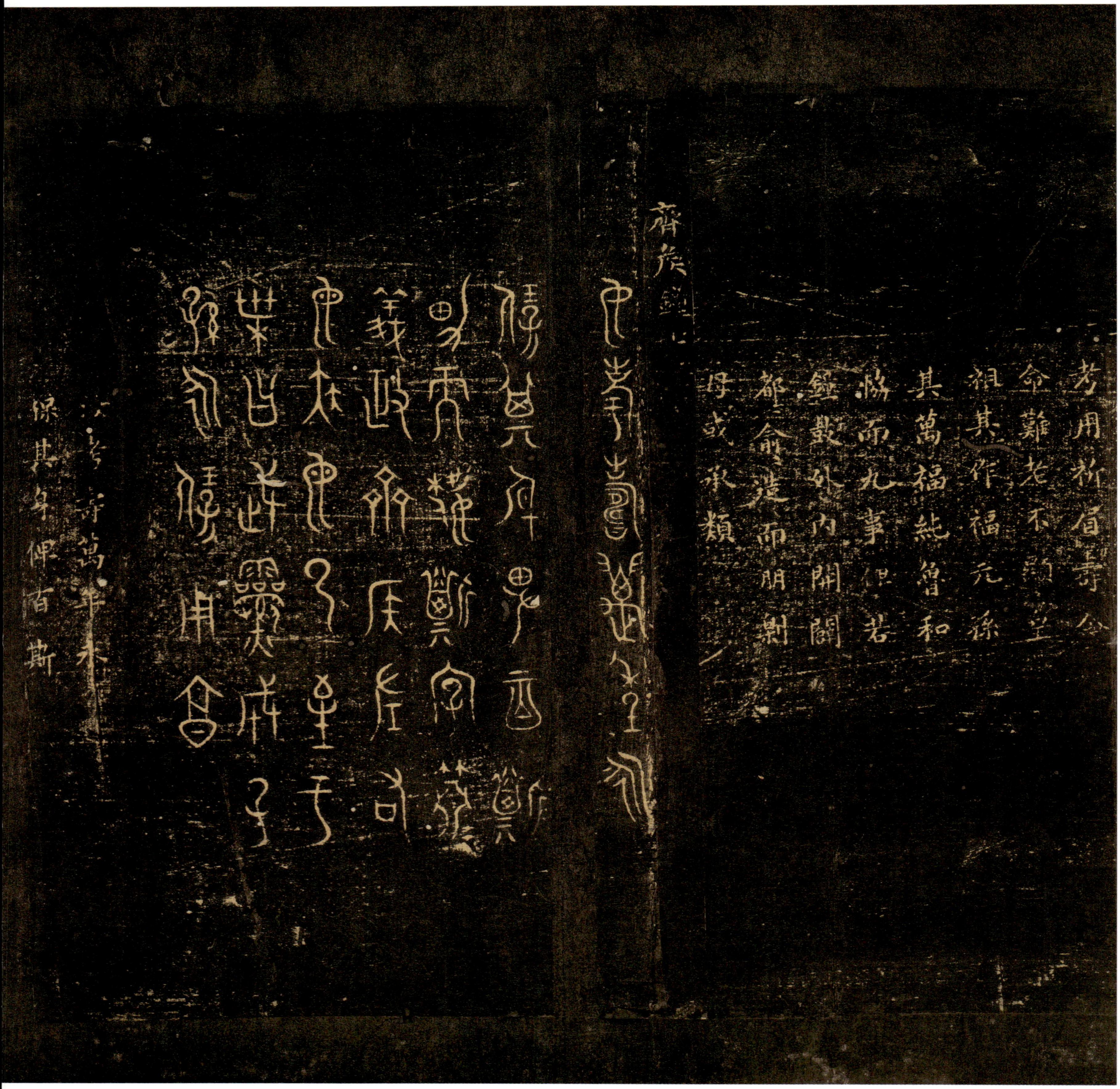
齊侯鐘七
孝用祈眉壽公
命難老不顯皇
祖其作福元孫
其萬福純魯和
協而九事俾若
鐘鼓外內開闢
都俞造而朋剸
毋或承類
保其身俾百斯

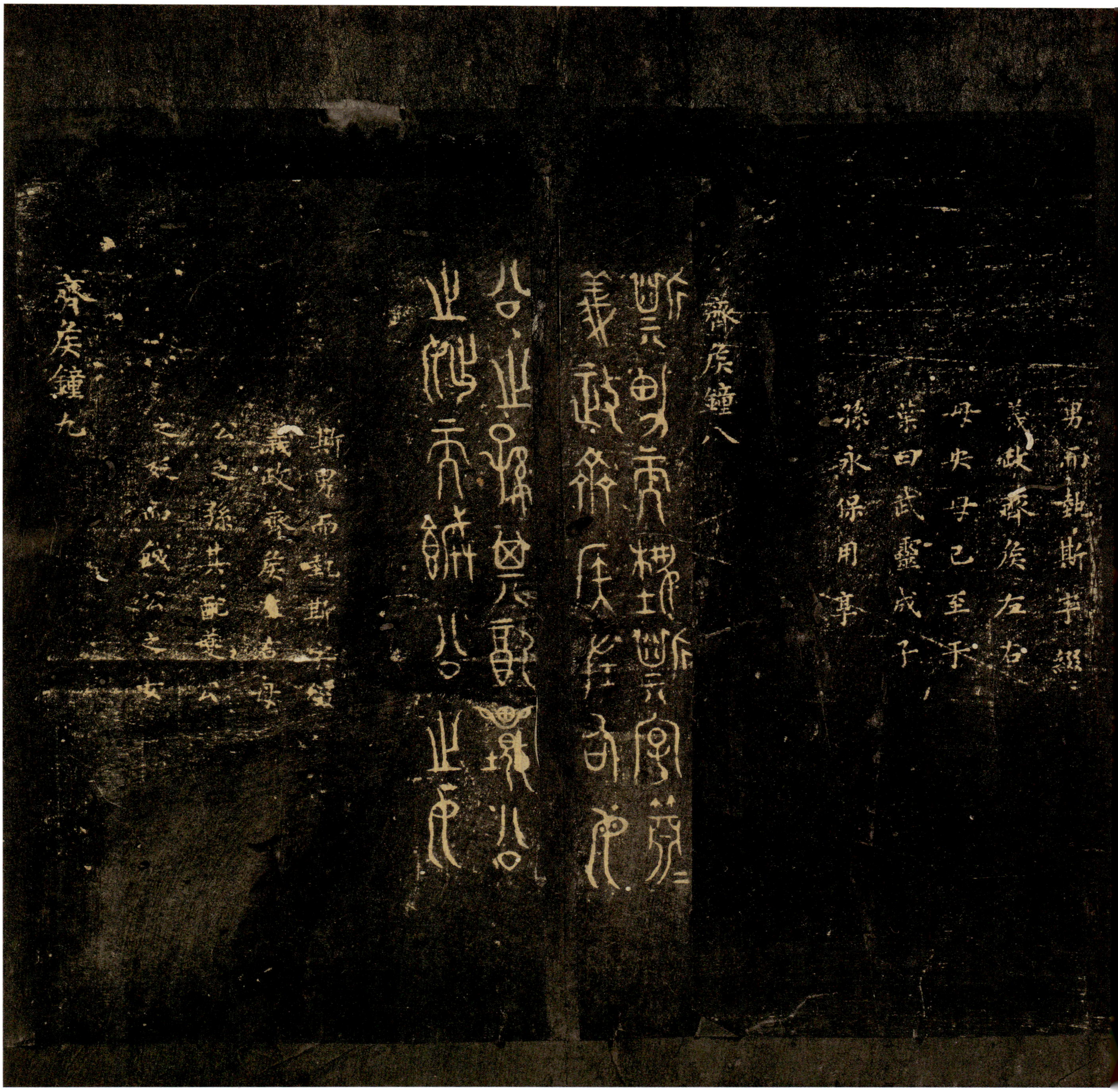
男而埶斯事綏
義政齊侯左右
母皮母己至于
葉曰武靈成子
孫永保用享
齊侯鐘八
齊侯鐘九

齊侯鐘十

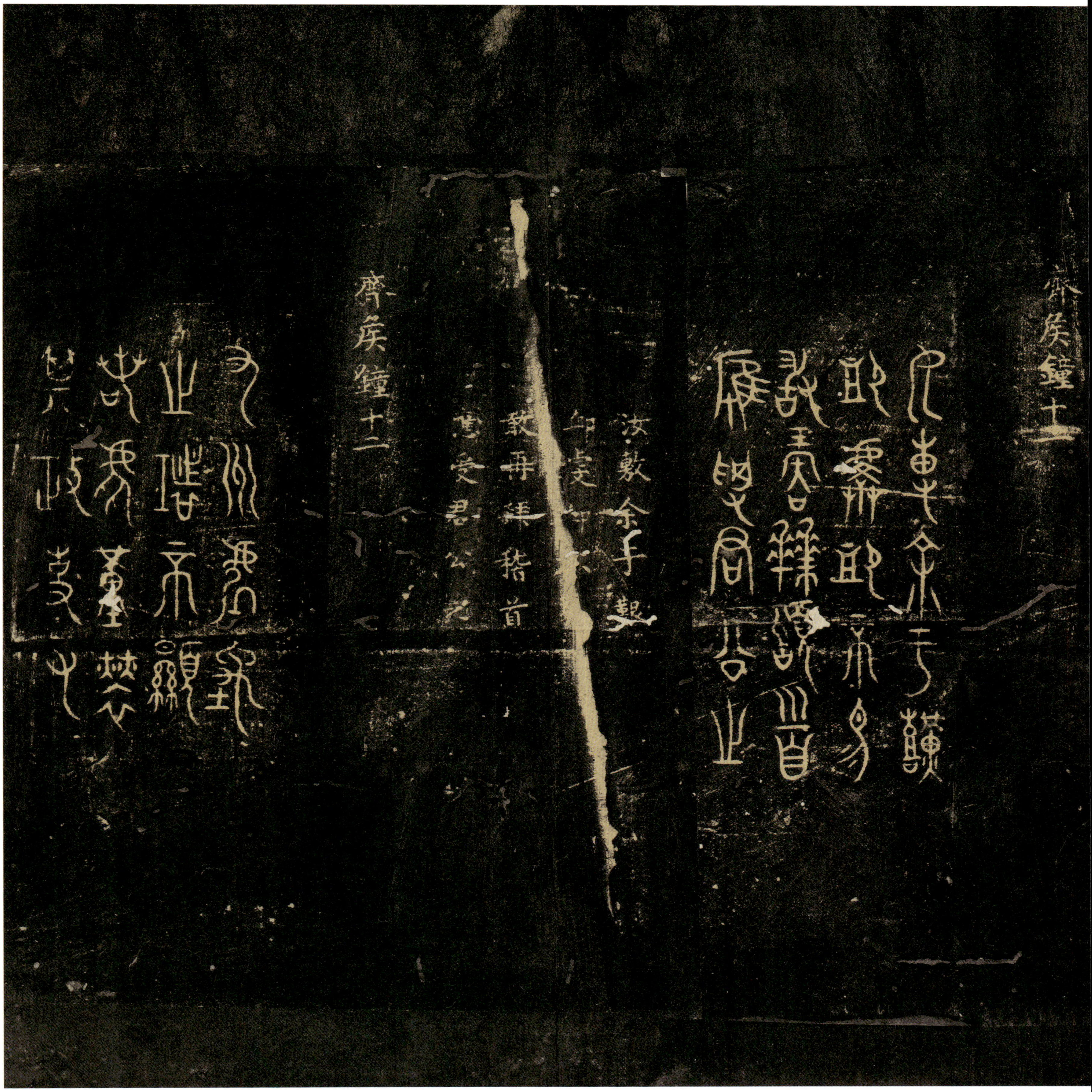
齊侯鐘十二
齊侯鐘十一

九州處禹
之堵不顯
若虎謹恪
其政事有
齊侯鐘十三
俾若鐘
鼓外內
其皇祖皇
妣皇母皇
右鐘銘凡十有三乃齊侯鐘銘分以銘之其文辭比

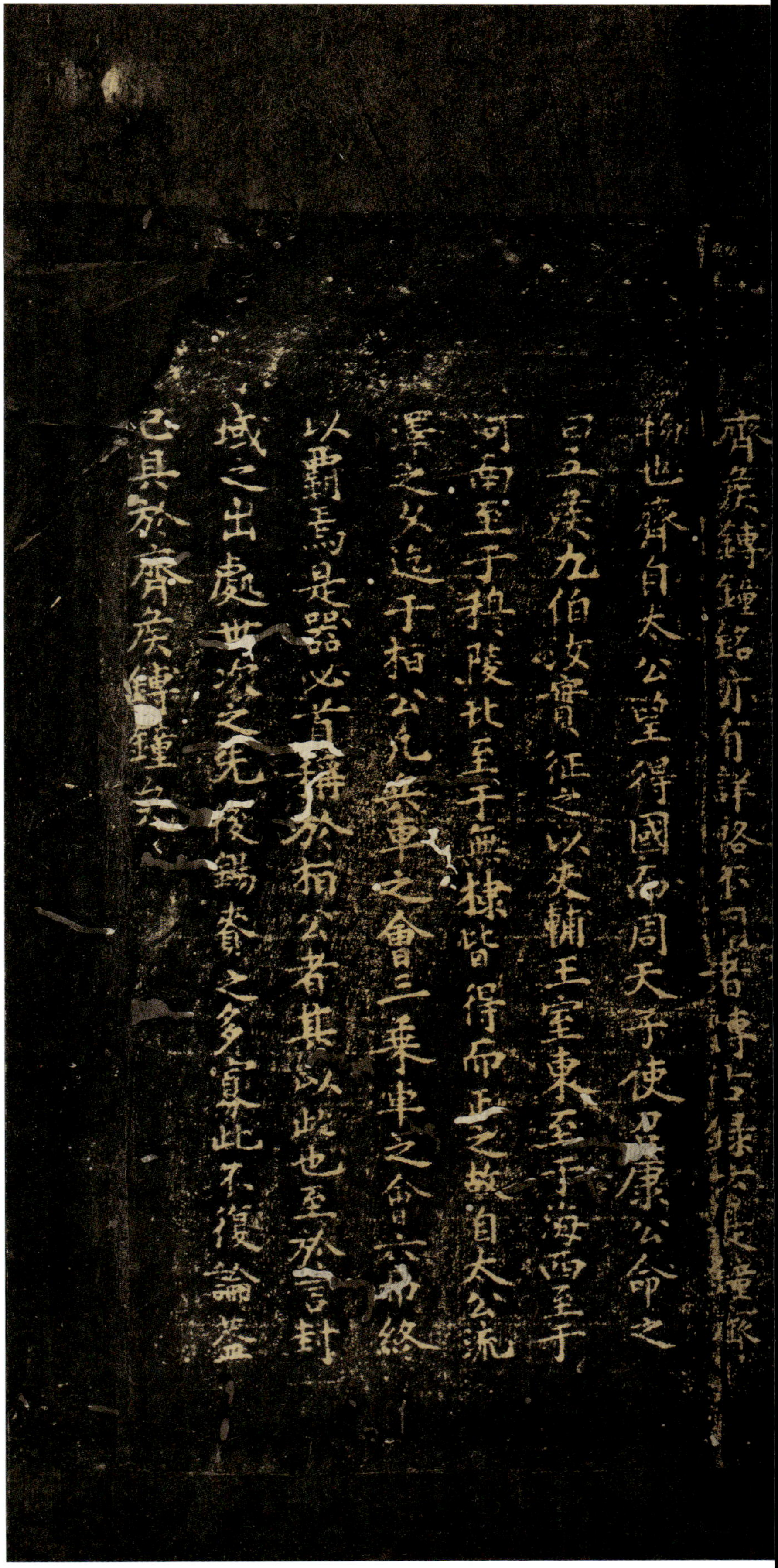
齊侯鎛鐘銘亦有詳略不同者博古録齊侯鐘[illegible]
物也齊自太公望得國而周天子使召康公命之
曰五侯九伯汝實征之以夾輔王室東至于海西至于
河南至于穆陵北至于無棣皆得而正之故自太公
睪之父迄于桓公凡兵車之會三乘車之會六而終
以霸焉是器必首稱於桓公者其以此也至於言封
域之出處世次之先後錫賚之多寡此不復論蓋
已具於齊侯鎛鐘矣

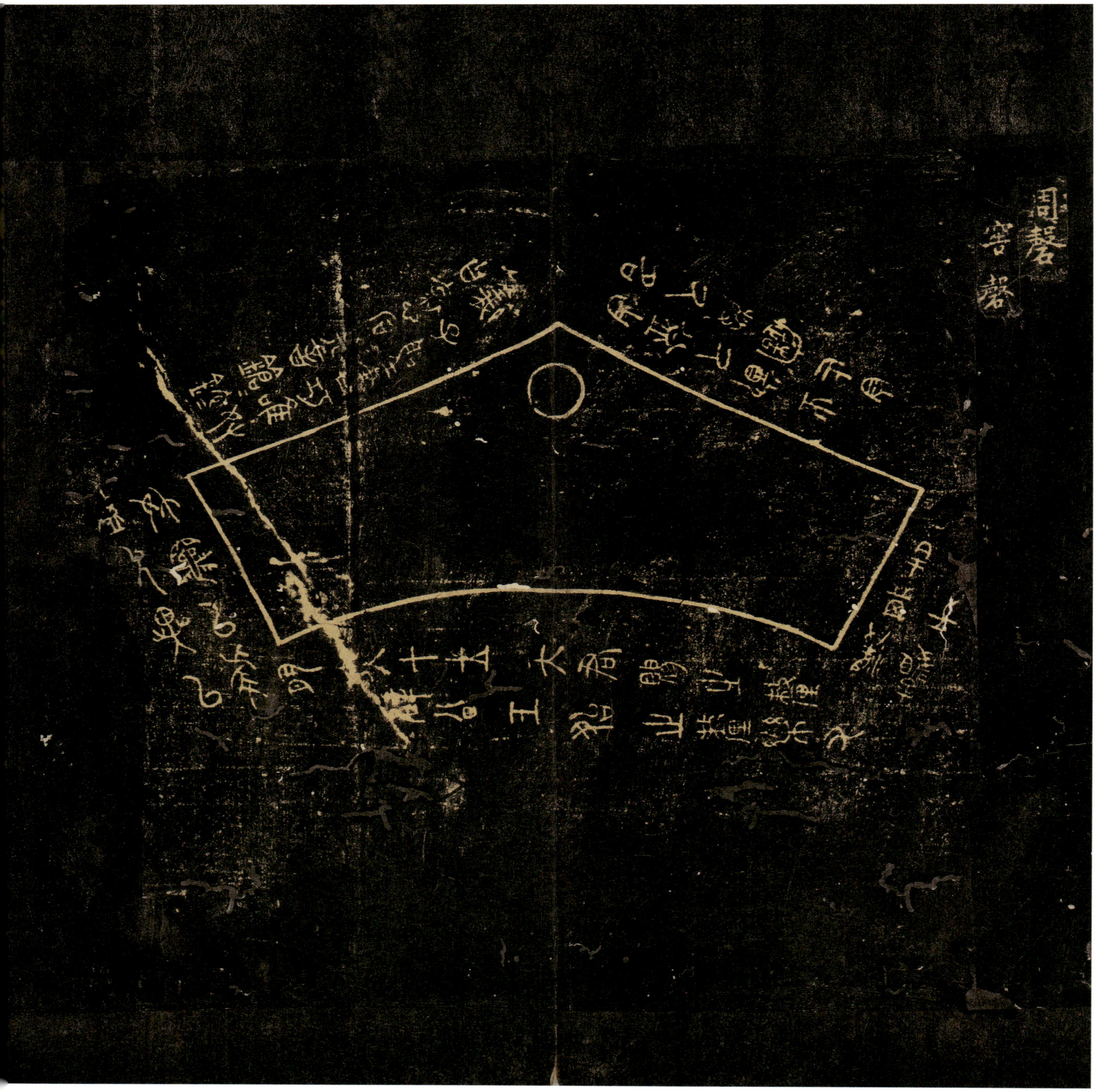
周磬
窖磬

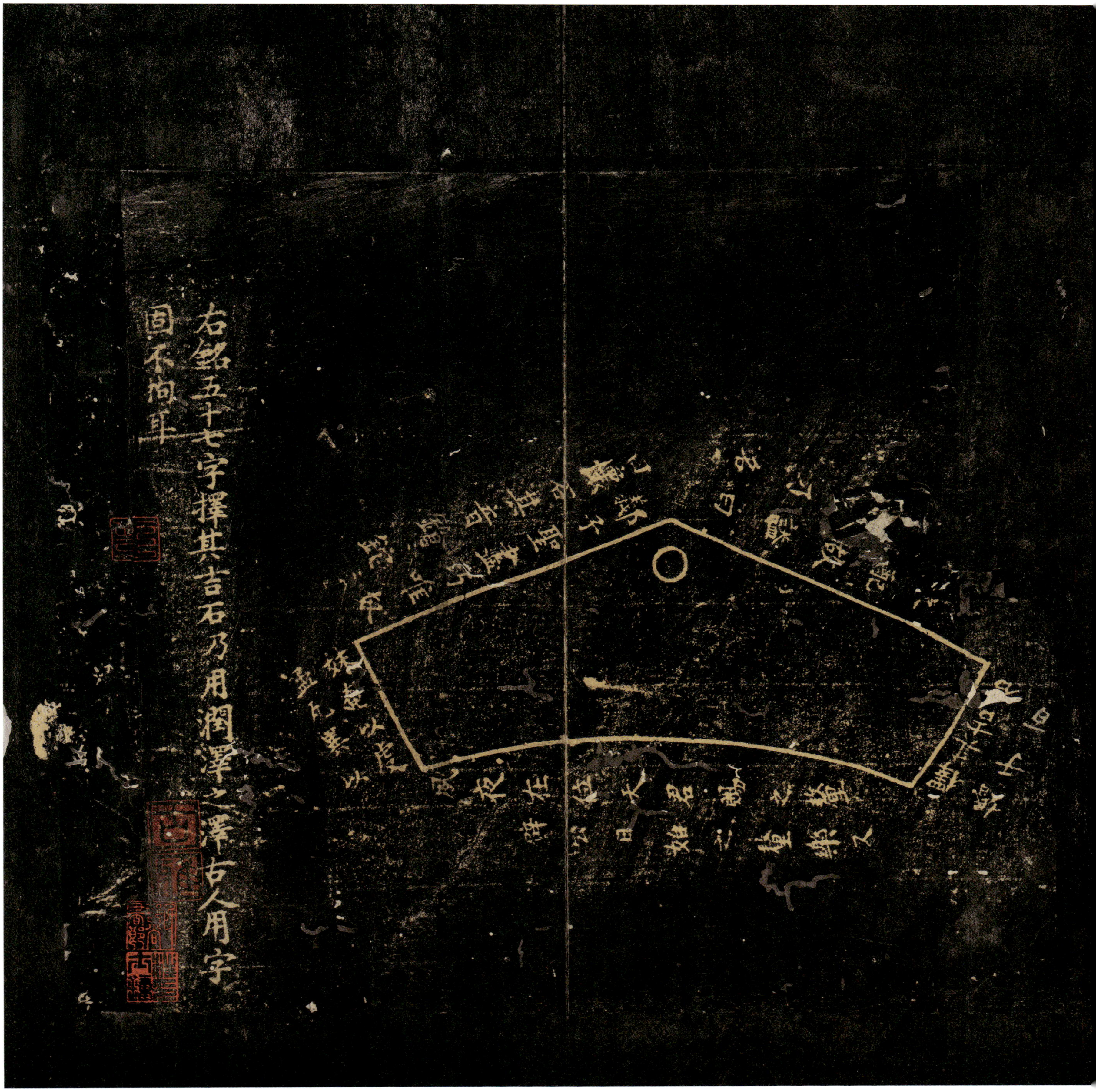
右銘五十七字擇其吉石乃用潤澤之澤古人用字
固不拘耳

鍾鼎彝器帖

歷…鼎彝器

周器款識

鼎

錢唐薛尚功編次并釋音

周鼎

象鼎

右銘一字作象形周官司尊彝有象尊是器鼎也而銘之以象何哉攷古録云易之六十四卦皆象也而於鼎獨言象蓋鼎之爲卦䷱上离下巽以木巽火有鼎之體此畫象形其亦本易而著之耶

鮮鼎

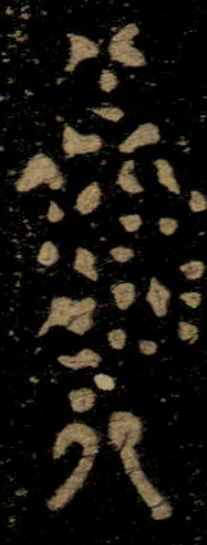

鮮

右銘一字作魚形博古云按詩言誰能烹魚漑之釜鬵與夫混元所謂治大國若烹小鮮蓋烹鮮之術止於嚴水火之齊無所用力是鼎主烹飪奉薦享則烹鮮有職於此故因其魚形而以鮮名之且商之鼎彝多取象於物此鼎周器款識簡古不加文鏤爲一魚形蓋周因於商禮去商未遠餘風猶存耶不然何其純素如此

節鼎

節

右銘一字曰節未詳其爲誰必作器者之名也

舉鼎

舉

右銘一字曰舉李公麟得爵於壽陽而銘曰己舉王玠
得爵於洛下而銘曰丁舉正杜貰洗而揚觶以飲平公
因謂之杜舉則又見於獻酬之制耳此銘曰舉義或
在於是歟

鑾女鼎

鑾女

按鑾於經傳無所見鑾與欒同周有微欒鼎宋公
欒鼎又南欒乃縣名欒即名氏也女者欒之女也王
楚釋作子孫非也

得鼎

得鼎

右銘二字曰得鼎按太公望子曰丁公伋伋之子曰乙公得此言得鼎乃乙公之鼎耳

東宮鼎

東宮

右銘曰東宮得非太子所用乎不然即其姓氏也

子父舉鼎

子父舉

右銘曰子父按古者父為大夫子爲士則葬以大夫祭以士父爲士子爲大夫則葬以士祭以大夫是祭父皆從其子而鼎者祭所用之器又以銘表著其祖考之美故祭統曰鼎有銘自名者也是鼎也銘雖無文而特以子父識之其下又為舉字蓋取其以手

致而與人之意則知用之於父盡力以致享而不敢
虛美其先者也

益鼎

益作
寶鼎

右銘四字曰益作寶鼎曰益者春秋文公六年有梁
氏益昭公六年復有文公益未知孰是益作鼎彝
若必有大勳德而後有之梁氏文公正其人耳

大叔鼎

大叔作鼎

博古錄云按春秋隱公元年書鄭伯克段于鄢蓋
鄭伯者鄭莊公也莊公弟有曰共叔段者嘗請京

使居之因謂之京城大叔則大叔者莊公之弟耳大
叔彊跋遂繕甲兵以襲鄭而公伐京焉大叔入于
鄢公又伐鄢故春秋書其惡以為昆弟之戒而
詩人有曰大叔于田以刺其多才而好勇者是也然
則是器乃太叔居京而作之耳其為周器無疑

中鼎

中作寶鼎

中謂南宮中耳後有數鼎皆一時之制而銘刻詳略
之不同也

伯鼎

伯作槃鼎

右銘云伯作槃鼎伯者伯仲之次也

單冏父乙鼎

旗單冏父乙

博古録云昔叔向嘗謂單靖公曰吾聞一姓不再興今周其興乎其子單子也又曰單子朝夕不忘成王之德以佐王室則單者周之族而爲周之卿士者也曰旗者穆公旗也而此鼎銘乃曰父乙蓋乙非獨爲商之號如齊有乙公之類不獨商之世也

王伯鼎　一名王伯盞

王伯作寶盞

博古録云史傳有曰史伯者著其姓也有曰鄭伯者舉其國也有曰傳（伯）者稱其謚也今此伯而謂之王以爲謚則王不可以爲謚以爲國則王未嘗名國以爲姓則三代之間未見王姓而顯者惟武王初定商以九

鼎寶玉封諸侯而書序克商之後亦曰分寶玉於
伯叔之國然則王伯者疑其為王之伯父也曰寶盤
者考諸周禮雖有掌玉盤之官然形製詭無所
攷以其方而有四足與諸方鼎悉類故附之於鼎云

單從鼎

單
囧作從彝

右銘曰單囧作從彝周有單子歷世不絕有襄公頃
公靖公獻公穆公凡數世特囧者不見諸經傳是器
鼎也而曰彝蓋彝言其常曰從則猶品之有從亦有
所謂陪鼎者是也

伯員鼎

伯員作
旅鼎

右鼎乃伯貟所作言旅者昔人謂有田一成有衆一旅則舉其衆[illegible]非一鼎耳

尹考鼎

尹考錫
季嬀

右銘云尹考錫季姞盉父錫此鼎實於其季女丘

豐鼎

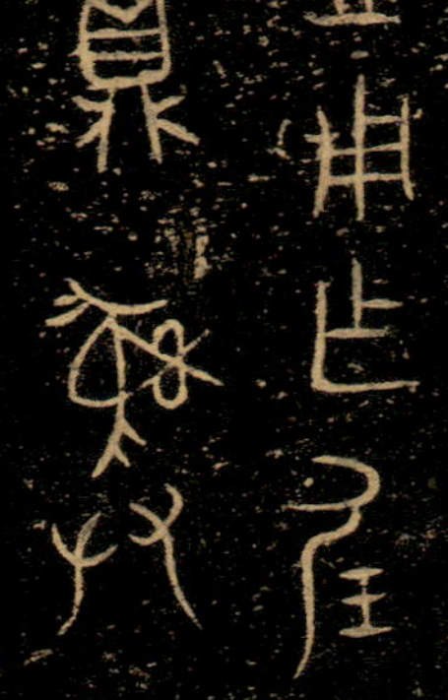

豐用作玖
䵼彝

右銘云豐用作玖䵼鼎[illegible]豐名也凡彝器不得而專有必賜於君然後敢制焉謹君命而銘之故於是書其名也

宋公欒鼎

宋公欒
之餗鼎

宋公欒
之餗鼎

右銘六字曰宋公欒之餗鼎按春秋帝乙之後微子爲
宋公都商丘大辰之墟自微子至景公蓋三十六年
後歷之歲景公者名欒是所以爲宋公欒也餗鼎
養器也易曰鼎折足覆公餗鼎銘以餗亦以爲養
食之節而已今所錄鼎銘一名曰微欒一名曰欒女
皆一時物也

伯咸鼎

白咸父
乍寶鼎

伯咸父
作寶鼎

右銘藏金城吳氏曰伯咸父作寶鼎而師𠂤敦亦
云朕剌祖乙伯咸益姬寶敦與此銘文稍合殆一時
器也

魯公鼎

魯公作文
王尊彝

按魯字許慎說文云从白省象鹽形即魯字也古
之文字形聲假借如鄦作許咎作臯繇作䌛類
是也魯公者周公也文王者周文王也按史記魯
世家云武王徧封功臣同姓戚者封周公旦於少
昊之墟曲阜是為魯公周公不就封留佐武王今
考其銘識文畫尚類于商則知周公之時去商
未遠故篆體未有變者以是推之則此為周公
作祭文王之器無疑也

戚君鼎

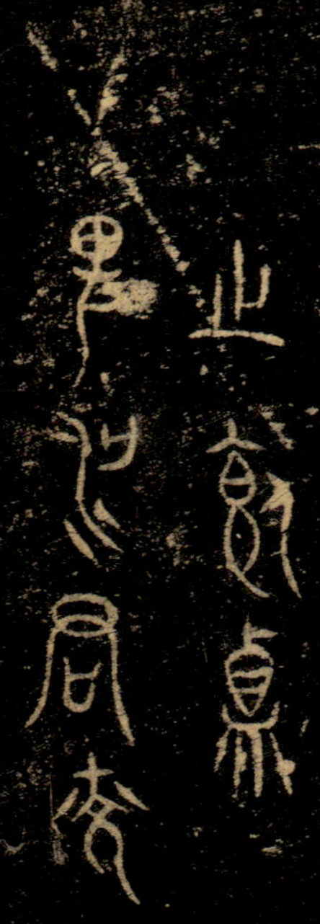

戚汈君光
之銅鼎

戚汈君考諸經傳無所見然銅鼎者質之鼎彝有

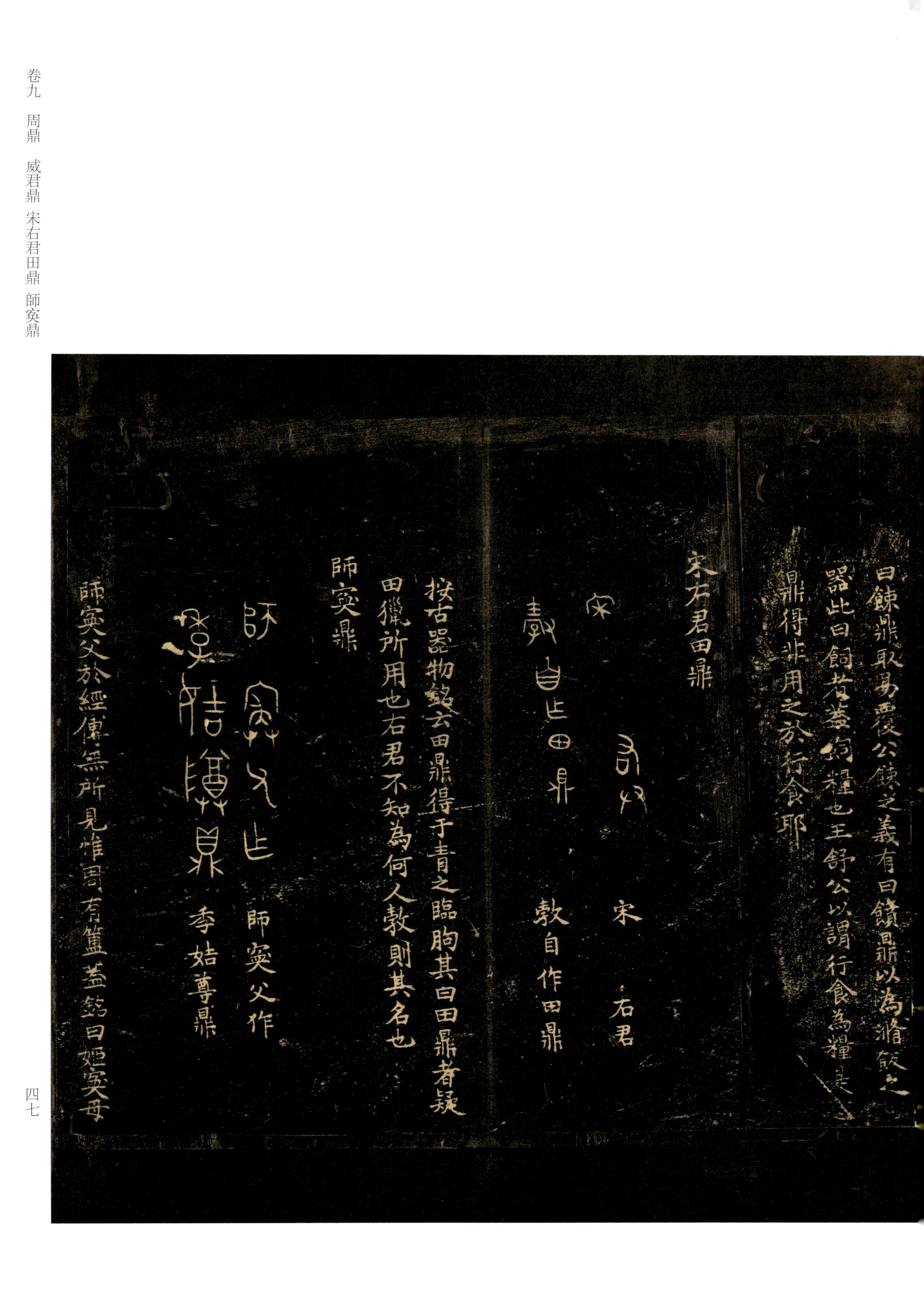

曰餗鼎取易覆公餗之義有曰饙鼎以為滫飯之器此曰飼者蓋飼糧也王舒公以謂行食為糧是鼎得非用之於行食耶

宋右君田鼎

宋　右君

敹自作田鼎

按古器物銘云田鼎得于青之臨朐其曰田鼎者疑田獵所用也右君不知為何人敹則其名也

師寏鼎

師寏父作

季姞尊鼎

師寏父於經傳無所見惟周有簠蓋銘曰姬寏母

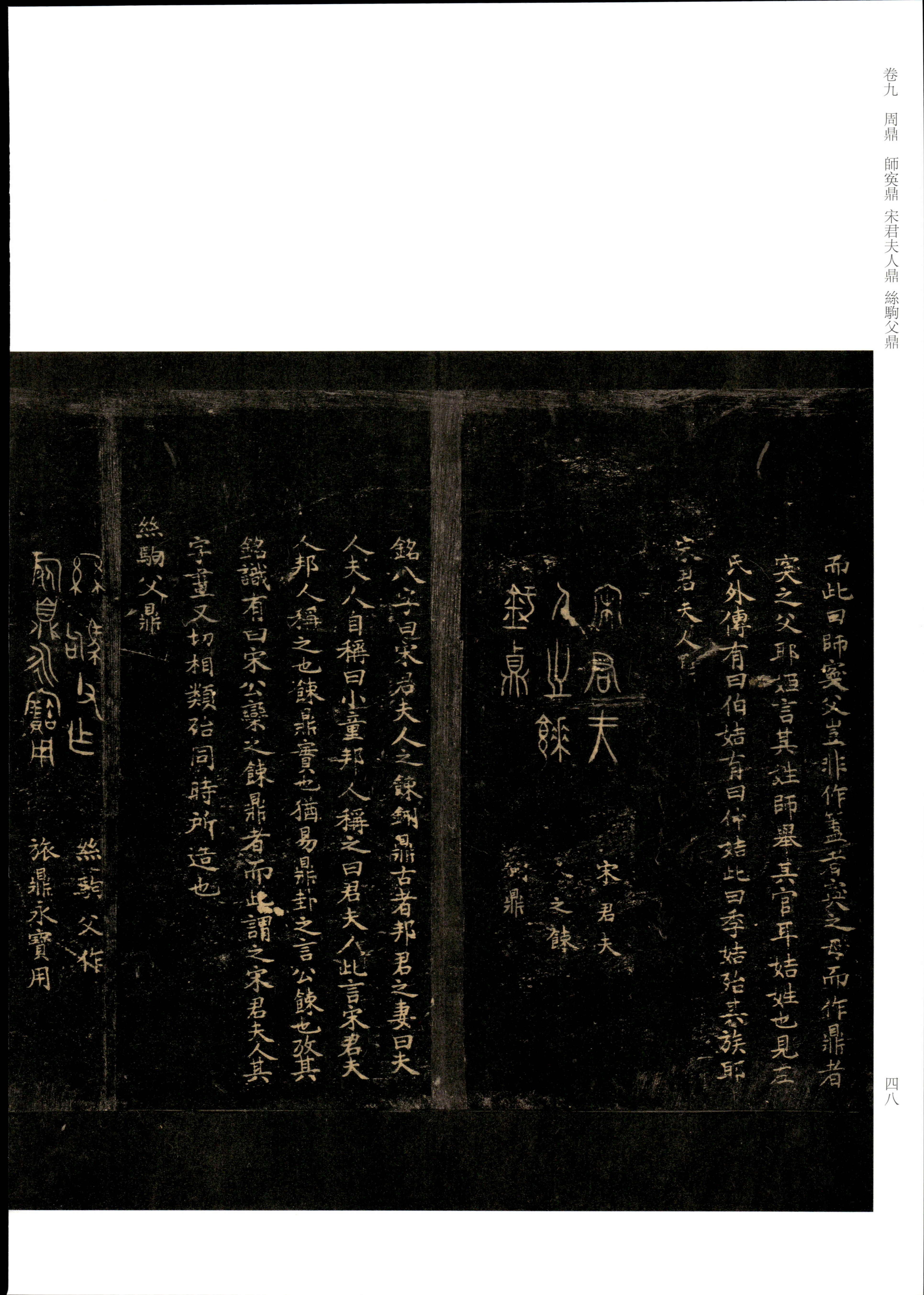

而此曰師寏父豈非作簋者寏之母而作鼎者寏之父耶但言其從師舉其官耳姞姓也見之氏外傳有曰伯姞有曰仲姞此曰季姞殆其族耶

宋君夫人鼎

宋君夫
人之餗
釪鼎

銘八字曰宋君夫人之餗釪鼎古者邦君之妻曰夫人夫人自稱曰小童邦人稱之曰君夫人此言宋君夫人邦人稱之也餗鼎實也猶易鼎卦之言公餗也攷其銘識有曰宋公欒之餗鼎者而此謂之宋君夫人其字畫又切相類殆同時所造也

絲駒父鼎

絲駒父作
旅鼎永寶用

絲字頗漫滅未詳曰駒父則仲駒父敦左傳則奇駒伯為郤克軍佐駒其姓也有公子駒奔衛則駒其名也此曰駒父其同駒伯爲姓耶曰旅鼎則燕禮所謂士旅食左傳所謂庭實旅百之旅也

言肈鼎

其永寶用享
言肈作尊鼎

言肈作尊鼎而周有司徒言曰肈則言其始也言始作此鼎耳

乙公鼎

乙公作
尊鼎子=
孫=永寶

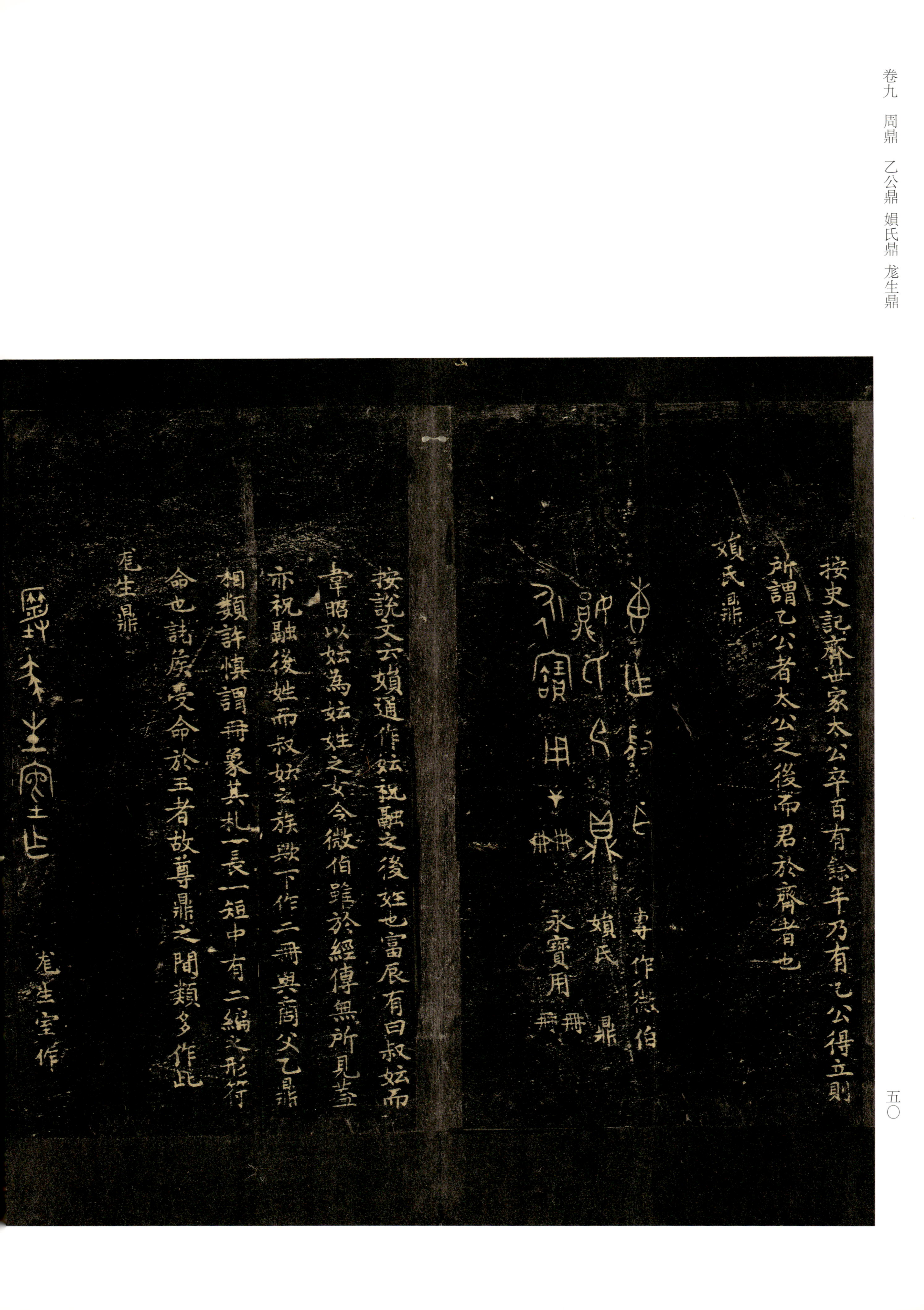

按史記齊世家太公卒百有餘年乃有乙公得立則所謂乙公者太公之後而君於齊者也

嫃氏鼎

尃作微伯
嫃氏鼎
永寶用
冊冊

按說文云嫃通作妘祝融之後姓也富辰有曰叔妘而韋昭以妘為妘姓之女今微伯雖於經傳無所見蓋亦祝融後姓而叔妘之族歟下作二冊與商父乙鼎相類許慎謂冊象其札一長一短中有二編之形符命也諸侯受命於王者故尊鼎之間類多作此

尨生鼎

尨生室作

其鼎子子孫孫
萬年永寶用
作周姬寶尊鼎
其萬年永寶用
司徒伯鄀父
按晉以僖侯諱司徒故
晉僖侯之元年實周共和之
年魯隱公始居攝蓋百有
秋斷自魯隱始則前乎此列

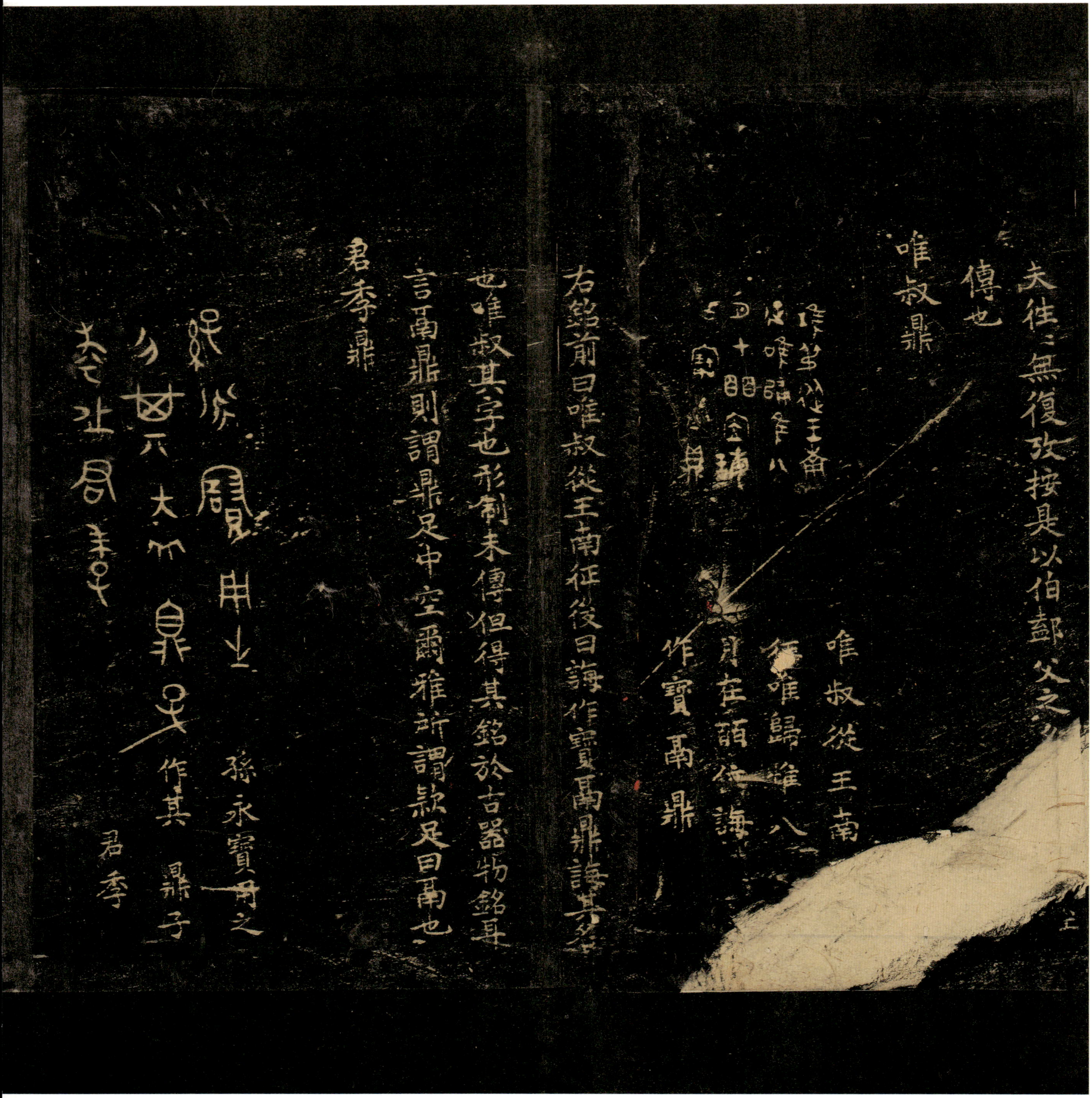

夫往往無復攷按是以伯𨛯父之
傳也

唯叔鼎

唯叔從王南
征唯歸隹八
月在頣伯誨
作寶鬲鼎

右銘前曰唯叔從王南征後曰誨作寶鬲鼎誨其名
也唯叔其字也形制未傳但得其銘於古器物銘耳
言鬲鼎則謂鼎足中空爾雅所謂款足曰鬲也

君季鼎

孫永寶用之
作其　鼎子
君季

按古器物銘云此鼎藏李叔季舍人家然字畫漫
滅銘有君季二字姑以名之其詳未可攷也

圓寶鼎一

惟十有三月用吉金
自作寶鼎其
子子孫孫永用享

圓寶鼎二

同前

右二銘一同得於安陸之孝感上一字[illegible]十有王月合
成一字不顯其名而曰用吉金自作寶鼎者乃周之
君自作此鼎而用之耳

孔文父飲鼎

惟三月孔文父作
飤鼎子孫寶用

銘云惟三月孔父作。飤鼎子孫寶用一字未詳攷古云此器銘謂之鼎而制度乃類乎壺之屬皆未可攷也

叔液鼎

惟五月庚申
叔液自作饙
鼎用祈眉
壽萬年無疆
永壽用之

叔液之名攷諸前代於經傳無所見惟語記周有八士則有叔夜焉豈其族歟

叔夜鼎

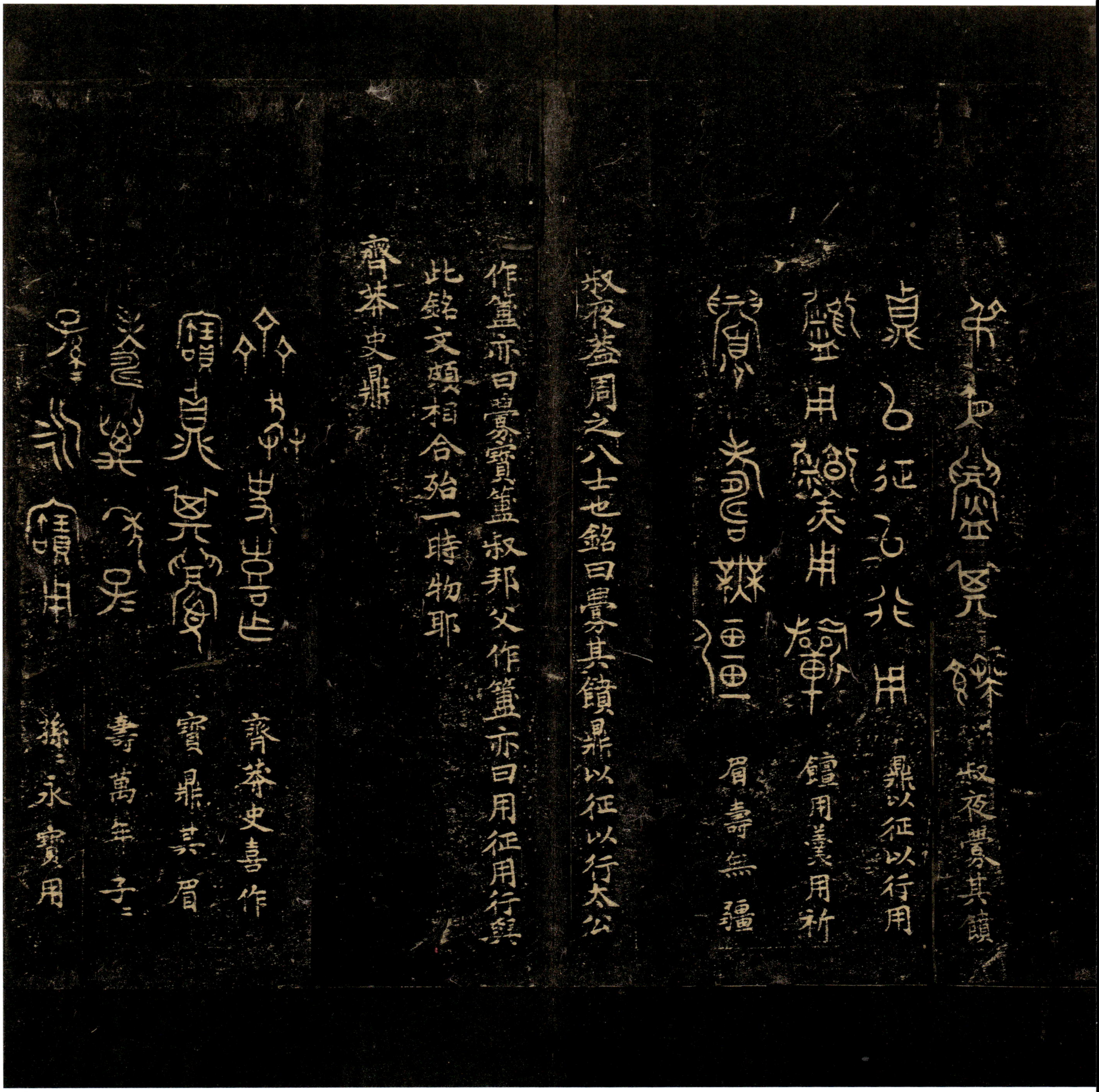
叔夜鑄其饙
鼎以征以行用
鐘用羹用祈
眉壽無疆
叔夜蓋周之八士也銘曰鑄其饙鼎以征以行太公
作簠亦曰鑄寶簠叔邦父作簠亦曰用征用行與
此銘文頗相合殆一時物耶
齊荈史鼎
齊荈史喜作
寶鼎其眉
壽萬年子子
孫孫永寶用

齊荞史喜則古者太史順時覛土是為農官曰
荞則薙氏掌殺草春始生而萌之夏日至而
夷之秋則繩而芟之冬日至而耜之故知荞為史
之職也喜疑亦為名若詩所謂田畯至喜則畯亦
立辰之官喜或以為田畯至喜之喜商父乙鼎曰
辰見北田作冊友史亦史以田言之故知為荞史
明矣

仲偁父鼎

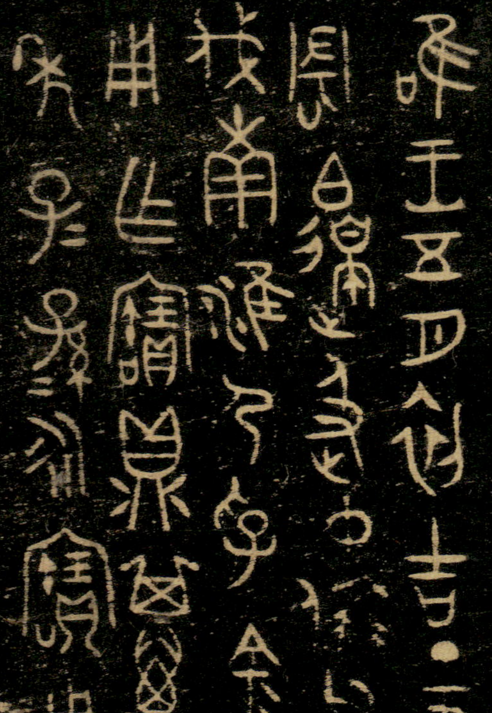

惟王五月初吉丁亥
周伯皐及仲偁父

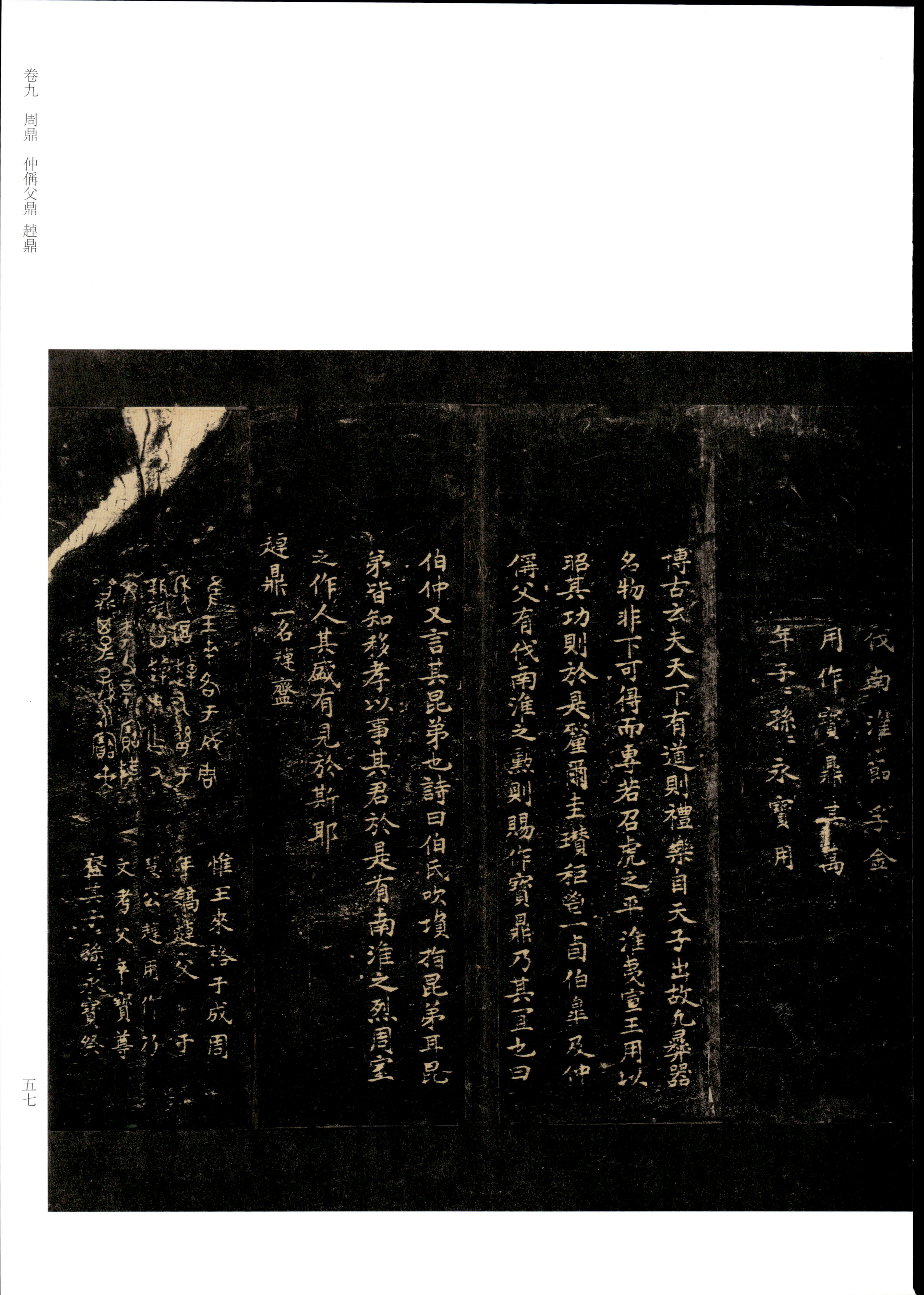

伐南淮夷孚金
用作寶鼎其萬
年子子孫孫永寶用

博古云夫天下有道則禮樂自天子出故凡彝器
名物非下可得而專若召虎之平淮夷宣王用以
昭其功則於是釐爾圭瓚秬鬯一卣伯氏及仲
偁父有伐南淮之勳則賜作寶鼎乃其宜也曰
伯仲又言其昆弟也詩曰伯氏吹塤指昆弟耳昆
弟皆知移孝以事其君於是有南淮之烈周室
之作人其盛有見於斯耶

趠鼎　一名趠盨

惟王來格于成周
年鎬趠父□于
蔑公趠用作祈
文考父辛寶尊
盨其子子孫孫永寶然

銘文云作王來格于成周年鎬言鎬則王在鎬京
之義也趩[illegible]名也而曰作乃文考父辛寶盤而
後一字曰癸亦其商祖己甗癸字相似恐商末
周初器也

歷代鐘鼎彝器款識法帖

錢唐薛尚功編次并釋音

周器款識

鼎

周鼎

王子吳鼎

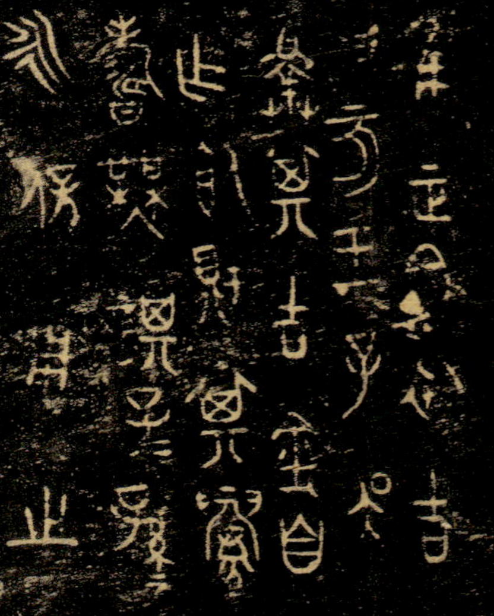

惟正月初吉
丁亥王子吳
擇其吉金自
作飤鼎其眉
壽無諆子孫
永保用之

攷古去鼎字字書所不見然以愚觀之鼎旁作于于乃鬲省古作鬲鬲非耳古人銘識多以三兩字合作一字者如晉姜鼎之西夏鼎圖寶鼎之十有三月總之類是也

文王命癘鼎

惟三年四月庚午
王在豐王呼虢叔
召癘錫駒兩拜稽
用作皇祖文考盉

鼎癘萬年永寶用

銘文言王在豐呼虢叔召癘錫駒兩豐其地也王使虢叔召癘而錫之以駒兩又曰拜稽用作皇祖文考盂鼎鼎蓋形制不傳故考之未詳耳

大夫始鼎

寶用
考日己寶鼎孫〻子〻永
揚天子休用作文
白鋈大夫始敢對
在邦始錫友曰考
獻工錫　錫章王
宮宅王在邦宮始
錫友　琱王在華

王在和宮大夫始
惟三月初吉甲寅

大夫官也始則其名耳既曰王在和宮又曰王在華宮宅又曰王在邦宮後又曰王在邦文意叢雜未詳其義大意因王有錫賚而始乃對揚休命而作鼎耳此鼎曰文考日己師淮父卣曰文考日乙翟癸卣曰文考日癸曰己曰乙曰癸者銘其作器之日也

癸亥父己鬲鼎

癸亥王徙刊作册
般新室王賡作册
豐貝太子錫練大
貝用作父己寶鬲

觀其銘文乃周鼎也而曰父己寶鬲蓋商末周初之
器宜銘後一字乃鬲蓋古文作歷兼鼎足大而空正
爾雅所謂款足曰鬲也曰作册者因君有練大貝之
錫然後享于祖廟故言作册以紀君之命也

南宫中鼎一

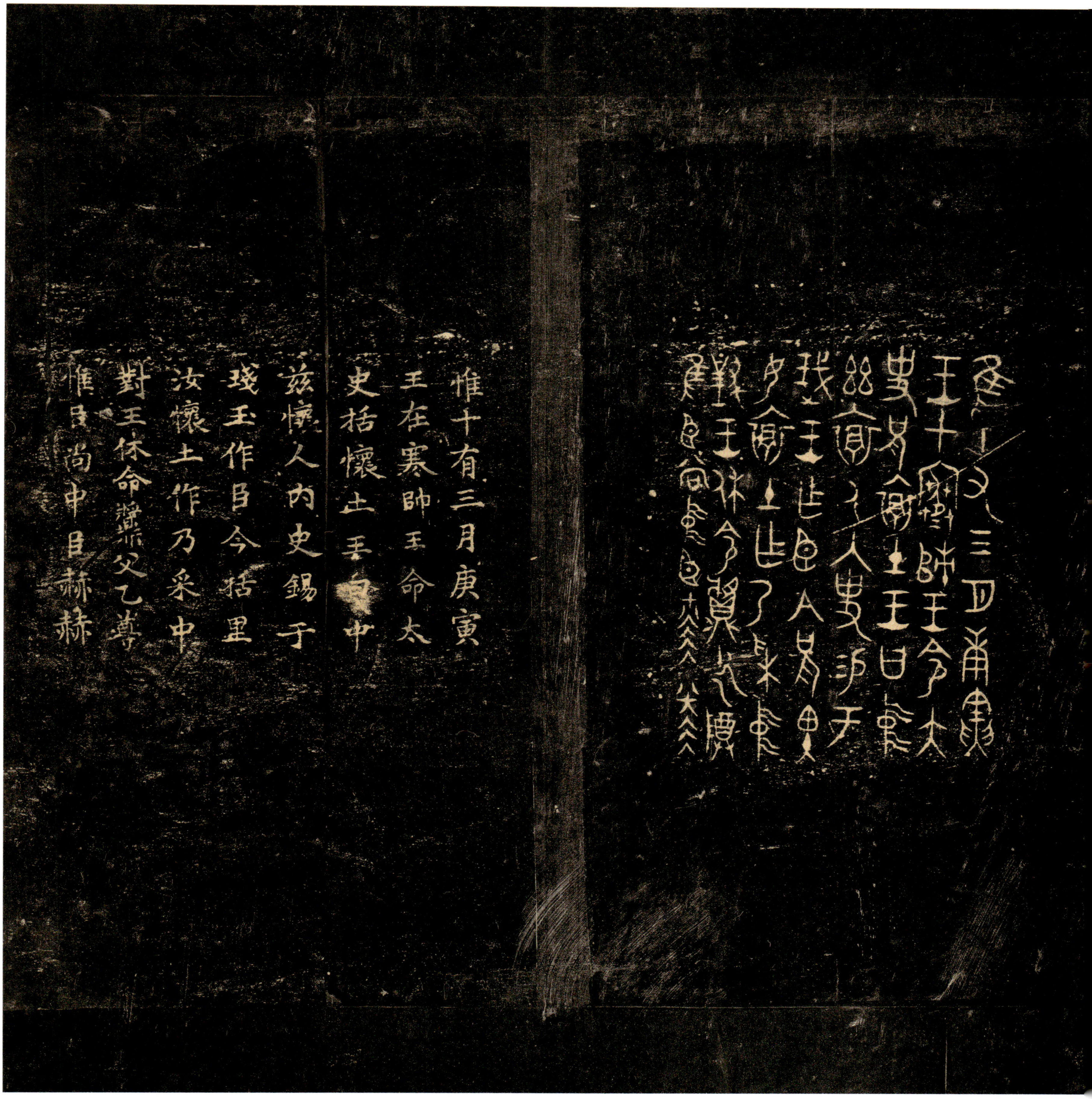
惟十有三月庚寅
王在寒師王命太
史括懷土王中
茲懷人內史錫于
珷王作臣今括畀
汝懷土作乃采中
對王休命𩰫父乙尊
惟臣尚中臣赫赫

南宮中鼎二

南宮中鼎三

惟王命南宮伐反
虎方之年王命中
先召南國貫行埶
王位在射圖真
山中呼歸生原
刋王執刋寶彝

惟王命南宫伐反
虎方之年王命中
先召南國貫行埶
王位在射圃真山
中呼歸生原刊王
埶刊寶彝

右三器皆南宫中所作南宫其氏也中其名也南宫
為氏在周有之如書所謂南宫括南宫毛是也前一
鼎曰錫于珷王集韻云王珷小杯也又言作乃采者
蓋采事也命以立事故因為此鼎而刻之銘也此鼎

也帝謂之□鼎人己尊彝者鼎也曰人己者周初接
商之器也後云惟呂尚中呂赫赫者如赫赫師尹之
義第二第三鼎曰伐虎方者虎方猶鬼方也虎西
方之獸是必因西征而昭其功以銘之耳文王位在
射圓而射字極古如宰辟父敦射字□正作挽
弓之形而此鼎射作□如今之世俗所謂牀子弩
昔豈三代之遺法耶

季娟鼎

正月王在成周
王徙于楚麓令
小臣陵先見楚居
王至于徙居無
遣小臣陵錫貝錫
馬兩陵拜稽首
對揚王休用作
季娟寶尊彝

博古録云昔康王命作册畢曰分居里成周郊則
成周者西周也麓說文以為山林吏又曰林屬於
山為麓則徙于楚麓者謂其山之林麓蓋如書
言大麓之類王欲徙楚先命小臣夌往見以相其
居王至于居也復遣錫貝錫馬及兩所以賞之曰
季娟者說文云通作妘以謂祝融之後姓也富辰
嘗舉叔妘而韋昭亦以妘為妘姓之女則娟乃其
妃也曰季者又特言其序耳詩所謂彼美孟姜仲

氏在只有齊季一丈七寸指其序也

公緘鼎

惟十有四月既死
䰟王在下保雝公
緘作尊鼎用追享
孝于皇祖考用乞
眉壽萬年無疆
子子孫孫永寶用

惟十有四月古器多有是文圓寶鼎云十有三月己
酉戍命尊云十九月方寶甗亦云十有三月疑嗣

王居喪雖踰年未改元故以月數也既死魄者記
其日也王在下保雝者疑宮名如西雝之類

師秦宮鼎

惟五月既望王
于師秦宮王格
于享廟王錫
敢對揚天子不顯
休用作尊鼎其

萬年永寶用

按博古録云銘四十七字磨滅不可攷者十有二字曰惟五月既望者猶書朏望生明生魄以紀時紀日也其曰師秦宮則師秦之宮以名其人猶師[illegible]師毀也王格于享廟而有錫焉則錫命而賚于祖也已受命于君則當有以對揚之詩曰對揚王休書曰對揚天子之休命此言敢對揚天子丕顯休蓋亦如是夫然後可以作鼎寶用而祝之以萬年為詞云

伯碩父鼎

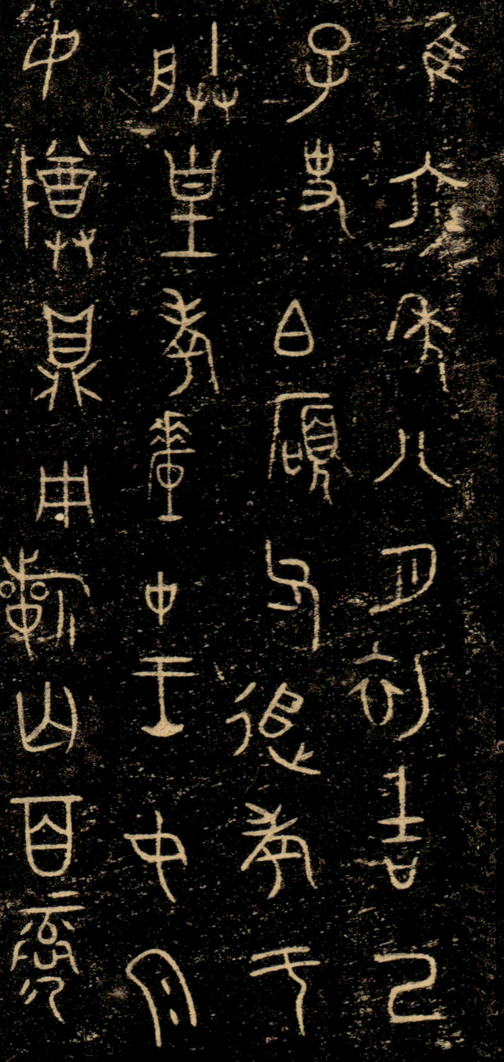

惟六年八月初吉己
子史伯碩父追孝于
朕皇考釐仲王母乳
母尊鼎用祈匄百禄
眉壽綰綽永命萬年
無疆子=孫=永寶用享

博古録云銘曰惟六年八月初吉己者以年繫月以月
繫日也曰子史伯碩者伯碩父雖不見於經傳然周
有太史内史之官謂之子史則稱於父曰子舉其官
曰史而伯碩父則又其名也曰追孝于朕皇考釐仲
王母乳母者用昭孝享于其考妣也釐謚也而曰
釐仲者蓋古人以字為謚因以為族則仲疑其族
也若王母乳母則追孝皇考而并及之其曰綰綽
則祝以優裕之辭耳

史頙父鼎

史頙作朕皇考釐仲
王母乳母尊鼎用追享
考用祈匃眉壽永命
令終頙其萬年多福
無疆子孫永寶用享

史頙者雖不見於經傳蓋史則言其官頙則疑其
名是器與前伯碩父鼎言其考妣謚號太宰相

類然此鼎差小特不紀其歲月雖辭有詳略
器有小大不害其爲同寔一時之物也

微欒鼎

隹王廿又三年九月王
才宗周王令微欒𤔲
九陂欒乍朕皇考䵼彝
尊鼎欒用享孝于朕皇
考用易康𩁹魯休屯右
眉壽永令霝冬其萬年
無疆欒子子孫孫永寶用享

惟王廿有三年九月王
在宗周王命微欒總治
九陂欒作朕皇考䵼彝
尊鼎欒用享孝于朕皇

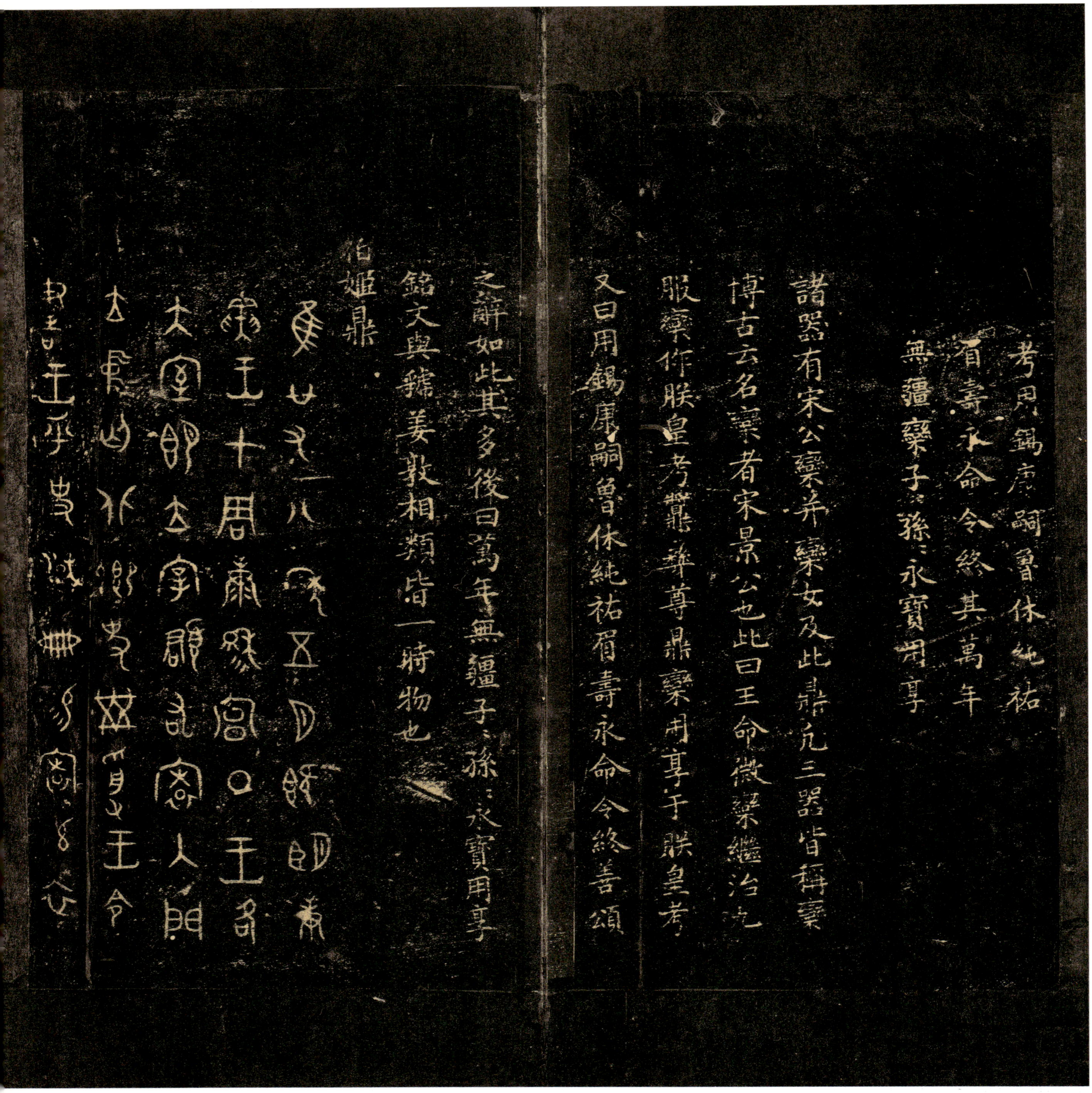

考用錫康勵魯休純祐
眉壽永命令終其萬年
無疆欒子子孫孫永寶用享

諸器有宋公欒弃欒女及此鼎凡三器皆稱欒
博古云名欒者宋景公也此曰王命微欒繼治九
服欒作朕皇考鬻彝尊鼎欒用享于朕皇考
又曰用錫康勵魯休純祐眉壽永命令終善頌
之辭如此其多後曰萬年無疆子子孫孫永寶用享
銘文與𩰫姜敦相類皆一時物也

伯姬鼎

惟廿有八年五月既望庚
寅王在周康穆宫旦王格
大室即位宰頵右寰入門
立中廷北鄉史㳟受王命
書王呼史減冊錫寰玄衣
束帶赤市朱黄鑾旂鋚勒
戈琱戟縞韠彤矢寰拜稽
首敢對揚天子不顯厚休
命用作朕皇考鄭伯姬尊
鼎寰其萬年子孫永寶用

右鼎銘與前微欒鼎銘相類欒鼎曰惟王廿有三年九月王在宗周此鼎曰惟王廿有八年五月既望庚寅王在周康穆宮寰卽其名也寰入門立中廷北鄉史恭受王命書王呼史減冊減乃史之名也錫寰玄衣朿帶赤市朱黃鑾旂鋚勒戈琱戟緱韍彤矢便蕃如此此寰所以拜稽首對揚天子丕顯魯休命而為其皇考鄭伯姬作此尊鼎也文詞典雅字畫妙絕使人觀之盡日不厭云

晉姜鼎

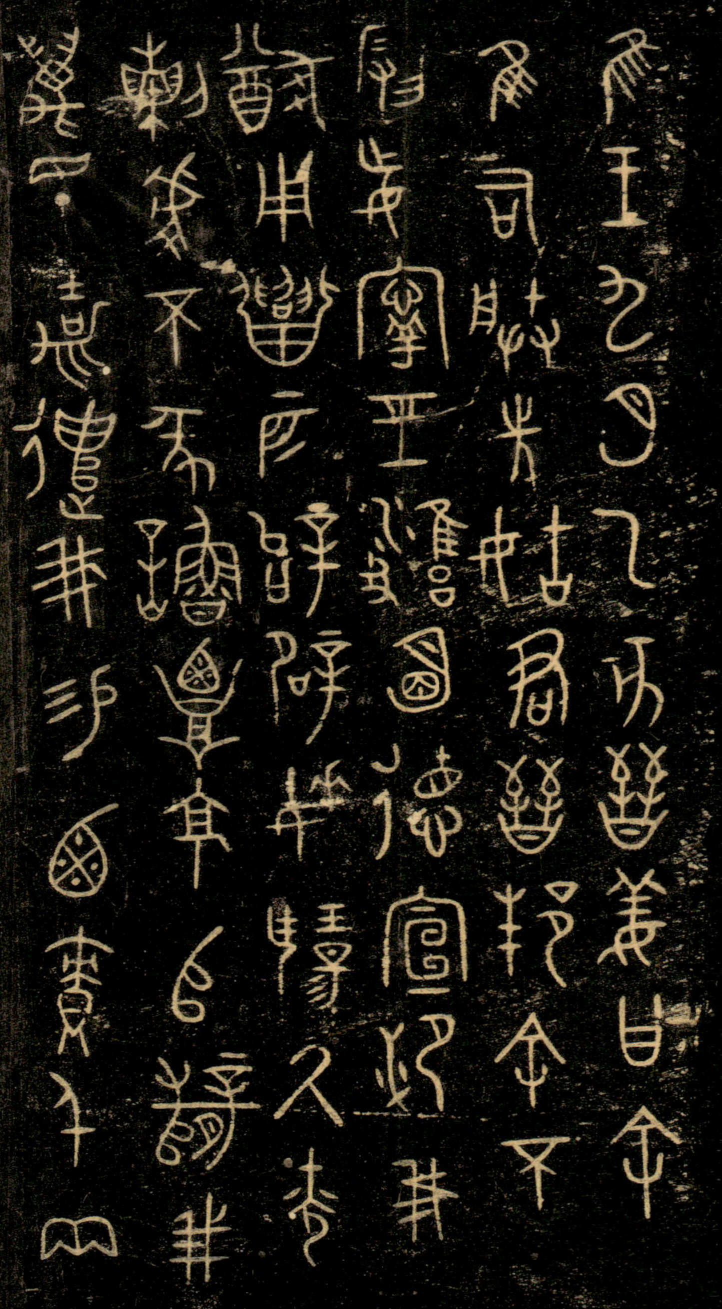

惟王九月乙亥晉　曰余
惟嗣朕先姑君晉邦余不
叚妄寧經雝明德宣邲我
猷用招所辥辟妥揚乃光
烈虔不墜譚覃亭以孽我
萬民嘉遣我錫虎責千兩
勿廢文侯顯命畀貫通弘
征綏湯原取乃吉金用作

寶尊鼎用康頣妥懷遠廷
君子晉姜用祈綽綰眉壽
作惠爲亟萬年無疆用享
用德畯保其孫子三壽是利

謹按重修博古圖録云晉姜齊侯宗女姜氏以其
妻晉文侯故曰晉姜觀其始言君晉邦取其寡
小君之稱以正其名中敘文侯威貴[illegible]以正綏蕩
原以顯己之有助迨其末也又言保其孫子三壽
是利則三壽者與詩人言三壽作朋同意蓋晉
姜作此鼎非特保我孫子而外之三卿亦冀壽
考也款識條理有周書誓誥之辭而文字畫妙
絶可以為一時之冠又按劉原父先秦古器記云
此鼎得於韓城韓者古建國有晉姜有文侯於
曲沃宗廟器也復作贊曰文侯翼周乃錫彤弓
姜氏載德既佑武公并國享晉維政之隆師服
刺仇非議之中

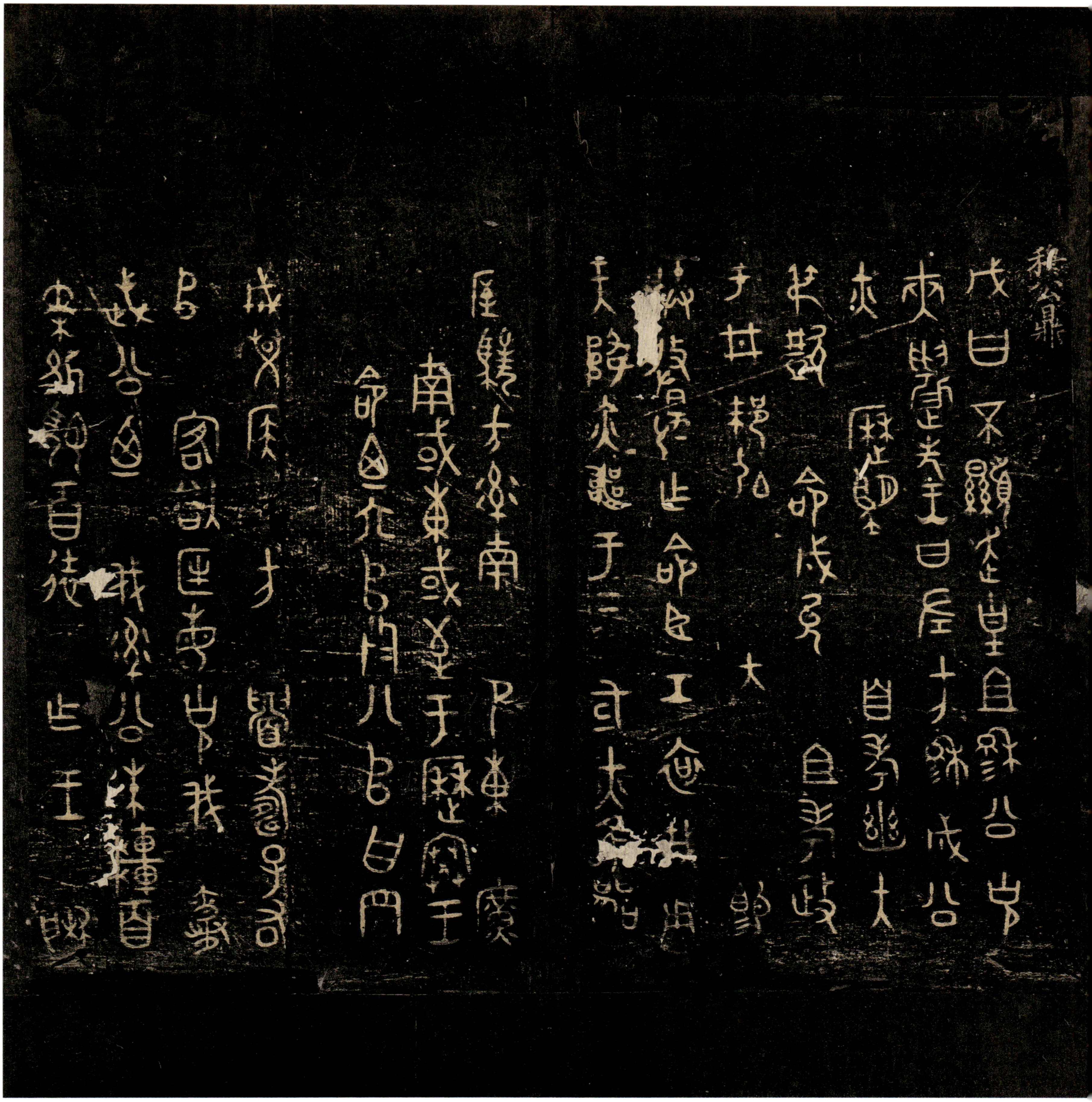

成曰丕顯朕皇且公穆公克
夾召先王曰左于穆成公
亦歷登目考幽天
秋嚳命襄王
于邦弘
朕般右作命且工哀戕用
天降亦喪于上或亦雉咎
屋方辜南
南域東戌至十歷寒王

命迺六以　咨曰晁
成恭侯　方　壽子佑
𠂤各㱃　毋忘我　爵
武公迺　我率　朱軒　百
參　百徒　作王
揚六　以
侯　勿　壽年雩
至于　京我
方　成
用作
其萬子孫寶用

謹按宣和重修博古圖録云銘二百一十二字漫滅不可
推者八十二字是鼎得於華岳迺秦故地曰不顯走言
者周不顯乃所以甚言其顯也走者如太史公以
牛馬走則走乃自卑之稱皇祖考者敘秦世次
武公次成公而穆公又其次今銘復先穆公次言成公後
言武公者質諸經傳莫不有意蓋昔商之禘祀
自上推之下尊尊之義故長發之詩曰有娀方將

又曰元王元孫相上烈而終之以實維阿衡實左
右商王此先言有娀以及高至於相土成湯而下然
後及於阿衡也周之禘祀自下而推之以親親之義
故雝之詩既右烈考亦右文母益[illegible]
于文母也自上及下則原其始而知王業之所由興
自下及上則本其近而昭王業之所成當時各有
主名既鼎之文世次亦有所主也其餘以歲既
久類多缺矣今從考姑就其可以意得者如此

鍾鼎[illegible]帖

歷代鐘鼎彝器款識法帖

錢唐薛尚功編次并釋音

周器款識

尊　卣　壺　舟

周尊

月季尊一名月星尊

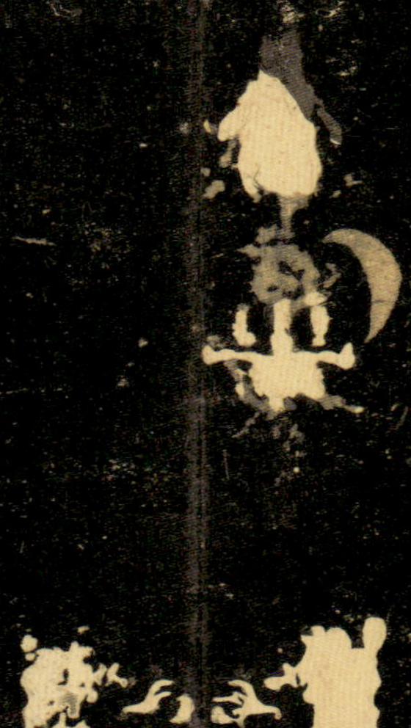

季

月季者月遡日以為明日道也季疑其為名氏蓋
季字上从禾而下从子耳或云是月星上下為禾
稼之形月有遡明之道星有拱北之理禾有養人
之實允取以為飾者嘗以是為義焉蓋銘之斯所
以戒之也

乙舉尊

乙舉

按字書云舉从手从與以手致而與人之意獻酬之義也記禮者言杜蕢洗而揚觶以飲晉平公而公曰毋廢斯爵至于今謂之杜舉然則觶亦謂之舉寔基於此昔蔡出龜而謂之蔡冀出馬而謂之驥皆相因而得名也是知舉之為器其義亦文

罍市尊

罍市

作寶尊

罍其姓氏也市則其名尔中一字未詳楚有大夫罍左

伯克尊

膚伯克

當不知其為名與氏也商有鬲彝旁加𠂤字曰伯克
者伯其序也克其名也

師艅尊

作尊彝

王汝上侯師
艅從王夜功
錫師艅金艅
則對揚乃德
用作乃文考
寶彝孫孫子子寶

曰汝上侯者上侯猶上公曰上公以言其官曰師艅以
言其人師艅既有王功於是王乃錫艅金而俾作器
以薦宗廟故又曰錫師艅金艅則對揚乃德用作
乃文考寶彝其言文考與詩言文人同字書德字
从彳而此器从直蓋德出於道从直亦篆籀之本意
由此於金石遺文每得以攷正其字畫之謬云

召公尊

王大召公族于庚辰
旅王錫中馬自賓
侯四駿南宮括王曰
用先中執王休用
作父乙寶尊彝

同前

按博古録云召公奭在成王時作保封于燕其國鮮小
不通諸夏至簡公已二十九世乃齒諸侯又十一世而燕
始亡此器乃周王襃大召公之族至于廟之器也又旅
陳其王所錫之馬駿〻衆多也錫馬蕃庶號于南宮

南宮亦廟也此所謂褒大之也乙者公之名王褒大其
廟為其父作此寶器乃周家召公子孫之酒彝也
愚嘗詳攷此尊恐非謂周之召公也政和八年安陸
之孝感獲六器有鼎有甗皆南宮中所作而此尊
亦曰錫中馬中謂其名無疑也南宮中鼎云䵼鼎父乙
尊南宮中甗云作父乙寶彝此言父乙寶尊彝父
乙之字亦不少異安陸所獲皆曰南宮此尊亦曰南
宮又中鼎云王命太史括括字作□此尊亦曰南宮
括而□亦如之中鼎皆云先相南國相字作□此
尊言大相公族而相字作□字體亦同蓋前人釋
□此為相然古尚書乃召六卿而召作□恐此字音
直交切乃召命之召非周召之召也如此則中鼎云先
召南國此尊言大召公族文意稍通中鼎曰王執而
此尊曰執王中鼎云錫于珷王而此尊云錫中馬自
貫侯四駛又此尊言自貫侯而中鼎言貫行執此
尊言先中而中鼎言中先無一不合者大意謂中

有伐虎方之功而因君錫命作父乙之廟器耳同
吾所好者更爲詳究之

高克尊

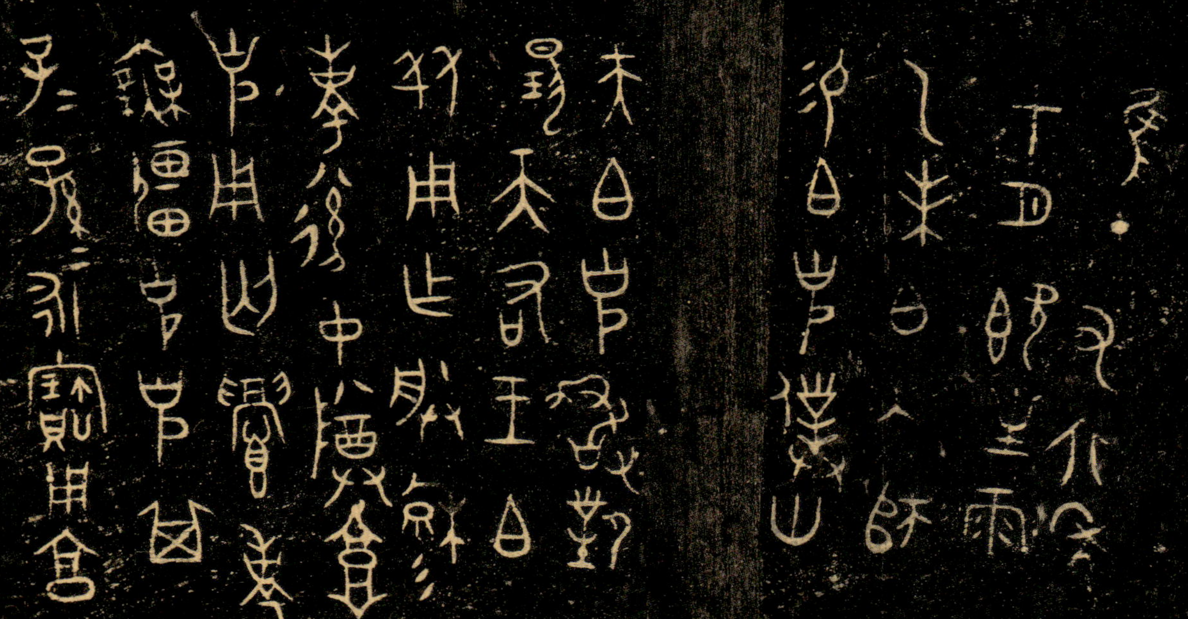

惟一年六王
十月既生魄
乙未伯大師
錫伯克僕山
夫伯克敢對
揚天佑王伯
友用作朕穆
考後仲尊高
克用丐眉壽
無疆克克其
子孫永寶用享

博古云銘五十八字曰克敢對揚天佑用作朕穆考後
仲尊高克用、丙眉壽高克者不見於他傳惟周
末衛文公時有高克將兵後卒奔于陳疑克者迺
斯人歟若然則是器蓋衛物也其曰作朕穆考則
又言宗廟之制也蓋天子有三昭三穆與太祖之廟
而七諸侯有二昭二穆與太祖之廟而五至於言考
則又特止其父而已故謂其大父曰王考謂其曾祖
曰皇考謂其高祖曰顯考此言其穆考之法也周
室至於春秋諸侯分裂之時其世雖衰而至於典
刑文物者尚在於是立言有如此者又

周卣
孫卣

孫

右銘一字曰孫狀尸形蓋孫可以為王父尸而神依人

而行託物而見則其視聽食息者足以形容此古人所以事死如事生事亡如事存其尸而祝之者蓋不逃乎此理是器特其人形以銘之豈不欲其神之有依託歟

伯寶卣

蓋

伯作寶
尊彝

器

同前

伯寶卣二

蓋

同前

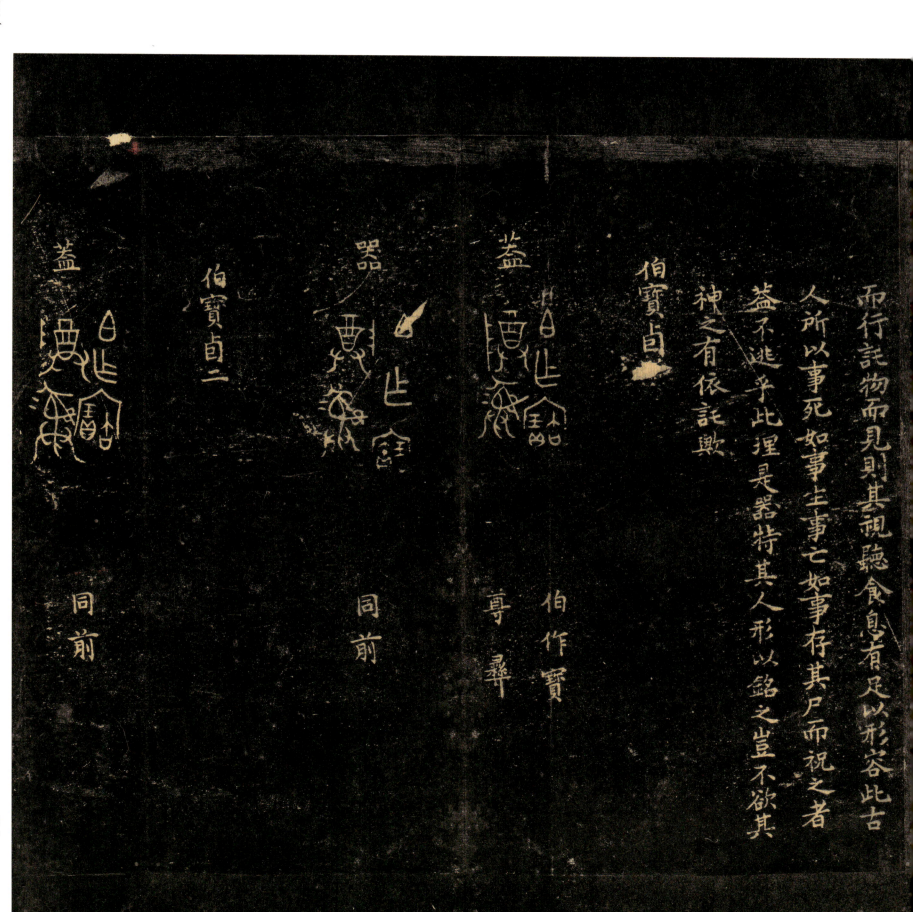

器

同前

伯寶卣三

蓋

同前

器

尊彝
伯作寶

右三器銘文皆曰伯作寶尊彝當是一時物且古之以官稱伯者有二焉曰矦伯比五等之爵也曰方伯連率則在五等之外所以率諸矦者蓋其為伯則宜有以作彝器以告于前人如作寶彝之類

是也或以伯仲稱者或以其字稱者必有一於是也
然是器卣也而曰寶彝盉彝者常也法度之器
也先王之於器用未有不以常法爲貴者

州卣

盉　州乍父乙寶彝　州作父乙寶彝

器　州乍父乙寶彝　同前

右卣盉器皆有銘文同曰州者不知其爲名
與氏也卣非庶人可有必當時公矣卿士世
禄之家所用耳

大中卣

大中乍　大中作
父丁彝　父丁尊

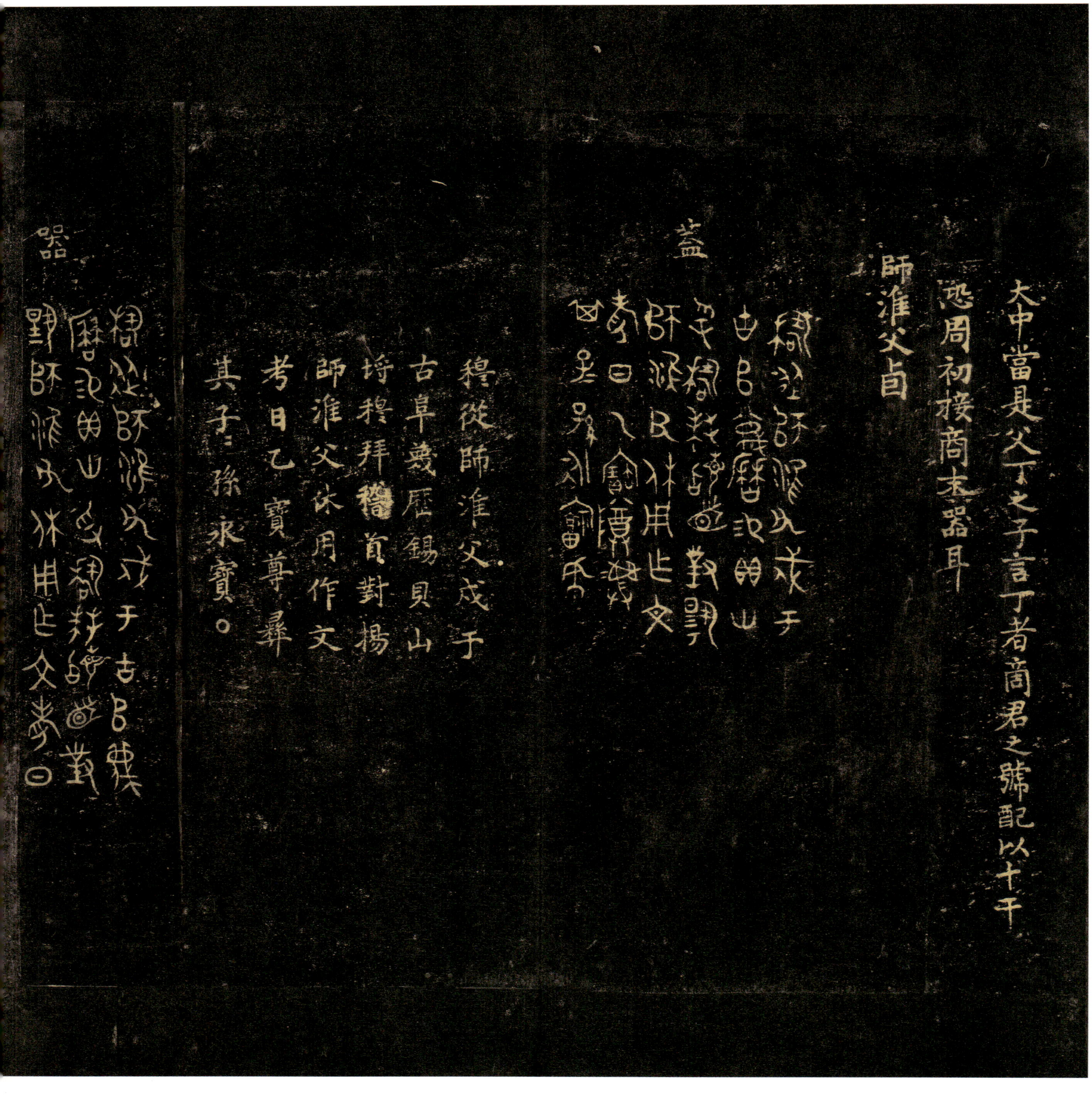

大中當是父丁之子言丁者商君之號配以十干恐周初接商末器耳

師淮父卣

蓋

穆從師淮父戍于古阜蔑歷錫貝山埒穆拜稽首對揚師淮父休用作文考日乙寶尊彝其子子孫永寶。

器

穆從師淮父戍于古𠂤蔑
歷錫貝卅寽穆拜稽首對
揚師淮父休用作文考日
乙寶尊彝其子子孫永寶。

博古録云其曰穆從師淮父戍于古𠂤者穆與淮
父索諸經傳悉無所見戍則如詩言遣戍役之戍
謂穆從淮父以戍役于古𠂤也曲禮生曰父曰母死
曰考曰妣此曰文考葢後世追享之器耳曰日乙者
舉其日之吉也亦猶大夫始鼎曰日己寶鼎文考
尊曰日癸尊彝之類舉日之吉者可以嚴其事也

尹卣

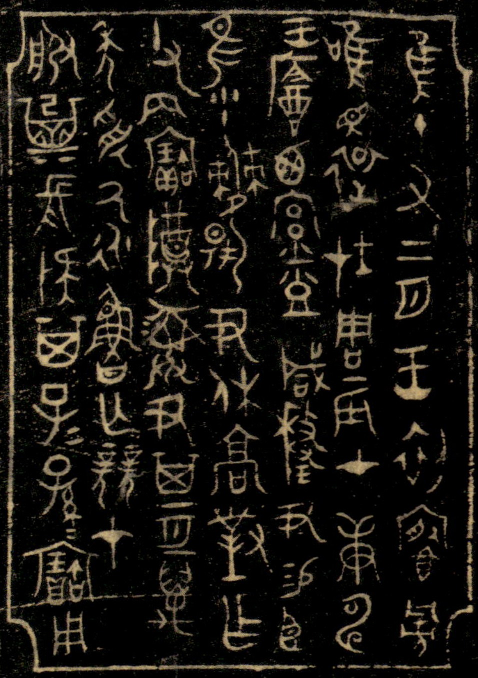

惟十有二月王初祭旁
唯還在周辰在庚申
王飲西宮𤏶咸釐尹錫臣
亞形中
雉贊揚尹休高對作
父丙寶尊彝尹其亘萬
季壽乃永魯無競在
服祀長疾其子=孫=寶用

是器蓋尹休高對揚君命而作父丙寶尊彝也昔人作器未嘗不尊君命而謹其時日故曰惟十有二月王初祭旁又曰辰在庚申言旁者如書之言哉生魄旁死魄之類也言庚申則又指其日辰矣涓日之設不獨用於祀事至於錫命造器罔不先此而況卣所以格有廟昭功德以示其子之孝可不謹其始耶又曰尹其亘萬年受乃永魯則又當讀作壽古人用字或如此亦其理之所在也

單癸卣

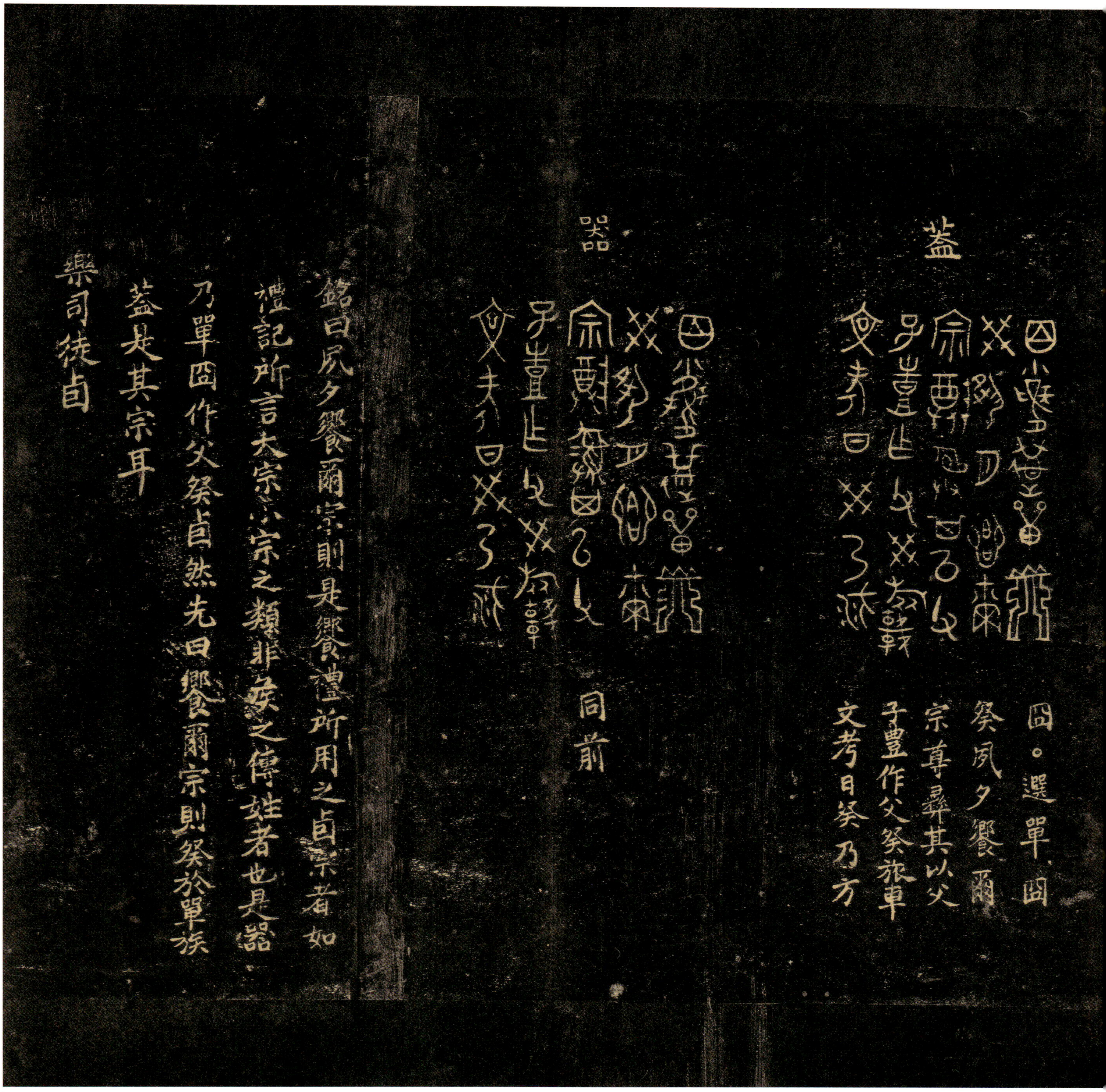
蓋
器
囧。選單、囧
癸夙夕饗爾
宗尊彝其以父
子豊作父癸旅車
文考日癸乃方
同前
銘曰夙夕饗爾宗則是饗禮所用之卣宗者如
禮記所言大宗小宗之類非癸之傳姓者也是器
乃單囧作父癸卣然先曰饗爾宗則癸於單族
蓋是其宗耳
欒司徒卣

樂大司徒
子象之
弘作旅卣
其眉壽子〻
孫〻永寶用

周官有天地四時之職是為六卿惟大司徒實掌地事曰樂大司徒則樂者姓氏也宋戴公四世之孫有曰樂莒而後世子孫因以為氏又曰司徒子象之子弘作旅卣蓋言司徒之孫作是器也言旅者舉其衆耳非一器也有旅進旅退非一之狀

周壺

召仲考父壺

用祀用饗多福滂滂

用祈眉壽萬

年無疆子子孫孫

永寶是尚

惟六月初吉丁亥

召仲考父自作壺

用祀用饗多福滂

用祈眉壽萬

年無疆子子孫孫

永寶是尚

小篆壺作壺上爲蓋中爲耳下爲足象形篆

也而此壺文更奇古體類大篆乎已加于周宣

以後物也召仲考父雖於經傳無所見然周有

召伯召虎最為聞家令姓豈其功臣之世賢者
之類耶而文曰用祀用饗多福滂語極典古周
禮朝踐用兩壺尊用祀之謂也左傳周景王燕
晉文伯尊以魯壺用饗之謂也許慎曰渥衍
沛滂言多福與渥澤也

周舟

黃季舟

黃季之季
用其吉金自作
舟其永用之

右銘云黃季之季用其吉金自作舟其永用之舟

亦酒器以著沈湎之義

周斝

子乙斝一

子乙

子乙斝二

子乙

右二斝唯子乙字稍異前器乙向左後器乙向右當是同周之器若旅簋列鼎之類也子者五等之爵也乙蓋其氏周有乙公得者則乙恐其裔耳

父丁斝

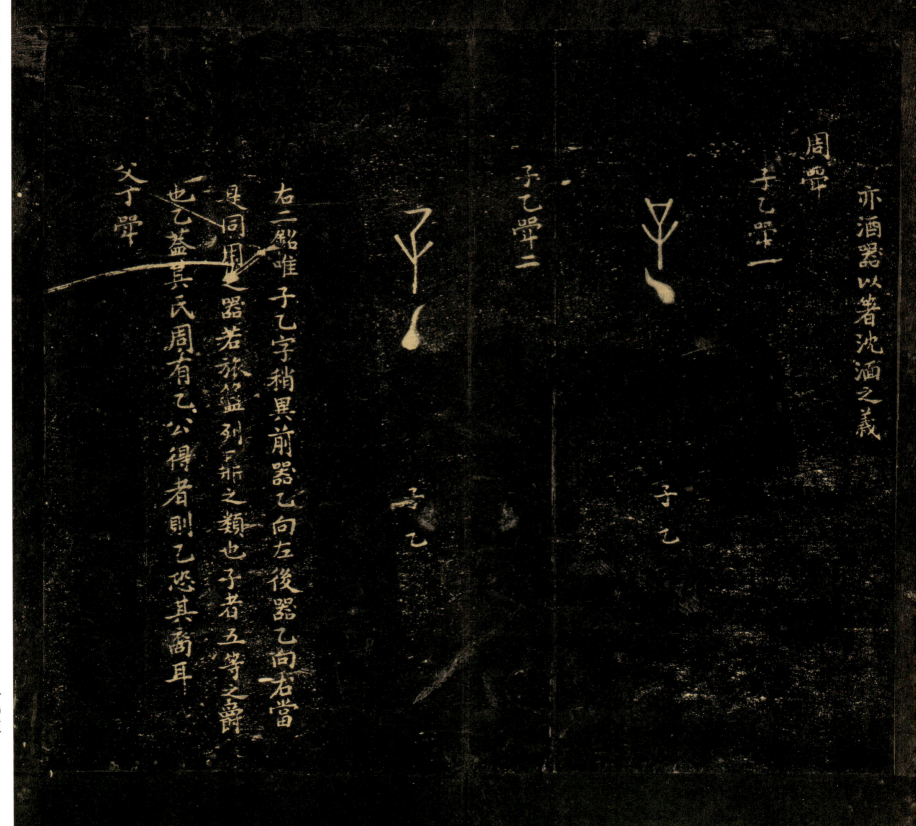

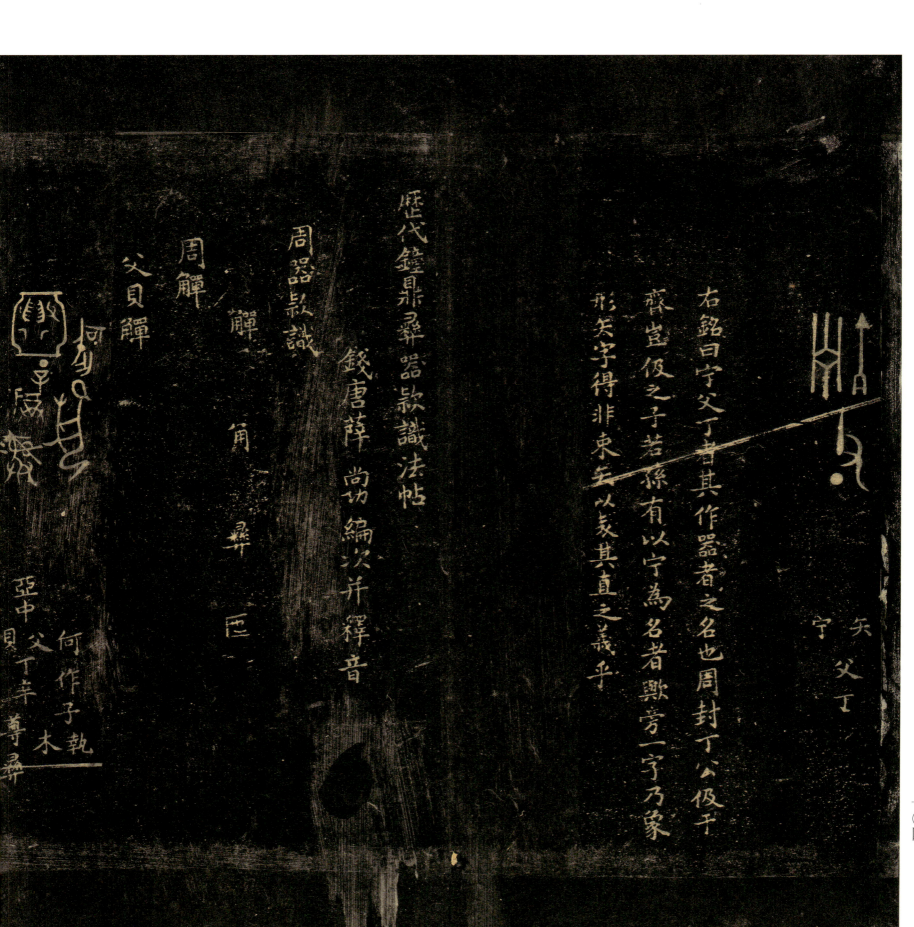

矢　父丁
宁

右銘曰宁父丁者其作器者之名也周封丁公伋于齊豈伋之子若孫有以宁為名者歟旁一字乃象形矢字得非東矢以表其直之義乎

歷代鐘鼎彝器款識法帖

錢唐薛尚功編次并釋音

周器款識

觶　角　彝　匜

周觶

父貝觶

何作子執
木
亞中
父丁辛
貝
尊彝

右銘何作子父貝丁辛尊彝而子作執木形稽之爵卣或以父舉或以父庚為號此云父貝書其名也而是觶則設之祭祀宴享之間所不可廢者此書名所以示其謹耳

周角

雙弓角

冊　弜　冊
作祖乙

亞中　子立戈執艸

右銘中作雙弓者弜字也玉篇音渠良切彊也作器者之名也葢弜為祖乙作此器耳旁作兩冊

亦皆人君册命之意亞者如商器所謂廟室也
亞形中作立戈之象者子執艸也亦宗廟之尊
之器耳銘識與古金類商器

周彝

五彝

五

右銘一字曰五者乃其次序且一

伯宋彝

伯宋

右銘二字曰伯宋伯者伯仲之次宋即其姓氏耳

雲雷彝

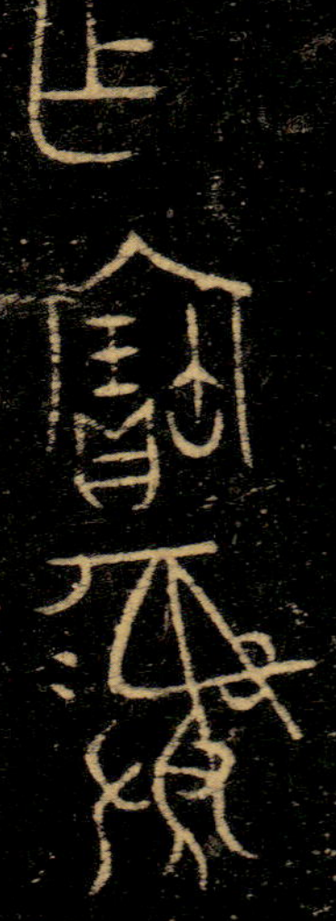

作寶彝

右銘三字曰作寶彝是器以雲雷為飾故傳古
名之曰雲雷彝

雷文彝

作寶彝

銘三字亦曰作寶彝字畫高古而不書名豈讓
賢也歟

雞單彝

旗雞單

右銘三字曰旗雞單曰單者叔向所謂周其興
乎其有單子也故知單所以為姓曰旗則穆公旗

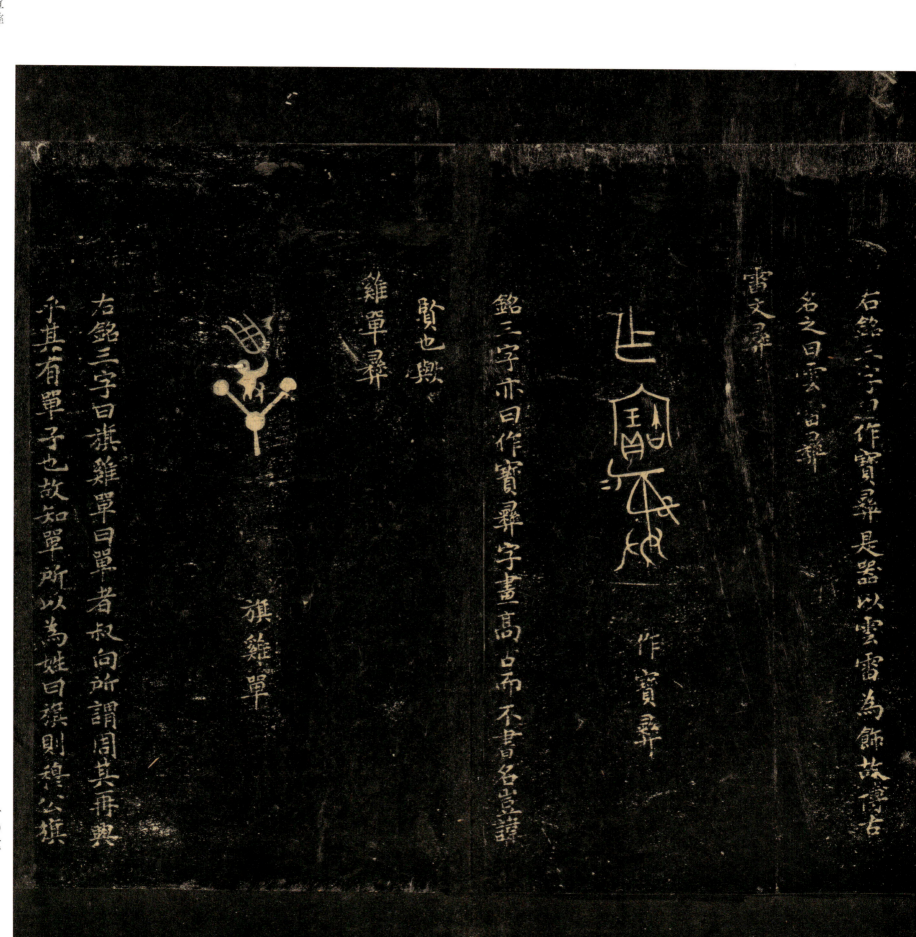

也單自襄公至穆公凡六世而世有明德今所載
單父乙鼎銘曰旗單而文鏤亦相似耳

虢叔彝

虢叔作

周器言虢叔甚多有所謂虢叔作尊鬲者有所
謂虢叔作叔殷鬲者虢言其姓也叔言其序也

篆帶彝

作寶尊彝

右銘云作寶尊彝不著名氏器類敦蓋而名曰
彝彝者法度之器也

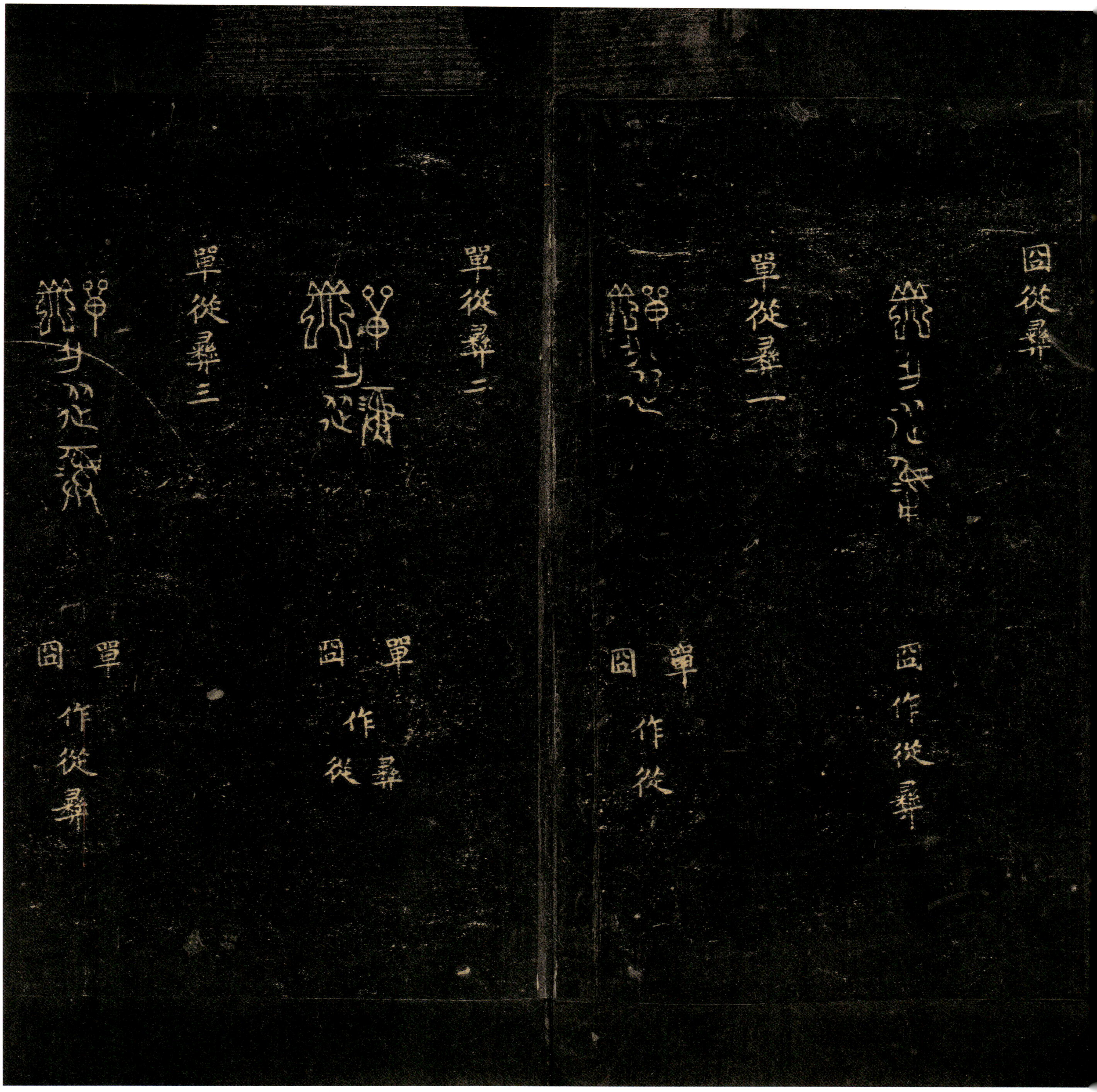

囧從彝

囧作從彝

單從彝一

單作從
囧

單從彝二

單作彝
從
囧

單從彝三

單作從彝
囧

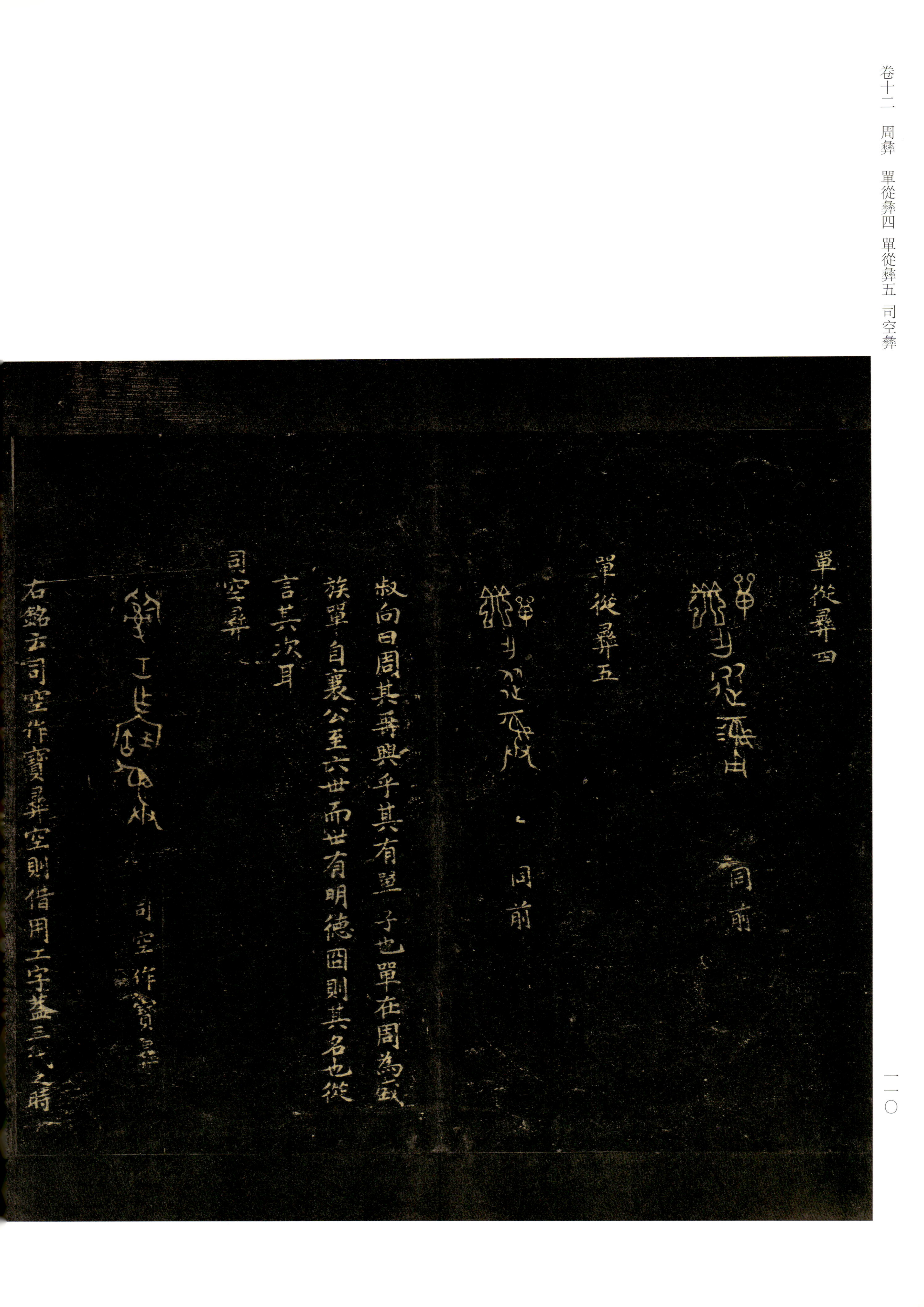

單從彝四

同前

單從彝五

同前

叔向曰周其弊與乎其有單子也單在周為戴
族單自襄公至六世而世有明德因則其名也從
言其次耳

司空彝

司空作寶彝

右銘云司空作寶彝空則借用工字蓋三代之時

未必字字皆有必依聲託事假借而用之耳

召父彝

召父作乃

寶彝

召父則召公奭也凡周器彝有六而因形以爲用見於銘載者類書錫命孝享此曰作乃寶彝銘識篆古眞周初之物也上一字磨滅未詳以愚觀之即考字訛缺且寔孝享之器也

叔寶彝

叔作寶

尊彝

銘云叔作寶尊彝且尊用以酌彝用以祼是故尊彝之所用也不同此統言尊彝者蓋先王

之時用器不中度不鬻於市或在於作為淫巧以法度為繩約要使其器可尊可法而後已是以泆子作盉而銘曰寶尊盉金作敦而銘曰尊敦父己作彝而銘曰尊彝犧叔作鬲而銘曰尊鬲此曰尊彝者非六尊之謂也曰叔則周之以叔名者如犧叔榮叔祭叔之類也上一字磨滅故不可攷其為誰也

品伯彝

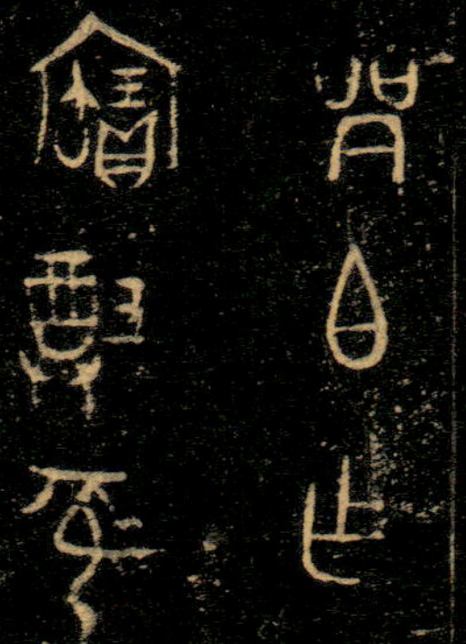

品伯作
寶尊彝

銘曰品伯作寶尊彝品作三口而一覆其下古人作字左右反正不拘偏旁之位置耳品伯不知何人也

伯映彝

古伯映作宥作
寶尊彝

伯映於經傳無見大槩與周叔彝相似則知伯映為周人無疑伯恐其字耳而字畫尤更高古可愛

周匜

叔匜

叔作旅匜

右銘云叔作旅匜如伯作寶鬲特以伯仲第其序耳旅匜說在伯温父甗篇

父癸匜

爵方父癸

按博古録云周之君臣其有癸號者惟齊之四世癸
公慈母也太公呂望實封於齊其子曰丁公伋伋之
子曰乙公得得之子曰癸公慈母慈母之子曰哀公目
然則作是器也其在哀公之時歟故銘父癸者此也
昔之匜通用於人神此銘父癸則其祭祀宗廟之
器耶此匜也而銘有曰爵者豈詩所謂洗爵奠斝
之意歟方事洗盥則不可無匜爾

季姬匜

季姬作匜

昔晉文公重耳母曰季姬晉悼公娶季康子之妹亦
曰季姬而文公母乃翟狐氏女太史公嘗以狐季姬稱
之則此曰季姬者必有一於斯焉是匜盥器也易謂
盥而不薦則潔以至誠而已奉祭祀者夫人之職

此以季姬自銘蓋其職歟

孟皇父匜

孟皇父
作旅匜

博古録云昔魯桓公之後析爲三族有仲孫叔孫季孫焉仲孫於三桓氏爲長乃曰孟氏此孟族所由出也是則孟乃仲孫之氏而姬則姬也詩十月之交曰皇父卿士而釋者謂皇父字也然則此曰皇父亦其孟之字與曰作旅匜則又言非止一器所以御賓客供盥濯者宜非一耳

張伯匜

張伯作旅匜
其子子孫孫永寶用

按劉原父先秦古器記云按其銘曰張伯作旅匜張伯不知何世人似亦張仲昆弟矣匜者盥器其形制可以挹可以寫足以效其用贊曰伯也何人不見詩書仲友其兄此之謂與嫣嫣寶匜龍角虎軀禮之象類可得求諸

寒戊匜

寒戊作寶匜
其子孫永用

一石銘云寒戊作寶匜寒戊必作器者之名也未詳其[illegible]

司寇匜

作司寇彝用[illegible]之
周歸維之百寮[illegible]
之四方永作祐福

右銘三字未傳按周官大司寇之職掌建邦之六典以佐王刑邦國詰四方小司寇之職掌外朝之政以致萬民而詢焉則司寇在周官者蓋有小大之異是器銘文曰維之言察則非大司寇不足以當是語也

文姬匜

器

丙寅子錫　貝
用作文姬己寶
彝十一月有三

鋬

析子孫

右銘二十一字初曰丙寅紀其時也次曰錫龜貝作文姬寶著其名也鋬作析子孫者貽厥子孫之義

義母匜

仲姞義母作
旅匜其萬年
子孫永寶用

博古録云按國語晉公子重耳過秦穆公歸女五人懷嬴與焉奉匜沃盥既而揮之是昭以謂嫡入于室媵御奉匜盥是器銘曰仲姞義母作旅匜者蓋晉文公重耳娶齊女姜為正嫡次杜□次偪姞次季隗然杜□以姞生襄公故巽而上之居第二是為仲姞以隗在狄所娶故巽而已次之是為季隗不□自居第四昔趙孟嘗曰母義子愛足以威民則義母者杜□也禮曰銘者自名以稱揚其先祖之美則所謂仲姞者自名也義母者褒之謂杜□也按通禮義纂以謂媵御交盥蓋媵送女之從者御壻之從者夫婦禮始相接廉恥有閒故媵御交相為洗以通其志彼其婚姻歟此稱義母則非初嫁之時其子職在焉故也

稱旅匜則非文盟所用特其匜之不一耳

齊侯匜

齊侯作楚姬
寶匜其萬年
子〻孫永保用

按楚與齊從親在齊湣王之時所謂齊侯則湣王也周室之末諸侯自王久矣銘其器以侯稱之尚知止乎禮義蓋彝器者法度所自出故其銘如此

杞公匜

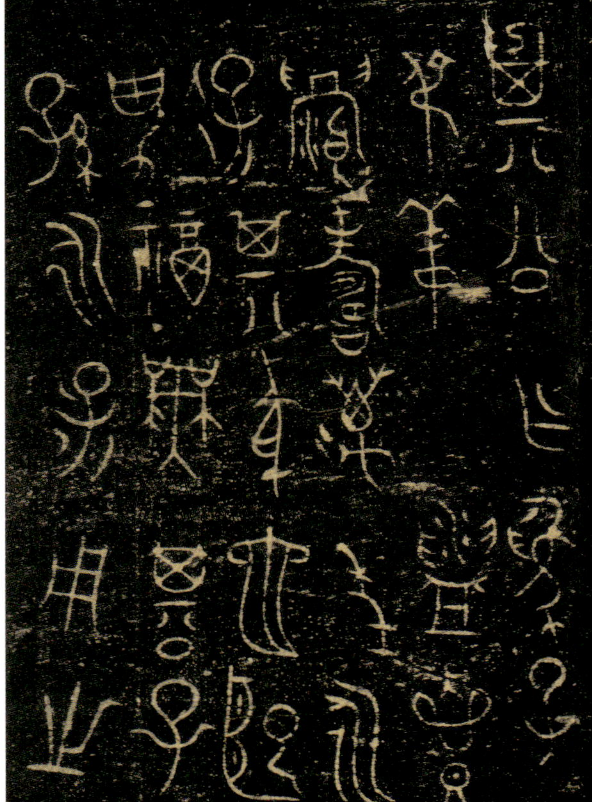

杞公作爲子
叔姜盥匜
眉壽萬年永
保其身沮越
受福無諆子
孫永保用之

銘曰異公作爲子叔姜盥匜按異者古國名衛
宏云與杞同雖形制未傳而字畫奇古文詞典
雅極爲可寶

孟姜匜

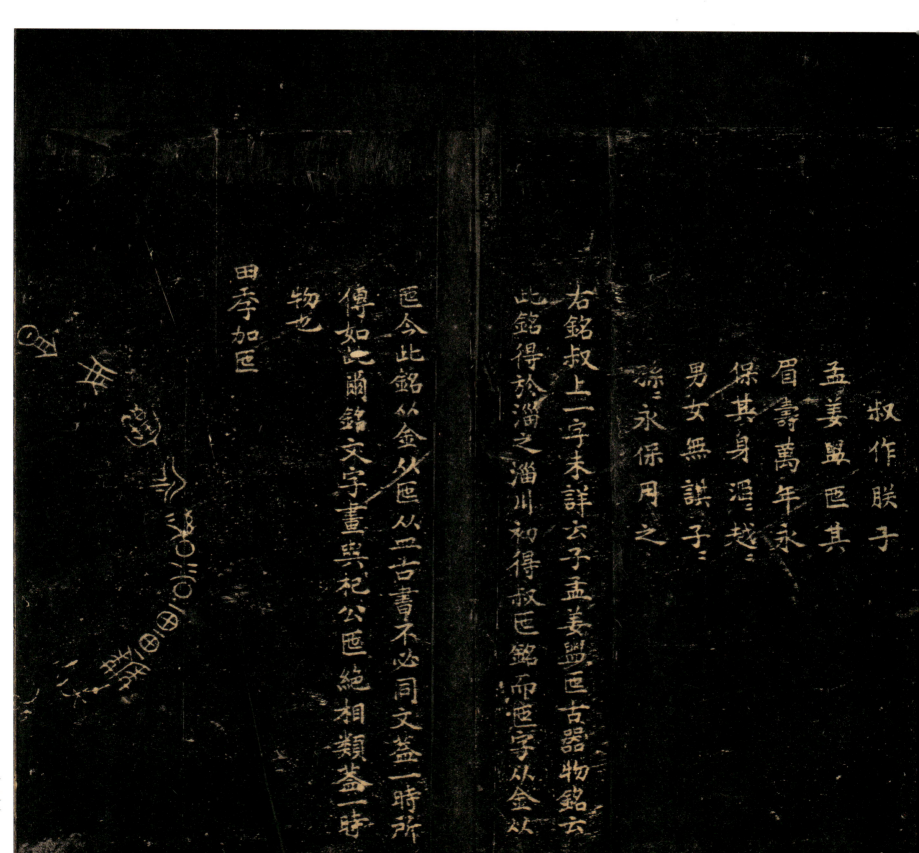

叔作朕子
孟姜盥匜其
眉壽萬年永
保其身滑〻越〻
男女無諆子〻
孫〻永保用之

右銘叔上一字未詳云子孟姜盥匜古器物銘云
此銘得於淄之淄川初得叔匜銘而匜字从金从
匜今此銘从金从匜从皿古書不必同文蓋一時所
傳如此鬲銘文字畫與杞公匜絶相類蓋一時
物也

田季加匜

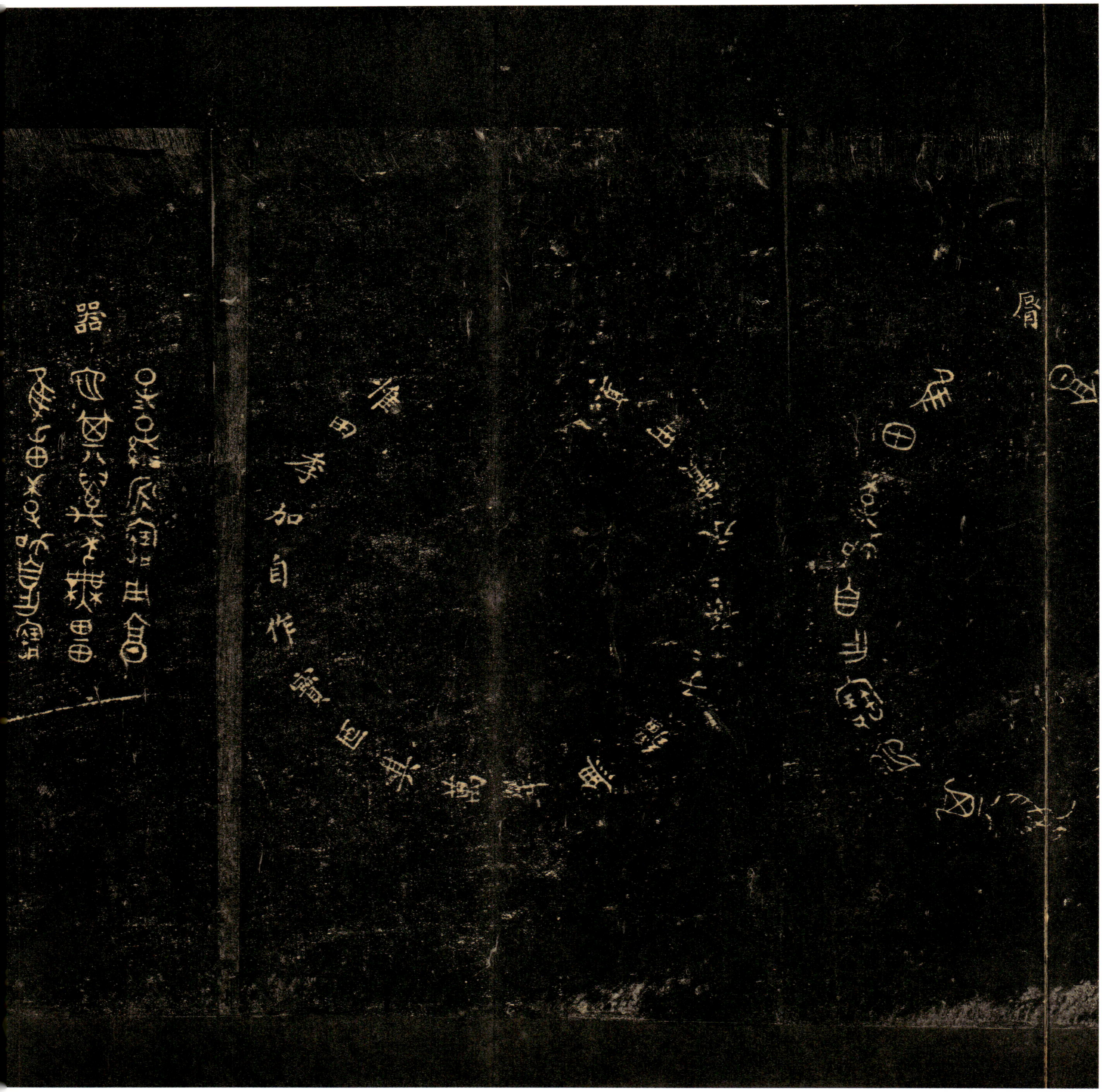

子子孫孫永寶用享
匜其萬年無疆
惟田季加自作寶

此匜脣與器各有二十一字曰田季加者田姓
也季序也加即其名耳

鐘鼎彝器帖

歷代鐘鼎彝器款識法帖

錢唐薛尚功編次并釋音

周器款識

敦

周敦

兕敦一

蓋

兕

器

兕

兕敦二

蓋

兕

器

兕

兕敦三

兕

右三器制作一律蓋底皆有銘〻各一字上爲屋
室之狀下一字曰巳當讀曰兕古人用字或如此博
古録云此器蓋上各有犀兕之形故以兕名之作
屋室之狀者薦之宗廟之器也前二器舊藏
御府後一器宣和間獲於長安水中其制度款
識悉同惟闕其蓋耳

周虔敦一

周虔作
旅車敦

周虔敦二

同前

博古録云師之出征則有宜社造禰之事而奉齋車以行是敦銘之以旅車則必旅之所用舍奠于齋者且師行一軍而為旅者已衆故其敦不一則一二以數之此特得其二而已其曰虔者必當時主將之名葢不可得而攷矣王楚釋虔為虞字

仲酉父敦

仲酉父
作旅敦

仲酉父經傳無所見而曰旅敦者與周虔作旅

東敦同簋旅取其衆如張伯作旅匜叔作旅匜
之類明其非一器耳

達敦

達作寶敦
其萬年子
孫永寶用

右敦銘得於王炎公明家藏墨本其器舊藏永
興軍駐泊都監曹侁家治平改元二月十五日河南
趙君章晦叔曾為釋其字云惟作寶敦其萬
年子孫永寶用上一字不可讀後於元豐八年七
月二十五日湖簽文安國於吳興倅聽與燕文叔
于兵楚同觀文安國云是達字達从辵而此从
走疑古文辵與走通用是為達字無疑矣

叔旦敦

叔旦作寶敦

其萬年子子孫孫

永寶用

右銘十五字得於蘭亭法帖中形制未傳不可得而攷矣

伯庶父敦

隹二月戊寅

伯庶父作

王姑周姜尊

敦其永寶用

歐陽文忠公集古録云比器嘉祐中劉原父得於扶風曰伯庶父作周姜尊敦伯庶不知為何人攷古云王姑周姜稱姑婦辭也王姑夫之王母也作器者伯庶父也或謂王姑者王父之姊妹然王父姊妹當從之否則有歸宗及殤附祭可

也亦不容制器以祭

伯囧父敦

伯囧父作周姜
寶敦用夙夕享
用祈萬壽

伯囧父作周姜
寶敦用夙夕
享用祈萬壽

按歐陽文忠公集古録云尚書囧命序曰穆王命伯囧
為周大僕正則此敦周穆王時器也按史記云年表
自厲王以上有世次而無年數共和以後接于春
秋年數乃詳蓋自穆王傳共孝懿夷厲五王而
至于共和自共和至今蓋千有九百餘年斯敦之
作在共和前五世而遠也古之人欲存乎久遠者必
託之金石而後傳其湮沈埋沒顯晦出入不可知
其可知者久而不朽也然歧陽十鼓今皆在而文

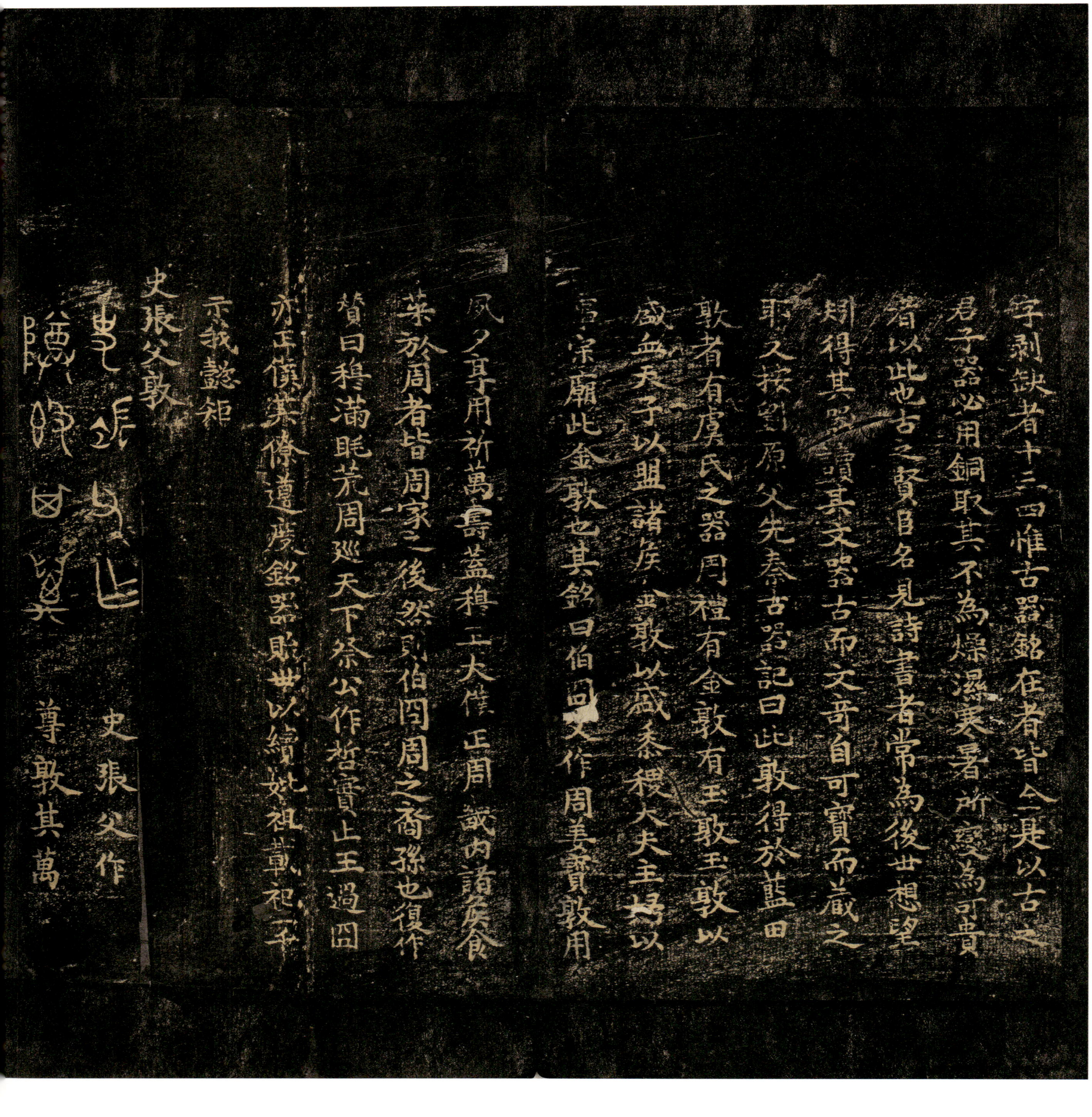
字剥缺者十三四惟古器銘在者皆全是以古之
君子器必用銅取其不爲燥濕寒暑所變爲可貴
者以此也古之賢自名見詩書者常爲後世想望
矧得其器讀其文器古而文奇自可寶而藏之
耶又按劉原父先秦古器記曰此敦得於藍田
敦者有虞氏之器周禮有金敦有玉敦玉敦以
盛血天子以盟諸侯金敦以盛黍稷大夫士婦以
奉宗廟此金敦也其銘曰伯囧父作周姜寶敦用
夙夕享用祈萬壽蓋穆王大僕正周畿内諸侯食
采於周者皆周家之後然則伯囧周之裔孫也復作
贊曰穆滿眊荒周巡天下祭公作哲實止王過囧
亦王僕其僚遺慶銘器貽世以續姓祖載祀一千
示我懿矩
史張父敦
史張父作
尊敦其萬

年永寶用

右銘曰史張父者史著其官也張稱其氏也曰父則又見其尊焉

蒯仲敦

蒯仲寘父作
尊敦其萬年
子子孫孫永寶用

右銘曰蒯仲寘父作尊敦寘蒯者春秋之時魯有南蒯鄭有孫蒯晉有郉蒯齊有申蒯衛有居蒯此曰蒯者不知其為誰也曰仲寘父者乃其字耳

師望敦

太師小子師
望作⿱將鼎彝

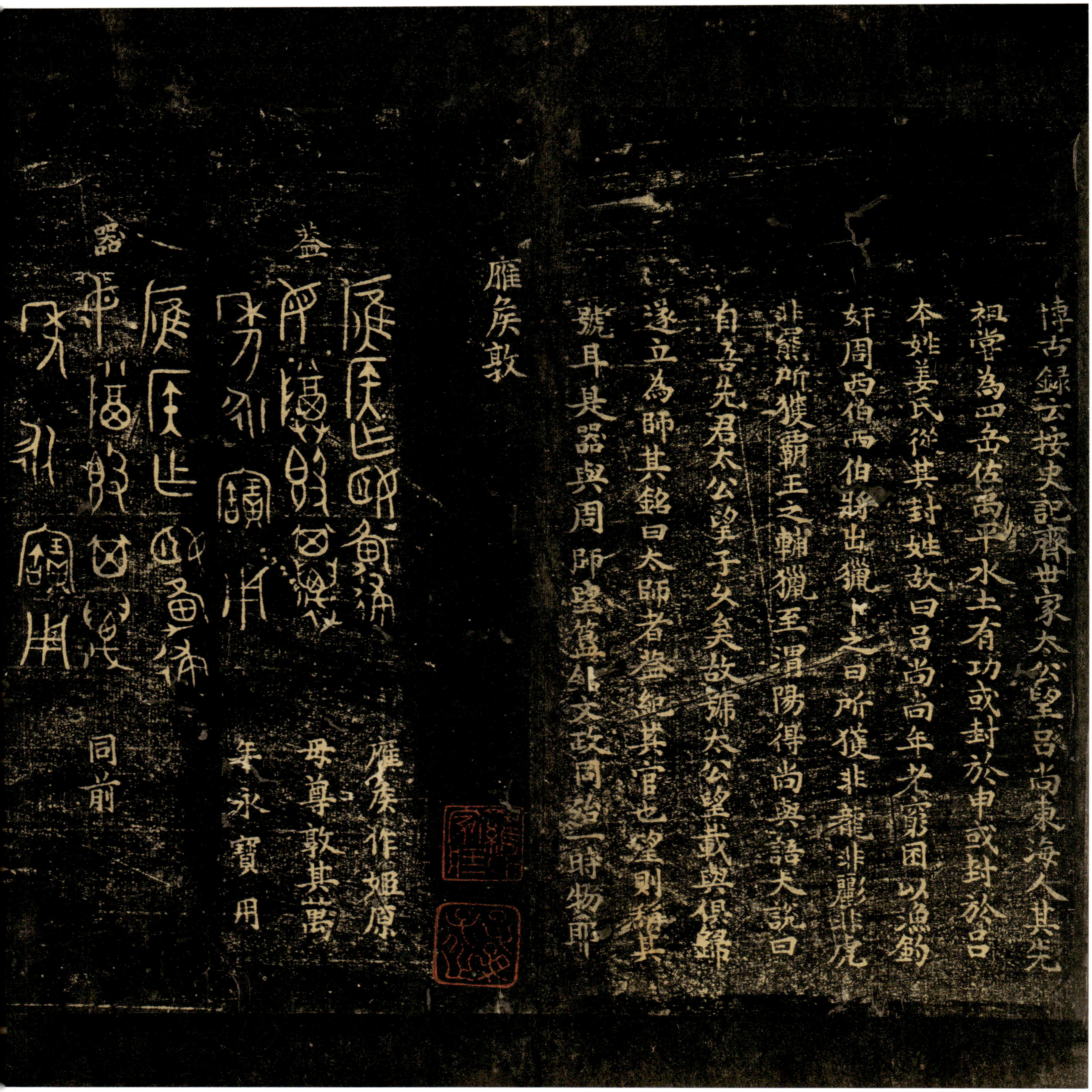
博古録云按史記齊世家太公望呂尚東海人其先
祖嘗為四岳佐禹平水土有功或封於申或封於呂
本姓姜氏從其封姓故曰呂尚尚年老窮困以漁釣
奸周西伯西伯將出獵卜之曰所獲非龍非彲非虎
非羆所獲霸王之輔獵至渭陽得尚與語大說曰
自吾先君太公望子久矣故號太公望載與俱歸
遂立為師其銘曰太師者蓋紀其官也望則稱其
號耳是器與周師望簋銘文政同殆一時物耶

雁侯敦

蓋

雁侯作姬原
母尊敦其萬
年永寶用

器

同前

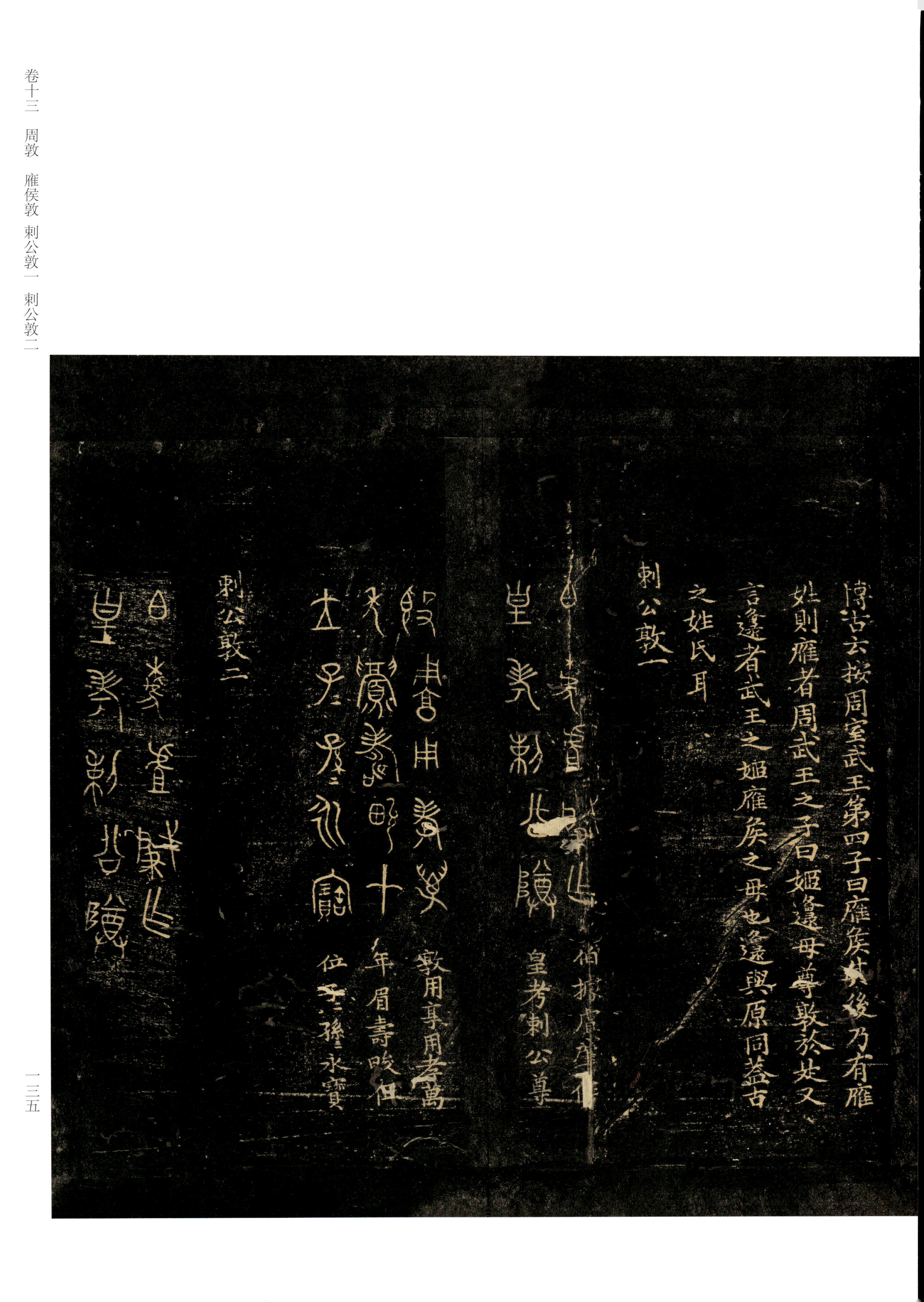

博古云按周室武王第四子曰雁侯其後乃有雁姓則雁者周武王之子曰姬邍母尊敦於是又言邍者武王之姬雁侯之母也邍與原同蓋古之姓氏耳

剌公敦一

伯據虘作皇考剌公尊敦用享用孝萬年眉壽畯在位子子孫孫永寶

剌公敦二

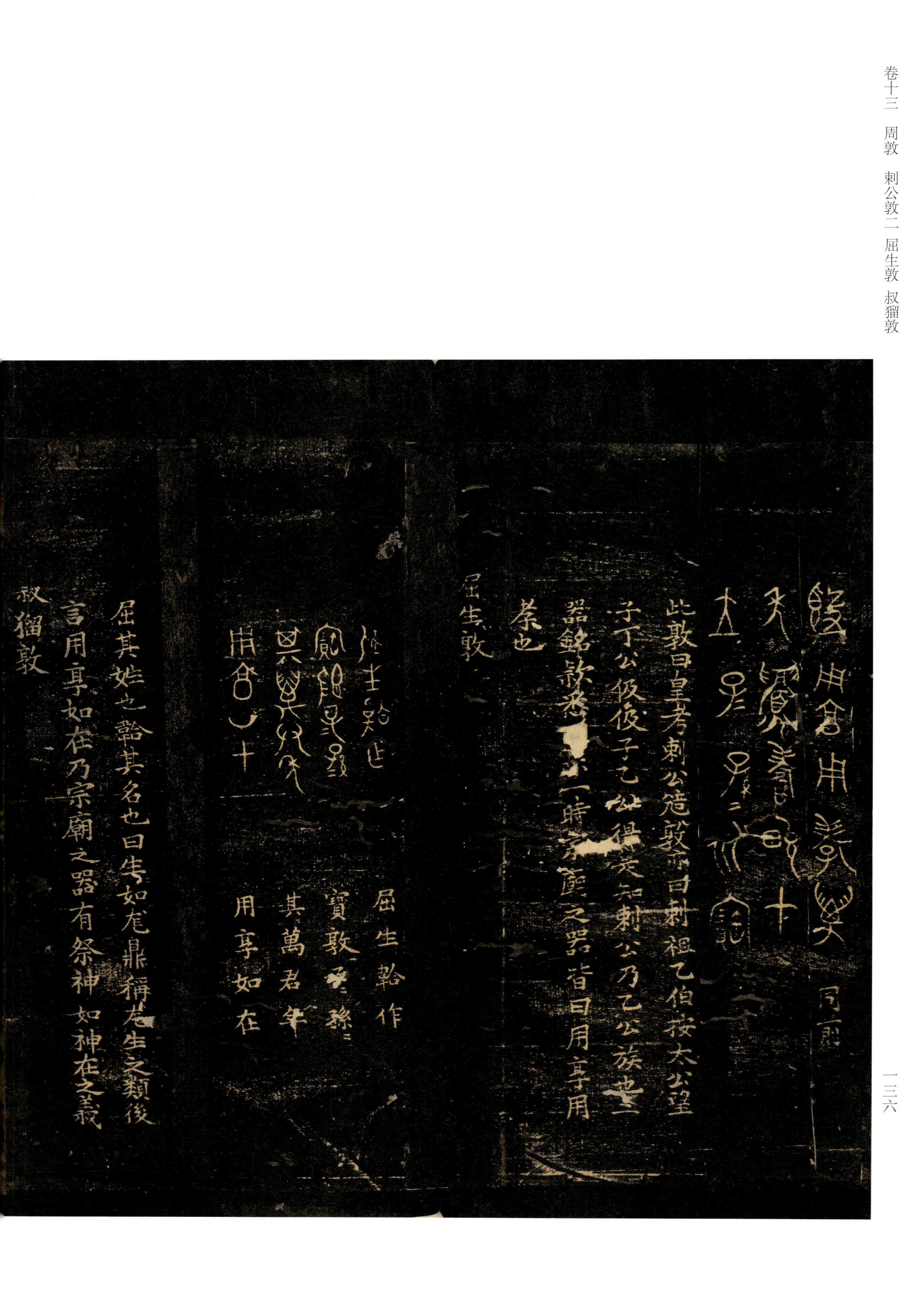

同前

此敦曰皇考剌公造敦亦曰剌祖乙伯按太公望子丁公伋伋子乙公得是知剌公乃乙公族也二器銘款悉[illegible]一時宗廟之器皆曰用享用孝也

屈生敦

屈生豁作
寶敦子〻孫〻
其萬君年
用享如在

屈其姓也豁其名也曰乍如宅鼎稱宅生之類後言用享如在乃宗廟之器有祭神如神在之義

叔獾敦

叔貓生作尹
姞尊敦其萬
年無疆子孫
永寶用享孝

叔貓生者叔伯仲之序也貓則其名耳曰生則如耄生屈生之類

仲駒敦一

蓋

祿旁仲駒
父作仲姜
敦子孫永
寶用享孝

器

祿旁仲駒
父作仲姜
敦子孫永
寶用享孝

仲駒敦二

[archaic inscription]

蓋　同前

器　同前

仲駒敦蓋

[archaic inscription]

寶用享孝
敦子=孫=永
父作仲姜
祿旁仲駒

三器皆曰仲駒父其國氏及世次皆未詳　功臣表有騤

侯駒左傳有駒伯為郤克軍佐則駒其姓也若齊
景公卒冬十月公子駒奔衛則駒其名也豈非公子駒
以伯仲而曰仲駒父耶檀弓云幼名冠字五十以伯仲
稱周道也子生三月父名之二十而冠尊其名而立其
字五十為大夫則尊其字而呼以伯仲也仲姜者若
伯駒父之母或祖也王以為仲駒父妻則禮曰夫不
祭妻是以知其為母或祖也按春秋凡婦人皆以
字配姓伯姬仲子季姜之類是也仲姜亦字配姓也

齊許申呂皆姜姓此則未詳其何國女夫器有用
器有祭器凡銘有享孝追孝祀禪者皆祭器
九嬪職云凡祭祀贊玉齍而玉盤之制不見於傳
注今宗廟中乃與瑚璉是為關器豈鄭元所謂敦
瑚璉簠簋皆黍稷之器者歟噫兩漢去聖未遠煨燼
之餘禮樂度數所泯絕者眇邈已不可追當是時
綴學之士所得斷簡遺編補緝詁訓齗齗以臆說
故三代禮文雜以漢儒之學由是後世祖述者異

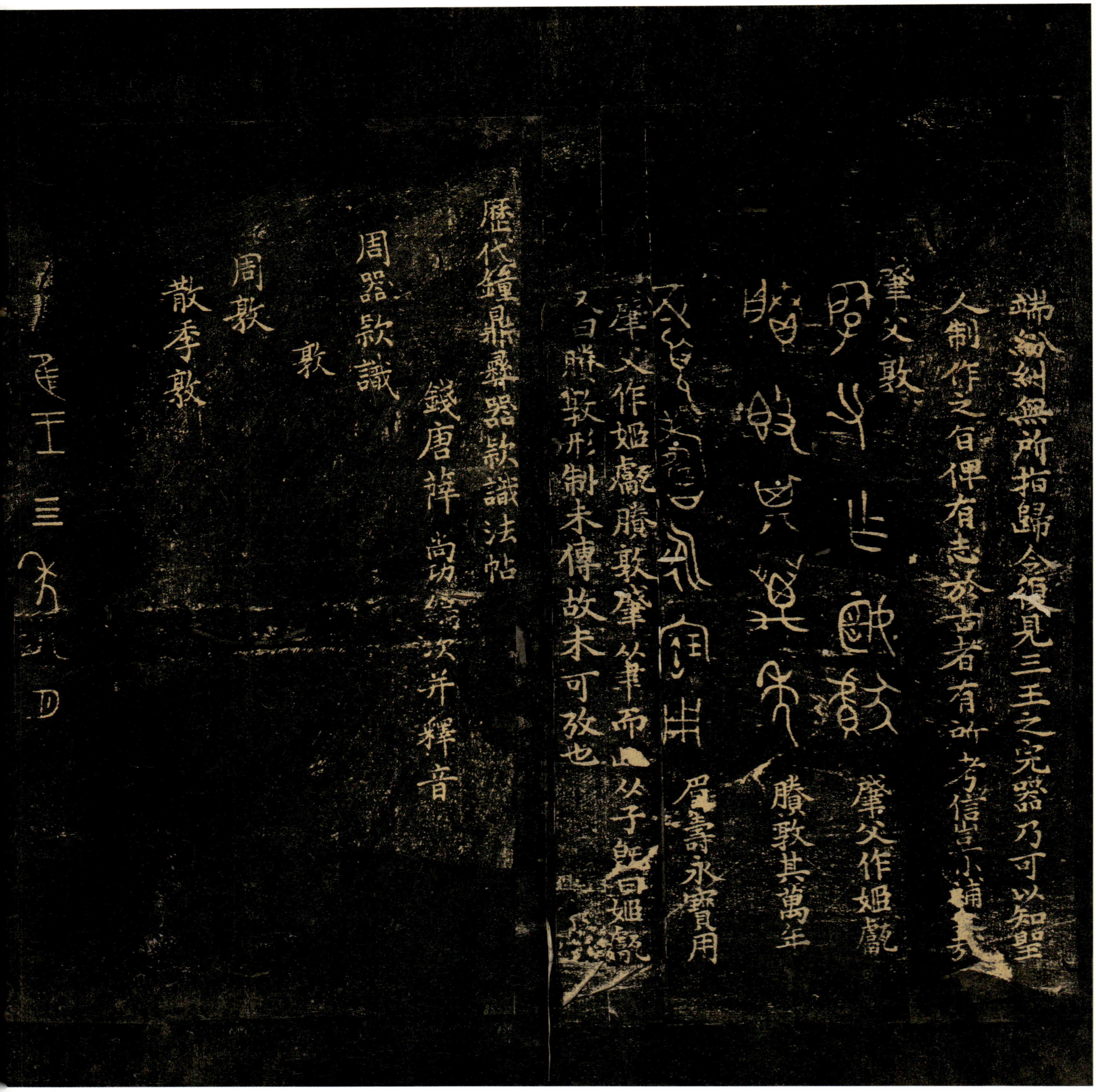

端緒紛糾無所指歸今復見三王之完器乃可以知聖人制作之旨俾有志於古者有所考信豈小補哉

肇父敦

肇父作媼甗賸敦其萬年眉壽永寶用

肇父作媼甗賸敦肇从聿而[illegible]从子[illegible]曰媼甗又曰賸敦形制未傳故未可攷也

歷代鐘鼎彝器款識法帖

錢唐薛 尚功編次并釋音

周器款識

敦

周

敦

散季敦

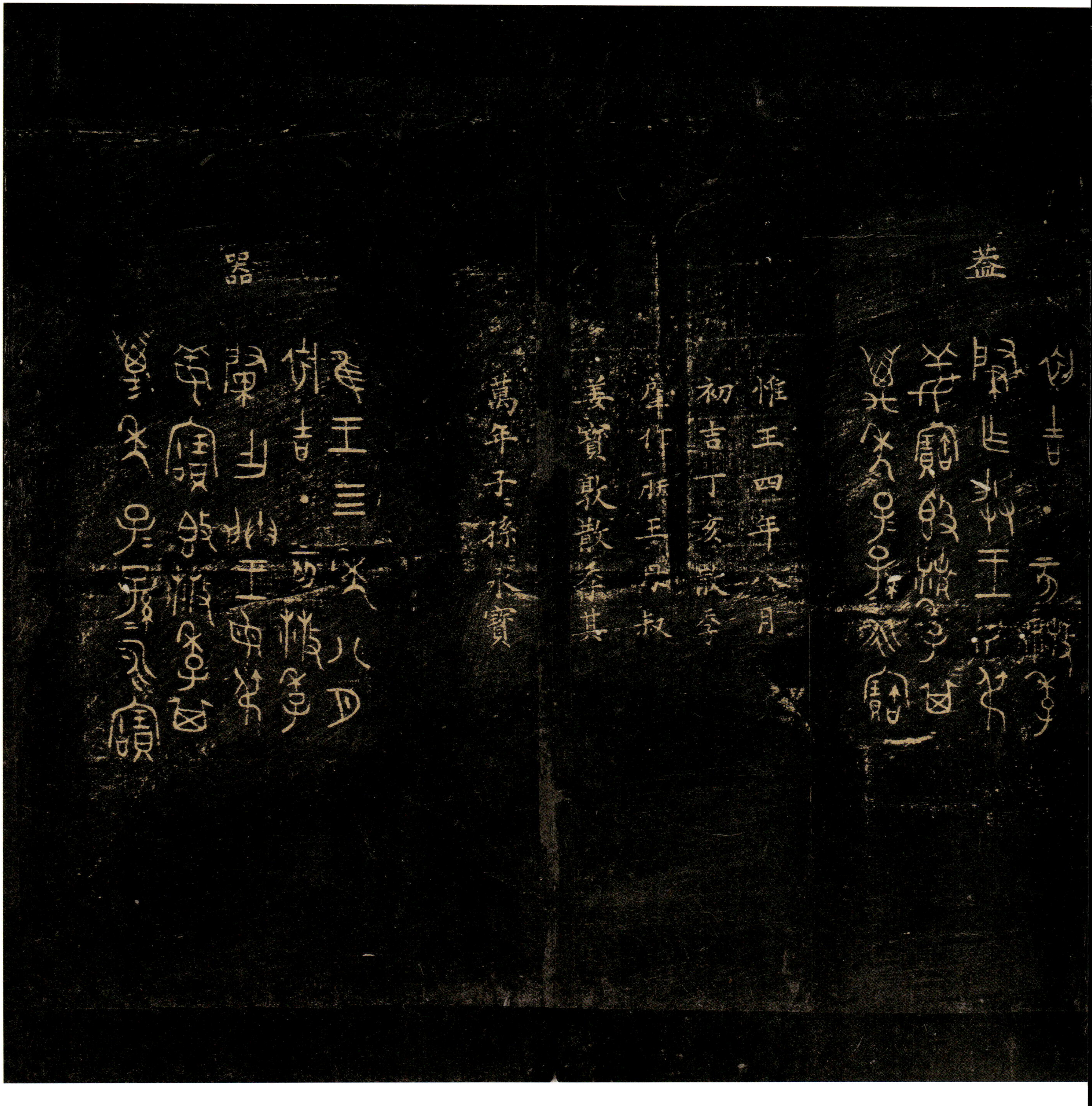
蓋
惟王四年八月
初吉丁亥散季
肇作朕王母叔
姜寶敦散季其
萬年子孫永寶
器

釋音同前

博古録云攷其銘乃散季為王母叔姜作也商之人神祀饗之禮其彝器食飲每通用之既以人道事乎神又以神道饗乎人此家廟中與夫平日燕居之器皆得銘而周之初無別也散季之銘叔姜敦以有一於是矣蓋商之末世周之盛德文王在下遵養時晦於西方之賢者盡歸乎來如太公望散宜生之徒莫□咸在文王者得此數臣以為之輔故丕顯之謨足以貽厥孫謀及之武得以繼於終追夫天之曆數有歸于周武王作太誓以誥于衆則太公望有鷹揚之從散宜生有執鉞之衛事業昭昭載之史冊益彼皆以文王舊臣受顧命之託而成此功焉今觀是敦考諸銘識在惟王四年八月也且文王之世散季已為之輔而歷數猶未歸則知所紀之四年□年而作此者蓋武王時明矣

又按攷古録云以太初曆推之文王受命歲在庚午

九年而終歲在己卯書曰惟九年大統未集武王以明年改元十三年伐紂乃壬午歲實武王即位之四年敦文曰惟王四年王蓋武王也是年一月辛卯朔書曰惟一月壬辰旁死魄旁死魄二日也是歲二月後有閏自一月至八月小盡者四故八月丁亥朔與敦文合武王之臣黃氏惟[illegible]謂散宜生季疑其字也

㬪敦

㬪作皇祖益公文公武伯皇考龔伯䵼彝㬪其

涇萬年無疆令
終令命其子孫
永寶用享于宗室
博古録云按此器乃敦又銘謂之彝者彝器之總名
故不言敦彝必諸侯也故祭及四世益以古之諸侯有
五廟大夫有三廟而傳言學士大夫則知尊祖謂過
祖則無及矣武伯冀伯以謚配字爲言如文仲穆
伯之類益公文公則直以爵謚不没其實也如周有
天下至於不窋古公亦或不以爵稱又況於諸侯哉
師毛父敦

惟六月既生霸戊
戌旦王格于大室
師毛[illegible]既立邢伯佑
內史册命錫赤市
對揚王休用作寶敦
其萬年子子孫孫其永寶用

大室者廟中之室言大以別其次者如魯有世室是也
蔡敦云王格于大室牧敦云格大室蓋周之時受四
方諸侯之朝必於其廟示不敢專耳詩言嗣王朝於
廟者此也是廟皆謂之室也曰毛父則史稱武王克
商毛叔奉明水蓋是稱其者字也春秋書毛伯者
爵也邢敦亦云毛伯內門立中廷佑則毛父其人歟
以古者始字之曰伯仲及其德邵則又言其父焉若
夫言內史册命者以內史允命諸侯及孤卿大夫則
册命之耳

孟姜敦

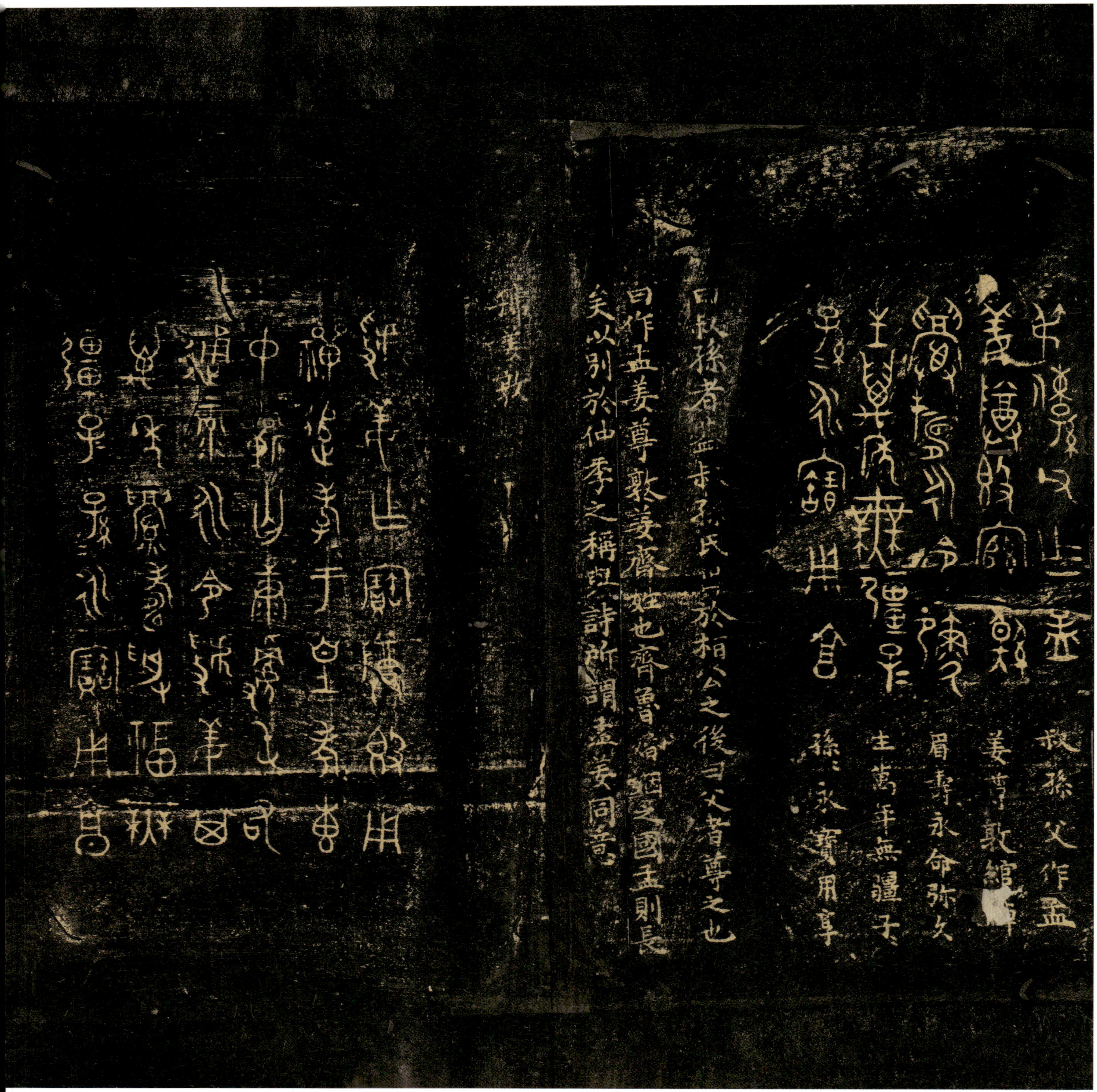
叔孫父作孟
姜尊敦綰綽
眉壽永命彌久
生萬年無疆子
孫永寶用享
曰叔孫者叔孫氏出於桓公之後曰父者尊之也
曰作孟姜尊敦姜齊姓也齊魯昏姻之國孟則長
矣以別於仲季之稱與詩所謂孟姜同意
虢姜敦

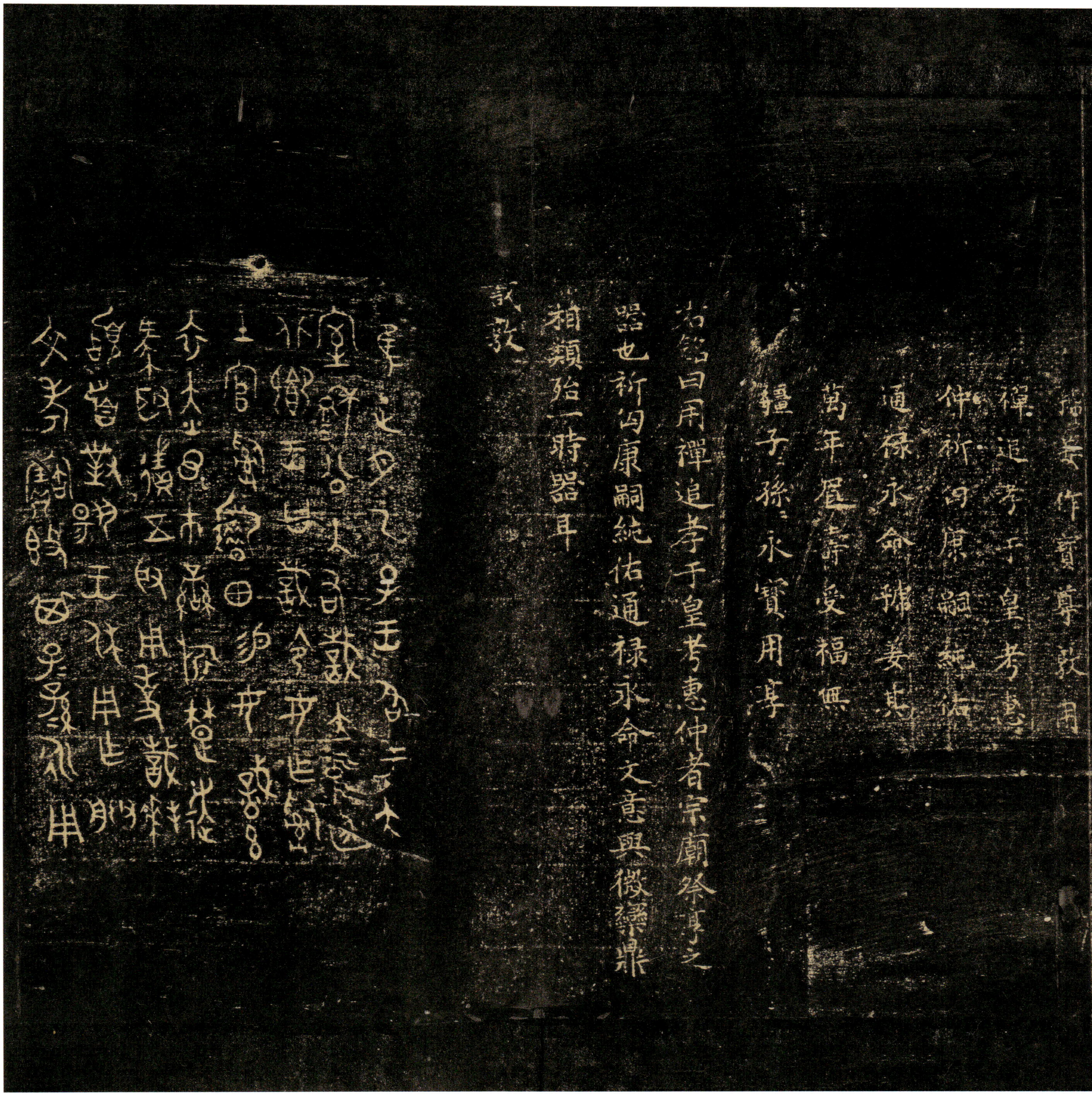
虢姜作寶尊敦用
禪追孝于皇考惠
仲祈匄康䵼純佑
通禄永命虢姜其
萬年眉壽受福無
疆子孫永寶用享
右銘曰用禪追孝于皇考惠仲者宗廟祭享之
器也祈匄康嗣純佑通禄永命文意與微䜌鼎
相類殆一時器耳
戠敦

惟正月乙子王格于大
室穆公入佑䟫立中廷
北鄉王曰䟫令女作司
土官司耤田錫女䟫
衣赤環芾鑾旂楚徒
馬肰[illegible]拜
稽首對揚王休用作朕
文考寶敦其子子孫孫永用

按攷古圖云其銘與郘敦相似銘文云正月乙子及
商兄癸彝亦曰丁子日辰剛柔不相配疑乙子即甲
子丁子即丙子世質人淳取其同類未甚區別不
然殆不可攷蔡博士云晉文公城濮之戰獻楚
俘於周駟介百乘徒兵千而敦文有曰楚徒者
乃以楚之徒兵錫之禮諸侯不相遺俘而子得以
錫侯國

宰辟父敦一

惟四月初吉王在辟宫宰
辟父佑周立王冊命周曰
錫汝華朱芾亞衣束帶於
鋚革錫戈琱戟彤矢用饌乃
祖考事官司節僕小射底敦
周稽首對揚王休命用作
文考寶敦其孫孫子子永寶用

宰辟父敦二
釋音同前
惟四月初吉王在辟宫宰
辟父佑周立王册命周曰
錫汝華朱芾玄衣束帶旂
鋈革錫戈琱戟彤矢用饌乃
祖考事官司節僕小射底

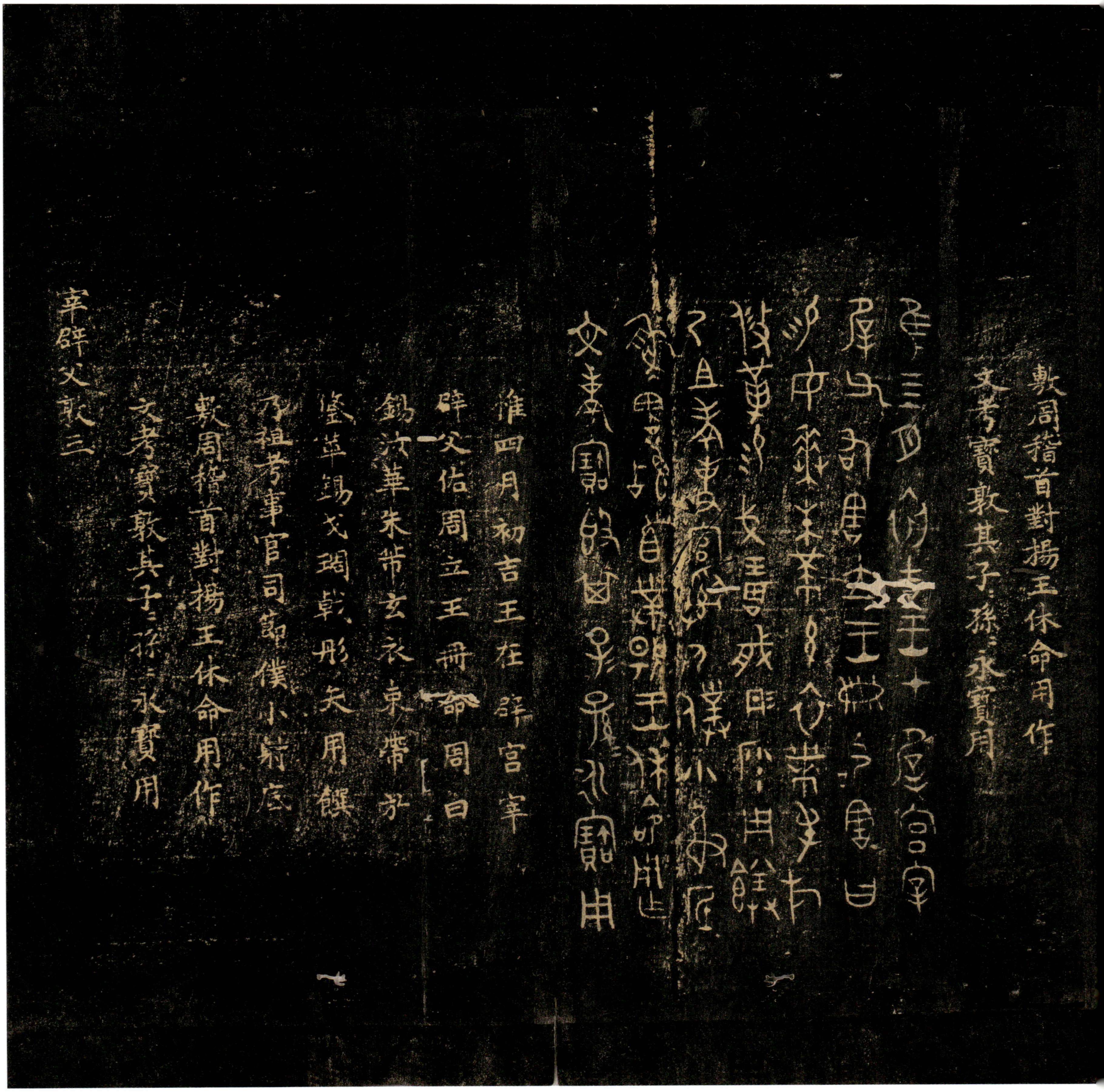
敦周稽首對揚王休命用作
文考寶敦其子孫永寶用
唯四月初吉王在辟宮宰
辟父佑周立王冊命周曰
錫汝華朱芾玄衣束帶旂
鋚革錫戈琱戟彤矢用纘
乃祖考事官司鄭僕小射底
敦周稽首對揚王休命用作
文考寶敦其子孫永寶用
宰辟父敦三

[?]月初吉王在辟宮[?]
辟公右周宰王冊命宰曰
錫汝[?]朱芾玄衣[?]帶旂
[?]錫戈琱戟彤矢用鑾乃
祖考事官司尸僕小射
底魚周宰稽首對揚王休命
用作文考寶敦其子孫永寶用
三器形制款識悉同乃一時物也其銘曰周宰
周惇公追惇公之襄之後故有用作文考寶敦之
辭古者錫有功則必有彝器以紀其寵且以告
于家廟焉如在卷一卣告于文人是也卣飲器敦

龙敦

贪婪其為俗二也是敦之銘亦曰用餿不徑敦者

此

惟元年朗星丁亥王在郢位曰王格
朝即立宰忽入佑龙敦卜延王

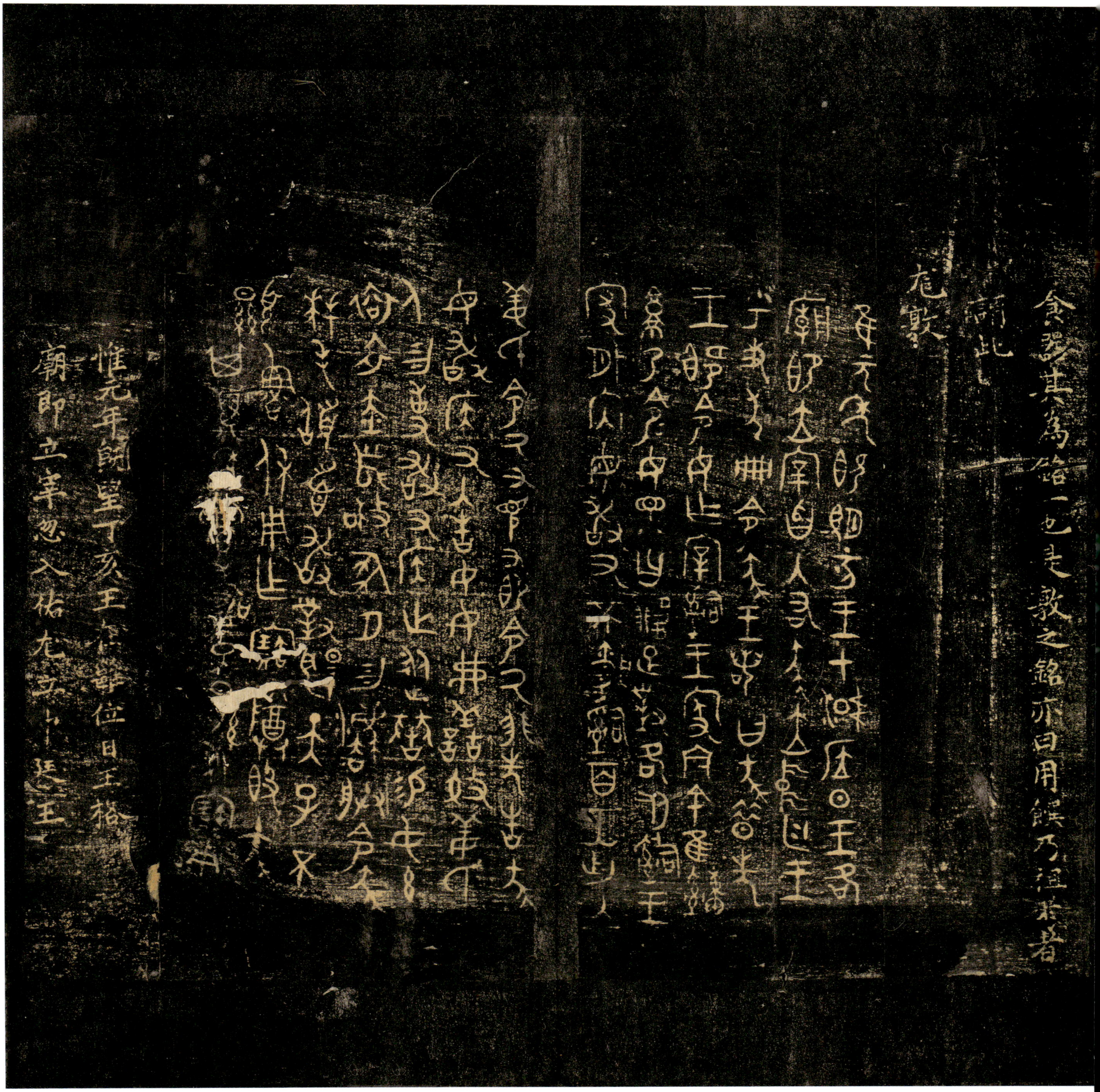

呼史大冊命龙于若曰龙昔先
王既命汝作宰司王家今余唯𤕫
京乃命汝洎曰繼足對格從司王
家外内□敢有不敬司百工入
姜氏命乃有衆有即命乃非先告龙
毋敢侯有入告汝汝弗善效姜氏
人勿吏敢有侯止從獄錫汝玄
衮衣赤舄敬夙夕勿廢朕命龙
拜手稽首敢對揚天子不
顯魯休用作寶尊敦龙
其萬年眉壽子子孫孫永寶用

龙乃其名也鄭有大夫公子龙周鼎亦有龙生鼎公
子龙者嘗為大夫而此敦冊命龙作宰司王家而
錫之以玄衮衣赤舄想非所謂公子龙也此言夙夕
勿廢朕命寅簋亦曰夙夕勿廢朕命晉姜鼎
云勿廢文侯顯命齊侯鎛鐘云弗敢廢乃命

而廢皆用鎣鎣有時而廢故古人通作敦
字猶治亂謂之亂也

郱敦一 先秦古器記
劉原父所藏

惟二年正月初吉王在周邵
宮丁亥王格于宣榭毛伯内
門立中廷佑祝郱王呼内
史冊命郱王曰郱昔先王既

命汝作邑繼五邑祝令余惟瞳
京乃命錫汝赤市彤冕齊黄
鑾旂用事郱拜稽首敢對
揚天子休命郱用作朕皇
考龔伯尊敦郱其眉壽萬
年無疆子子孫孫永寶用享

郱敦二　攷古云藏京兆孫氏

古器物銘

按歐陽文忠公集古錄云此銘嘉祐中劉原父以翰
林侍讀學士出為永興路安撫使其治在長安
原父博學好古多藏古奇器物能讀古文銘
識考知其人事蹟而長安秦漢故都時時發掘
所得原父悉購而藏之以余集古文故每有
所得必摹其銘文以見遺此敦得其蓋於扶
風而有此銘原父為余攷按其事云史記武
王克商尚父牽牲毛叔鄭奉明水則此銘謂
鄭者毛叔鄭也銘稱伯者爵也稱叔者字也
敦乃文武時器以愚攷之此字从弁从邑弁宗
史籀作□而此敦曰□則謂之郝無疑呂氏
攷古亦作郝字而劉原父謂之鄭者非也呂
氏又曰此三敦同制同文則知古人作器勒銘非

一物器皆有是銘也郍國大夫也有功錫命焉

其考作祭器也宣榭蓋宣王之廟也榭射堂

之制也其文作𢼸古射字執弓矢以射之象

因名其室曰射音謝從木後其堂無室以便射事

故凡無室者謂之榭爾雅云宣王之廟制如榭故

謂之宣榭春秋記成周宣榭火以宗廟之重

而書之如桓僖宮之比二傳云藏禮樂之器非也

又有戩敦云王格于大室亦廟也古者爵有德

而祿有功必賜於太廟示不敢專也祭之日一獻

君降立于阼階之南南鄉所命北面史由君右

執策命之再拜稽首受書以歸而舍奠于其

廟毛伯內門立中庭右祝郍者毛伯執敦之上

鄉也入廟門中其庭立祝與郍皆在其右也王

呼內史策命郍者內史掌諸侯孤卿大夫之

策也王曰者史執策贊王命以吉郝也赤芾形冕齊黃鑾旂所錫車服齊黃者馬齊色也郝拜稽首用作皇考龔伯寶尊敦者所謂受書以歸舍奠于其廟也此策命之禮古器多有是辭故詳釋之

師憶敦

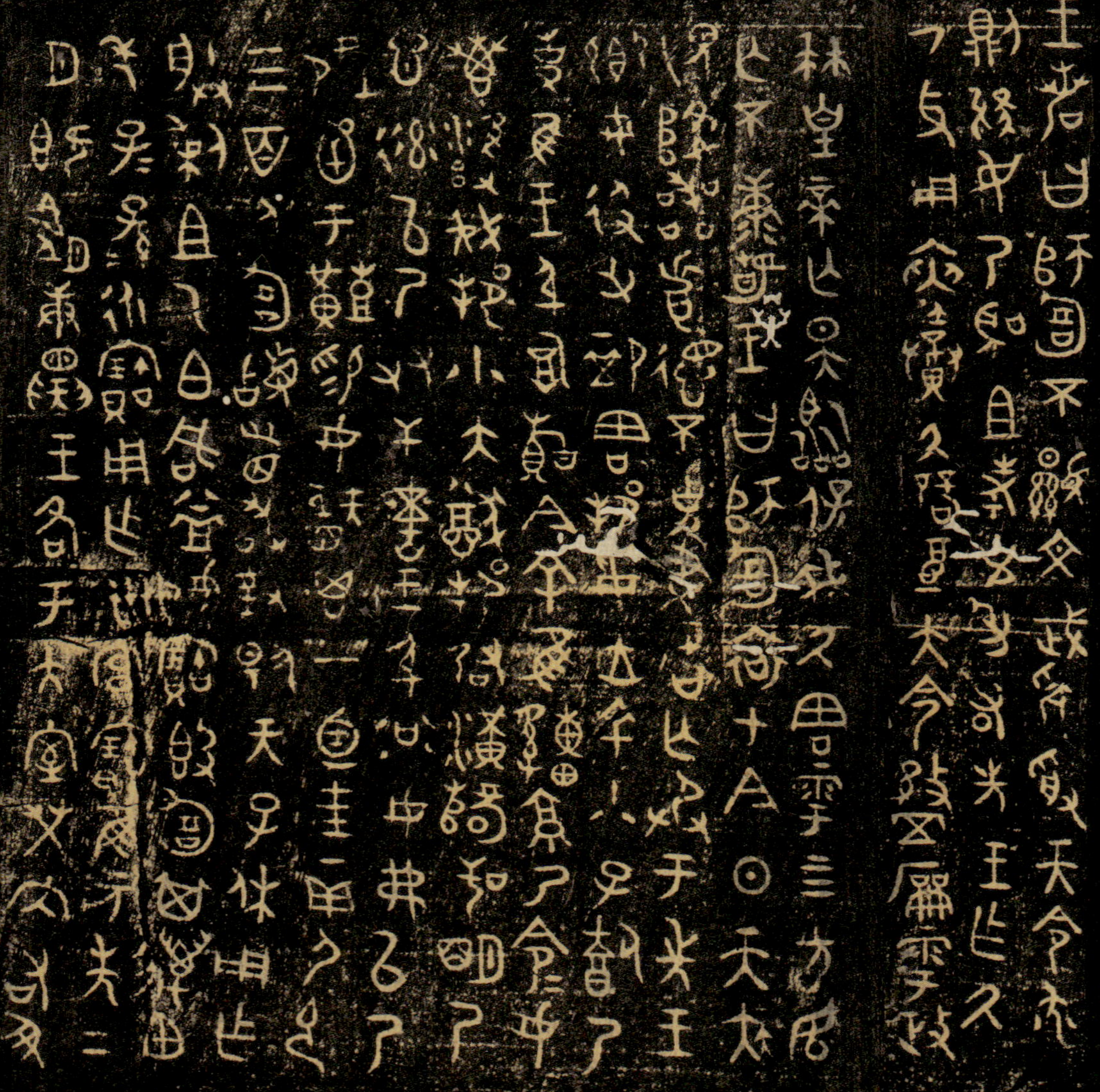

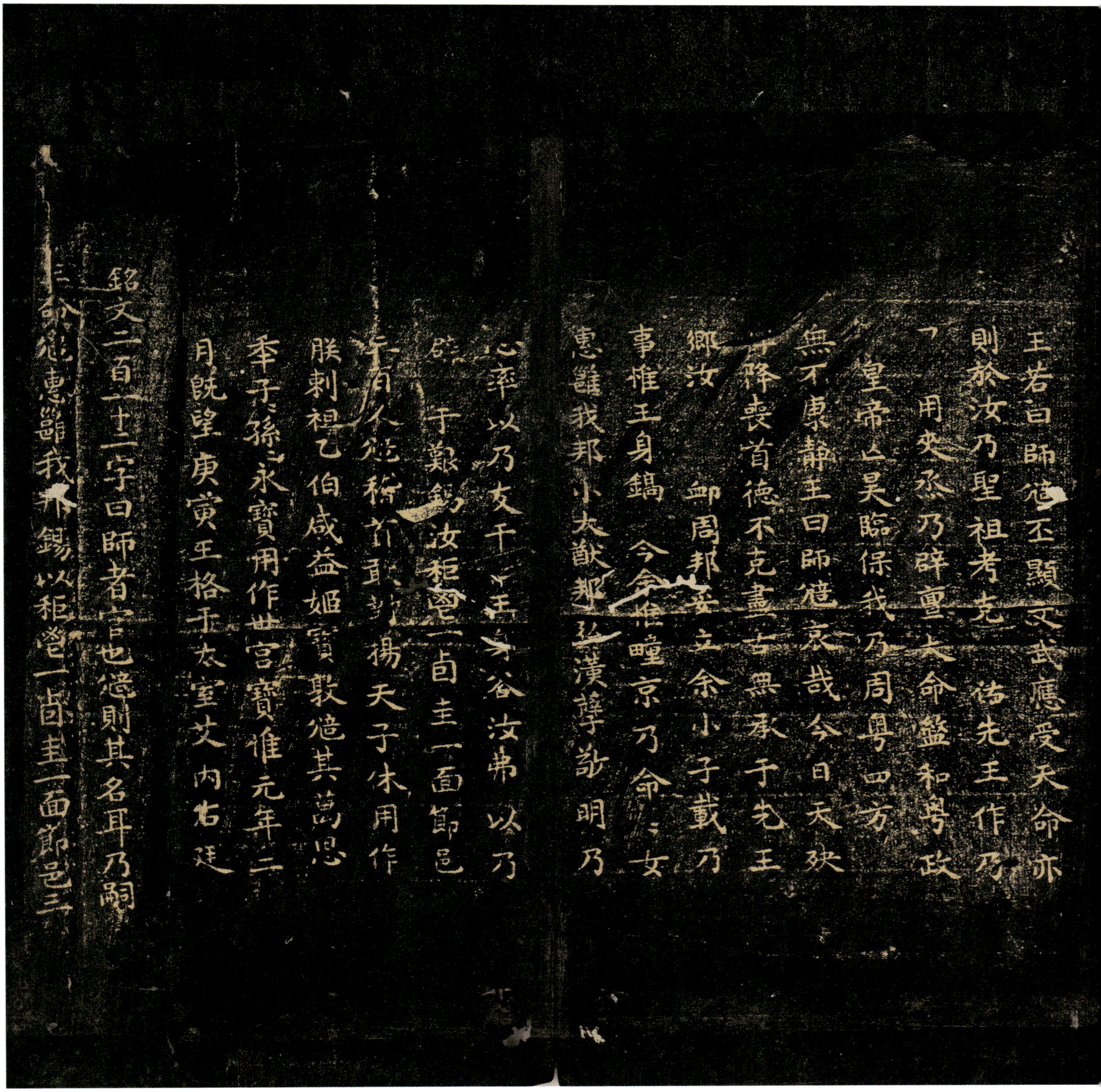
王若曰師寰丕顯文武應受天命亦
則於汝乃聖祖考克左右先王作乃
乛用夾𠀤乃辟奠大命盩和雩政
皇帝亡昊臨保我有周雩四方
無不康靜王曰師寰哀哉今日天疾
畏降喪首德不克盡古亡承于先王
鄉汝　卹周邦妥立余小子載乃
事惟王身鍋　今余唯肇京乃命〻女
惠雝我邦小大猷邦弘潢辥勤明乃
心率以乃友干吾王身谷汝弗以乃
辟　于艱錫汝秬鬯一卣圭一面節邑
汝有不從稽首敢對揚天子休用作
朕剌祖乙伯咸益姬寶敦寰其萬思
季子孫〻永寶用作世宮寶惟元年二
月既望庚寅王格于太室文内右廷
銘文二百二十二字曰師者官也寰則其名耳乃嗣
王命寰惠雝我邦錫以秬鬯一卣圭一面節邑三

百人𨗃乃對揚天子休用作朕剌祖乙伯咸益姬
寶敦又云其萬斯年而斯乃用𢙇古人用字
或如此耳此敦言剌祖乙伯剌公敦云皇考剌
公而皆言剌又博古録云太公望子丁公伋伋子
乙公得以此知剌公者乃乙公之族也
師毀敦
惟王元年正月初吉丁亥
伯和父若曰師毀乃祖考

有婚于我家汝佑惟小子
今命汝死我家繼治我西
偏東偏僕馭百工牧臣妾
東裁内外無敢不善錫汝
戈琱戟縞鞸彤矢十五鍚
鐘一磬五金敬乃夙夜用事
𣪕拜稽首敢對揚皇君
休用作朕文考乙仲𩰫敦
𣪕其萬年子子孫孫永寶用享

博古録云此銘伯和父者和衛武公也衛自康叔有
國至武公已三世矣武公能修康叔之政平戎有功
故周平王命之為公今觀文著伯和父稱若曰則
知代王而言者也其謂師𣪕乃祖考婚于我家則
知為周室之姻婭舊族耳方茲時師𣪕治其東偏
為有功焉故銘厥功而錫是敦以章其善且復
見兼戈矛鍚鐘之物不一等可謂盛矣然世系所
出則前史既闕無所考證不得其傳焉

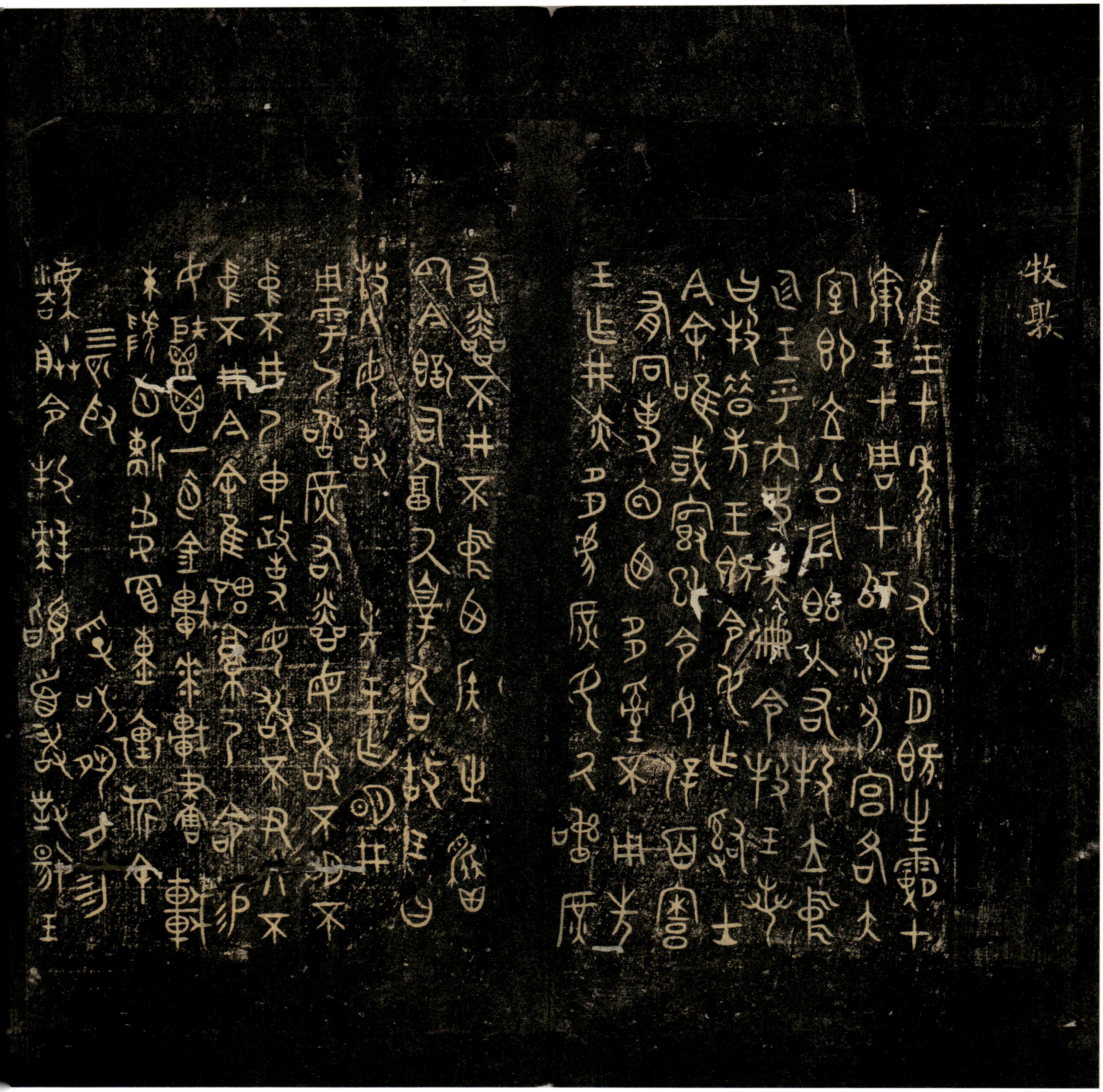
牧敦

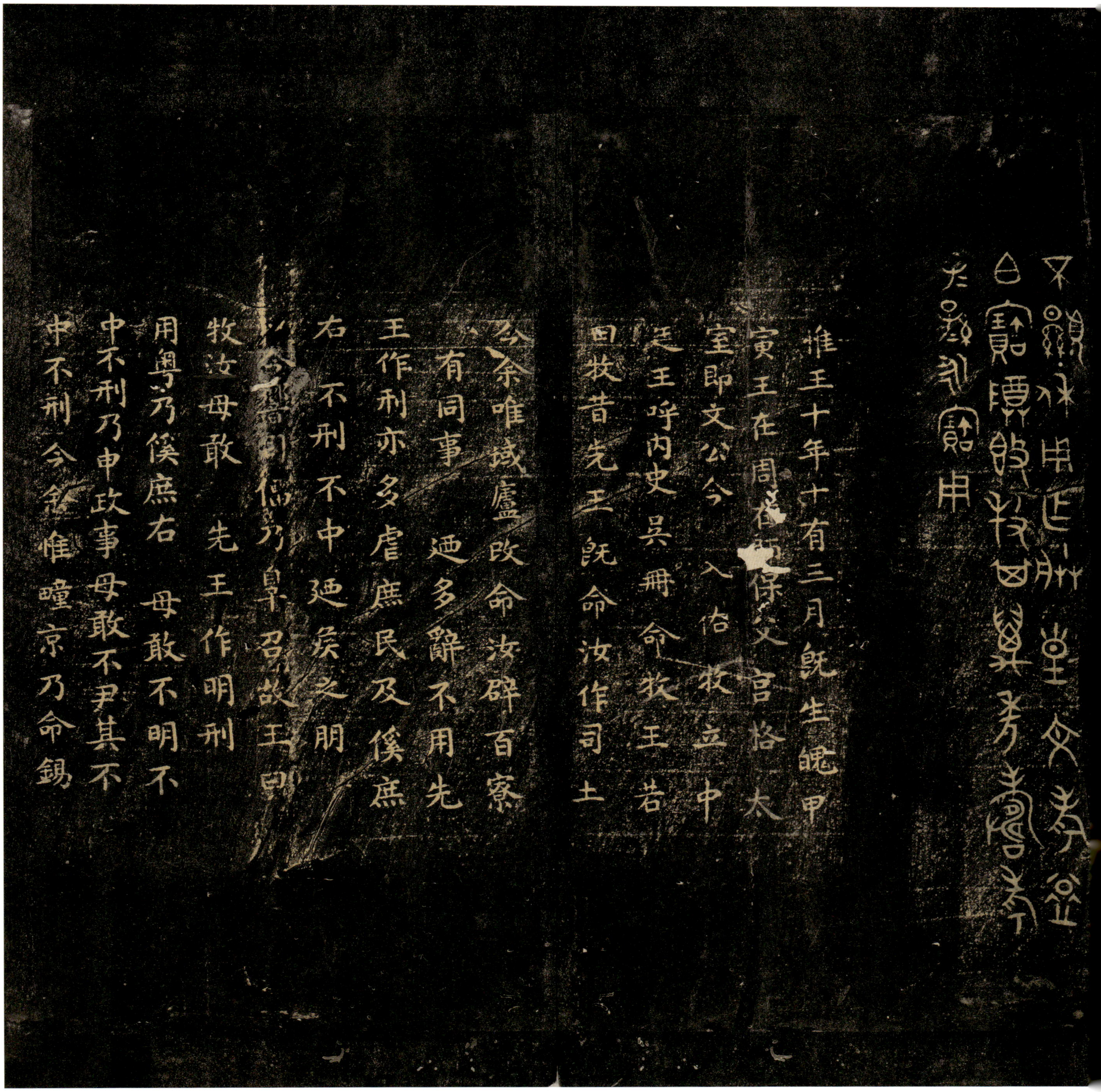
惟王十年十有三月既生魄甲
寅王在周在師保父宮格太
室即文公今入佑牧立中
廷王呼內史吳冊命牧王若
曰牧昔先王既命汝作司土
今余唯或𢦏改命汝辟百寮
有同事迺多亂不用先
王作刑亦多虐庶民及𠊁庶
右不刑不中迺侯之朋
偏乃阜召故王曰
牧汝毋敢 先王作明刑
用粤乃𠊁庶右毋敢不明不
中不刑乃申政事毋敢不尹其不
中不刑今余唯曈京乃命錫

汝秬鬯一卣金車桼車畫軒
朱鞹卣虎冕練裏旂余
三所服　孚敬夙夕勿
廢朕命牧拜稽首敢對揚王
丕顯休用作朕皇文考益
伯寶尊敦牧其萬年壽考
子子孫孫永寶用

攷古録云此敦銘與郘敦戠敦相似所錫有秬鬯
一卣及虎冕練裏之類與寅簋相似賞服所學
五冕無虎冕先儒釋毳冕之章宗彝為首
宗彝有虎蜼故謂之毳以是致之虎冕即毳
冕也如荀卿云天子山冕山冕即龍衮也有山
龍之文或曰山冕或曰龍衮皆舉一物以名其服

敔敦

[illegible]

惟王十月王在成周南淮節
遷及内伐浪昴參恰裕敏
陰陽洛王命敔追迎于上洛
烋谷至于伊班馬𢷎戭首百
執僕曰雜孚人三[illegible]歸于㕛
伯之斷于烋衣怖復付乃
君惟王十有一月王格于成周
太廟武公入佑敔告禽馘

百僕曰王蔑敔曆事尹氏
受釐敔圭鬲幣貝五十朋錫
田于敔五十田于早五十田敔
敢對揚天子休作尊敦
敔其萬年子子孫孫永寶用
博古録云銘一百四十字首曰惟王十月猶春秋之言
春王正月之意蓋言王所以尊王言月所以謹時也
曰王在成周者猶詩之言王居鎬京周公既成洛邑
明天下知所歸往也曰及內伐浪昂猶詩之所謂薄
伐玁狁至于太原者矣曰王命敔追遮于上洛猶
詩之出車以勞還杕杜以勤歸者矣執僕曰雜孚
人三百泮宮之執訊獲醜之意也曰十有一月格于
成周太廟告厥成功于廟之意也曰敔告禽馘百
僕曰者有同乎獻馘曰尹氏受釐有若乎吉廟
之終並受其福曰圭鬲幣貝五十朋者蓋錫以
圭璧以作爾寶鑄以鼎彝以著其功與之幣帛

以將其意而其數之多至五十朋足矣而又錫
以土田之衍則受錫者豈得傲然自居其寵耶
宜乎對揚天子之休命而歸美以報其上焉亦
猶詩所謂虎拜稽首天子萬年之意歟是敦
也不惟製作精工而文字畫奇古其間爵意與
商周之書雅頌之文相為表裏揚雄言周書
噩噩爾殆有見於茲也

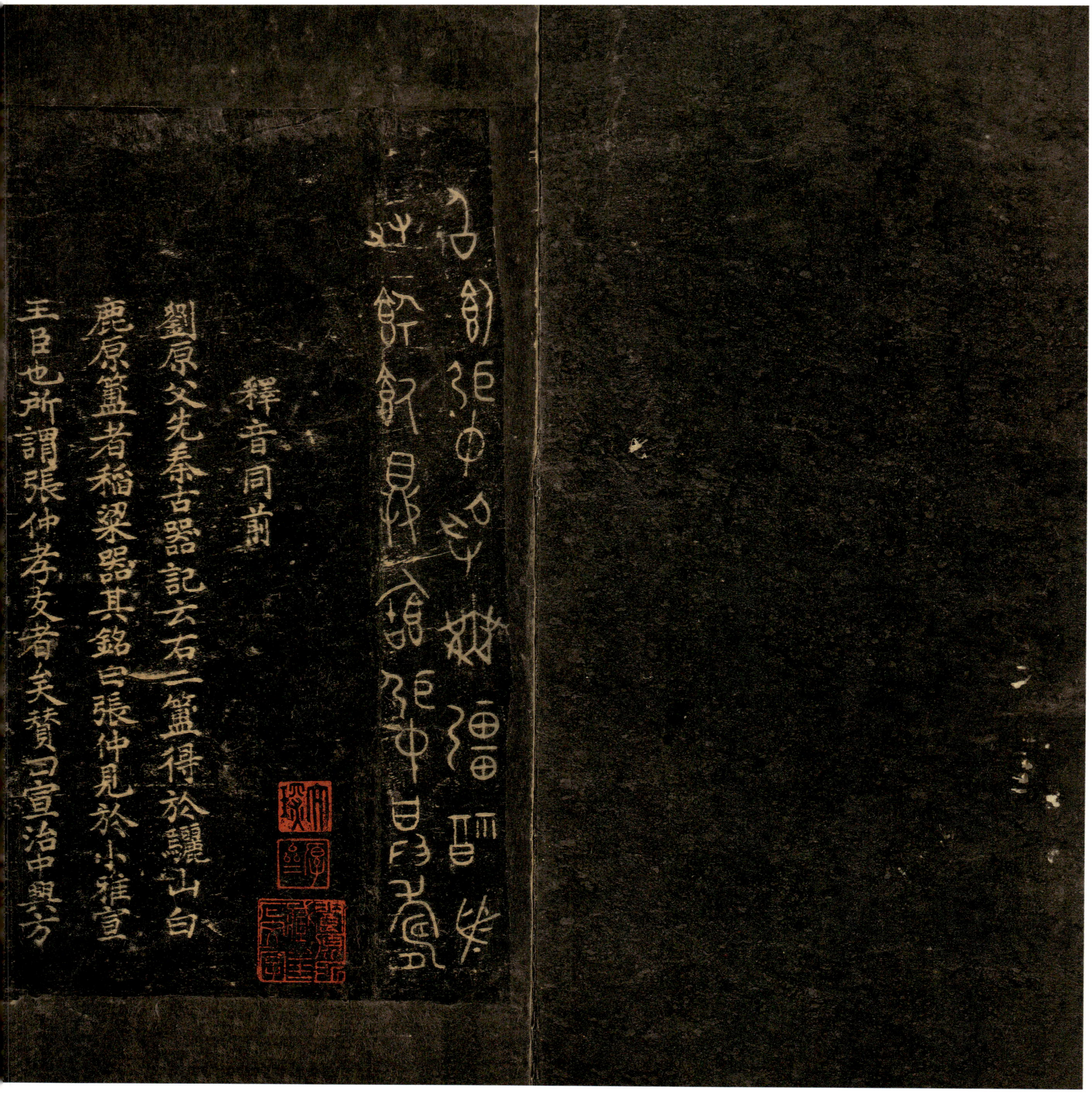

釋音同前
劉原父先秦古器記云右二簠得於驪山白
鹿原簠者稻粱器其銘曰張仲見於小雅宣
王臣也所謂張仲孝友者矣贊曰宣治中興方

虎董征張仲孝友秉德輔成或外是經或内
是丞文武師〻安有不寧歐陽文忠公集古録
云張仲器銘四其文皆同而轉注偏旁左右或異
蓋古人用字如此耳嘉祐中原父在長安獲二古
器於藍田形制皆同有蓋而上下有銘甚矣古
之人之為慮遠也知夫物必有弊而百世之後埋沒
零落幸其一在尚冀或傳不然何丁寧重複若
此之煩也詩六月之卒章曰矦誰在矣張仲孝友
蓋周宣王時人也距今實千有九百餘年而二
器復出原父蔵其器余録其文蓋仲與吾二
人者相期於二千歲之間可謂遠矣方仲之作斯
器也豈必期吾二人者哉蓋久而必有相得者
物之常理耳是以君子之於道不汲〻而志常在
於遠大也原父在長安得古器數十作先秦古器

記而張仲之器銘文五十有二其可識者四十一具之
若其餘以俟博學之君子

周簋

師寏父簋一　河南張氏

師寏父作旅簋

師寏父簋二　開封劉氏

同前

右銘云師寏父作旅簋師言其官如師㝨師毀師毛之類是也寏即其名乎父則尊之也言旅簋

者衆不止此一器也

師望簋

盖

太師小子師望作䵼彝

器

同前

銘曰太師小子師望作䵼彝按齊世譜太公出於姜姓系呂其氏也故曰呂尚西伯獵於渭陽得尚與語說之曰自吾先君太公云當有聖人適周周以興子真是耶吾太公望子久矣故號之曰太公望載與俱歸立為師銘曰太師者語其官也曰望者語其號也曰小子者則孤寡不穀侯王自稱之之今簋也而謂之䵼彝蓋䵼訓煑熟食簋

惟熟然後可食耳

叔作饗

其萬

寶用

段于鄢左傳言

共叔段姜氏愛

大叔者疑出

寶簋而此

彤弓言一朝

饗之者是也

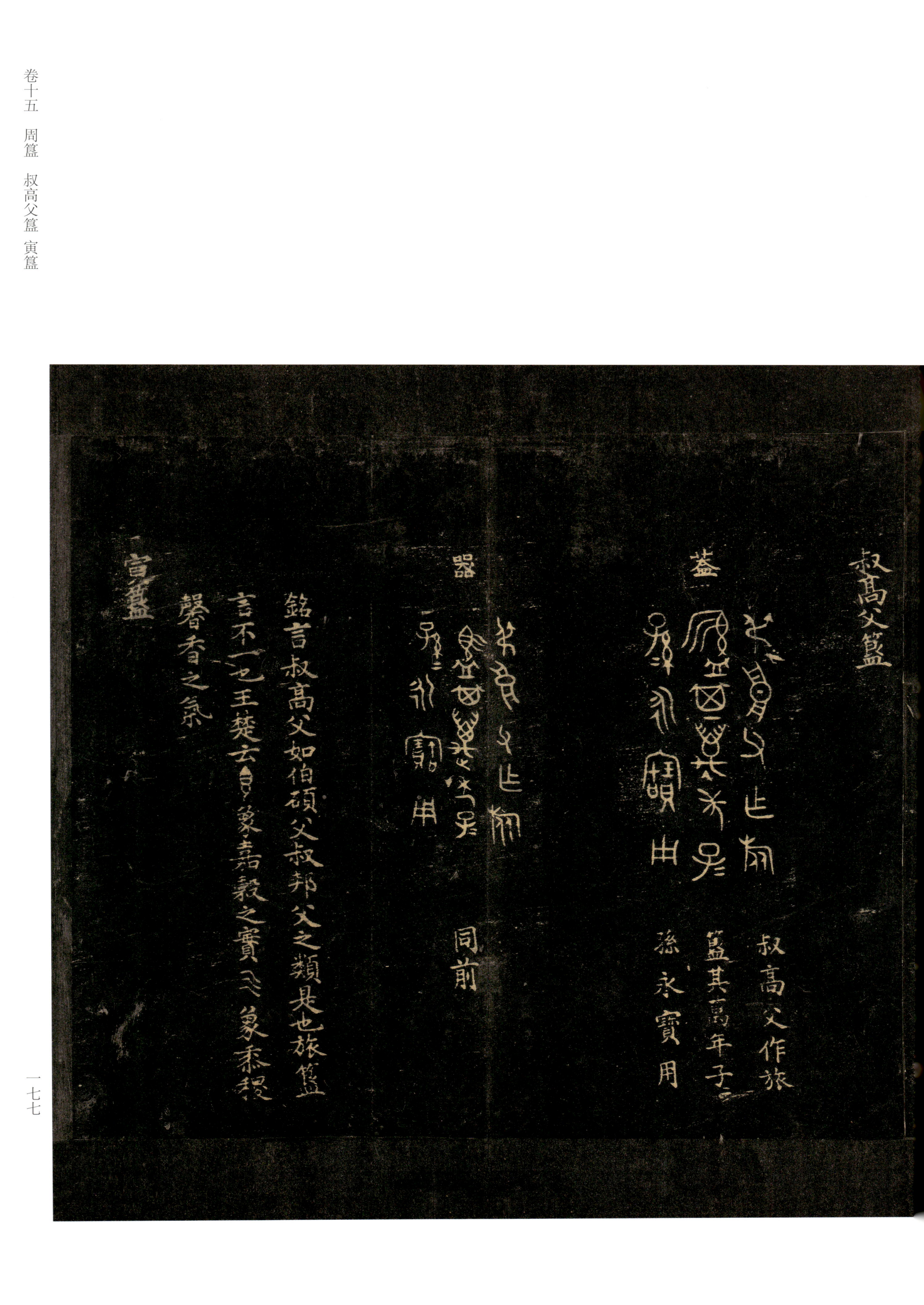

叔高父簋

蓋

叔高父作旅
簋其萬年子〻
孫永寶用

器

同前

銘言叔高父如伯碩父叔邦父之類是也旅簋
言不一也王楚云皀象嘉穀之實〻象黍稷
馨香之氣

寅簋

有進退雩邦人疋人師氏
人有辠有故廼馭朋即汝
廼縣宕威復虐徙故君故
師廼作余一人咎王曰寅敬
明乃心用辟我一人善效及
友大辟勿事虣虐從獄受
雜𢾊行道故非正命廼敢矢
僕人則唯輔天降喪不廷
唯死錫汝秬鬯一卣及斧市
赤舄駒䩙華軒朱鞹卣新
虎冟練裏畫革畫韠爵金
鋪馬三所鋚勒敬夙夕勿廢
朕命寅拜稽首對揚天子
丕顯魯休用作寶簋叔邦
父叔姞萬年子=孫=永寶用

周豆
單疑生豆

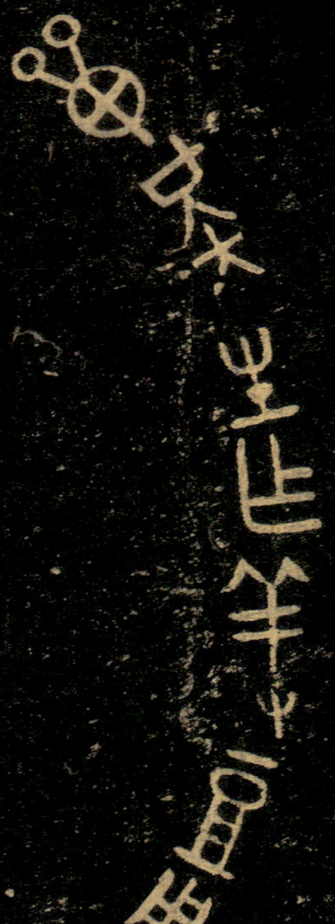

單疑生作養豆用享

銘曰單疑生作養豆用享單疑生攷之傳記無見唯周有單穆公號為盛族然所謂疑生者葢指其名若左氏言寤生書言定生皆言其名也

姬寏豆

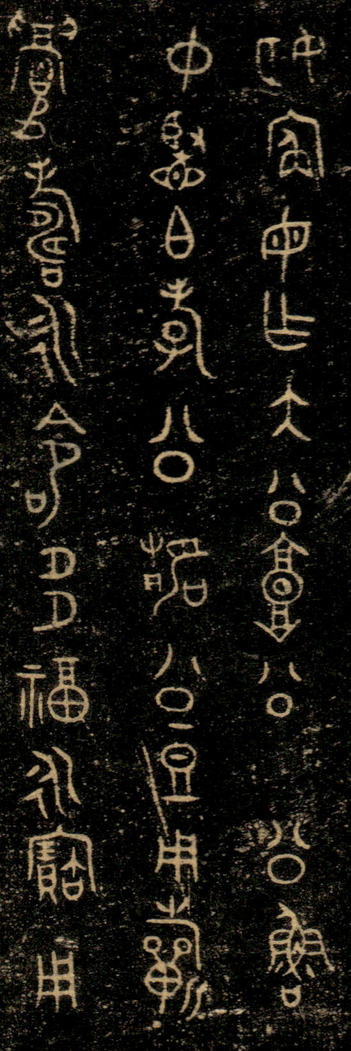

姬寏母作太公郭公　公魯
仲遲伯孝公靜公豆用祈
眉壽永命多福永寶用

攷古云蔡博士䧗言按齊世家言太公之卒百有
餘年子丁公呂伋始立郭公以下三世至孝公始
見於史自呂伋十四世矣餘文不可考然知為
齊豆無疑

周盉

單從盉

蓋

單　作從彝
囧

器

單　作彝
囧

博古録云周有單子歷世不絶為賢卿士其族
有襄頃靖獻穆公之類所謂景公者豈斯人之
旋耶然單氏之器得之有數種有舟有鼎
有彝與此盉其形雖不同而其銘則皆曰從
彝也蓋彝以言其有常從以言其有繼是器
特與盉為一類耳

嘉仲盉

嘉仲盉諸經傳無見考其款識已非夏商但製作有類乎周其曰諸友則知非獨擅乃與朋友共之之器也且五常之道言君臣之尊尊父子之親親而朋友亦列於其間則未有不須友以成者彝器者法度之所在其於尊君事親之義亦嘗未載則於朋友之義宜有以及之茲器是也

伯王盉

伯王敎作寶盉
其萬年子〻孫〻
其永寶用

銘云伯王敎作寶盉攷古云按盉不見于經說
文云調味也盉盩和五味以共調也伯者尊稱
之王其姓也敎乃名耳

歷代鐘鼎彝器款識法
錢唐薛尚功編次并釋音
周器款識

甗一　鬲　槃　盂　盦

周甗

伯温父甗

伯温父作旅甗

按考古録云　白旅甗者旅食所用燕禮司宮尊于東楹之西兩方壺公尊瓦大兩有豐士旅食于門西兩圜壺言旅者以別公尊與堂上尊也餘器皆然故此圖所載有旅彝旅甗旅簠旅匜皆此義也

仲酉父甗

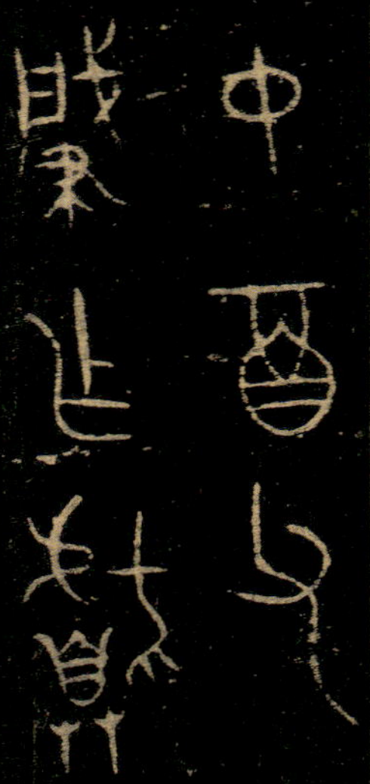

仲酉父[illegible]作甗

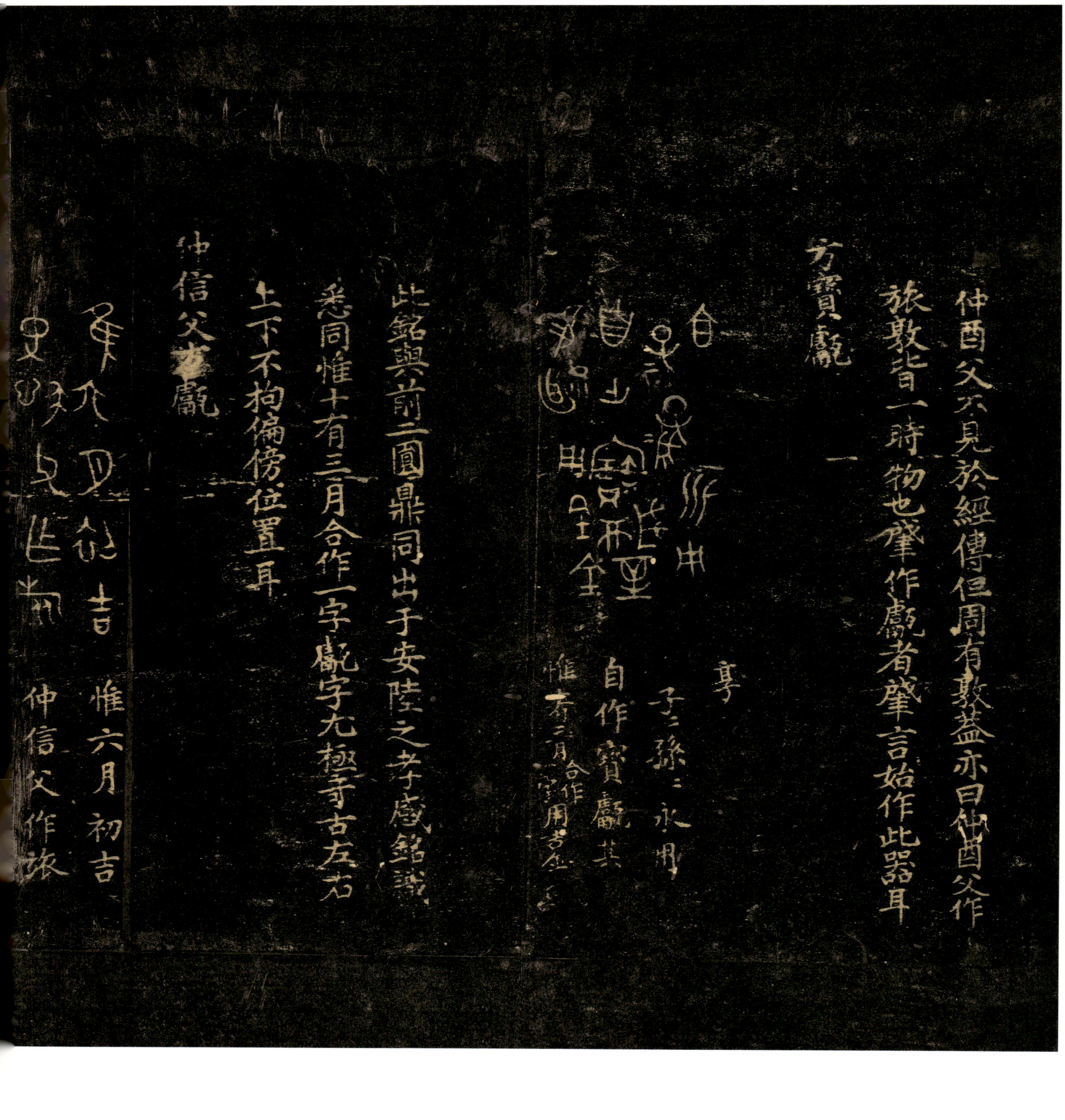

仲酉父亦不見於經傳但周有數蓋亦曰仲酉父作
旅敦皆一時物也肇作甗者肇言始作此器耳

方寶甗　一

享
子子孫孫永用
自作寶甗其
惟十有三月合作一字用考丕

此銘與前二圜鼎同出于安陸之孝感銘識
悉同惟十有三月合作一字甗字尤極奇古左右
上下不拘偏傍位置耳

仲信父方甗　一

吉　惟六月初吉
仲信父作旅

甗其萬年子

孫孫永寶用

攷古録云按舊圖云咸平三年好畤令黃鄆獲
是器詔
闕以獻
詔句中正杜鎬詳其文惟[illegible]字楊南仲謂不
必讀爲史當作中音仲然以愚攷之恐只是史
字史信者如史頊史黎之類史言其官信言
其名父則尊稱之耳

父乙甗一

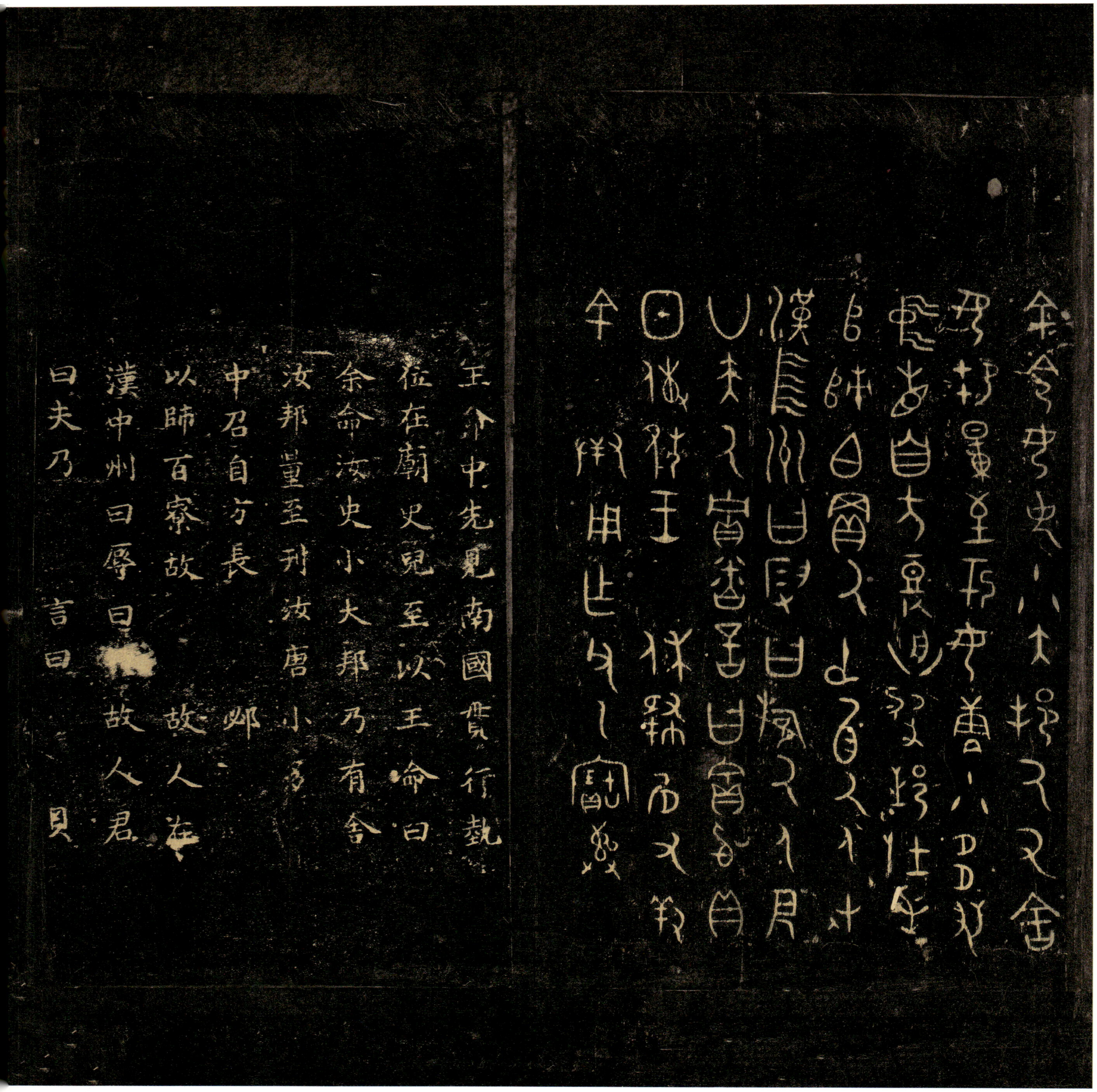
王令中先見南國貫行埶
位在廟史兒至以王命曰
余命汝史小大邦乃有舍
汝邦量至刊汝唐小多
中召自方長 郷
以師百寮故 故人在
漢中州曰厚曰 故人君
曰夫乃 言曰 貝

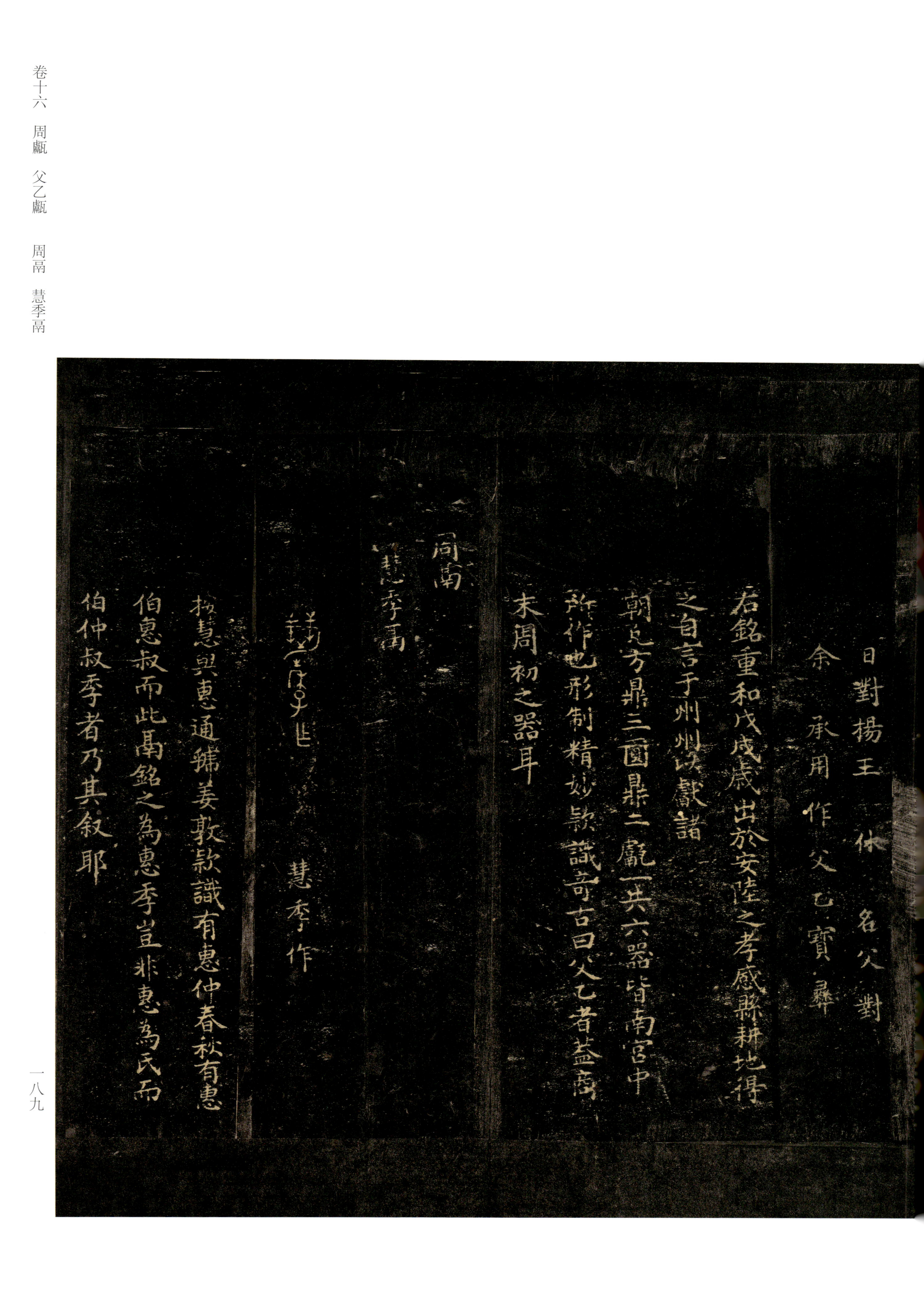

日對揚王休名父對

余承用作父乙寶彝

右銘重和戊戌歲出於安陸之孝感縣耕地得

之自言于州州以獻諸

朝凡方鼎三圜鼎二甗一共六器皆南宮中

所作也形制精妙款識奇古曰父乙者蓋商

末周初之器耳

周鬲

慧季鬲

[illegible]

慧季作

按慧與惠通䋣姜敦款識有惠仲春秋有惠

伯惠叔而此鬲銘之為惠季豈非惠為氏而

伯仲叔季者乃其叙耶

丁父鬲

孫丁父

按博古云夫世人但知十干爲商凡遇款識有十干者皆歸之商故或以丁父鬲爲商器蓋誤矣按商之銘於甲曰父甲丁曰父丁辛曰父辛乙曰父乙皆尊其父而上之未見有列於下者兼商鬲皆以父丁爲銘若謂丁父亦爲商器則是古人於名號間有變易矣將何以示後世乎蓋在周之太公望再世而有丁公其後世以丁爲氏是鬲周物豈其丁氏之子孫爲其家廟而作耶曰孫則又言孝孫作之以奉其祖也

伯鬲

伯作寶彝

於古器以伯爲銘者多矣尊敦彝卣爵皆有伯作之銘觀古人或以伯爲謚或以伯爲名或以伯仲叔季其序或以侯伯列其爵所稱非一而皆曰伯者殆未可以私智決也

帛女鬲

帛女作齊鬲

帛女疑宮女之有職者然考周官自九嬪世婦之餘所可見者司服縫人而已初無此名也豈非自周之末典禮不存因其職而命之歟不然則諸侯不敢擬於天子而有是職歟漢廣川王以陶望卿主繒帛疑亦祖述周人之意其曰作齊鬲蓋於祭祀之齊而所用

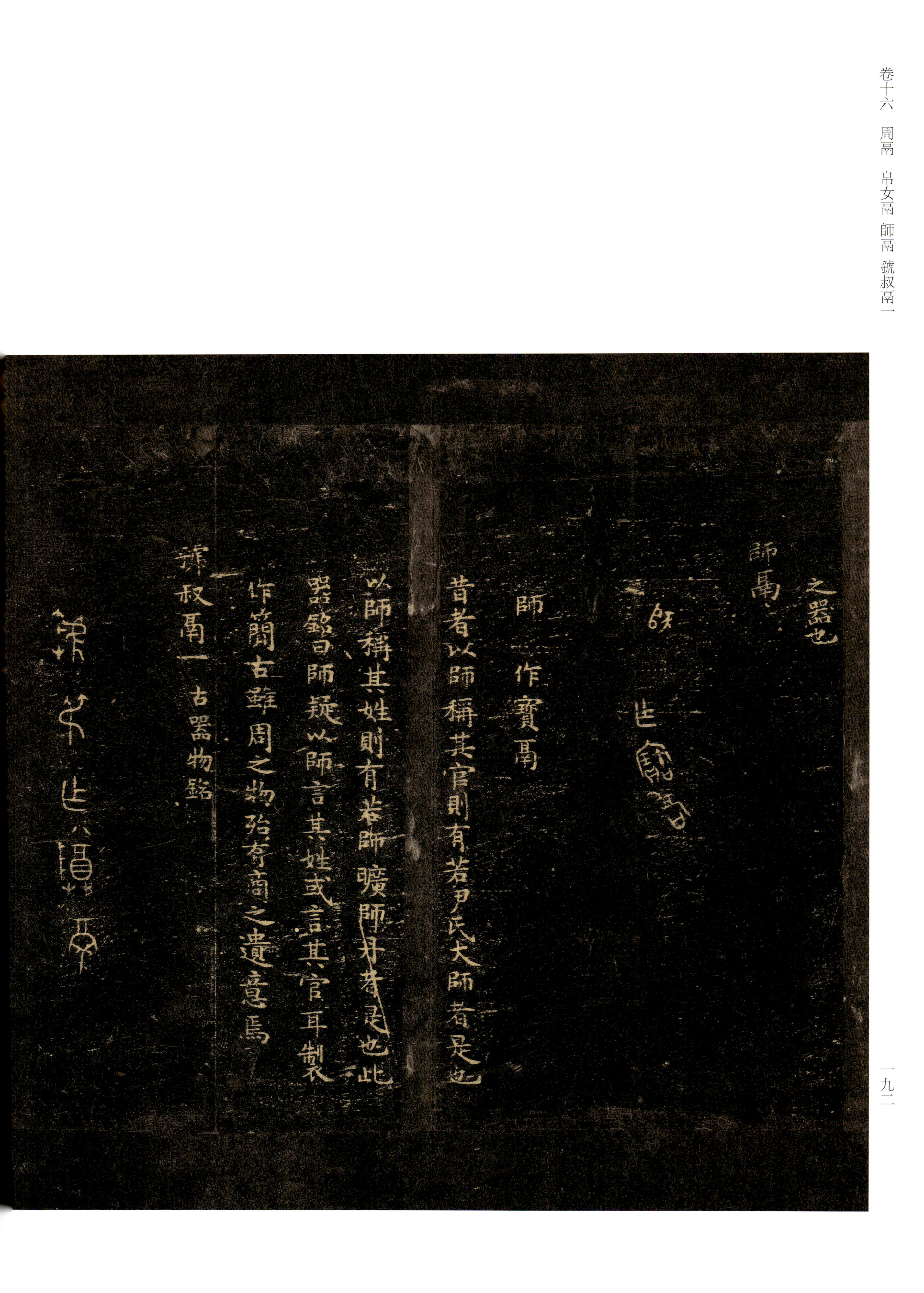

之器也

師鬲

師作寶鬲

昔者以師稱其官則有若尹氏大師者是也以師稱其姓則有若師曠師尹者是也此器銘曰師疑以師言其姓或言其官耳製作簡古雖周之物殆有商之遺意焉

虢叔鬲一　古器物銘

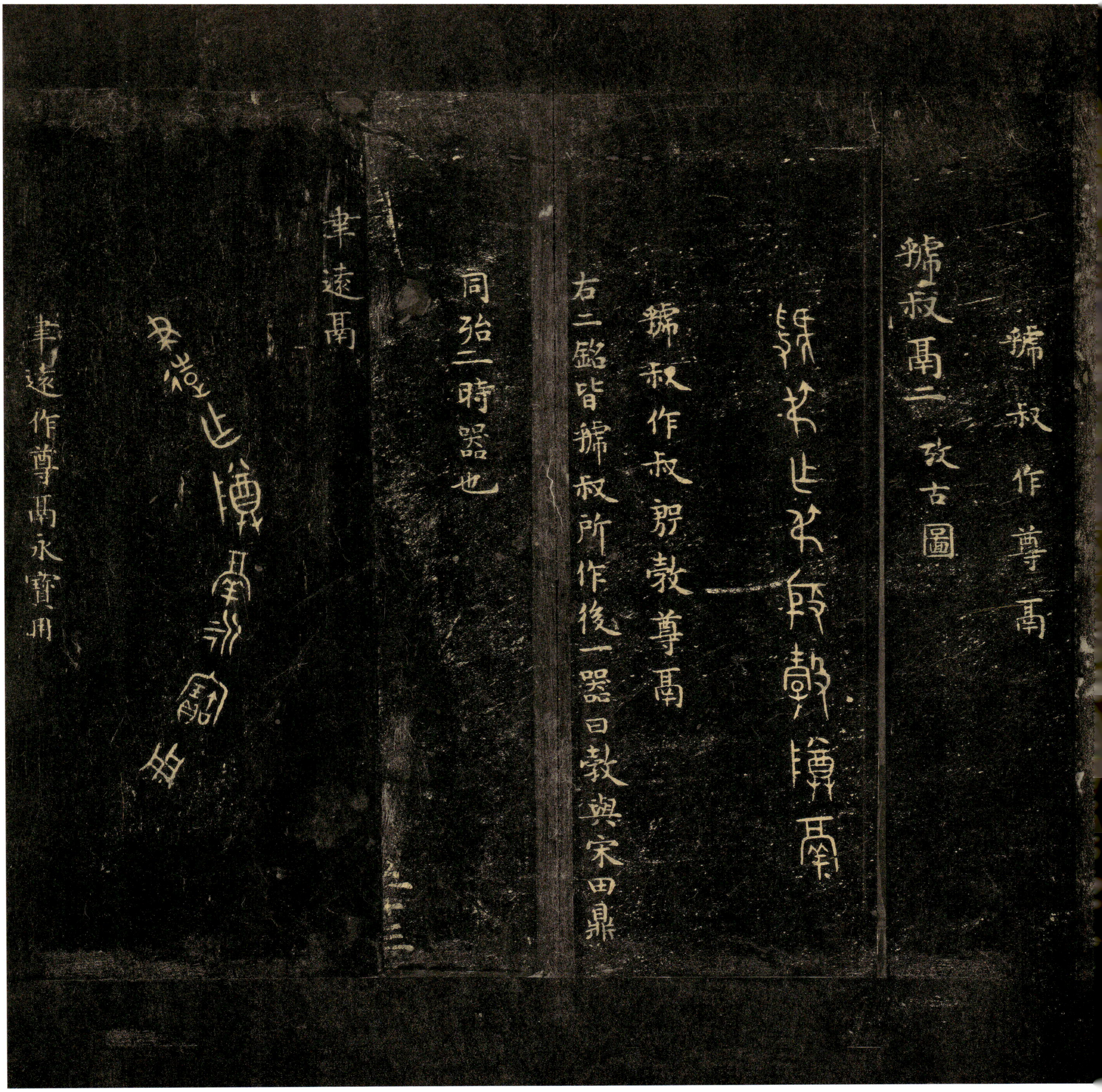
虢叔作尊鬲
虢叔鬲二
攷古圖
虢叔作叔殷穀尊鬲
右二銘皆虢叔所作後一器曰穀與宋田鼎
同殆二時器也
聿遠鬲
聿遠作尊鬲永寶用

右銘云聿遠乃作鬲者之人也

亦鬲

亦□作尊鬲永寶用

右銘亦下一字漫滅未攷

蔑敖鬲

蔑敖祿光康

攷孝永寶德

右銘十有一字所可辨者九字而已敖工鑄鬲若

蔑字按楚之君有霄敖若敖杜敖郟敖而其官名亦曰莫敖所謂蔑敖殆出於斯耶楚爲諸侯國故其器作周之形制曰光康者古人銘器之意蓋未可以臆論也

仲父鬲

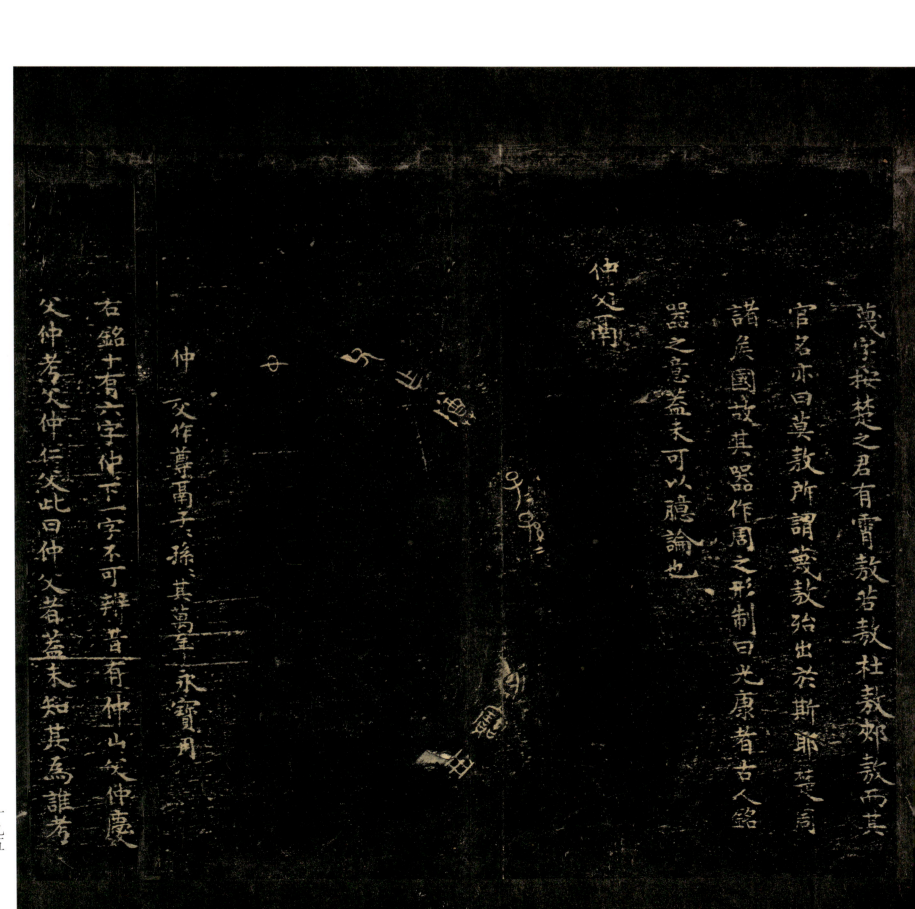

仲　父作尊鬲子子孫孫其萬年永寶用

右銘十有六字仲下一字不可辨昔有仲山父仲慶父仲考父仲仁父此曰仲父者蓋未知其爲誰考

其製作乃與聿遠鬲稍相近且且諸器款識
有曰孫子有曰子子孫孫有曰子子孫蓋孫可以
為王父尸子不可以為王父尸故言孫子而以孫為
先言之不足至於重複故言子子孫孫而不嫌其
煩或疊言或單舉以互見故言子子孫而不嫌其
略若此再言子子人從而系之是為孫孫之義蓋孫
亦子屬不待指而後著矣噫古人制器尤在於遺

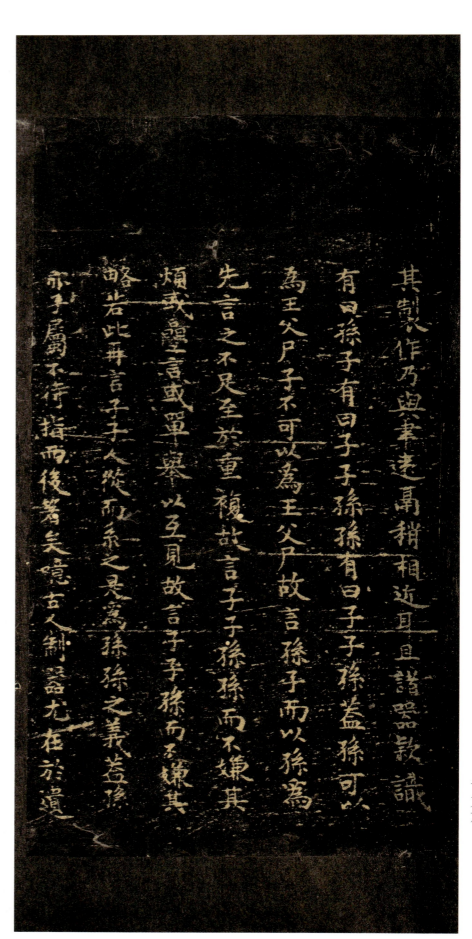

後世莊欽傳守不失故以子孫爲寧若乃漢器銘子孫者十無二三此所以不純乎古也

京姜鬲

京姜庚仲作尊鬲其永寶用

按詩之思齊曰思齊太任文王之母思媚周姜京室之婦太姒嗣徽音則百斯男蓋太王之妃曰太姜王季之妃曰太任文王之妃曰太姒曰京姜者京室之婦也周有天下在武王時及其追

尊祖考則以古公爲大王季歷爲王季於是
國以京言之故謂之京姜

仲斯鬲

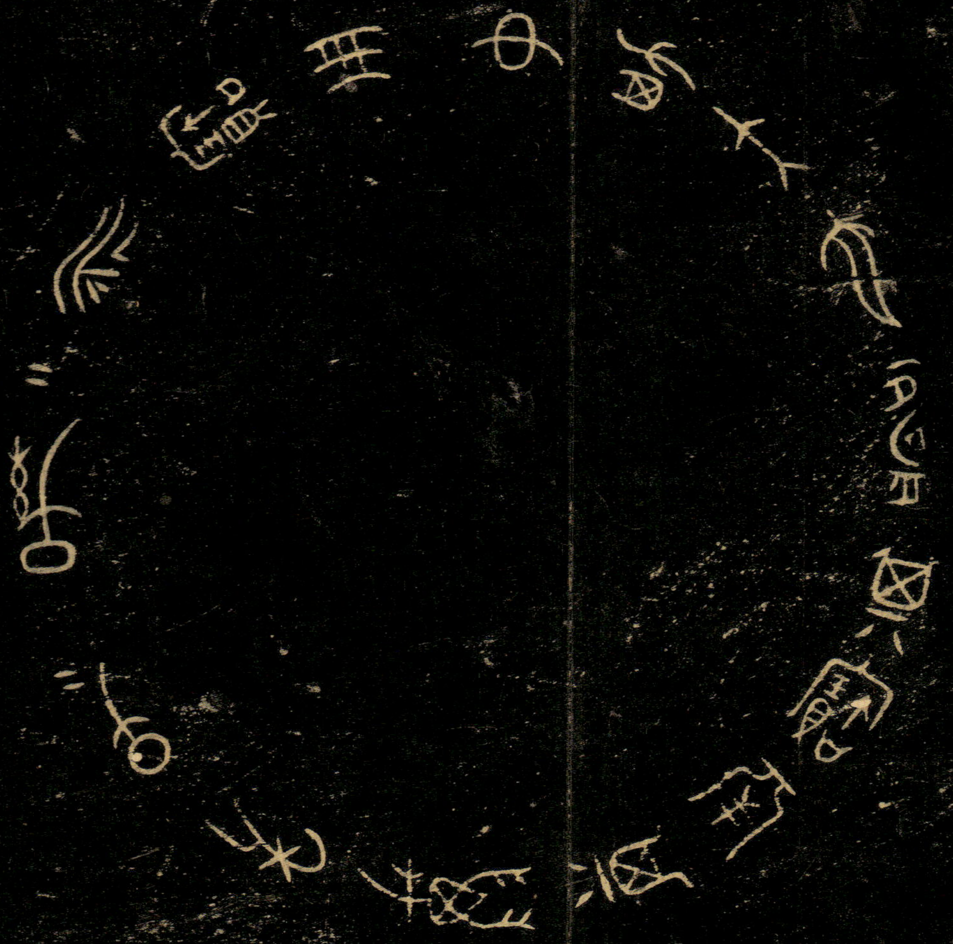

斯
大
它
鑄
其

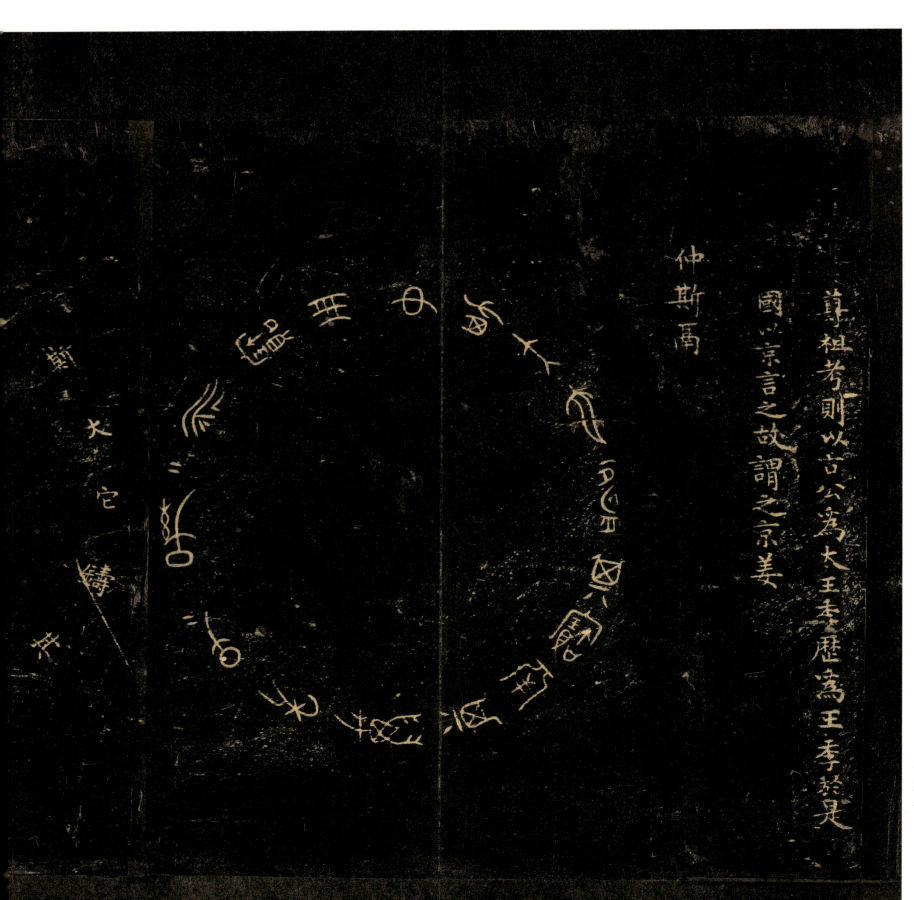

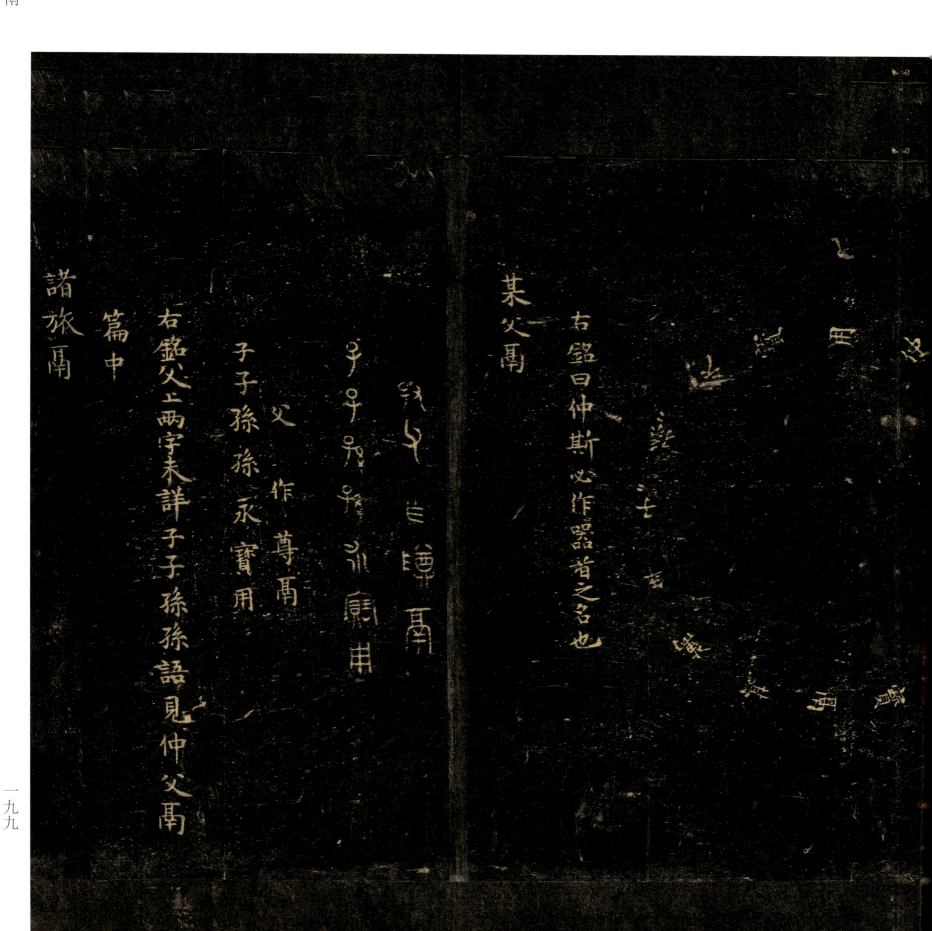

右銘曰仲斯必作器者之名也

某父鬲

父作尊鬲

子子孫孫永寶用

右銘父上兩字未詳子子孫孫語見仲父鬲篇中

諸旅鬲

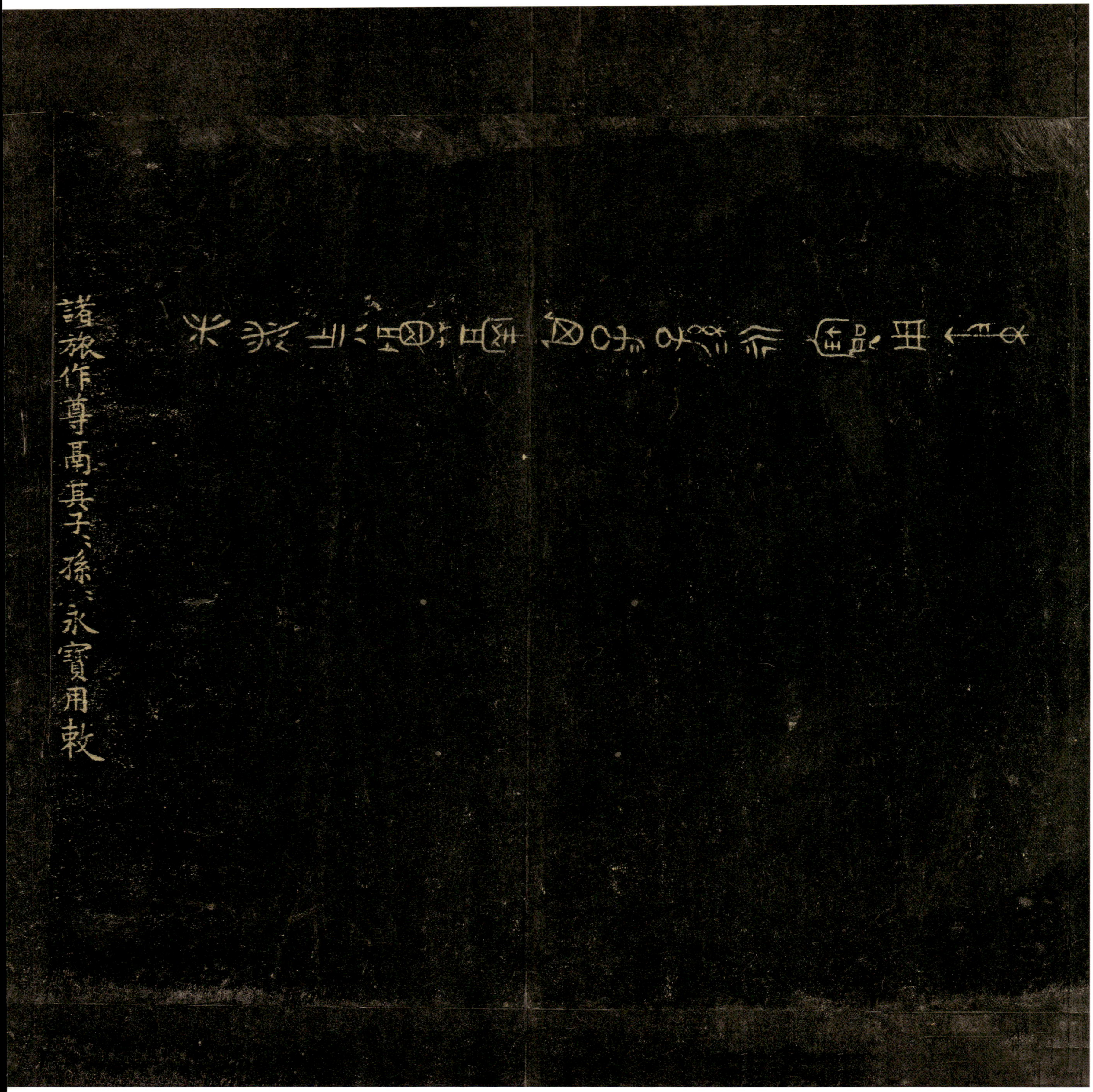
諸旅作尊鬲其子〻孫〻永寶用敕

右銘曰諸旅下繼之以作尊鬲者諸旅必其名氏也其子子孫孫永寶用而下有一敕字得非人君所賜而箸其敕命耶然敕自唐朝方用此周器也而謂之敕不可得而致矣

周槃

史孫槃

史孫𣪘作○

史孫𣪘作槃

右銘云史孫𣪘作槃而𣪘則未詳其音讀槃作○者象形篆也猶言槃圓則水圓耳

封比干墓銅槃

右林左泉
後岡前道
或云前岡後道

萬世之寧武云英字茲焉是寶

右開元四年游子武之奇於偃師耕耘獲一銅片盤形四尺六寸上鏤文深二分其左右前後岡道與泉並存唯林無矣攷諸圖籍即比干之墓

魯正叔槃

魯正叔之

𡨦作槃其

御子〻孫〻

永壽用之

按魯周公所封自伯禽之國而番衍盛大為天下顯諸侯且号禮義之邦着以周公之聖風化所本餘膏賸馥澤後世而不竭故其世業與周相為盛衰至戰國時而仲叔季之氏族遂

分其國然所謂正叔雖不見於經傳必魯之公族也

邛仲槃

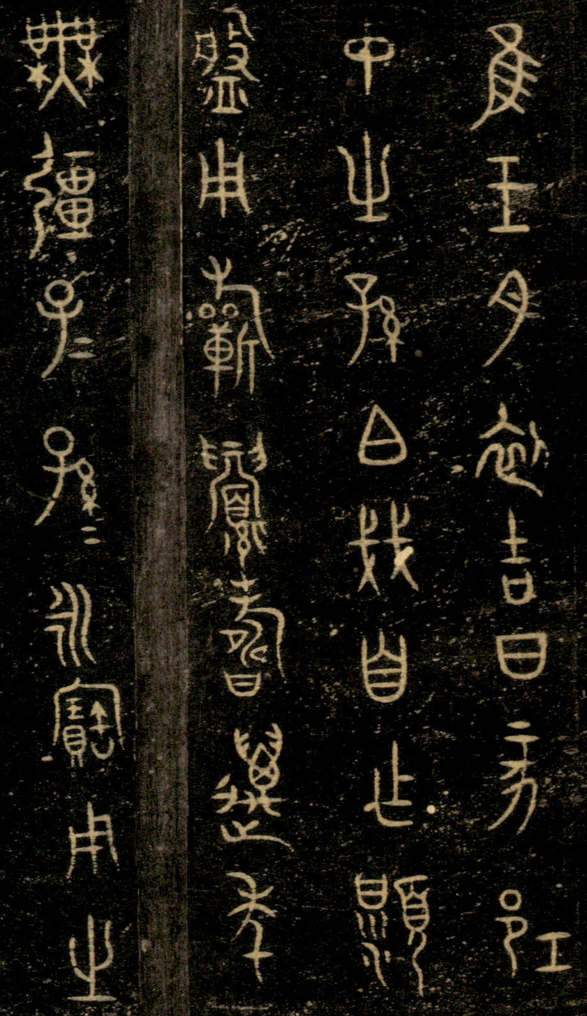

惟王月初吉日丁亥邛仲之孫伯戔自作頙槃用祈眉壽萬年無疆子子孫孫永寶用之

王月者正月也如所謂王春也言王所以尊王也頙

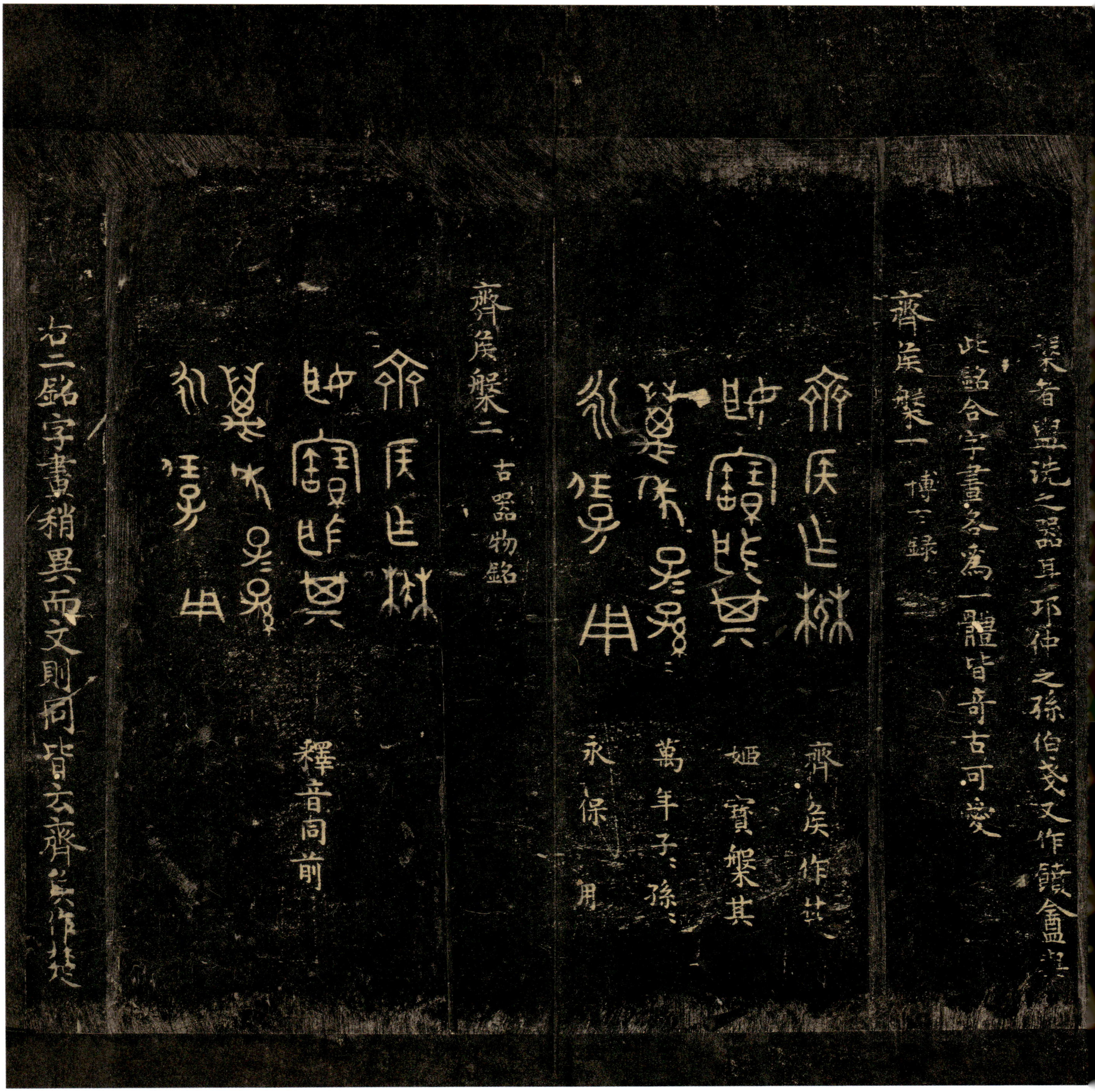
槃者盥洗之器其邛仲之孫伯戔文作饋盦[illegible]

此銘合字畫各爲一體皆奇古可愛

齊侯槃一　博古録

齊侯作其
姬寶槃其
萬年子子孫孫
永保用

齊侯槃二　古器物銘

釋音同前

右二銘字畫稍異而文則同皆云齊侯作楚

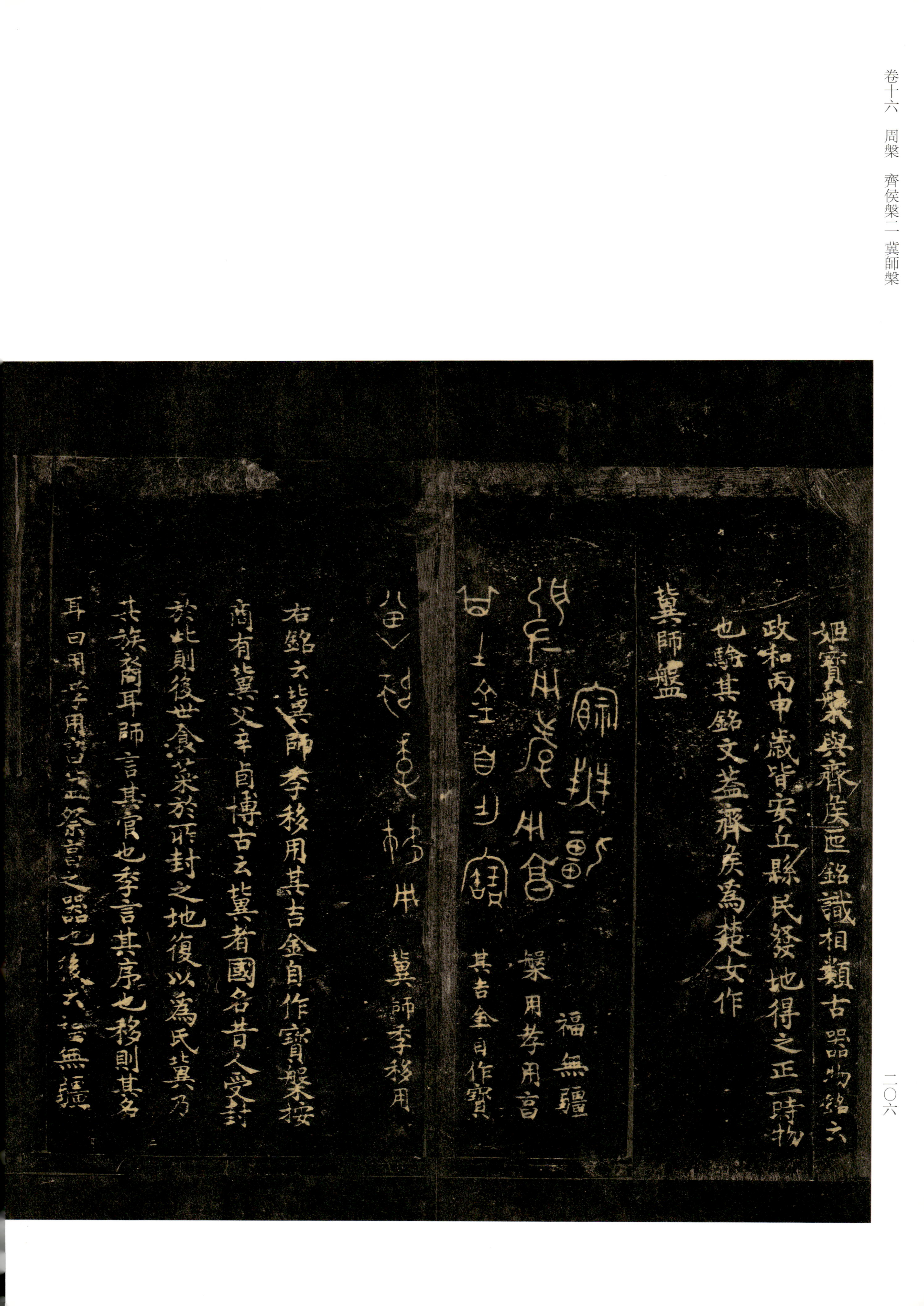

姬寶槃與齊侯匜銘識相類古器物銘云
政和丙申歲皆安丘縣民發地得之正一時物
也驗其銘文蓋齊侯為楚女作

冀師盤

福無疆
槃用孝用享
其吉金自作寶
冀師季移用

右銘云冀師季移用其吉金自作寶槃按
商有冀父辛卣博古云冀者國名昔人受封
於此則後世食菜於所封之地復以為氏冀乃
其族裔耳師言其官也季言其序也移則其名
耳曰用孝用享曰正祭享之器也後云無疆

謂祈福之無疆也福上一字磨滅未攷吉字从
士从口言士之口常吉也而此止从士亦口常吉之意
乎字畫奇古文詞典雅但形制未傳耳

周盂

伯索盂

伯索史作季
姜寶盂其萬
年子孫永用

博古云夫季姜之稱於書傳多指婦人言之如
詩所謂孟姜是也彼曰孟姜而此曰季姜者乃
其序耳伯索史作季姜盂則知爲季姜而作也

周盦

邛仲盦

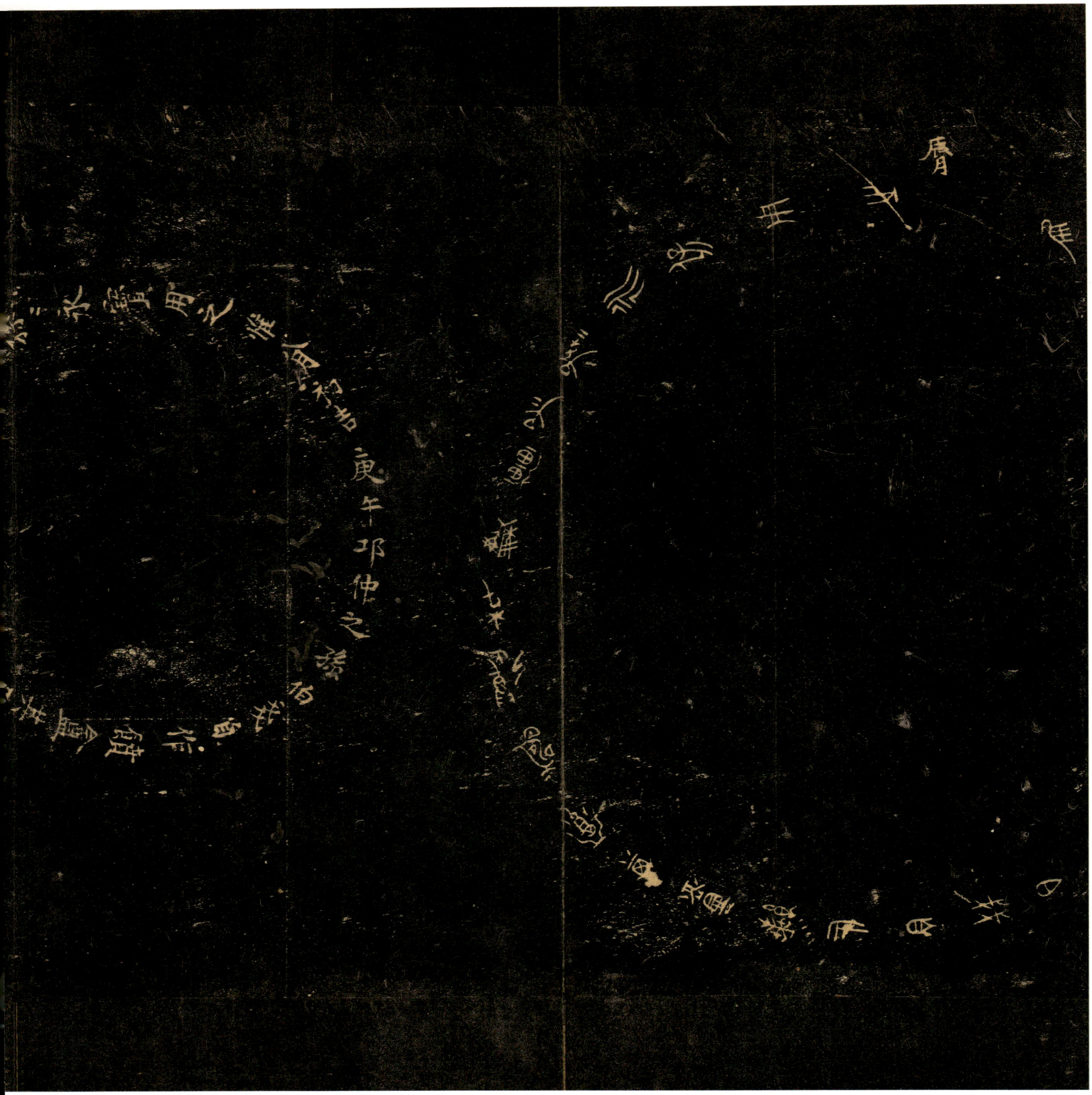

器

邛仲之孫
伯戔自作
饙盦永保
用之

右銘云邛仲之孫伯戔自作饙盦說文云邛在
濟陰王篇云邛在山陽邛仲之孫伯戔嘗作
𩒨盤今曰饙盦者饙滫飯也盦說文云圓蓋也
呂氏攷古云饙盦者以捧連湯飯而加覆蓋耳

宋刻宋拓《歷代鐘鼎彝器款識法帖》輯存

下冊

〔宋〕薛尚功 撰

中華書局

宋榻石鼓文
雲浦題

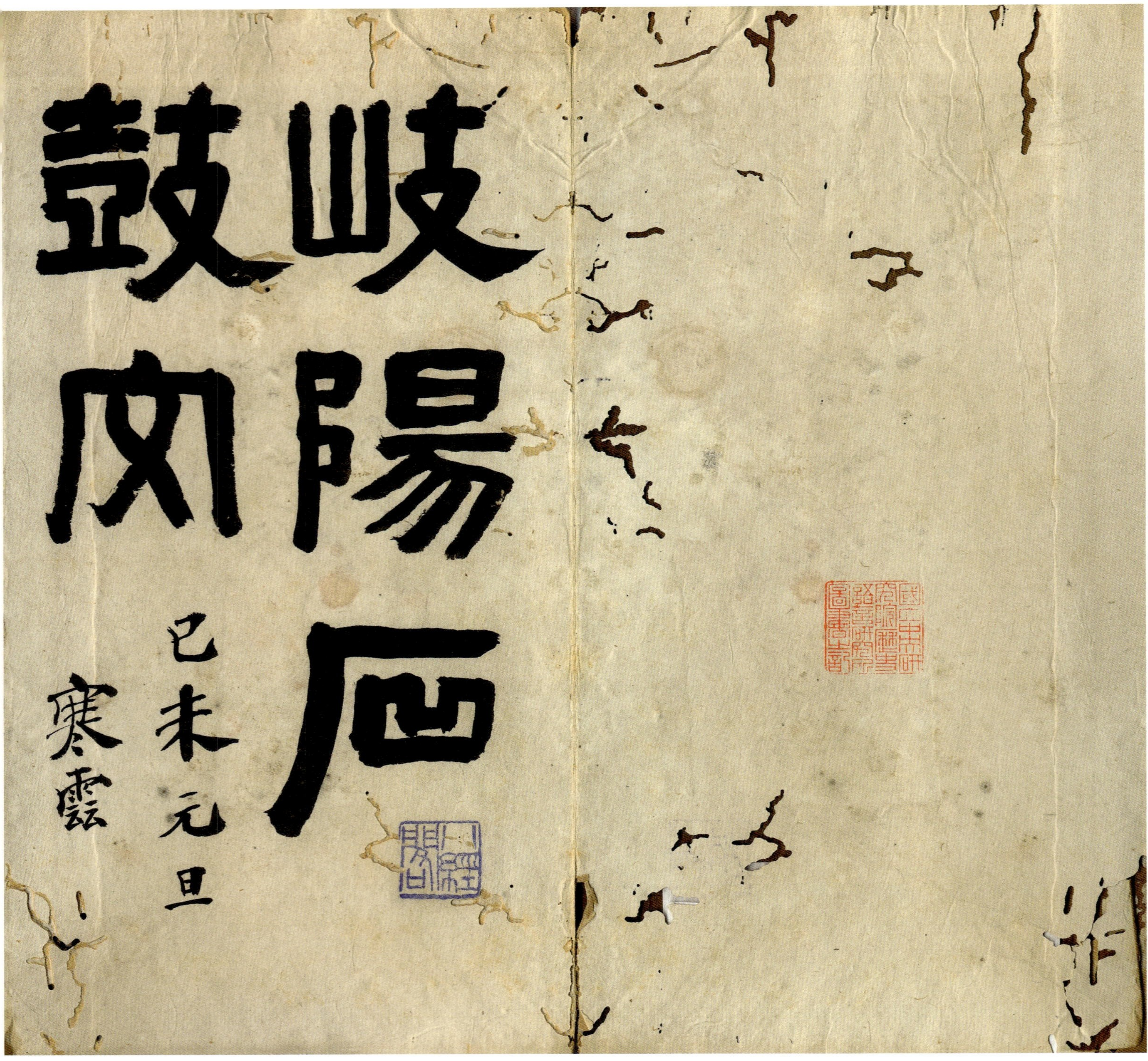

岐陽石鼓文

己未元旦

寒雲

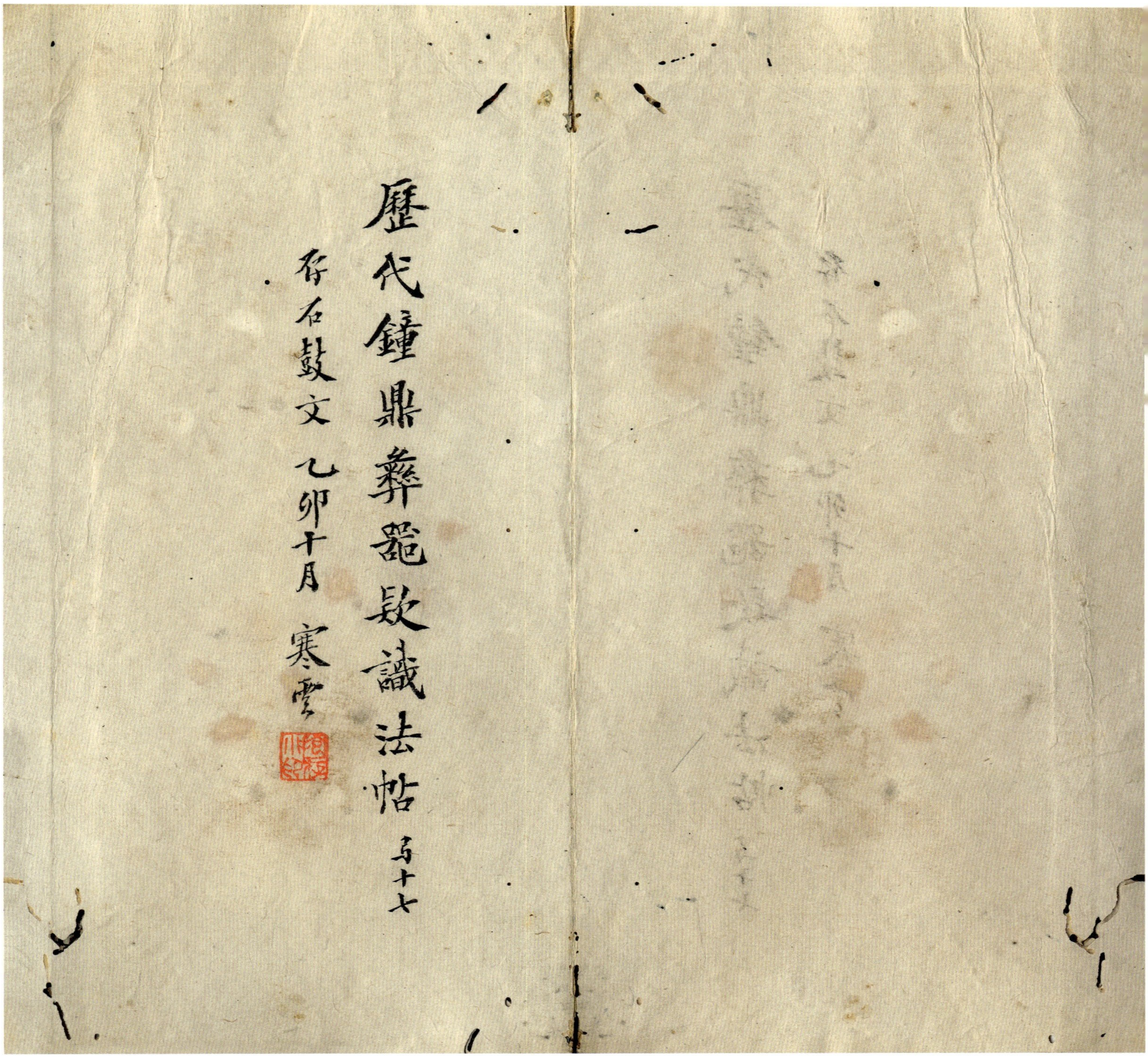

歷代鐘鼎彝器款識法帖 卷十七

存石鼓文 乙卯十月 寒雲

平陸戈
周鐸
鳳棲鐸

右銘一字作鳳棲木之狀是器鐸也
金鐸通鼓允樂舞必振鐸以爲之節
鳳亦取其鳳皇來儀之
周鼓
岐陽石鼓

岐陽石鼓二

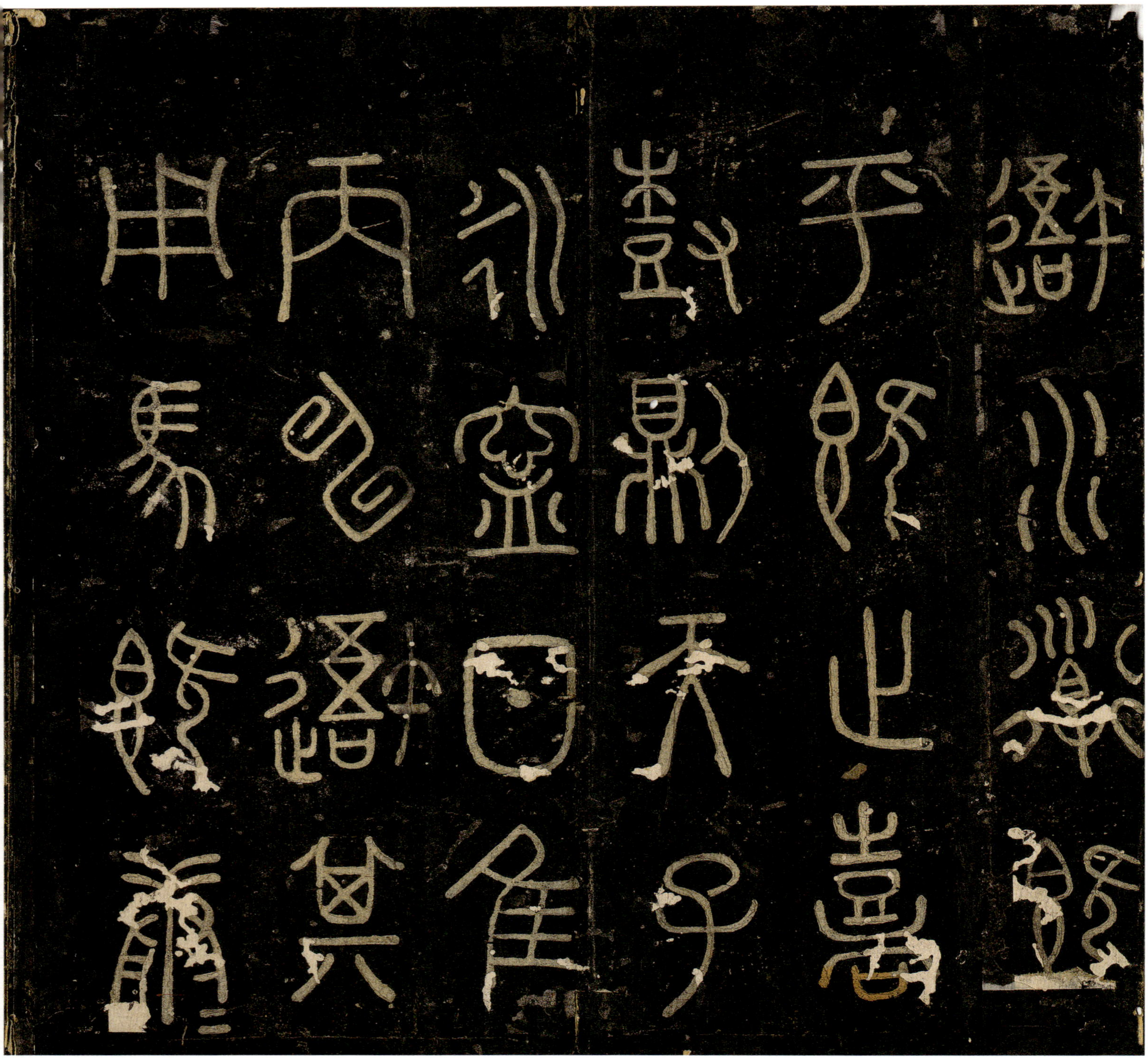

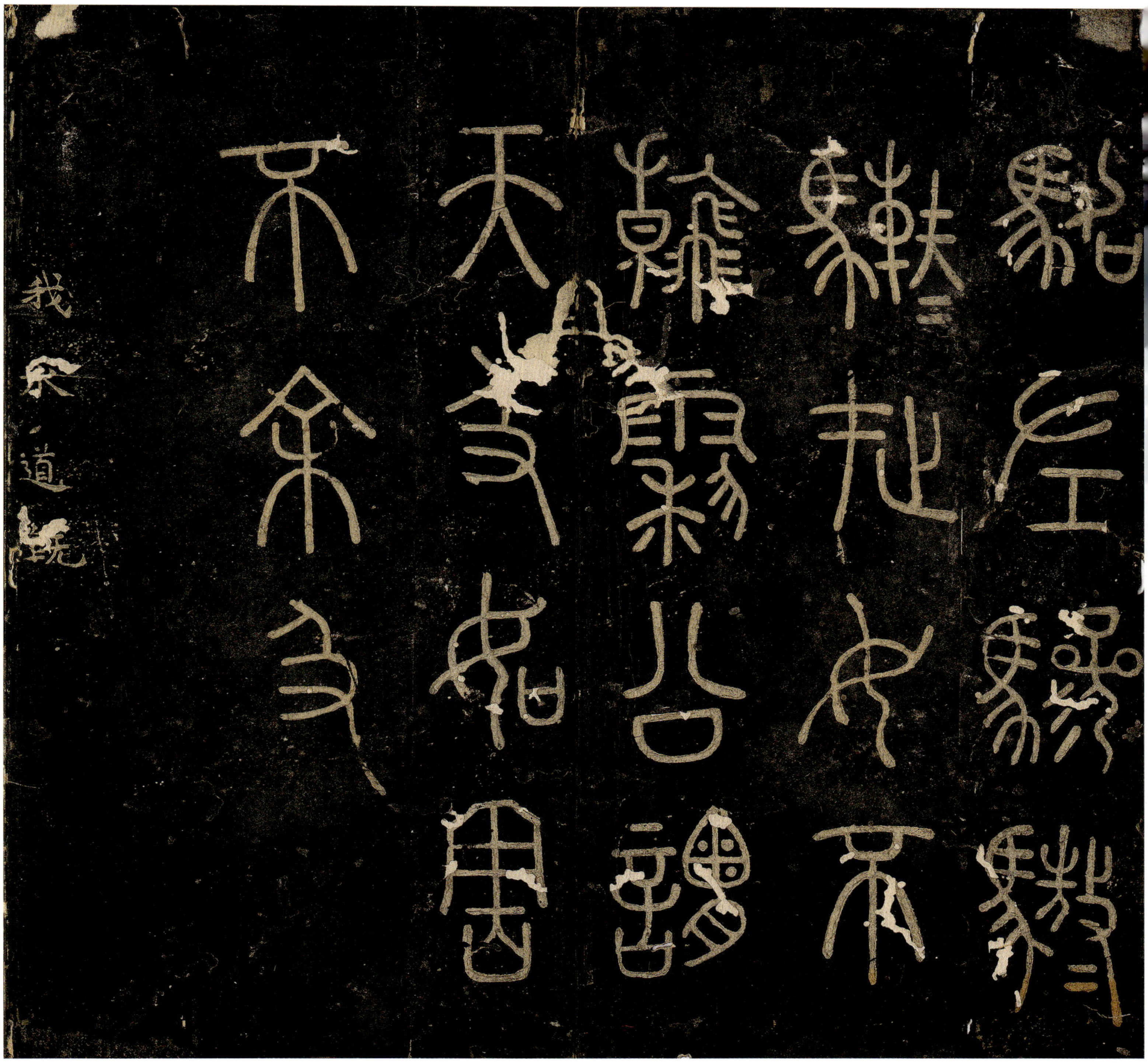

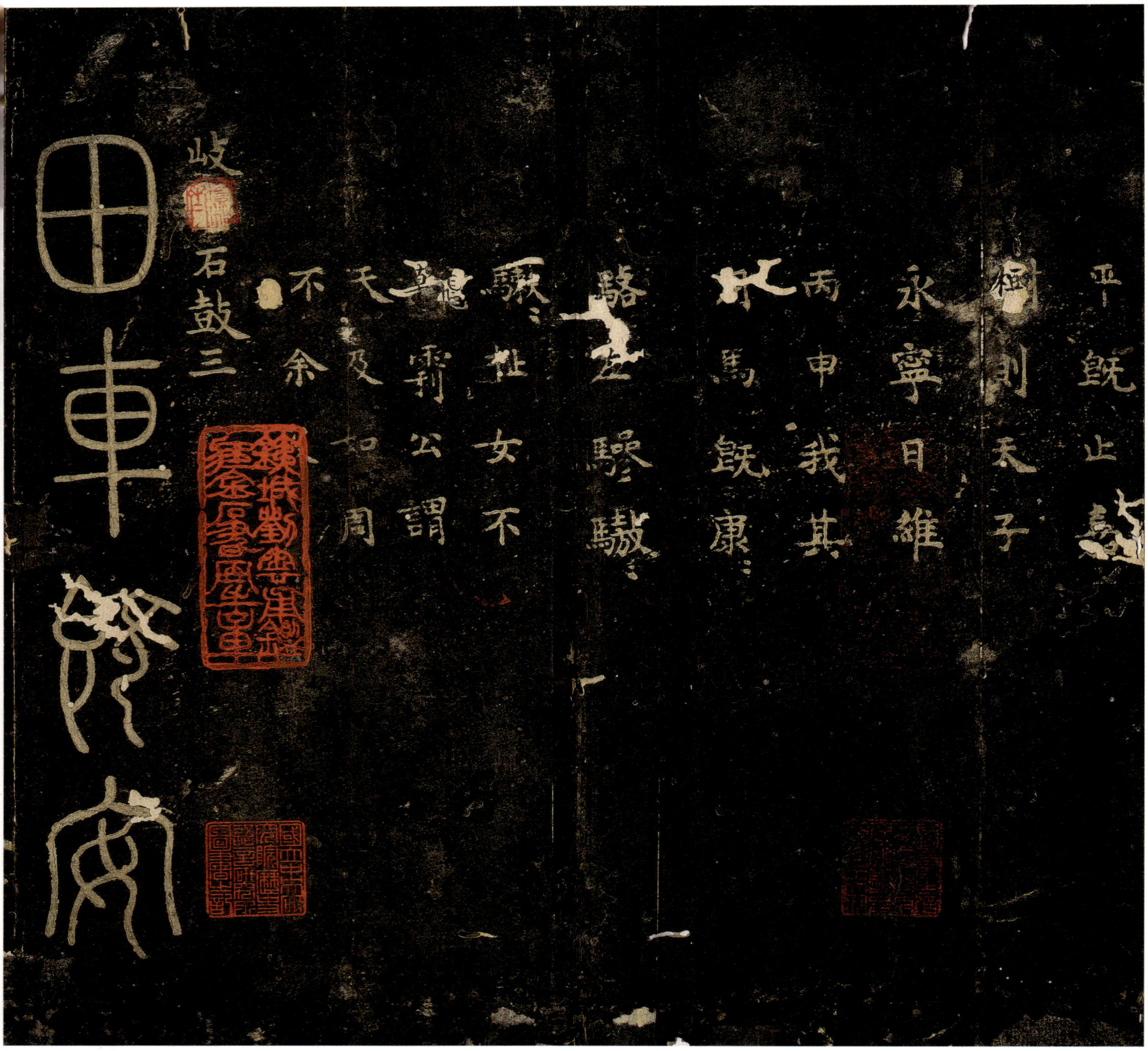
平既止
樹則天子
永寧日維
丙申我其
馬既康
駱左驂驖
女不
霝公謂
天及如周
不余
岐石鼓三

田車既安
左驂旛
宮車其寫
秀弓寺射

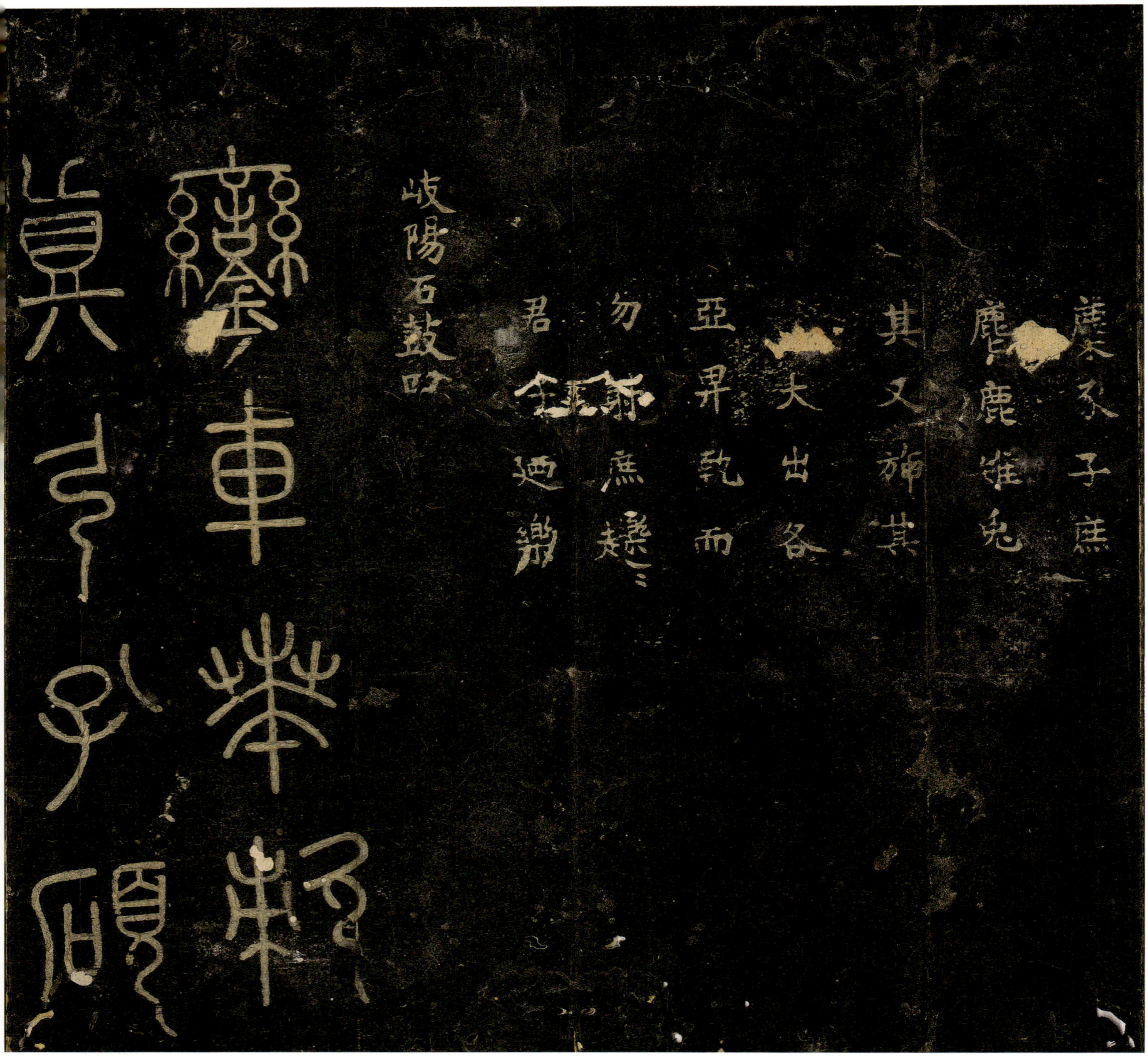
岐陽石鼓四

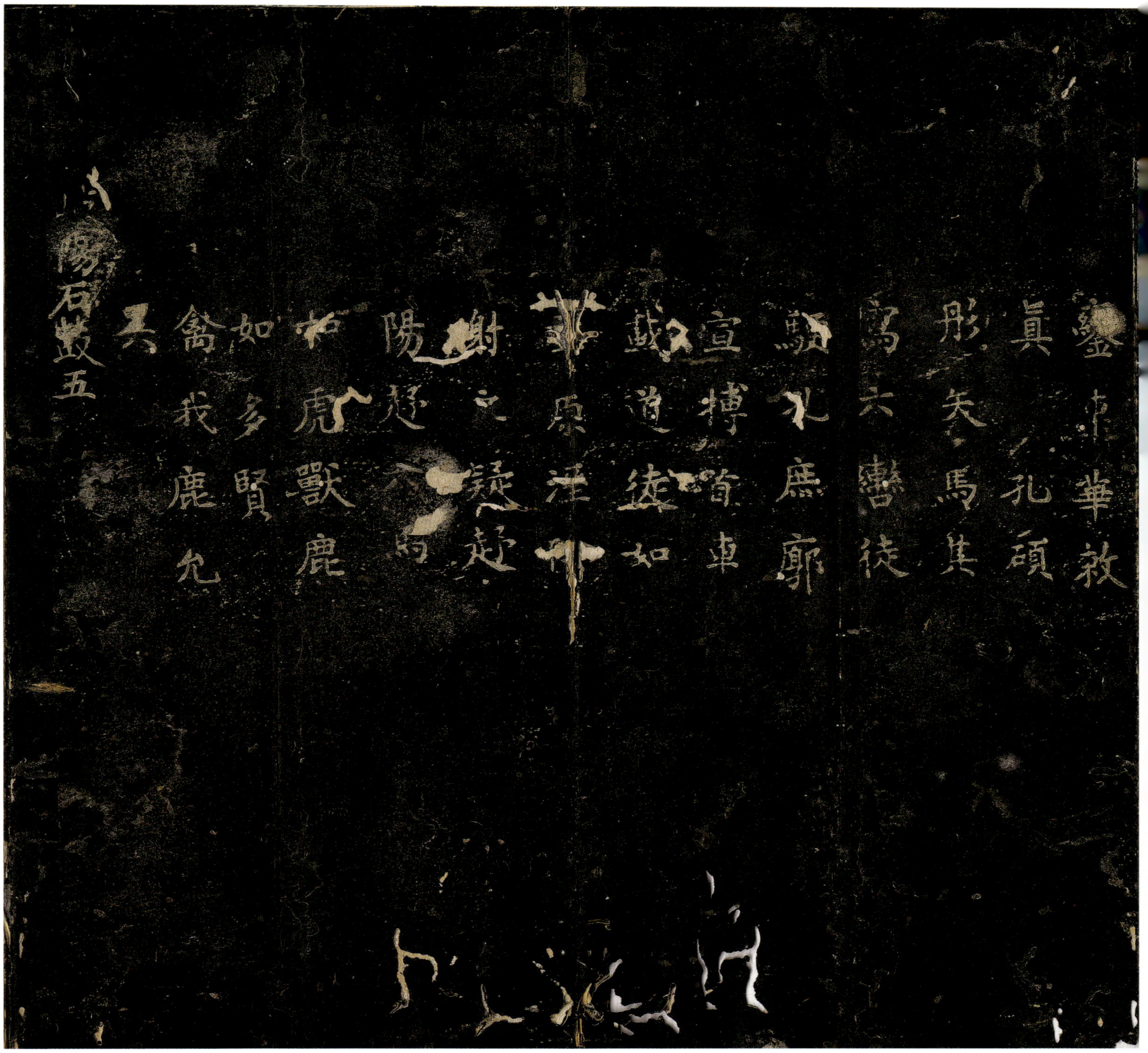
鋻華敎
眞孔碩
形矢馬其
爲六轡徒
驂麃鄜
宣搏車
鼓道徒如
原洋
樹之疑趞
陽趩
虎獸鹿
如多賢
禽我鹿允
又
岐陽石鼓五

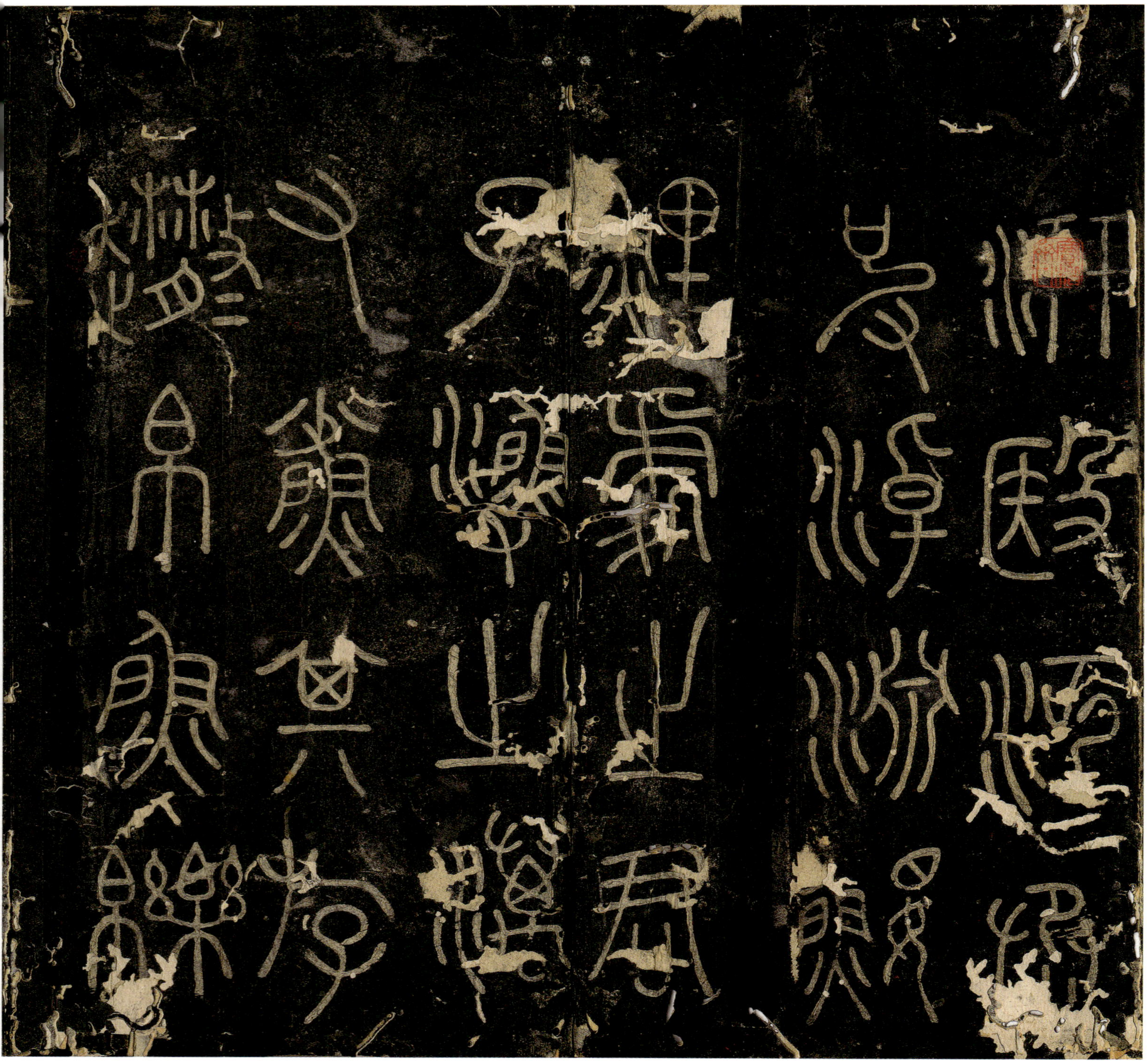

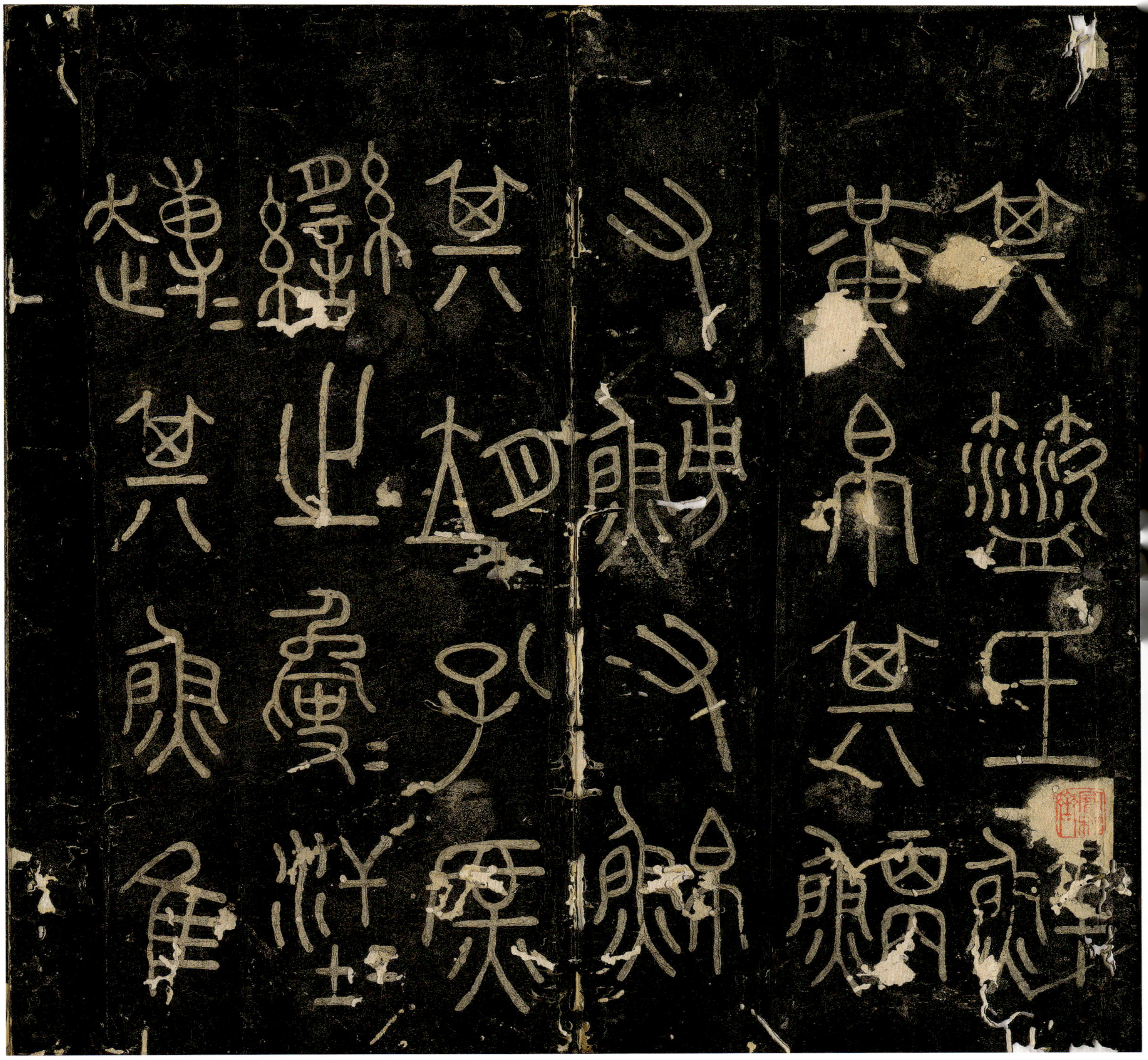

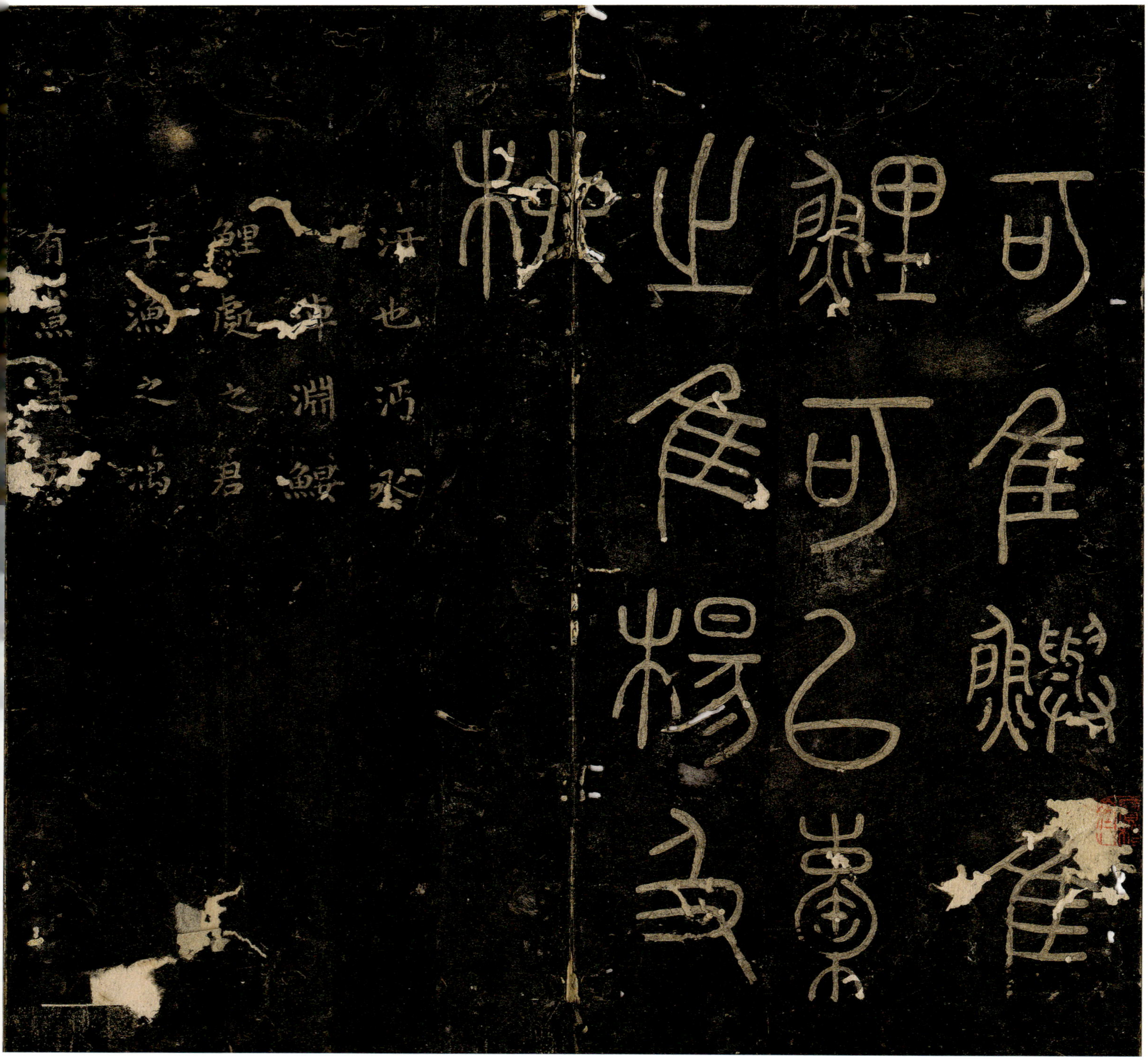

散帛
其盜氐鮮
黃帛其鯾
有鰟有鮊
其胡孔庶
之麀汙
趣其魚隹
可隹鱮隹
可以橐
之隹楊及
岐陽石鼓六

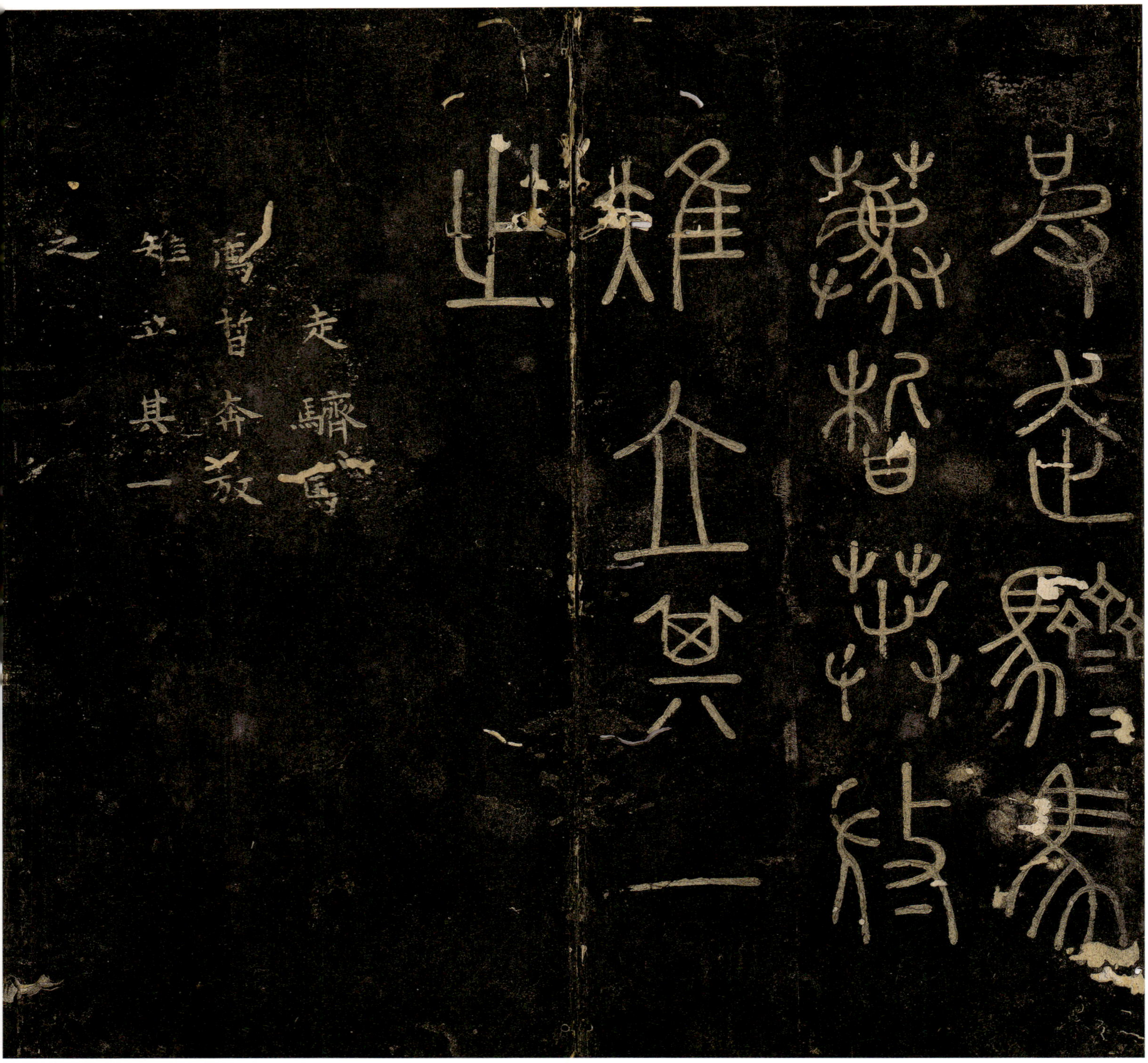

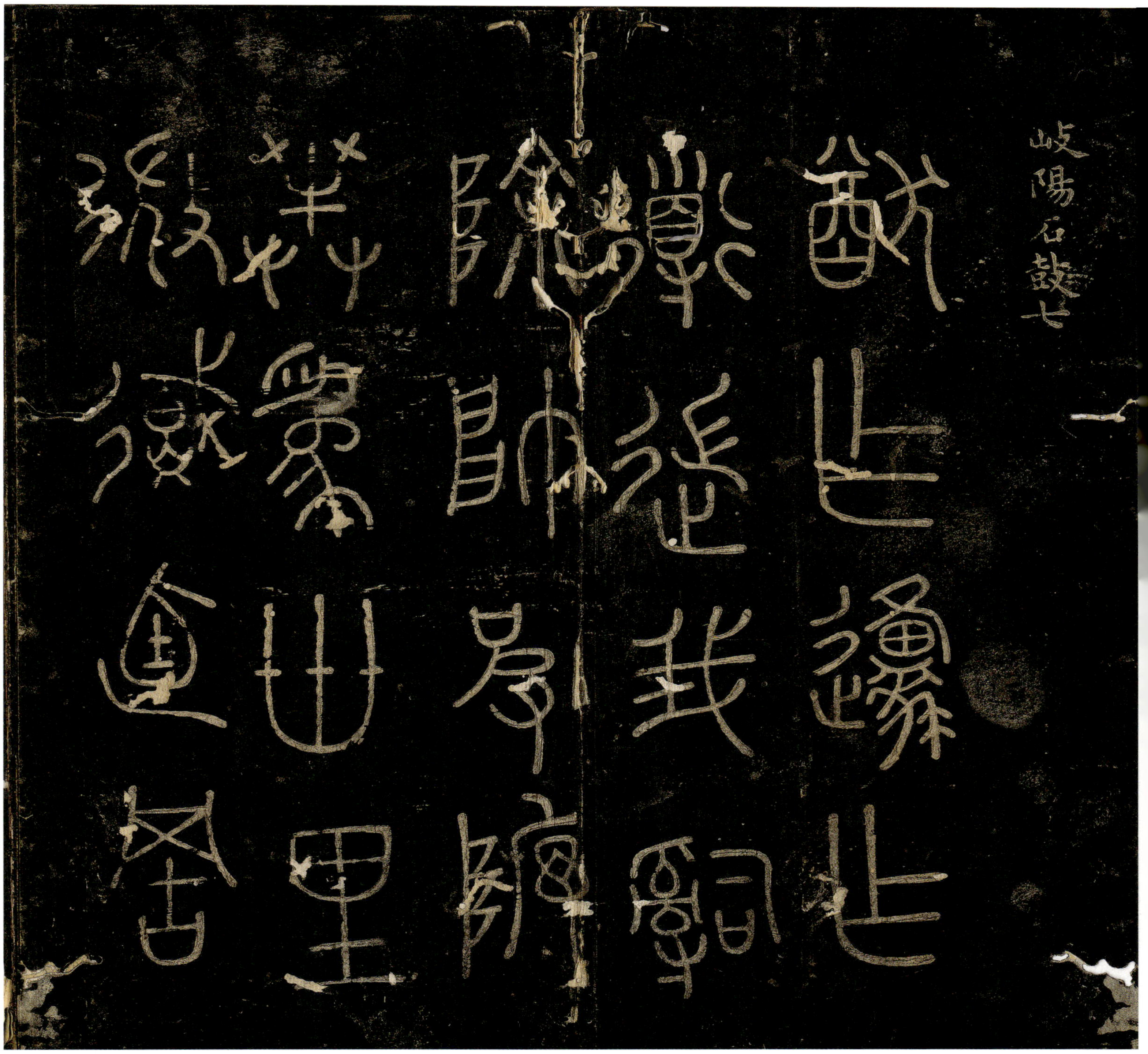
岐陽石鼓七

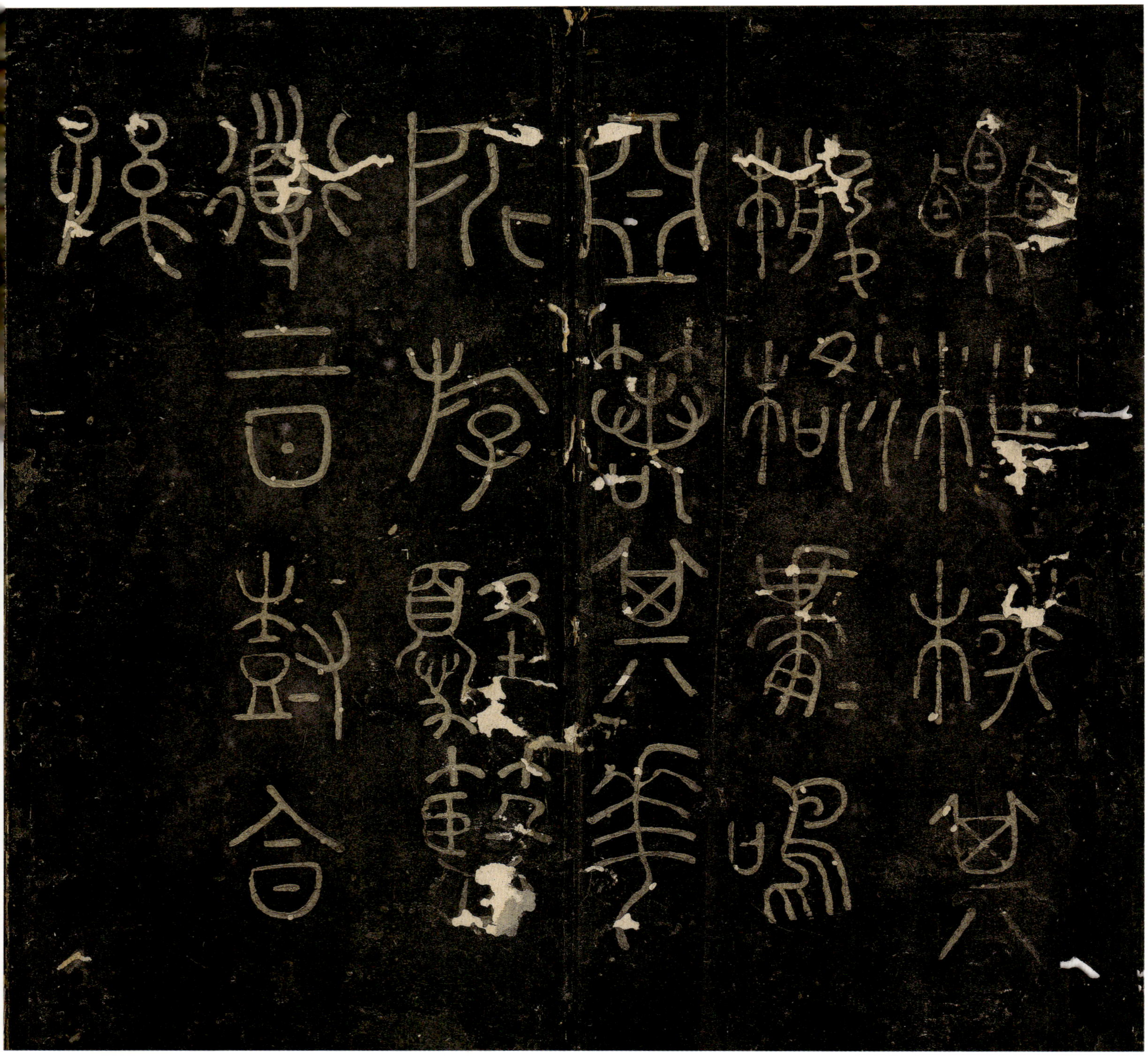

岐陽石鼓八

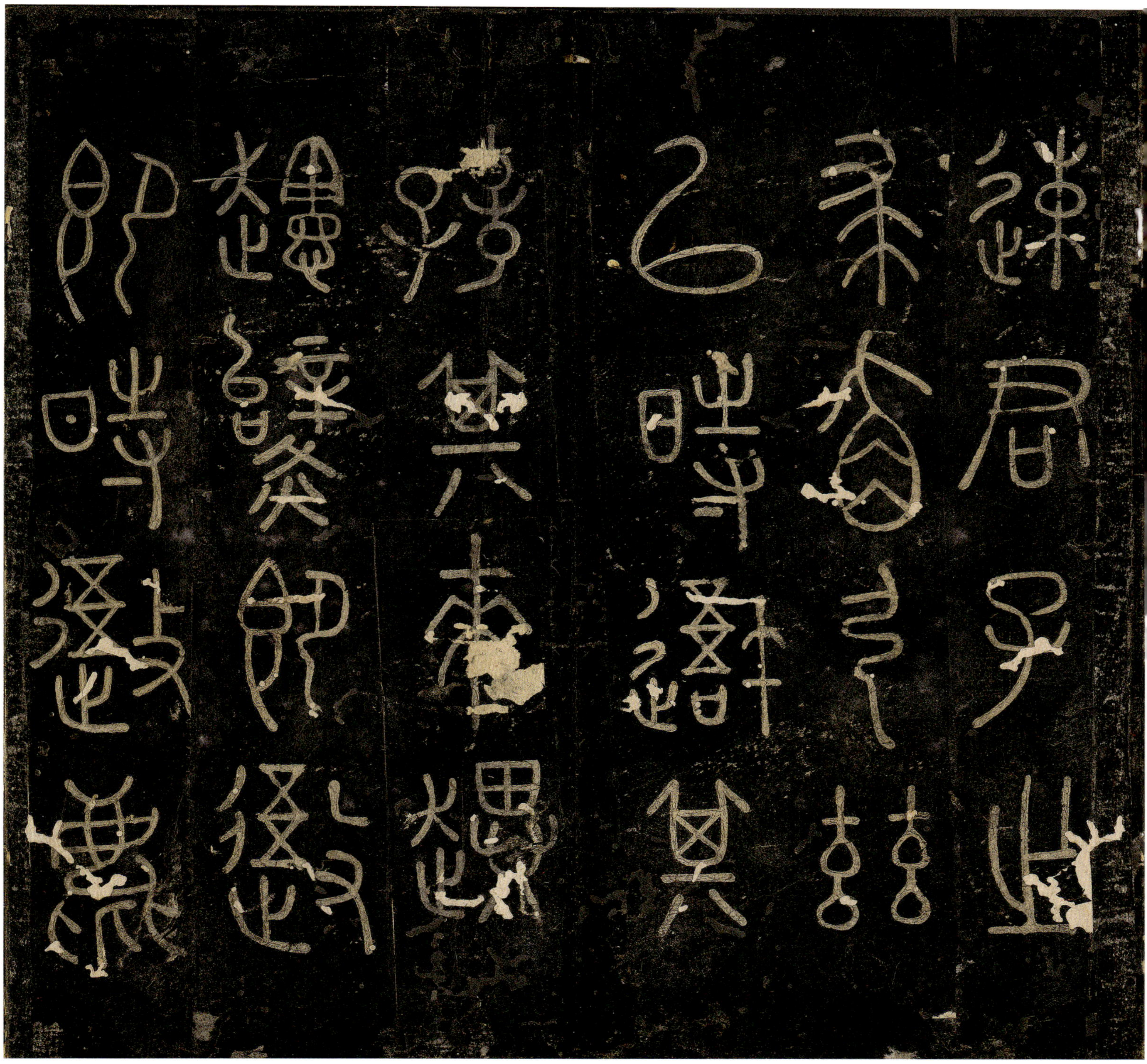

我馬既
我車既好
我馬既同
我車既不

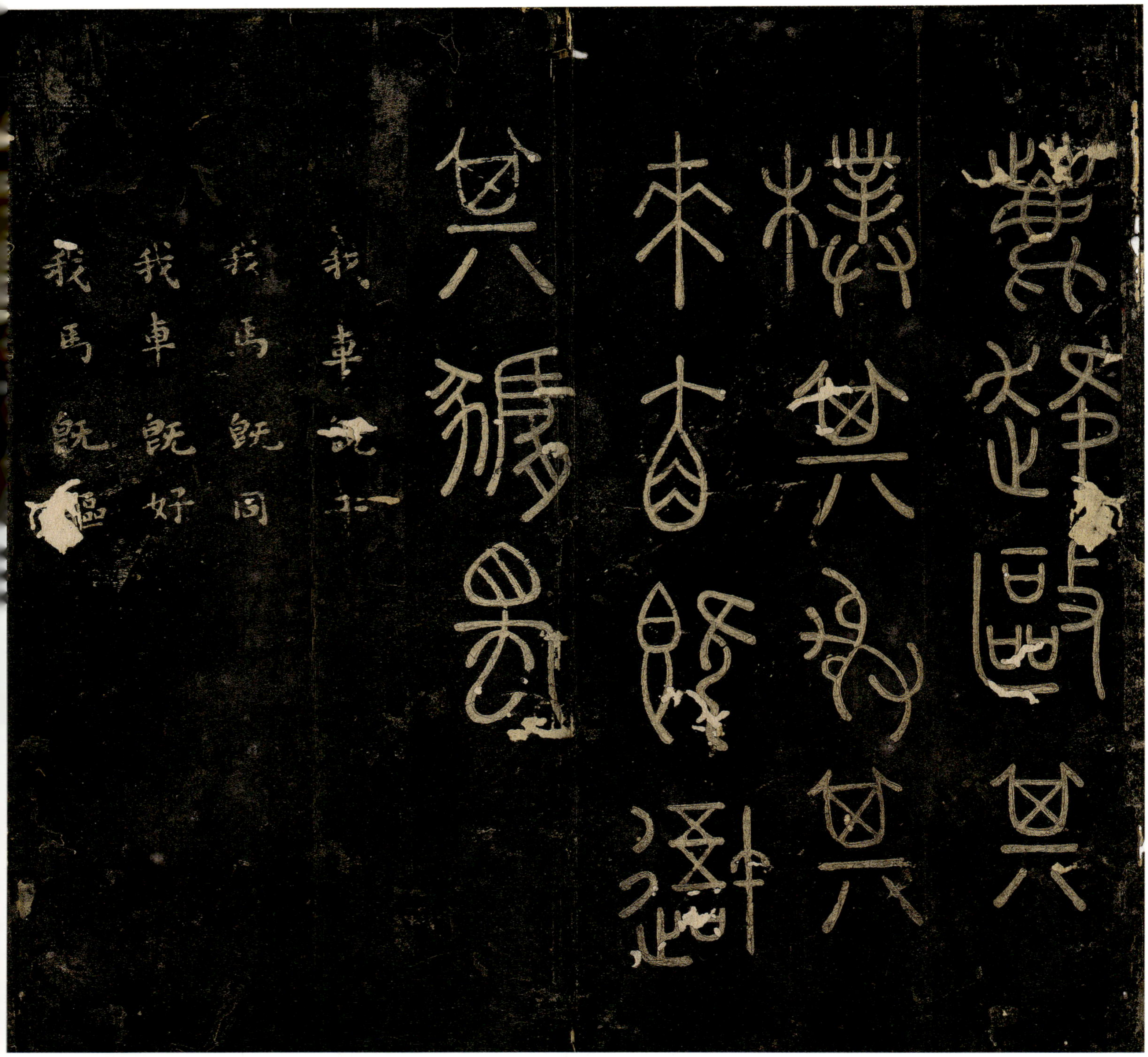

君子員員獵
員斿麋鹿
速君子之
求省及兹
以時我其
孫兵來歸
憲憲即我
即時我悤
鹿輅敔其
横其射其
來首駁
其
蜀

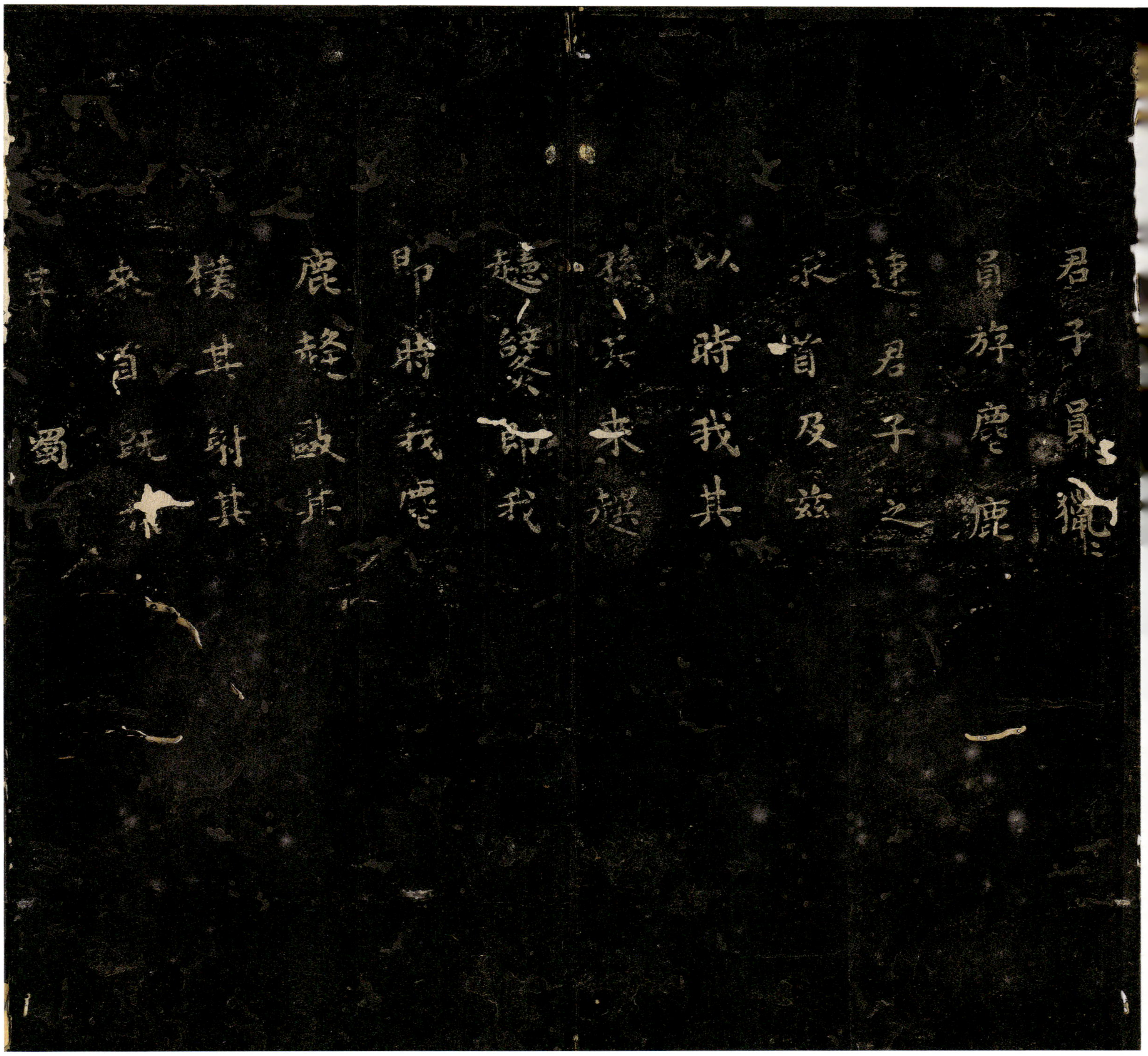

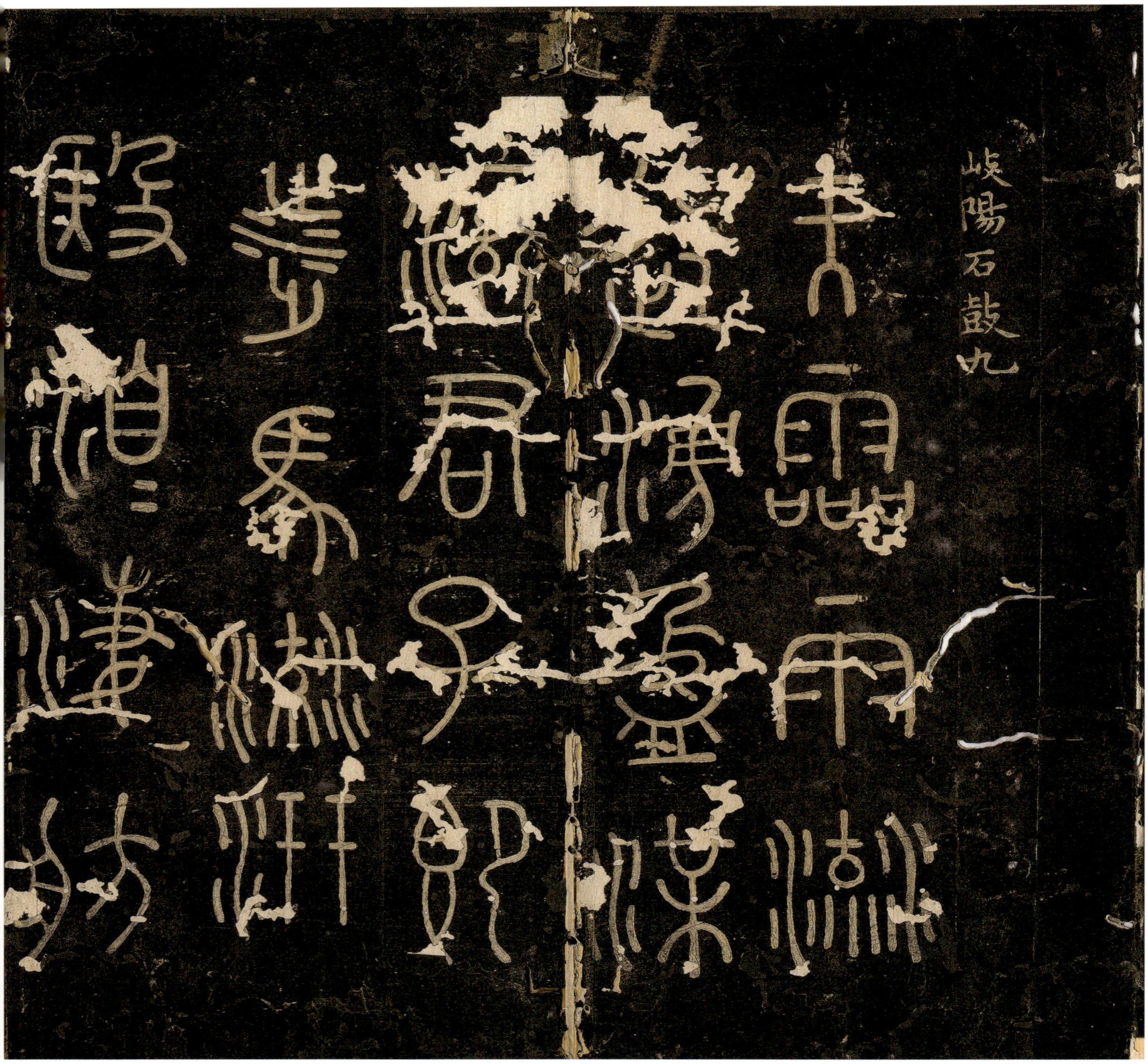
岐陽石鼓九

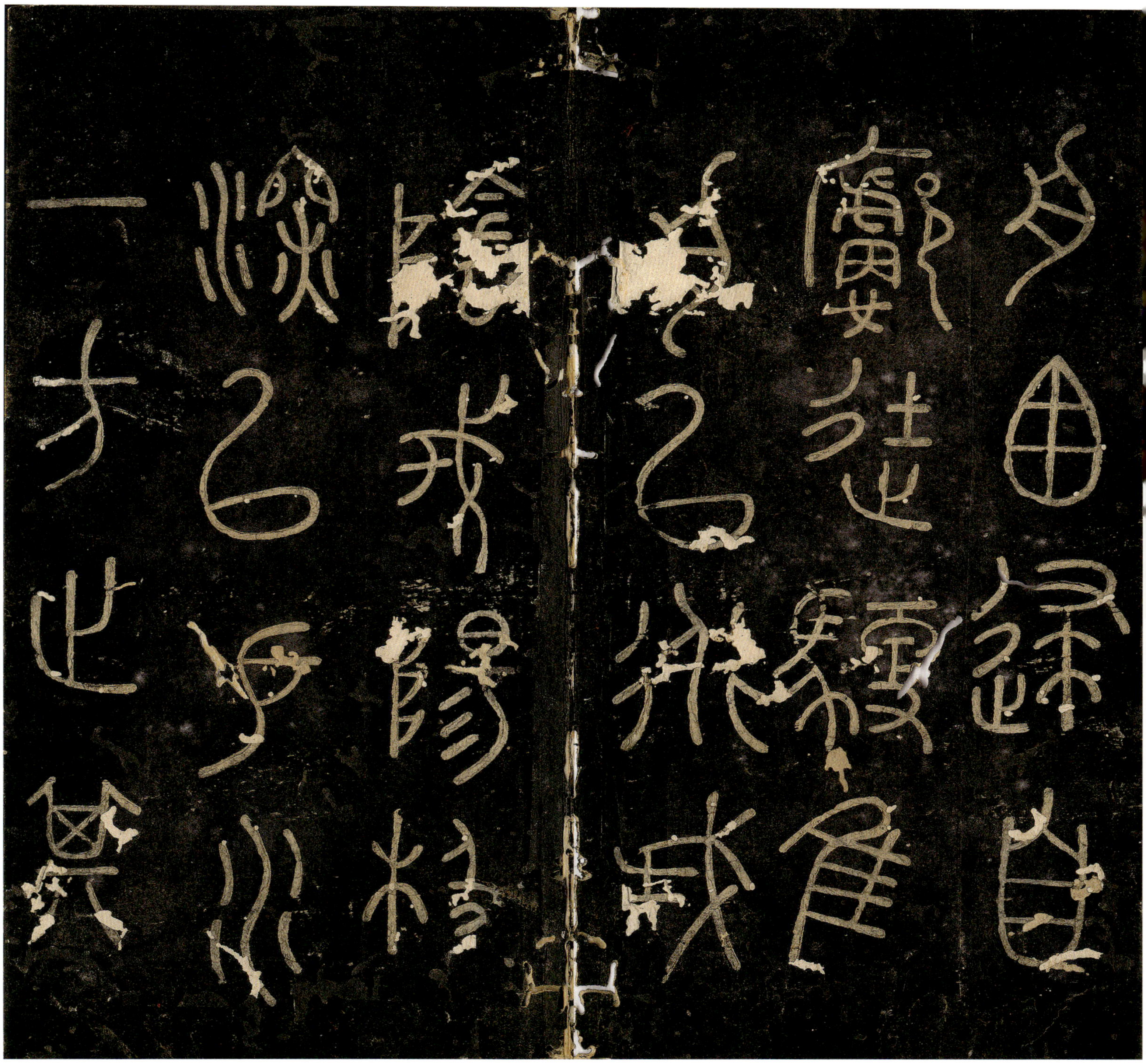

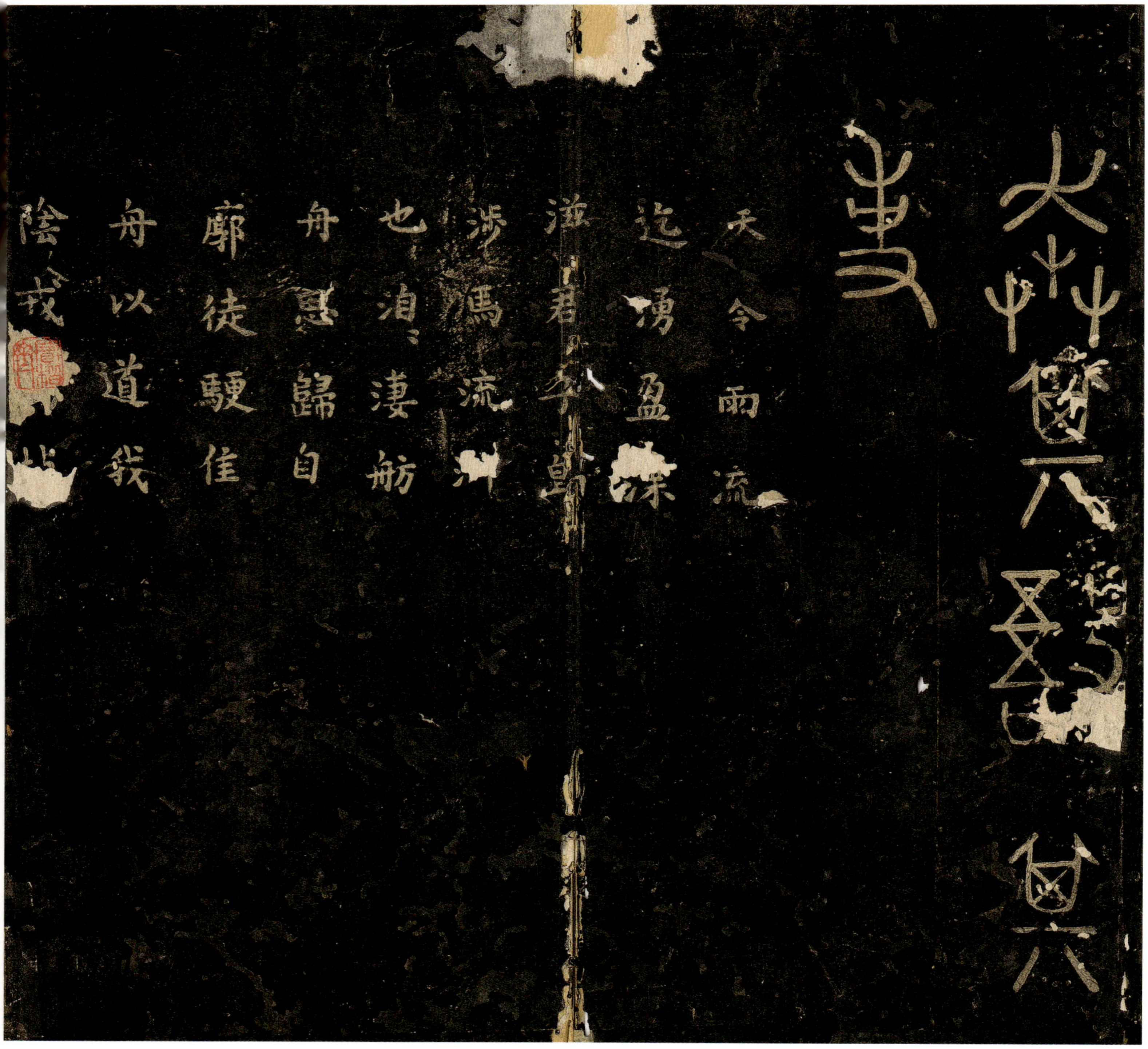
天令雨流
迄湧盈渫
滋君子即
涉馮流汧
也洎淒舫
舟𢚩歸自
鄜徒馭隹
舟以道我
陰我

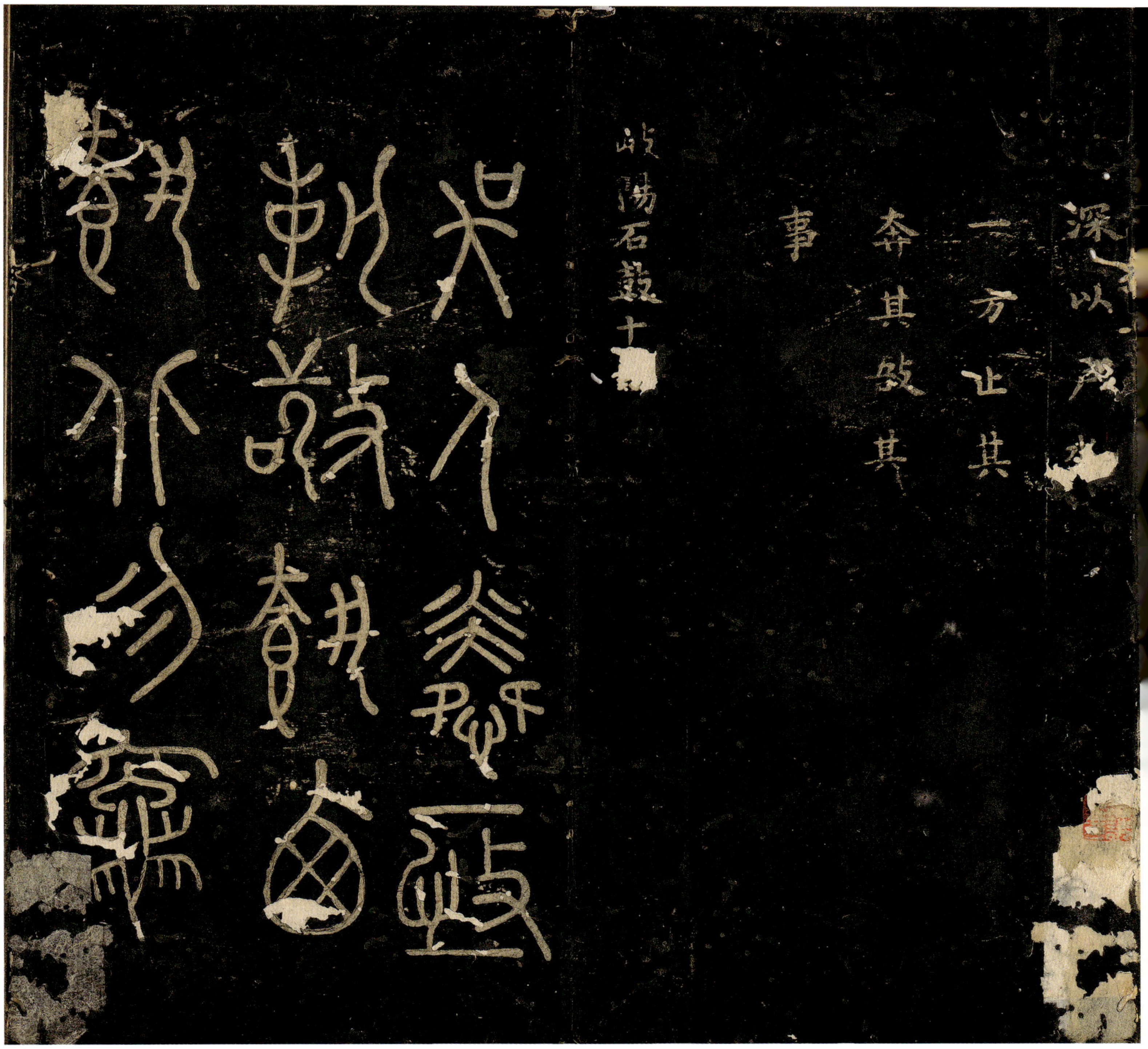
岐陽石鼓十

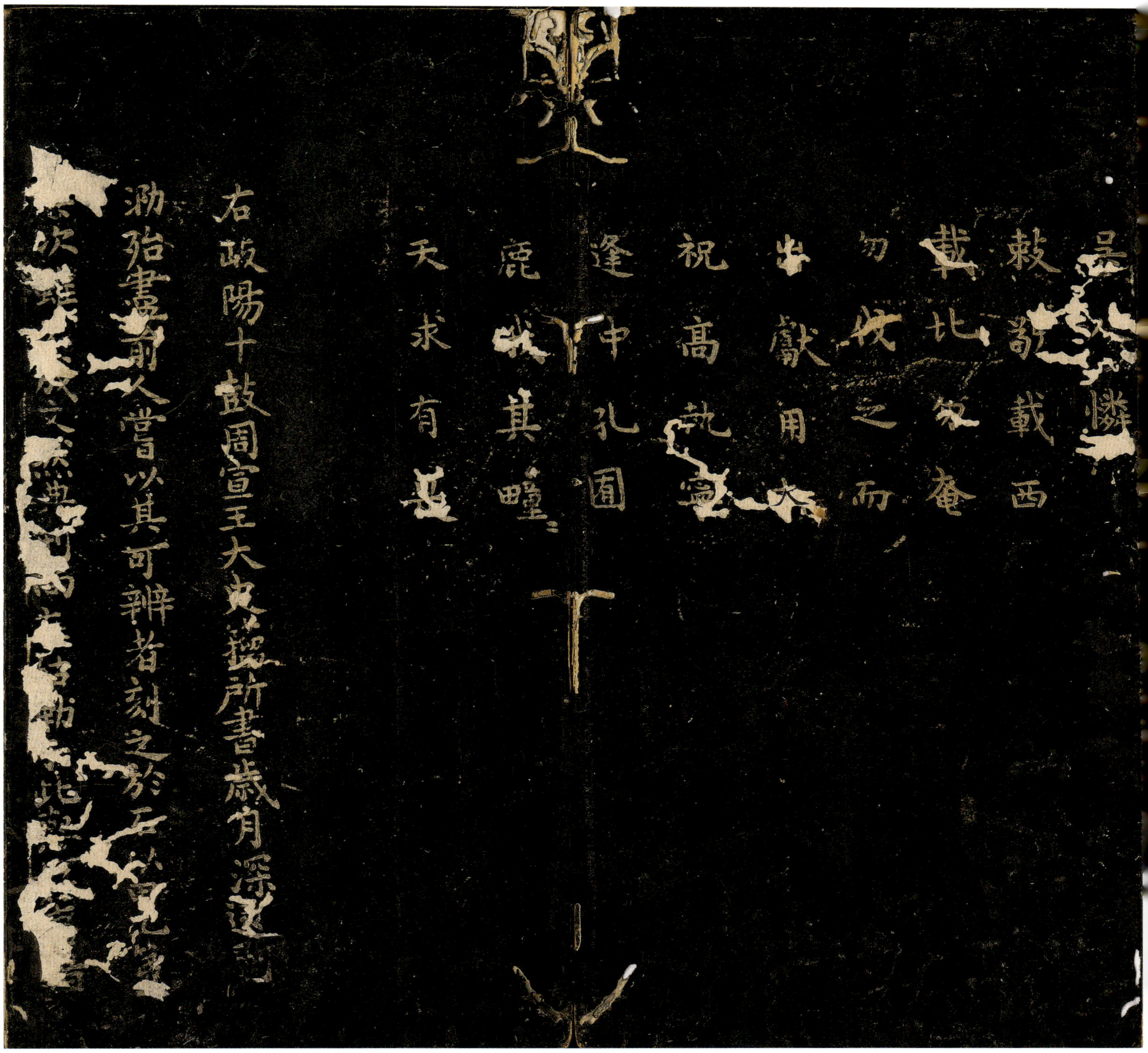

敕　載西
載北　奄
勿　之而
出獻用大
祝高執
逢中孔固
鹿　其
天求有
右岐陽十鼓周宣王大史籀所書歲月深遠
泐殆盡前人嘗以其可辨者刻之於石

周琥
琥

右銘云午十三按呂氏攷古圖云大宗伯以玉作六器
以白琥禮西方覲禮諸侯覲于天子[illegible]為壇[illegible]
方明加方明於其上設六玉西方以琥[illegible]行人合六幣
以和諸侯之好琥以繡禮器[illegible]璋[illegible]琥璜[illegible]
盛圭璋璧琮琥璜之六器以象天地四方天子以
是禮神諸侯以是享天子而已說文曰琥發兵瑞

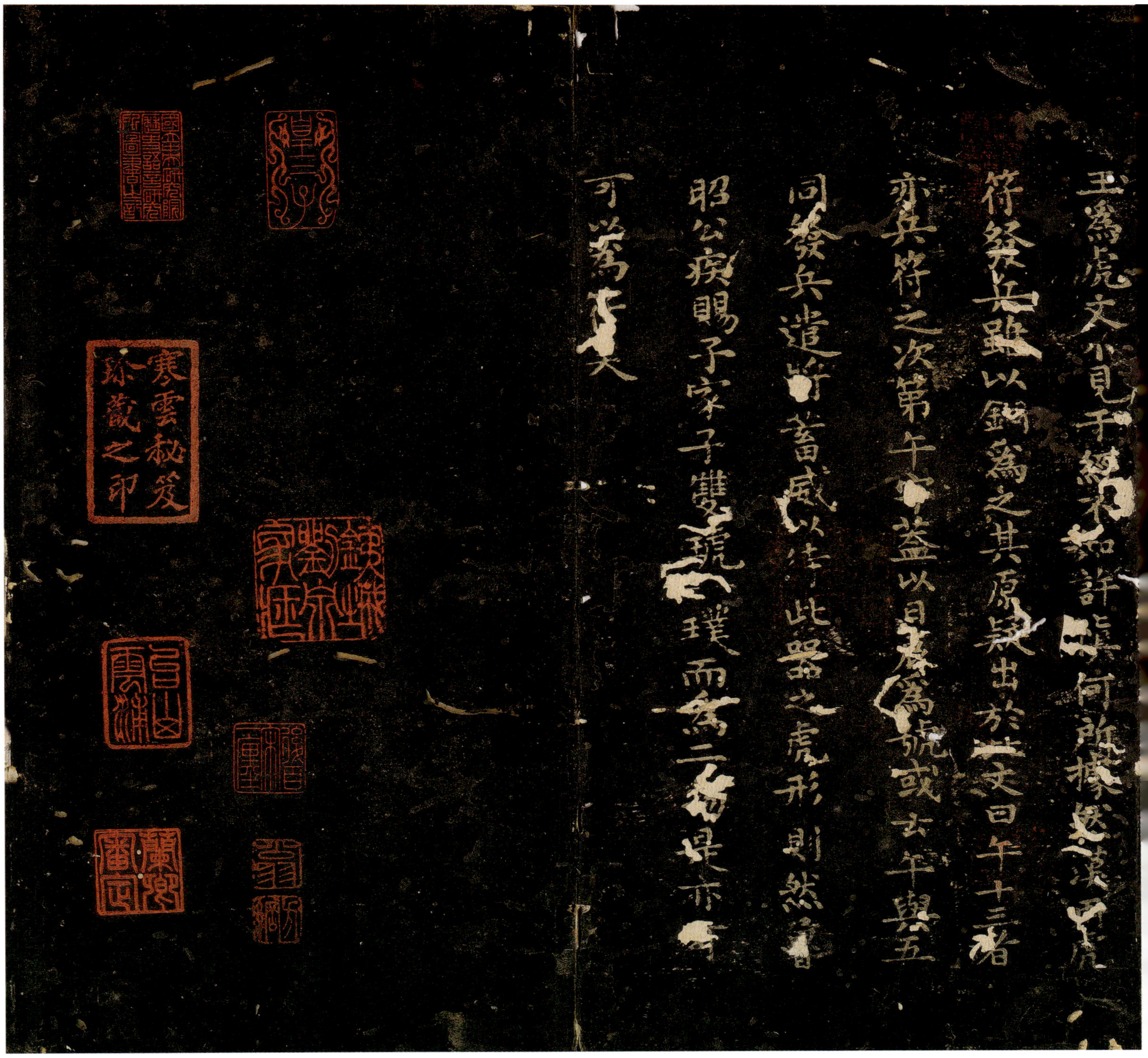
玉爲虎文亦見于經不知許[illegible]何所據疑漢[illegible]虎
符發兵雖以銅爲之其原疑出於[illegible]文曰午十三者
亦兵符之次第午十[illegible]蓋以日辰爲號或去午與五
同發兵遣將[illegible]畜威以往此器之虎形則然[illegible]
昭公疾賜子家子雙琥[illegible]環而爲二[illegible]是亦[illegible]
可爲[illegible]矣

寒雲秘笈珍藏之印

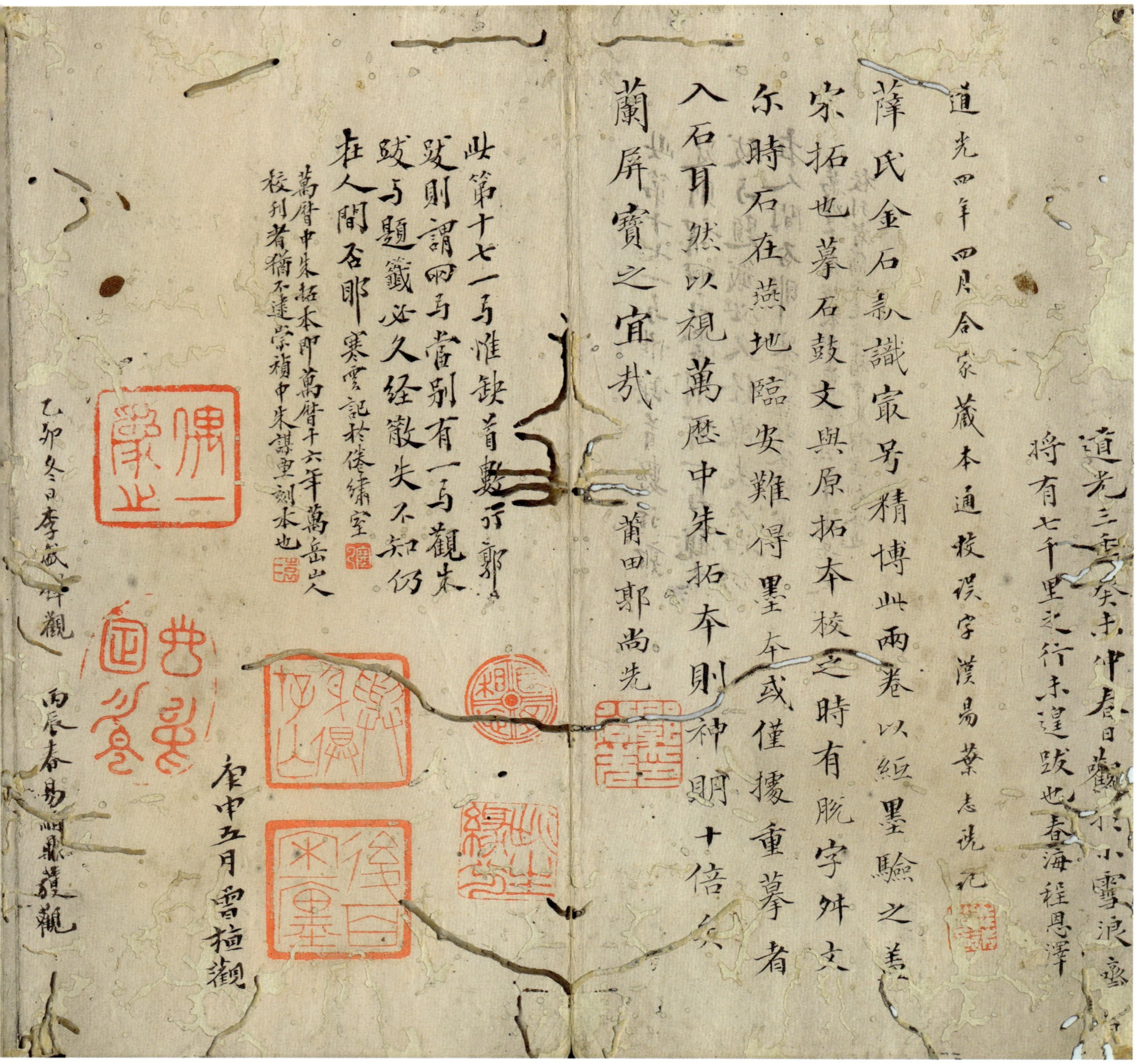
道光三年癸未仲春日觀於小雪浪齋
將有七千里之行未遑跋也 查海程恩澤
道光四年四月合家藏本通校譔字漢昜葉志詵記
薛氏金石款識宋刻精博此兩卷以紅墨驗之蓋
宋拓也摹石鼓文與原拓本校之時有脫字外文
尔時石在燕地臨安難得墨本或僅據重摹者
入石耳然以視萬歷中朱拓本則神明十倍矣
蘭屏寶之宜哉
莆田郭尚先
此第十七一卷唯缺首數行郭
跋則謂四卷當別有一卷觀宋
跋卷題籤必久經散失不知仍
在人間否耶 寒雲記於倦繡室
萬曆中朱拓本即萬曆十六年萬岳山人
校刊者猶不逮崇禎中朱謀垔刻本也
庚申五月曾植觀
丙辰春易順鼎獲觀
乙卯冬日李盛鐸觀

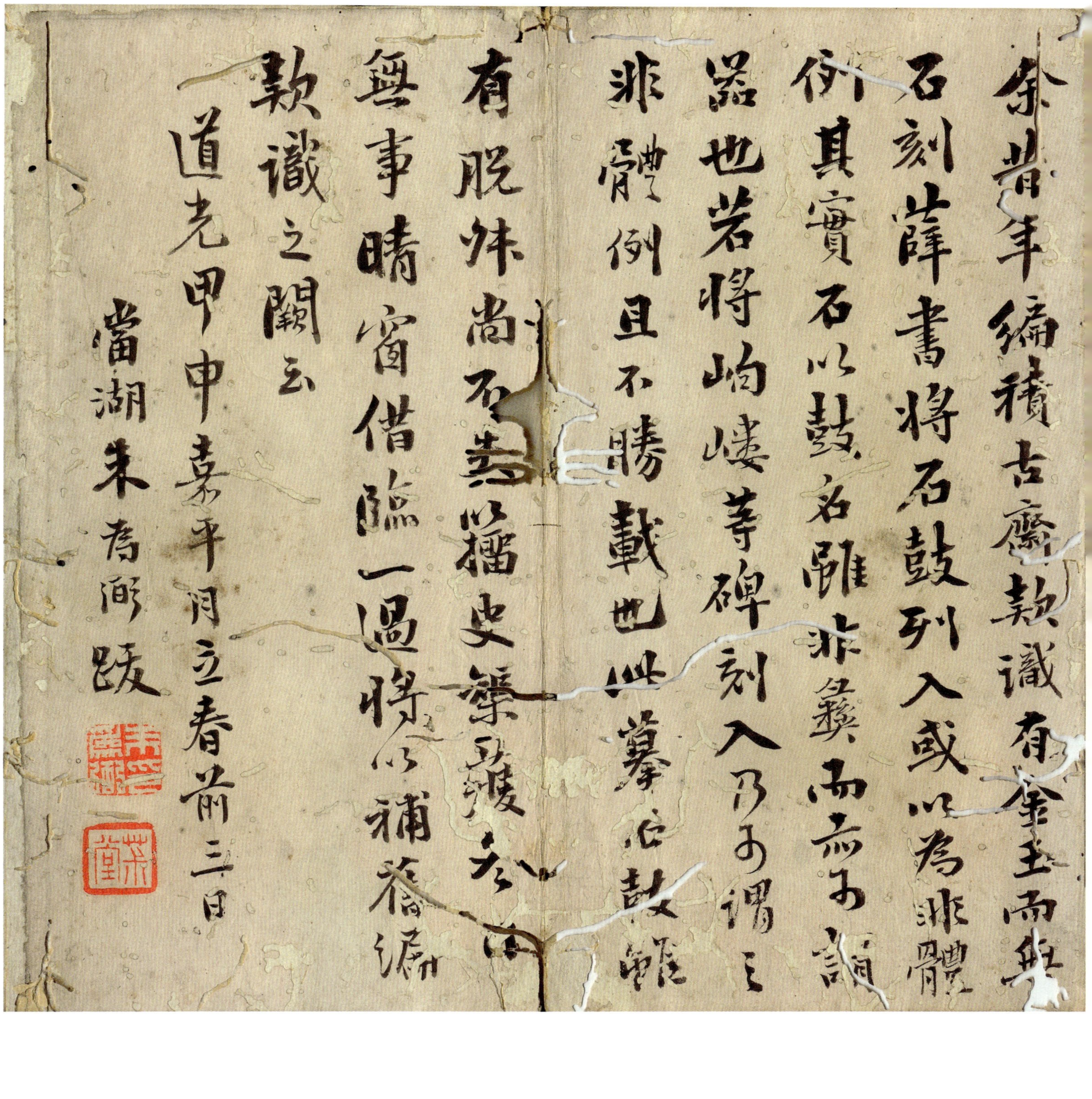

余昔年編積古齋款識有金玉而無
石刻薛書將石鼓列入或以為非體
例其實石以鼓名雖非彝而亦可謂
器也若將岣嶁等碑刻入乃可謂之
非體例且不勝載也此摹石鼓雖
有脫佚尚不失以籀史鑒藏者
無事晴窗借臨一過將以補舊編
款識之闕云
道光甲申嘉平月立春前三日
當湖朱為弼跋

石鼓文一与為薛氏歷代鐘鼎彝器款識法帖原石残本楮墨沈乏碻為宋拓樓是書見於晁氏讀書志宋史藝文志陳氏書錄解題吾邱衍學古編皆不言何本既題曰法帖必刻石無疑明崇禎中朱謀垔刊本謂得尚功手書本授梓且摹刻元明名家諸跋後藏書家著錄影本皆從此出平津藏書記稱儀徵即據此重刊嚴可均亦有影摹宋寫本近臣卿文㝵之付雕其中石鼓文獨完与世傳楊升菴偽本畧同是諸刻所宗皆有可疑石本向無完帙即殘帙斷冊而獲者亦珍同珪璧且獨罕見於著錄况此為騂㝵此冊校諸時本可以矯失正偽者頗多与他選集次第亦异數十年來之疑團觀此可以了然矣惜前之藏者徒以宋拓視之不知表揚於世幾使世人不㝵見薛氏祖本之真面目也當取石影印用資流布云爾時乙卯十月二十二日寒雲

偶以此本校阮氏所刻録其脱誤於下此本每
罷標題前更標周鐸周鼓周琥諸字阮本
無之鐸釋文鳳棲木之狀脱木字金鐸通鼓
脱鼓字鼓一釋文滔滔脱滔後誤復鼓二釋文
驂誤驂扯誤㧊余誤佘鼓三𦿋誤𦿋鼓四
弓誤弓鼓五𠧧𠧧誤𠧧𠧧釋文盜誤益𡨚誤
橐鼓六𦯔誤𦯔鼓七釋文莽誤莽槃誤𣝡
鼓八釋文𨘢誤𨘢樸誤僕鼓九釋文敔誤敔
鼓十𦋫誤𦋫琥釋文加方明於其上方誤文
脱䏍於二字蓋以目㞋為號號誤琥或云云誤
以此罷之虎形脱之字兹舉其要者已如此
其偽俗體缺畫尚難備盡又如鼓十釋文敬
字此本作敬𢼸蓋避宋諱阮本不缺筆則
所本非出自宋本可知也　二十三日倚枕率書

袁克文

頃所校阮刻即本過遲又是初印
重校一過有未脱誤而緣於摹印
糢糊者如鼓一滔滔未脱重文惟滔
作㴞似与篆文不合又鼓五篆文亦
失減筆因附記於此　寒雲

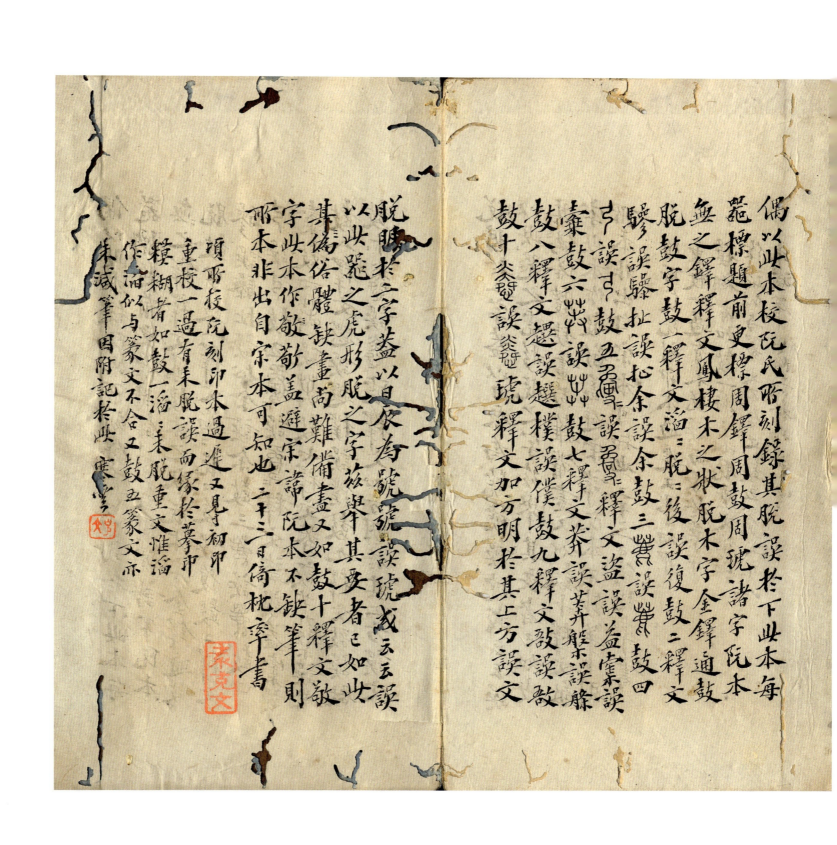

錢唐薛尚功
秦器款識
璽　權　斤
秦璽
璽一
皇帝

右璽文按集古印格于石本
文玄妙淳古無過於此雖龍飛鳳翥不足
其勢摹印之祖也
璽二　向巨源傳本
受命
于天
既壽
永昌

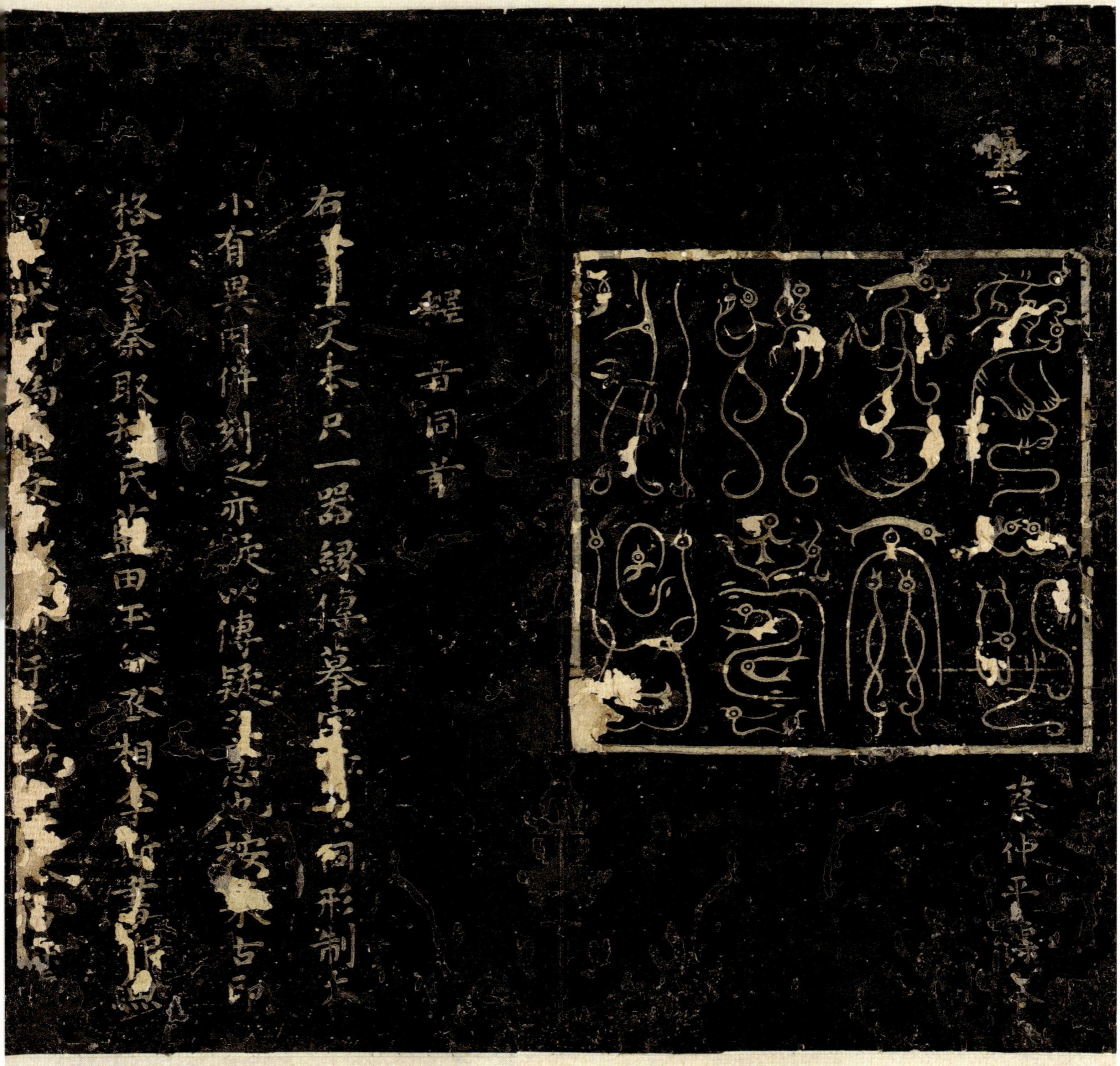
璽三
蔡仲平本
釋　音同前
文本只一器緣傳摹
同形制大
小有異因併刻之亦足以傳疑
古印
格序云秦取
田玉
丞相李

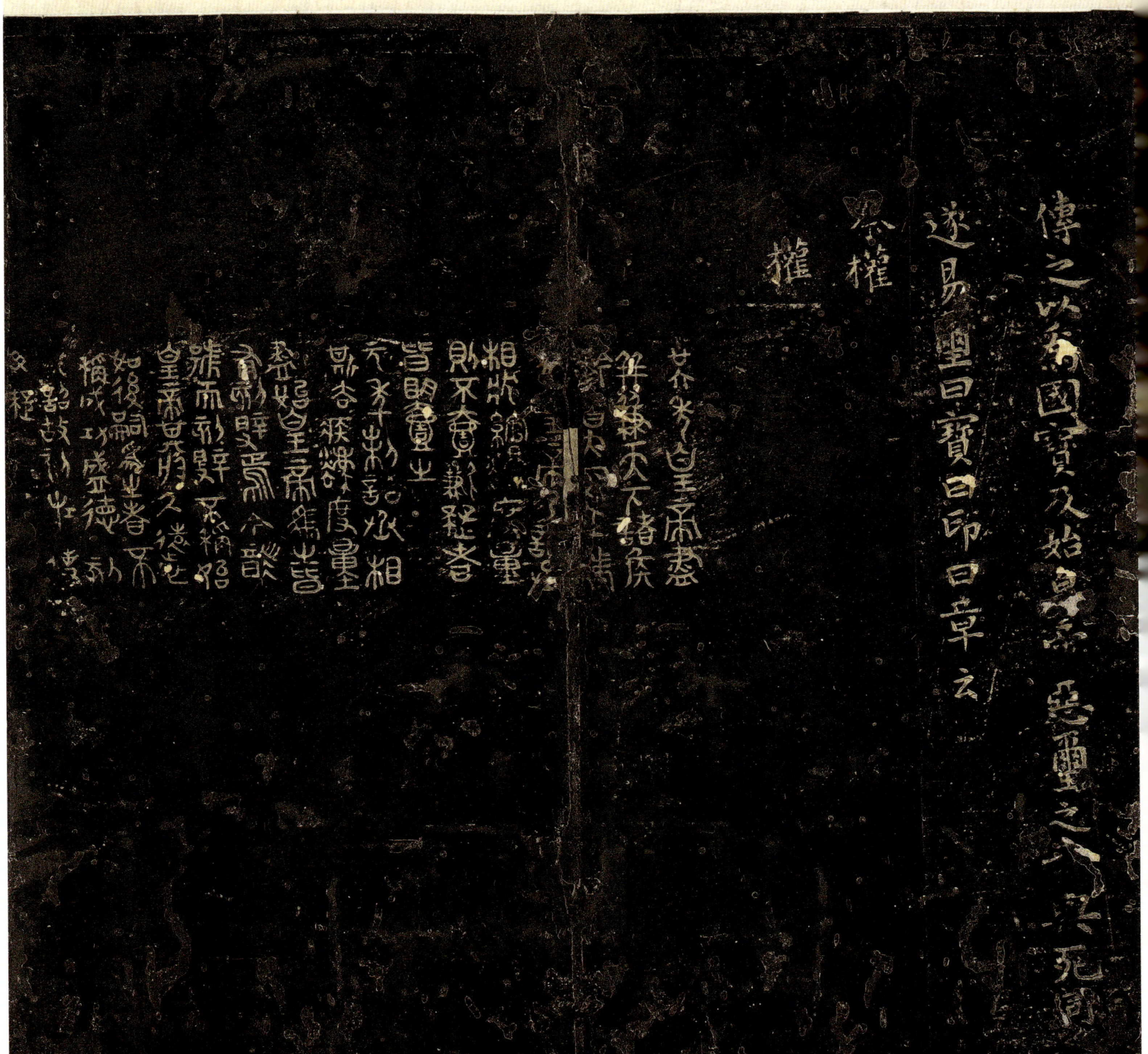
傳之以為國寶及始皇焉　悉璽之
遂易璽曰寶曰印曰章云
秦權
權

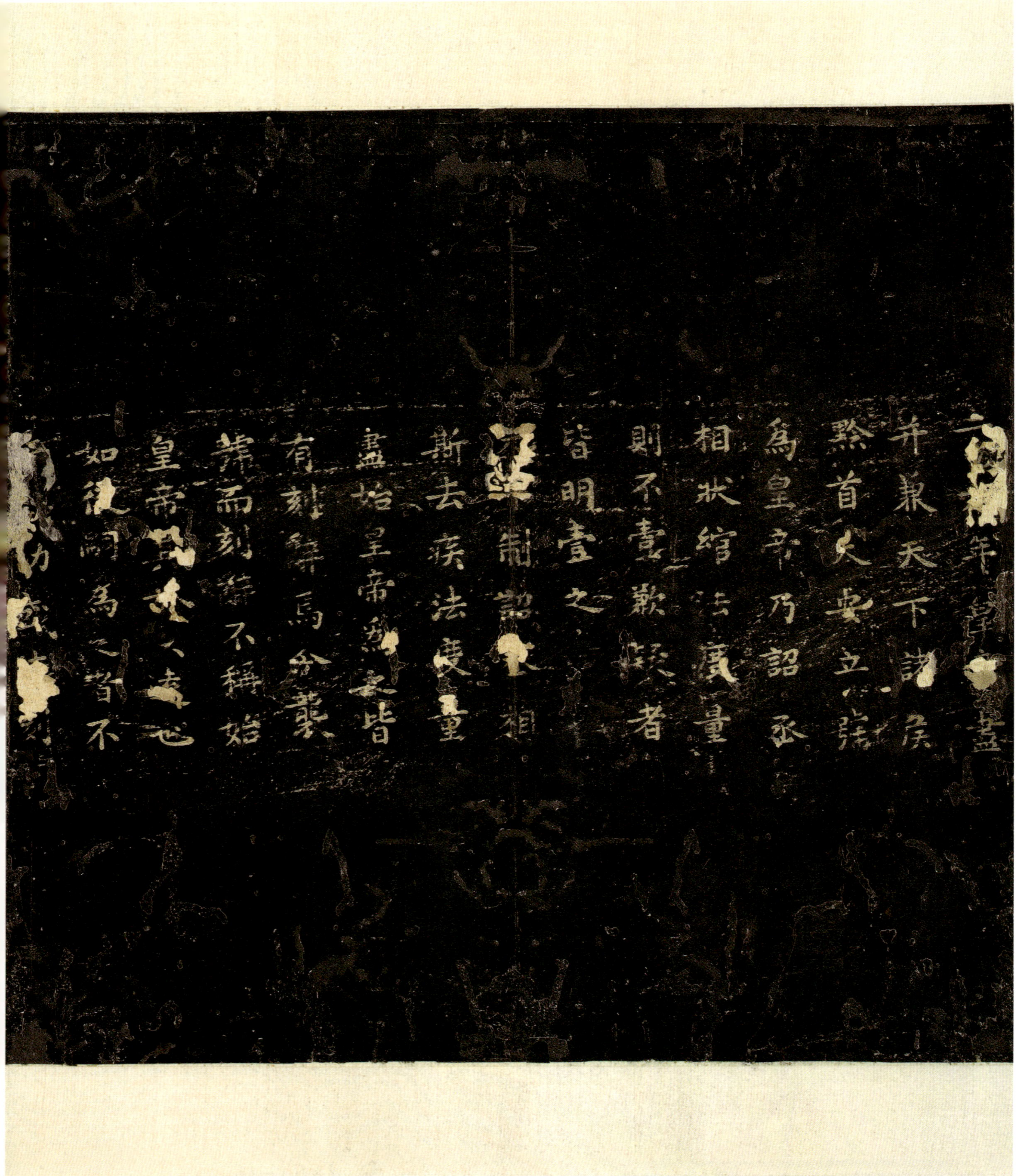
年皇帝盡
并兼天下諸侯
黔首大安立號
為皇帝乃詔丞
相狀綰法度量
則不壹歉疑者
皆明壹之
制詔丞相
斯去疾法度量
盡始皇帝為之皆
有刻辭焉今襲
號而刻辭不稱始
皇帝其於久遠也
如後嗣為之者不

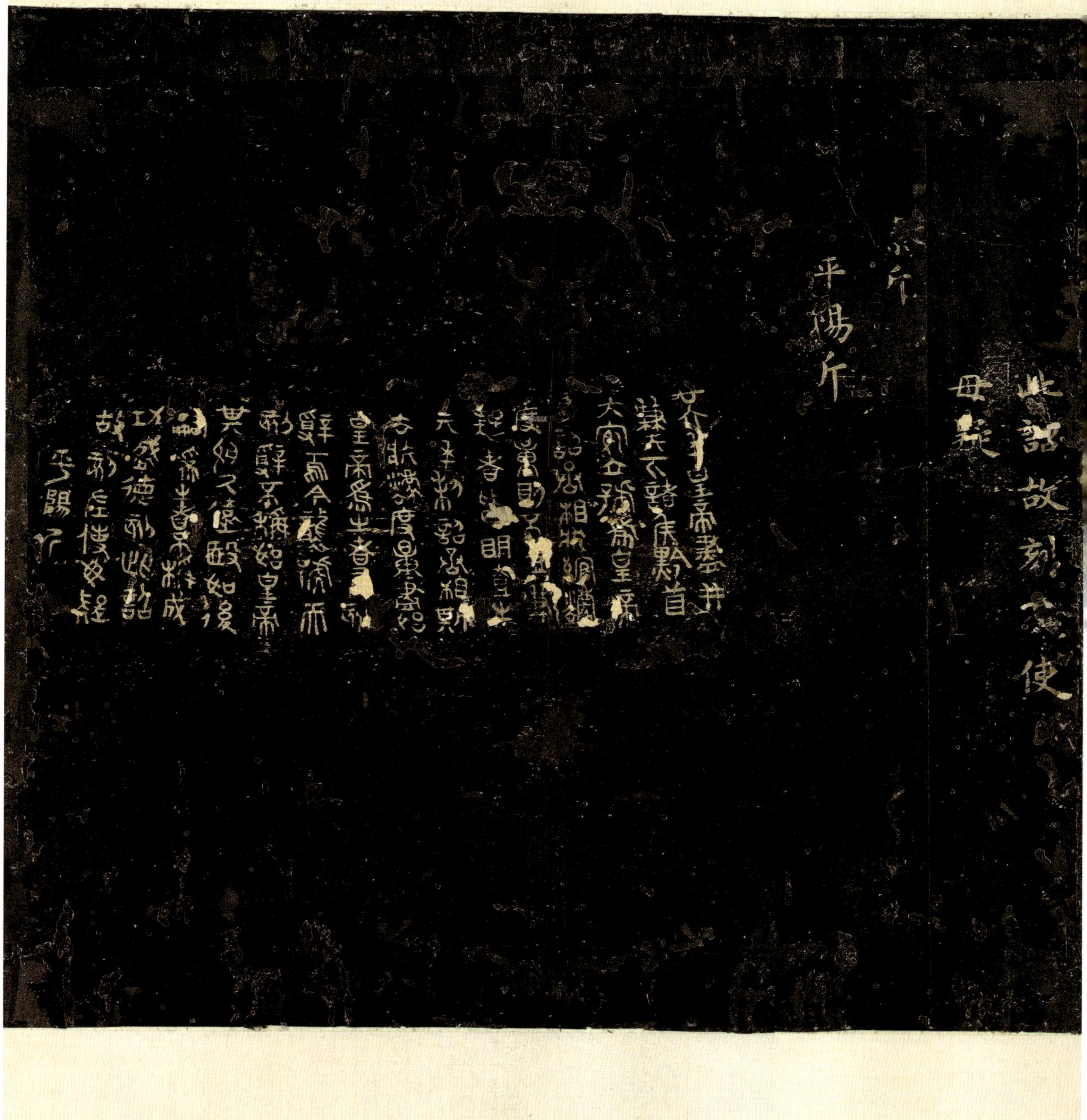
秦斤
平陽斤

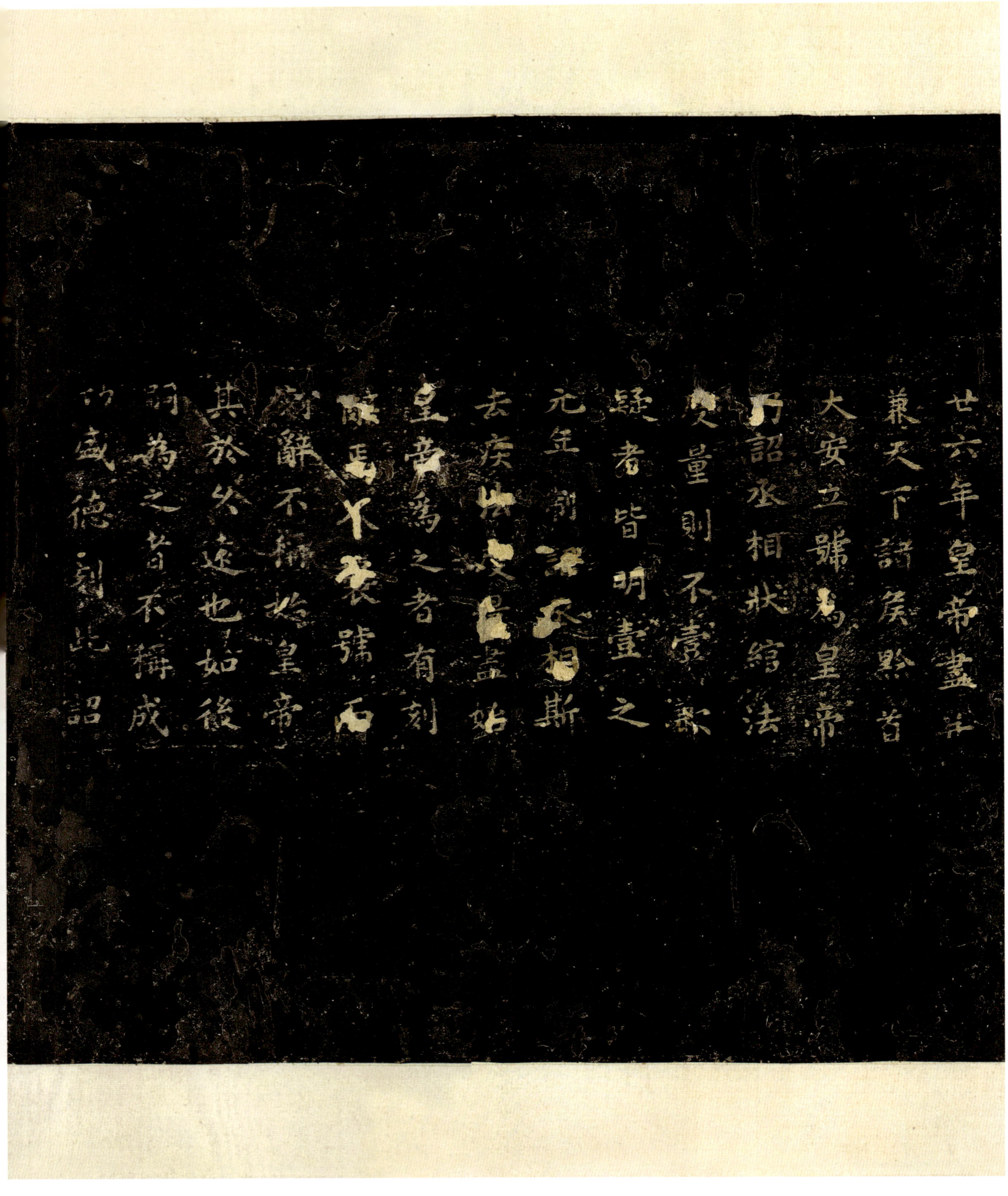

廿六年皇帝盡并
兼天下諸侯黔首
大安立號爲皇帝
乃詔丞相狀綰法
度量則不壹歉
疑者皆明壹之
元年制詔丞相斯
去疾法度量盡始
皇帝爲之者有刻
辭焉今襲號而
刻辭不稱始皇帝
其於久遠也如後
嗣爲之者不稱成
功盛德刻此詔

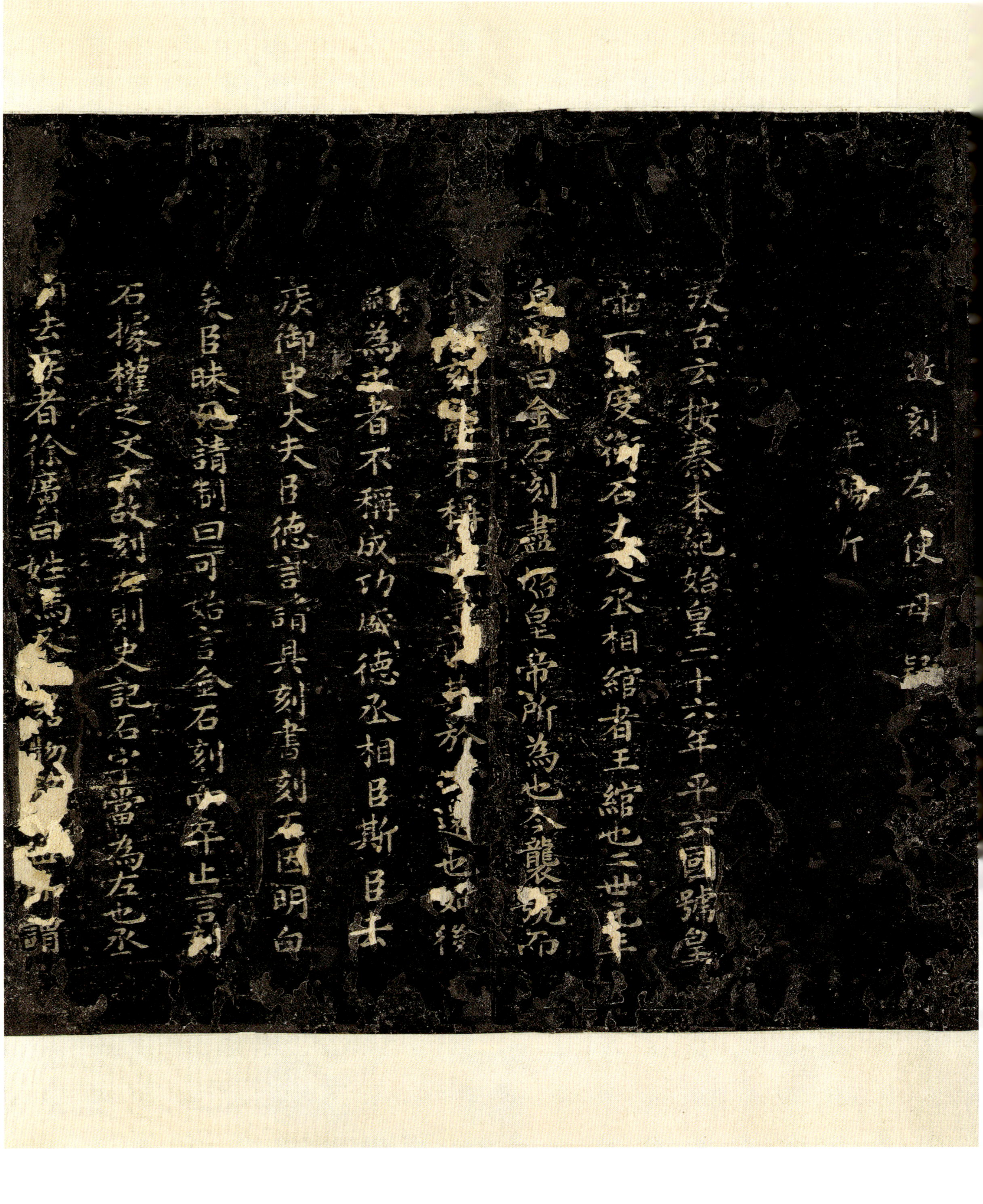

改刻左使毋疑
平陽斤
右古文按秦本紀始皇二十六年平天下號皇
帝一法度衡石丈尺丞相綰者王綰也二世元年
皇帝曰金石刻盡始皇帝所為也今襲號而
金石刻辭不稱始皇帝其於久遠也如後
嗣為之者不稱成功盛德丞相臣斯臣去
疾御史大夫臣德言請具刻書刻石因明白
矣臣昧死請制曰可始言金石刻而卒止言刻
石據權之文不言改刻右則史記石字當為左也丞
相去疾者徐廣曰姓馮□名物□也□謂

秦權□多銘文意同歐陽□古錄載祕閣按
理文同家有二銘其一乃銅錘上有銘循環刻
之不知為何器余嘗攷之乃權也案班固漢書律
歷志五權之制圜而環之令之肉倍好□周旋無
端周而復始亡窮已也孟康注以謂鍰之形如
環也然古權亦有如鍰者相似皆無形製不
一□以□更耳

漢鐘

周陽侯鐘

畔邑家

今□□□□□鐘一

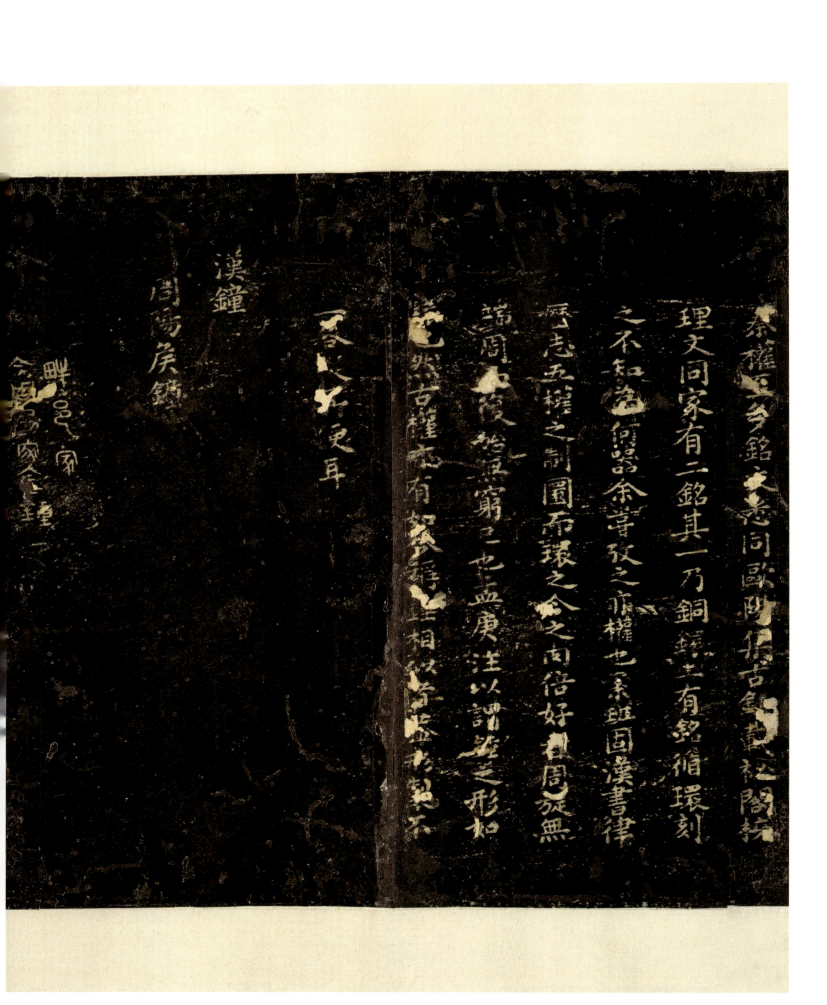

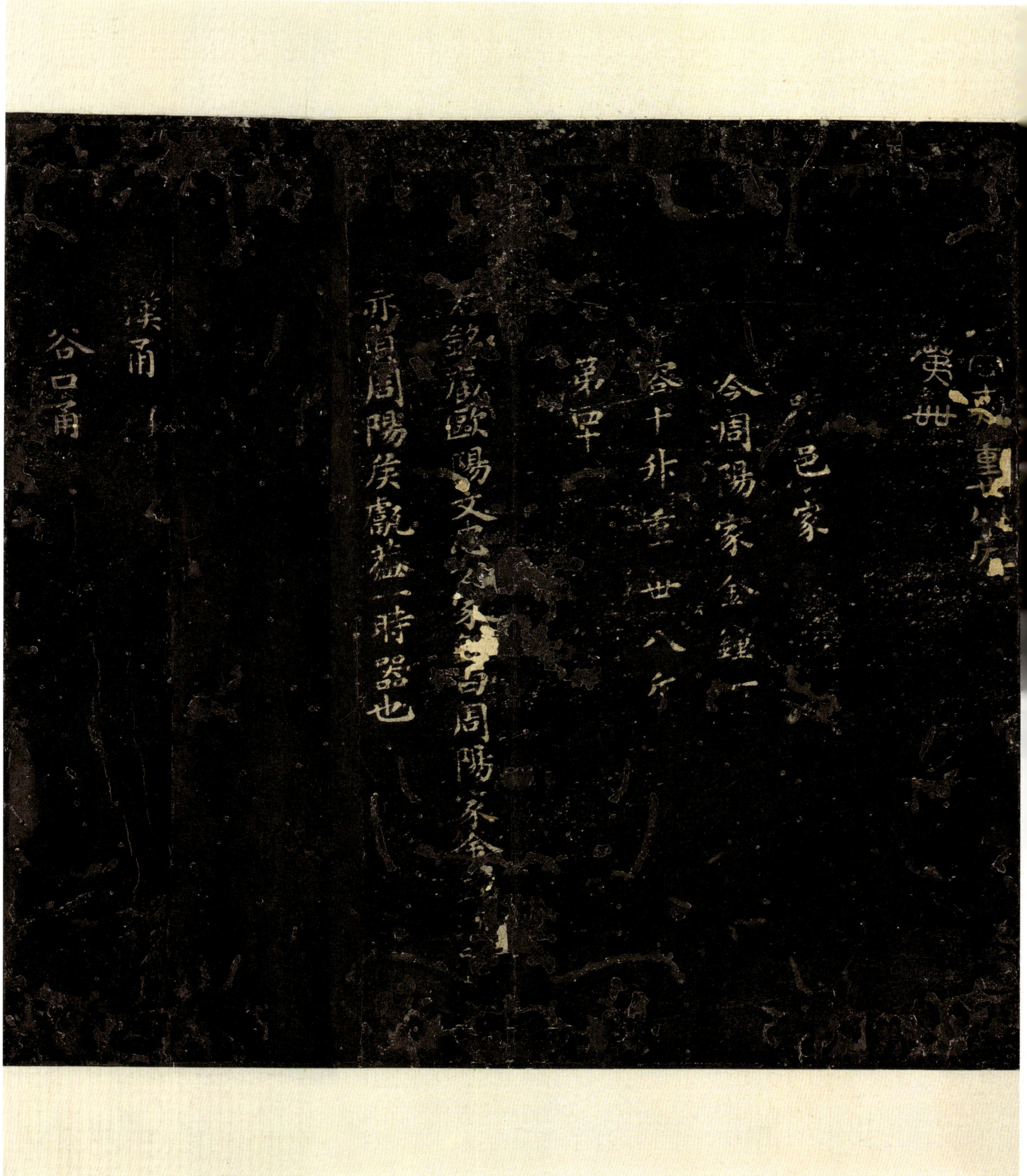
邑家
今周陽家金鍾一
容十斗重卌八斤
右銘藏歐陽文忠公家
曰周陽家金
亦曰周陽侯甗盞一時器也
漢甬
谷口甬

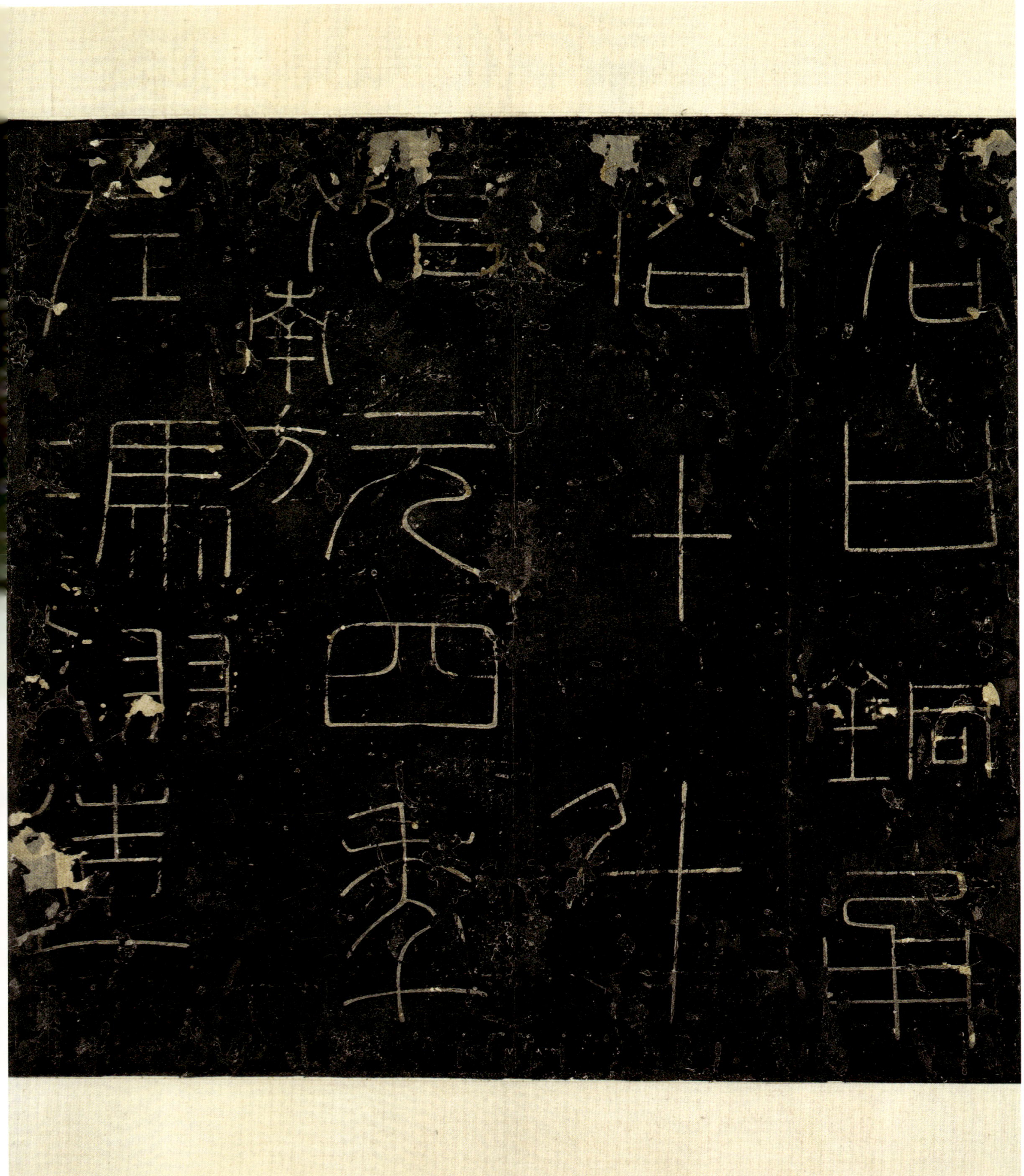

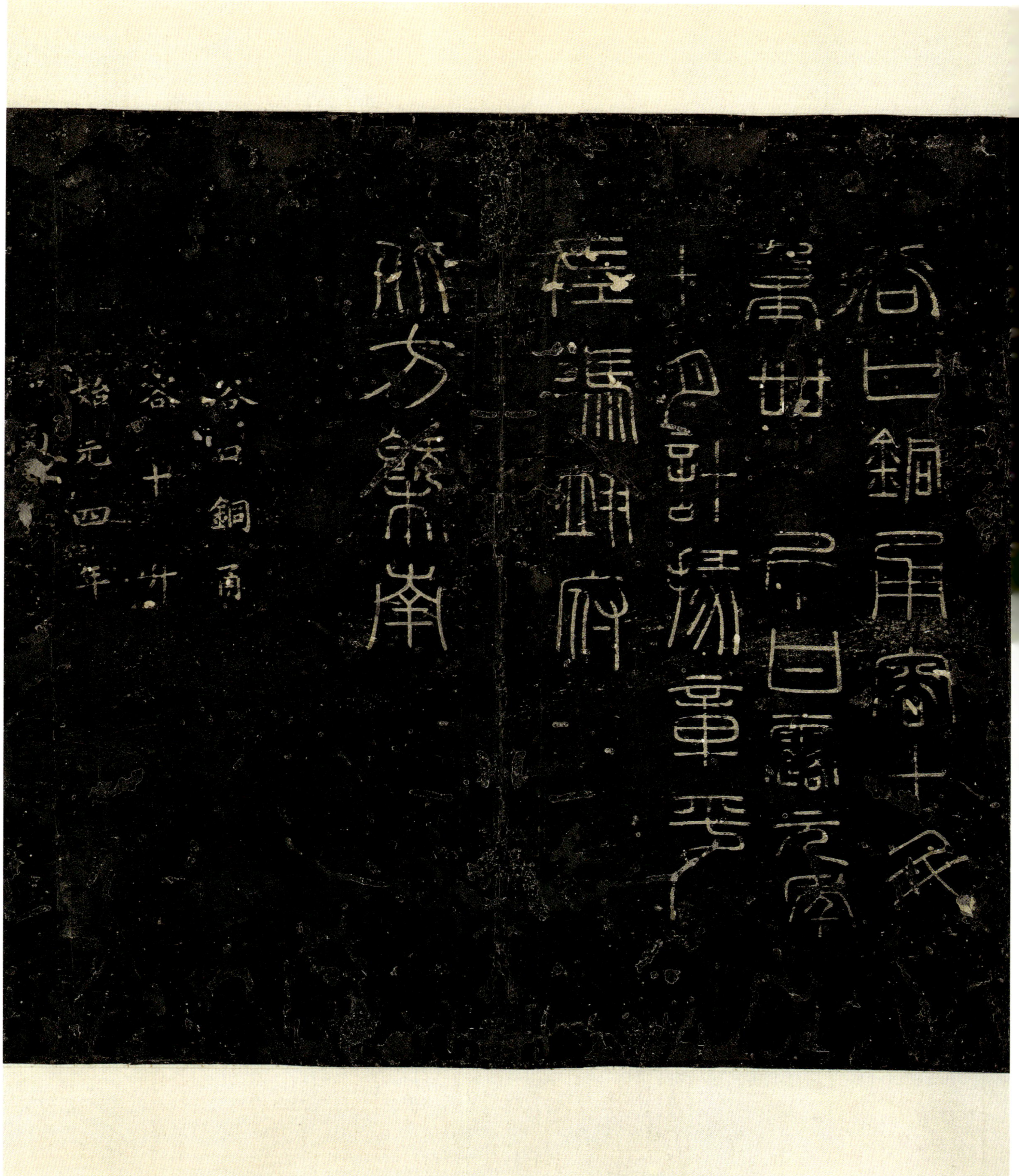

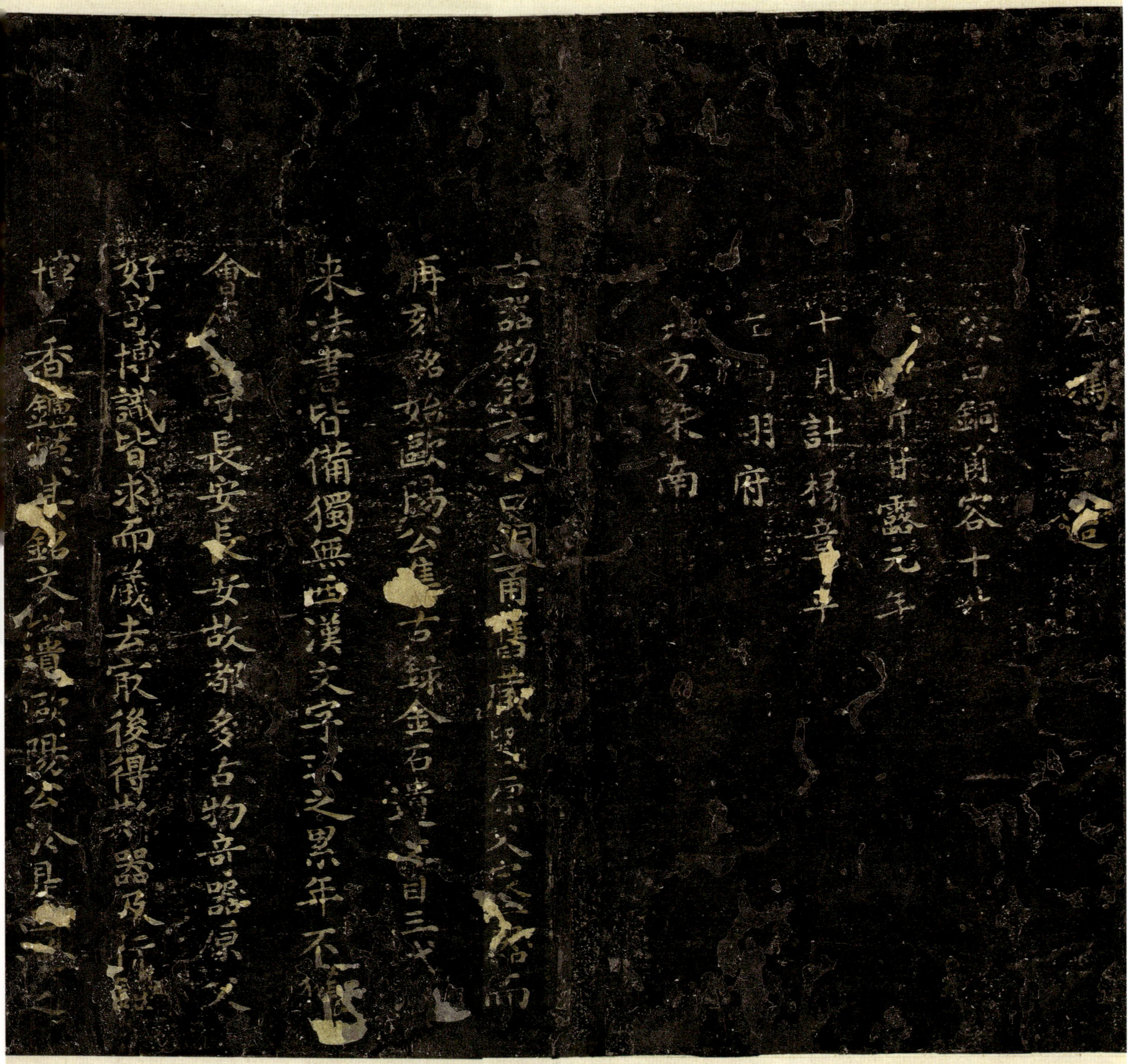
谷口銅甬容十
甘露元年
十月計掾章
古器物銘
再刻銘始歐陽公集古錄金石遺文自三代
來法書皆備獨無西漢文字
會長安長安故都多古物奇器
好奇博識皆求而藏去最後得此器
香鐘其銘文以遺歐陽公

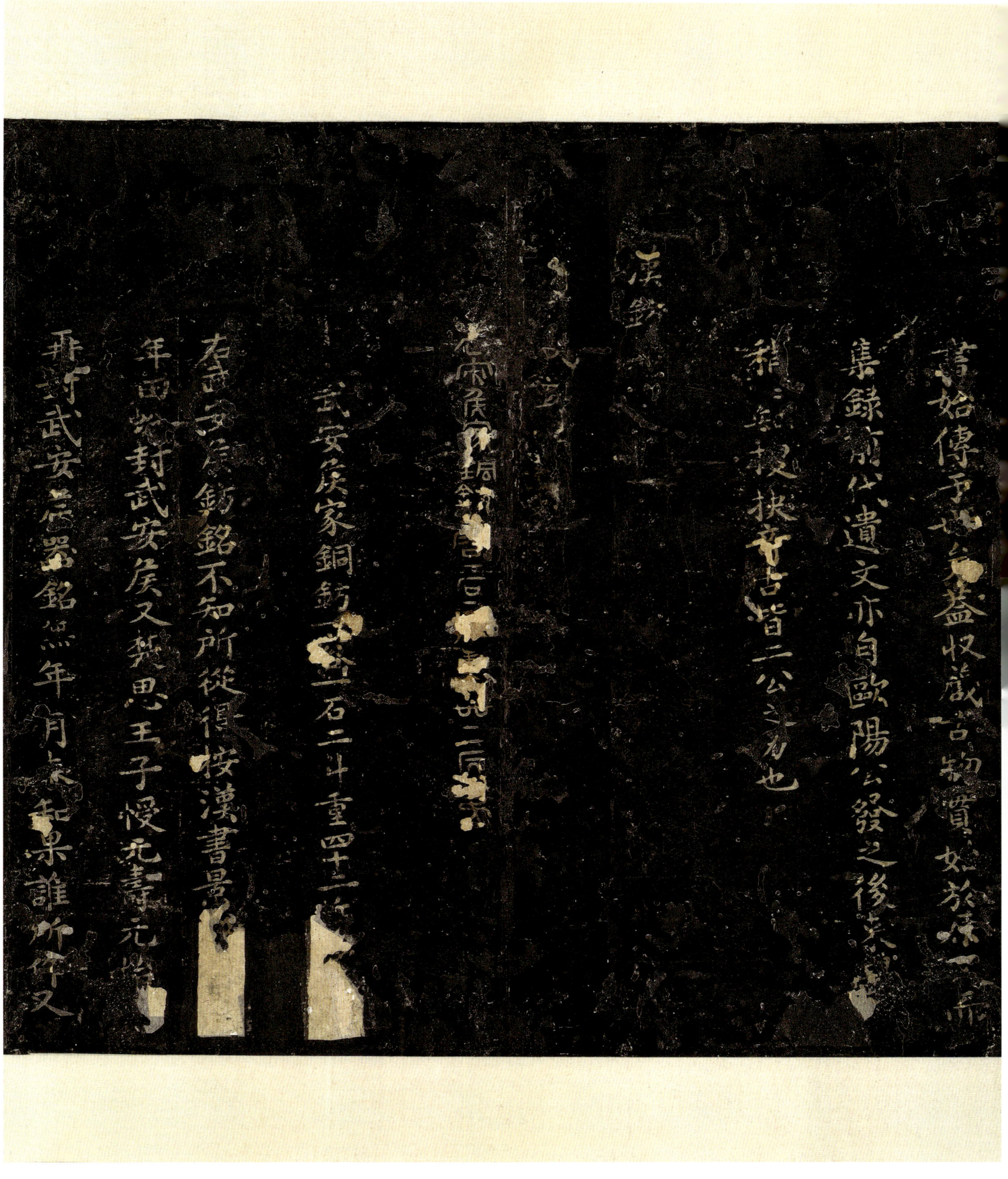
書始傳予…蓋收藏古物實始於原父
集錄前代遺文亦自歐陽公發之後來
稍稍知搜抉古皆二公之力也
侯鈁
元康侯家銅鈁容…
武安侯家銅鈁容…一石二斗重四十二斤
右武安侯鈁銘不知所從得按漢書景帝
年田蚡封武安侯又楚思王子優元壽元年
再封武安侯其器銘無年月未知果誰所作又

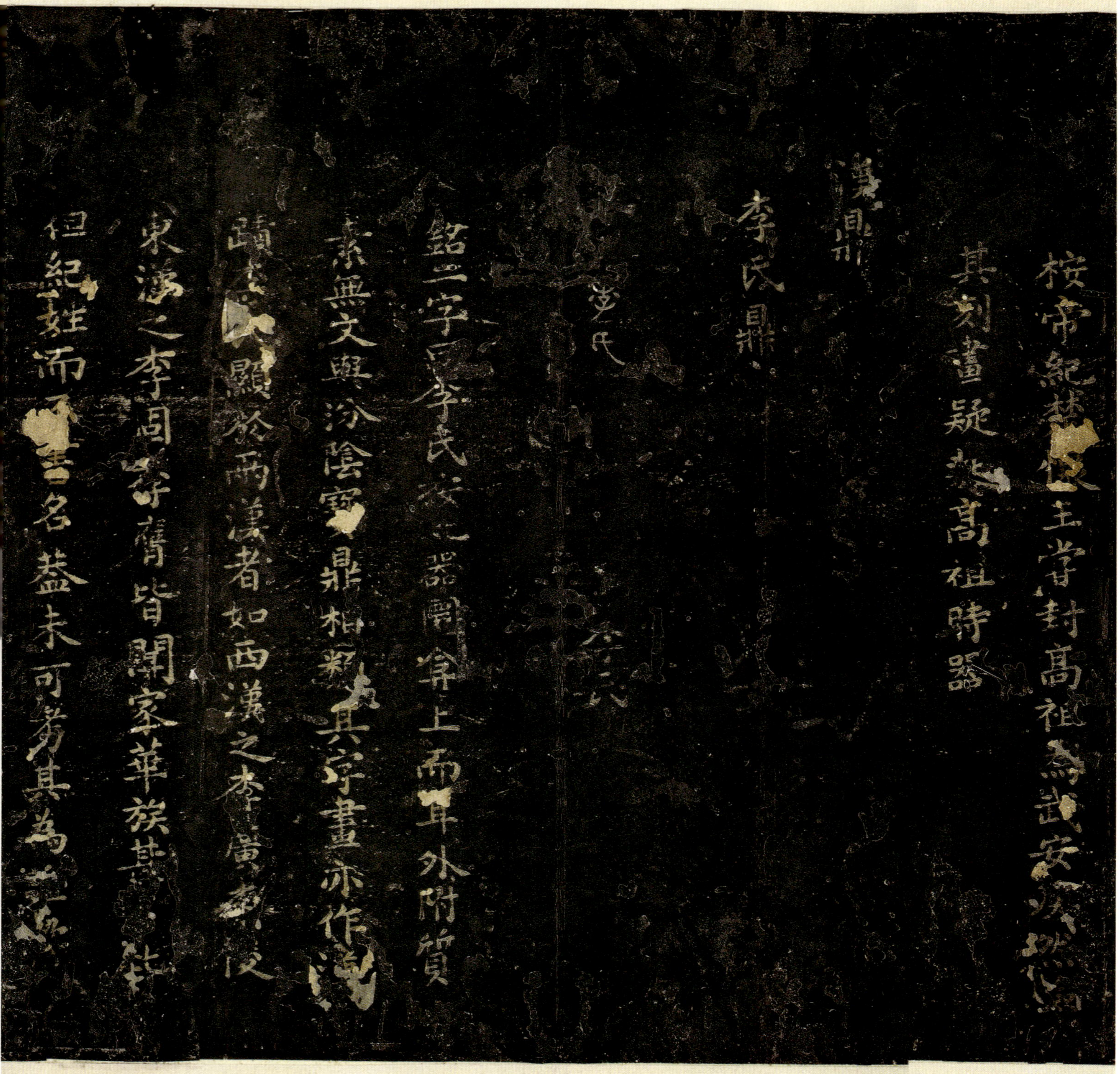
按帝紀楚
王嘗封高祖爲武安
其刻畫疑非高祖時器
漢鼎
李氏鼎
李氏
銘二字曰李氏按此器
上而耳外附質
素無文與汾陰宮鼎相類其字畫亦作漢
隸書顯於兩漢者如西漢之李廣李陵
東漢之李固李膺皆閥家華族甚衆
但紀姓而不書名蓋未可考其爲

鮑氏鼎

右銘二字曰鮑氏以不著名故未詳其爲誰也

汾陰侯鼎

右鼎得於[illegible]縣民家井中鼎小似古陪鼎以

爲膷臐膮者也刻其側曰汾陰侯汾陰侯盛

漢御史大夫周昌也以高祖六年封汾陰侯四

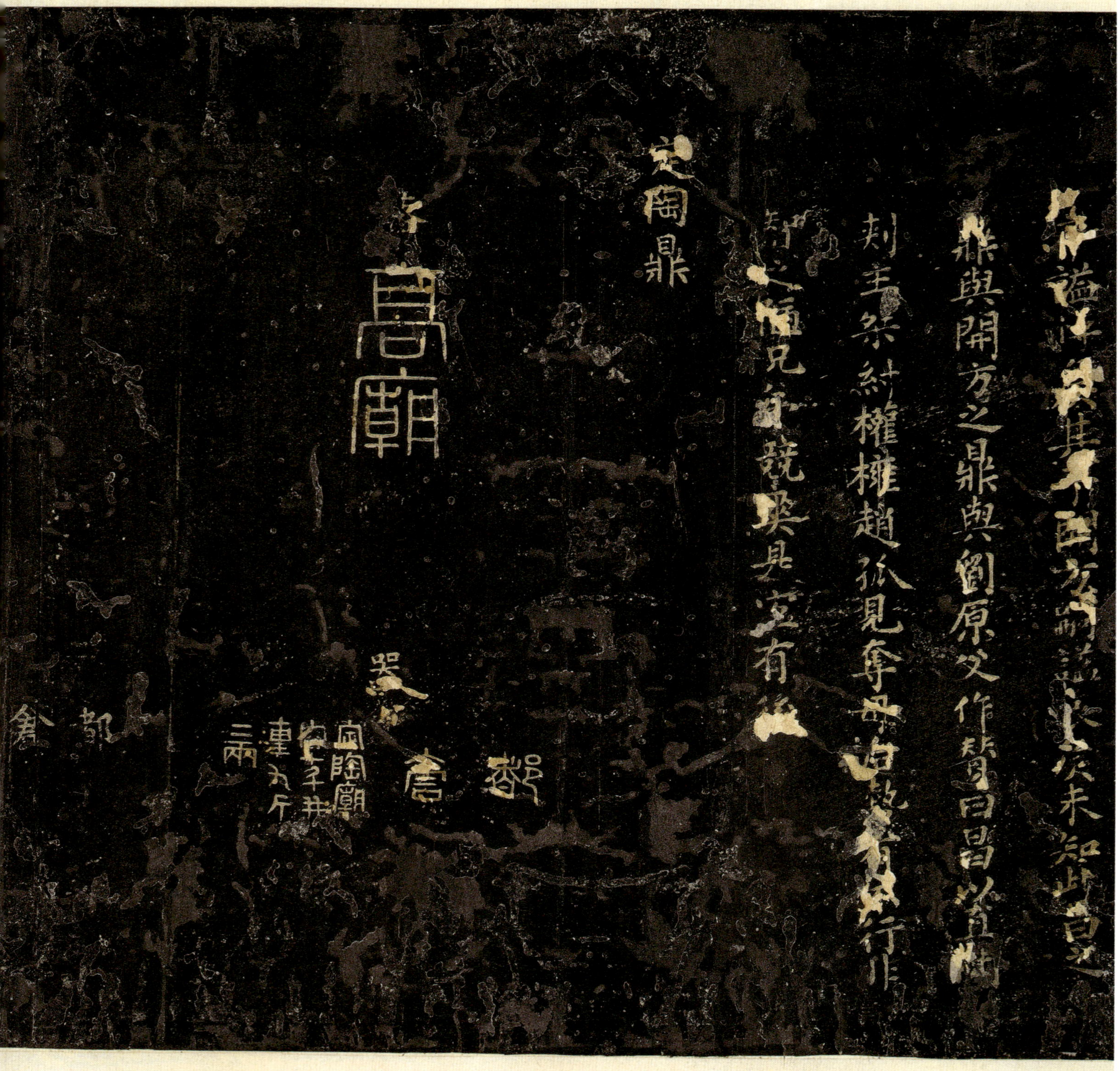
定陶鼎

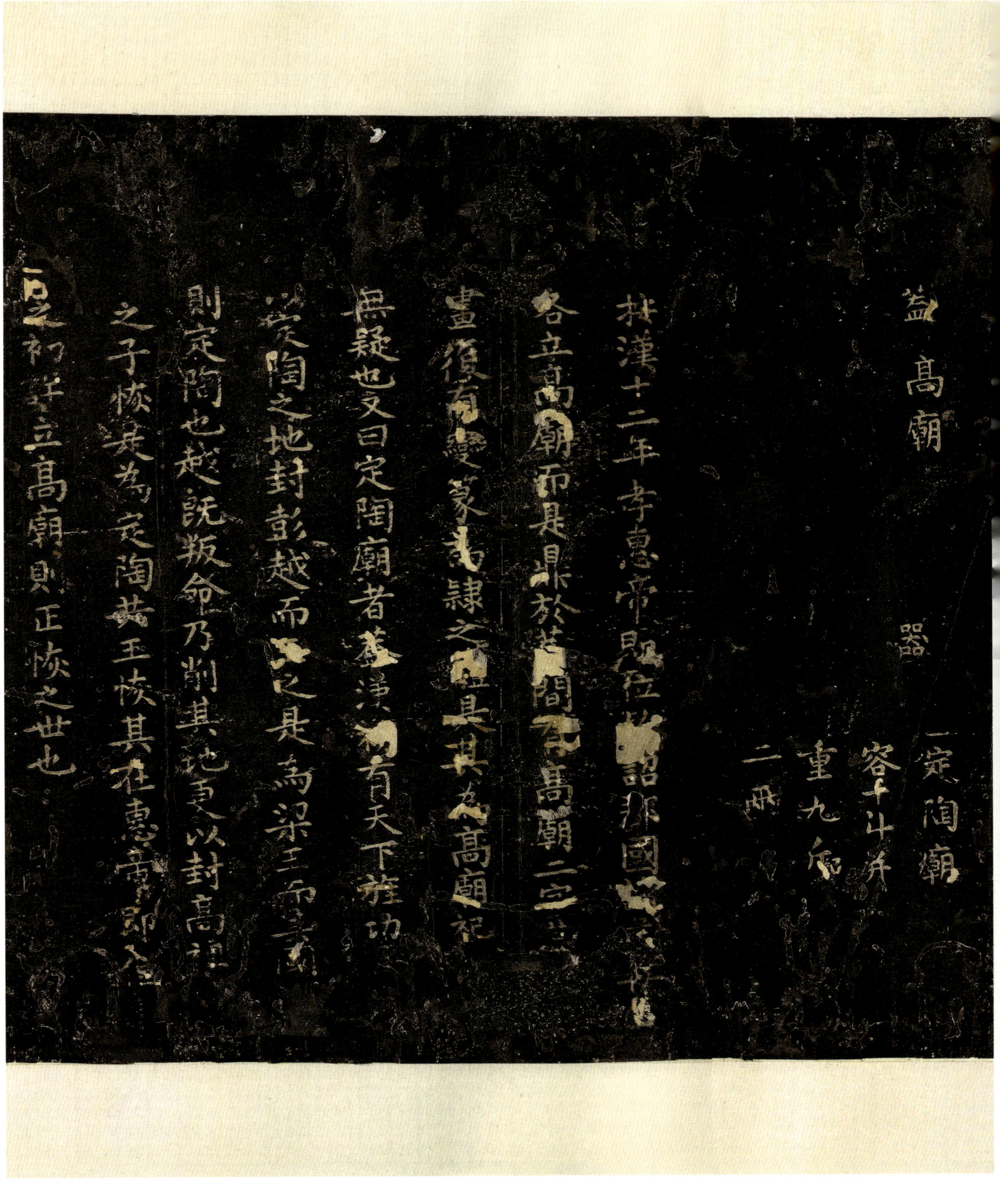

益高廟　器

一定陶廟
容十斗升
重九斤
二兩

按漢十二年孝惠帝即位[illegible]詔郡國[illegible]
各立高廟而是鼎於其[illegible]間[illegible]高廟二字[illegible]
畫復有變篆為隸之[illegible]是其為高廟祀
無疑也又曰定陶廟者蓋漢初有天下旌功
褒陶之地封彭越而[illegible]之是為梁王而[illegible]
則定陶也越既叛命乃削其地更以封高祖
之子恢是為定陶共王恢其在惠帝即位
[illegible]之初年立高廟則正恢之世也

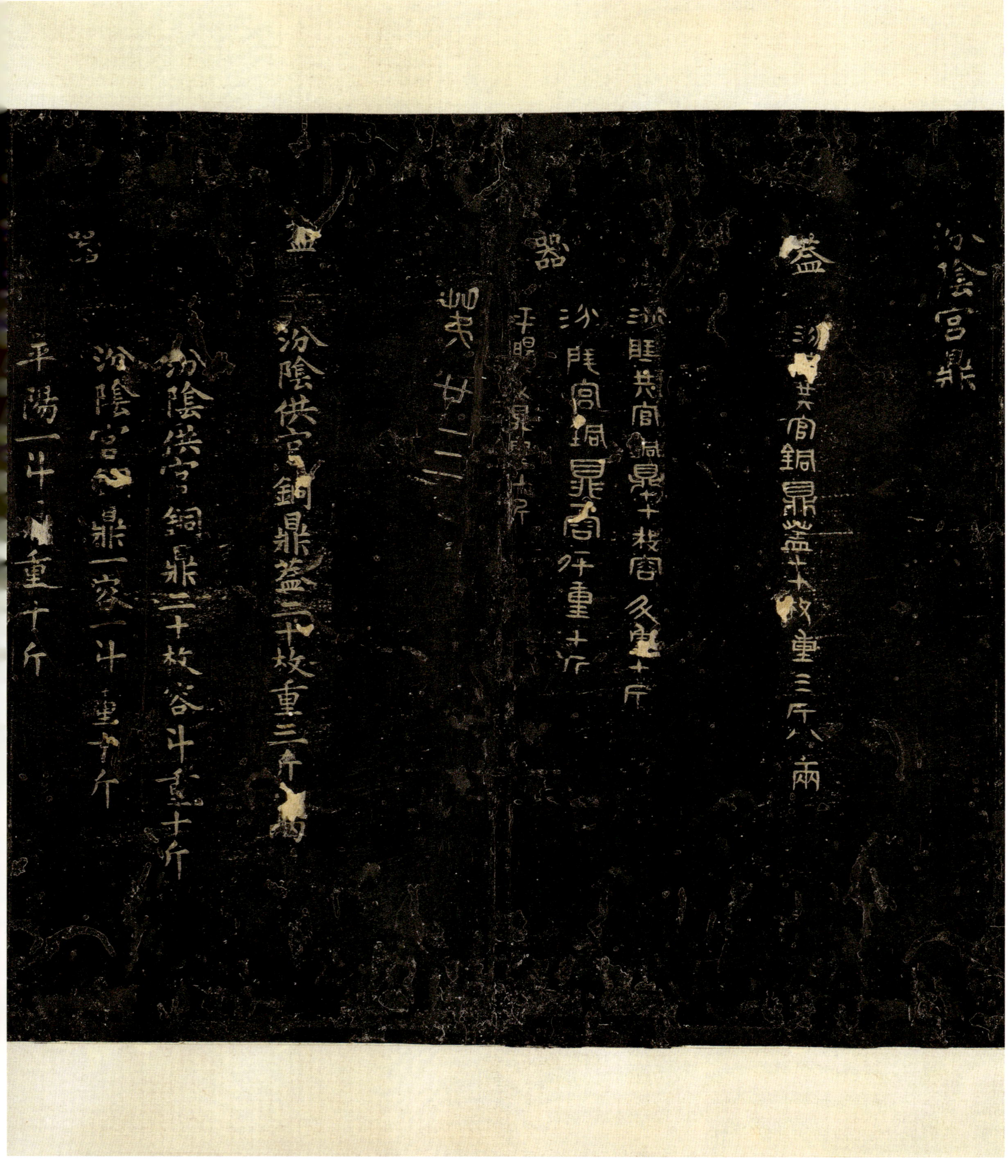
汾陰宮鼎
蓋
器
蓋
汾陰供宮銅鼎蓋二十枚重三斤……
汾陰供宮銅鼎二十枚容斗重十斤
器
汾陰宮……鼎一容一斗重十斤

第廿二

右銘□地志河東郡屬縣有曰汾陰有曰平陽
二平陽有鐵官此曰汾陰宮則宮之在汾陰者
也考其銘識既曰汾陰供官銅鼎□枚又曰汾
陰宮銅鼎□者二十所以舉供宮□數而一當
舉其□於宮者也又曰平陽一斗鼎蓋平陽有
鐵官此乃紀所鑄之地耳曰第二十三者總其器
之在汾陰者為之次不以言鼎也按漢郊祀
志云孝武皇帝始建上丁之祀營泰畤于甘
泉定后土于汾陰而神祇安之則作宮汾陰
者以祀后土之所是宜有列鼎之為而此特其
一器耳銘文稱□明□亦又明□是祀也之

物非私享也
孝成鼎
長安廚孝成廟銅三斗鼎蓋一合第一

按孝成帝乃孝元之子西漢第九帝也
鑄孝成廟器而造於孝哀即位之三年
又有曰建平三年十月工王褒造蓋者即
位改號建平而孝哀又嗣服孝成也
好時鼎

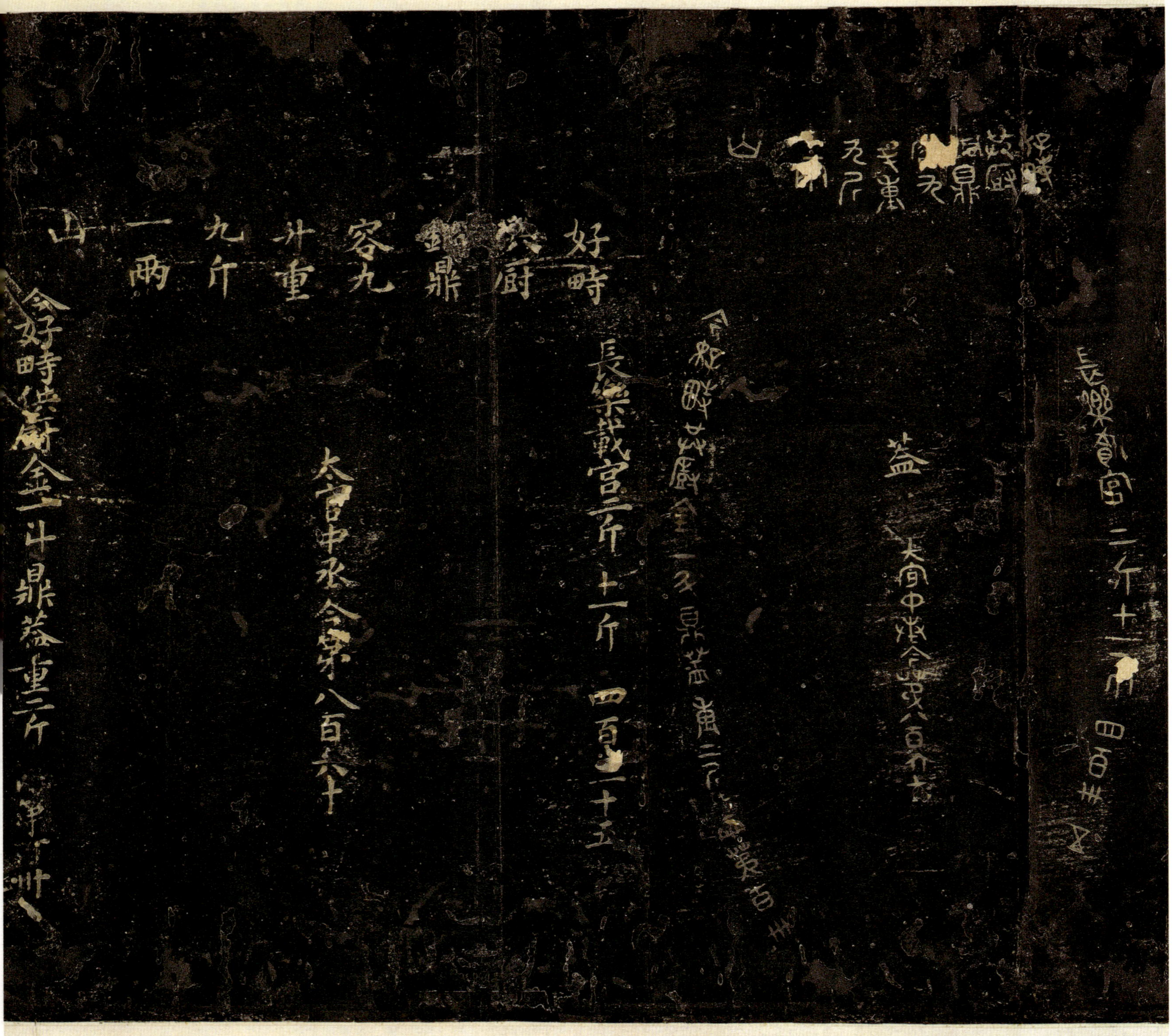

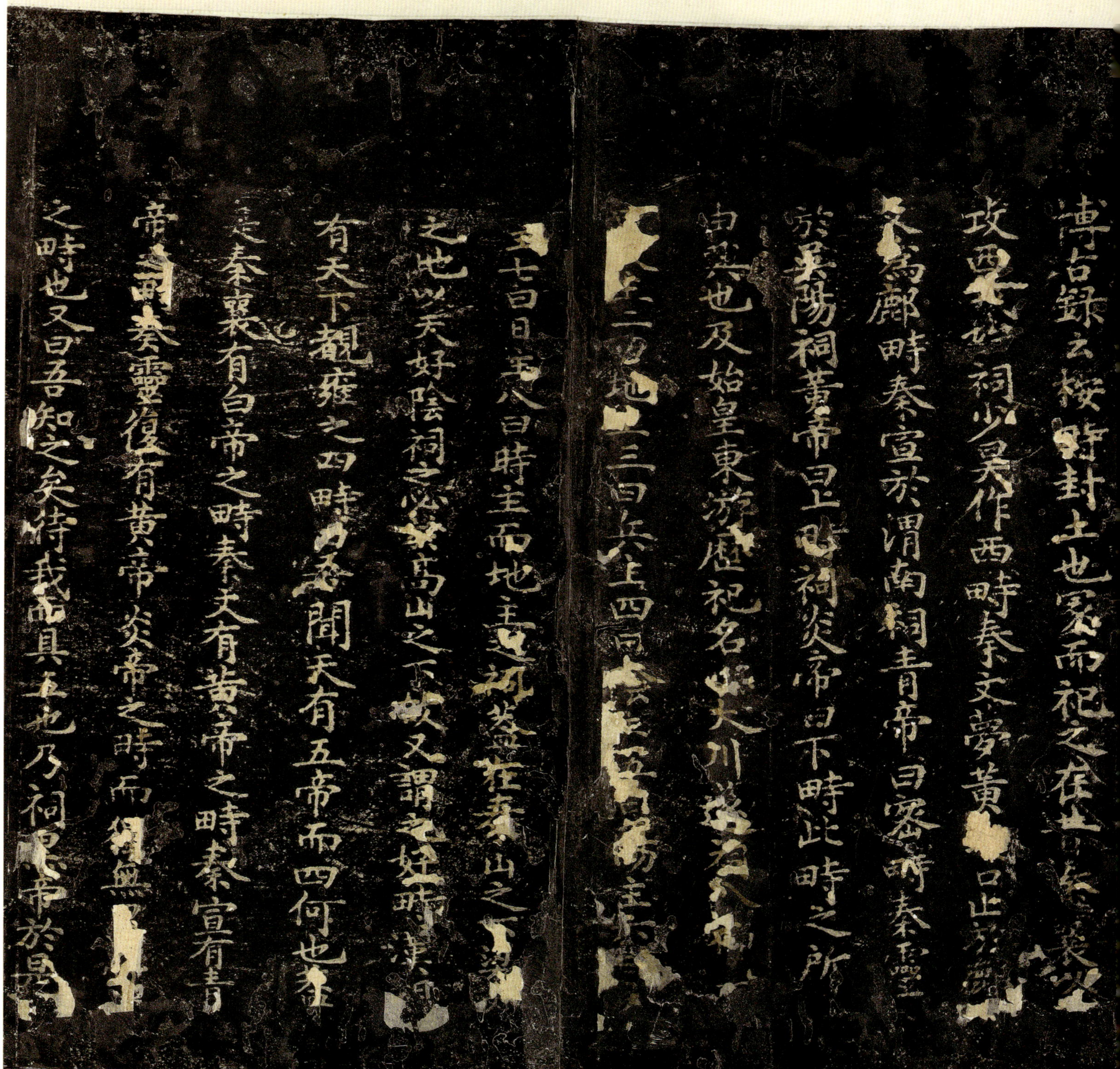

博古録云按畤封土也冢而祀之在[illegible]長以
攻[illegible][illegible]祠少昊作西畤秦文夢黄[illegible]口止於鄜
[illegible]為鄜畤秦宣於渭南祠青帝曰密畤秦靈
於吳陽祠黄帝曰上畤祠炎帝曰下畤此畤之所
由起也及始皇東游歷祀名山大川[illegible][illegible][illegible]
[illegible]主二曰地主三曰兵主四曰[illegible][illegible][illegible]曰陽主[illegible]
主七曰日主八曰時主而地主之祠蓋在泰山之下[illegible]
之也以天好陰祠之必於高山之下故又謂之好畤漢[illegible]
有天下觀雍之四畤乃問天有五帝而四何也在
是秦襄有白帝之時秦文有黄帝之時秦宣有青
帝之祠秦靈復有黄帝炎帝之時而獨無[illegible]
之時也又曰吾知之矣待我而具五也乃祠黑帝於是

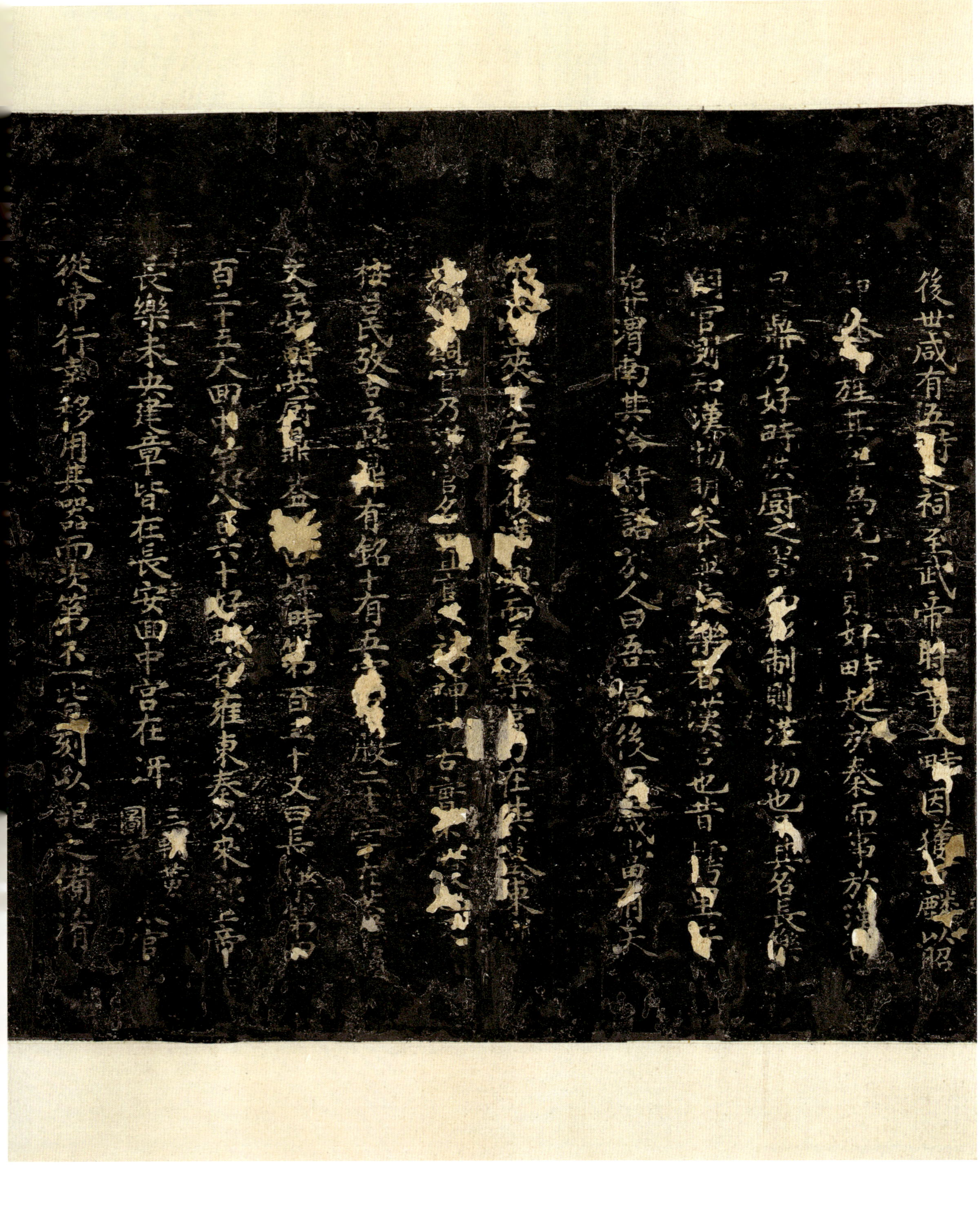
後世歲有五畤[illegible]祠至武帝時[illegible]五畤因獲[illegible]麟以昭
知[illegible]雄其[illegible]為元狩[illegible]好畤起於秦而事於漢
曰鼎乃好畤共廚之器[illegible]制亦渾樸也[illegible]其名長樂
閔官則知漢物明矣[illegible]長樂者漢宮也昔[illegible]里[illegible]
於渭南其冷時語[illegible]人曰吾[illegible]後[illegible]歲[illegible]有天
[illegible]其左[illegible]後漢[illegible]而[illegible]樂宮乃在其後[illegible]東
[illegible]乃[illegible]名[illegible]道[illegible]神[illegible]古[illegible]
按呂氏考古云是鼎有銘十有五字[illegible]蓋二十二字在其[illegible]
文云好畤共廚鼎盖[illegible]好畤第百五十又曰長[illegible]
百二十五大四中容八[illegible]六十好畤雍東泰以來[illegible]帝
長樂未央建章皆在長安田中宮在汧　圖云　三輔黃圖　官
從帝行幸移用其器而其第不一皆刻以記之備者

錯也
上林鼎
漢鬲
侈耳鬲

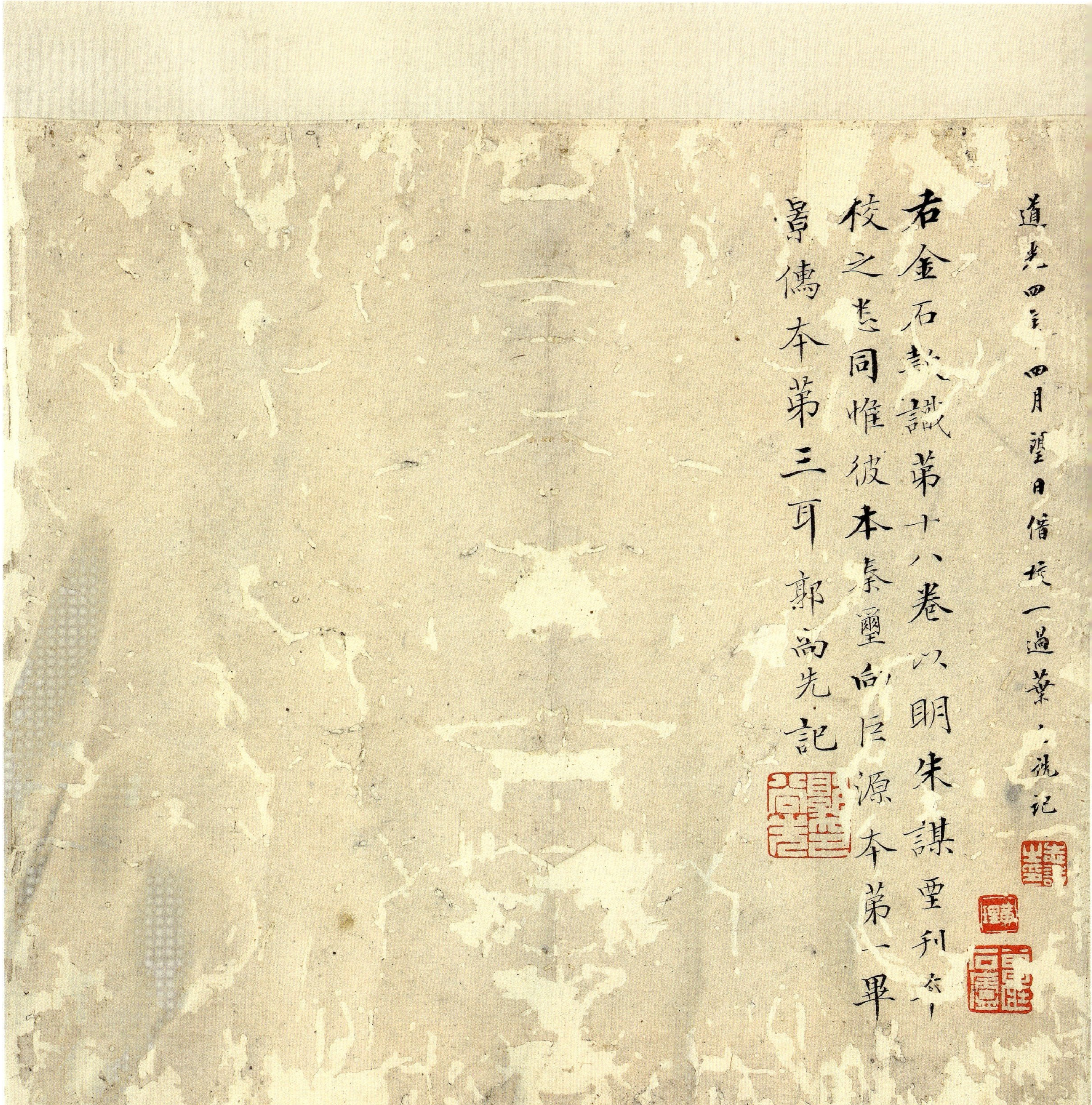
道光四年四月望日借校一過葉〻詵記
右金石款識第十八卷以明朱謀垔刊本校之悉同惟彼本秦璽向巨源本第一畢景儁本第三耳郭尚先記

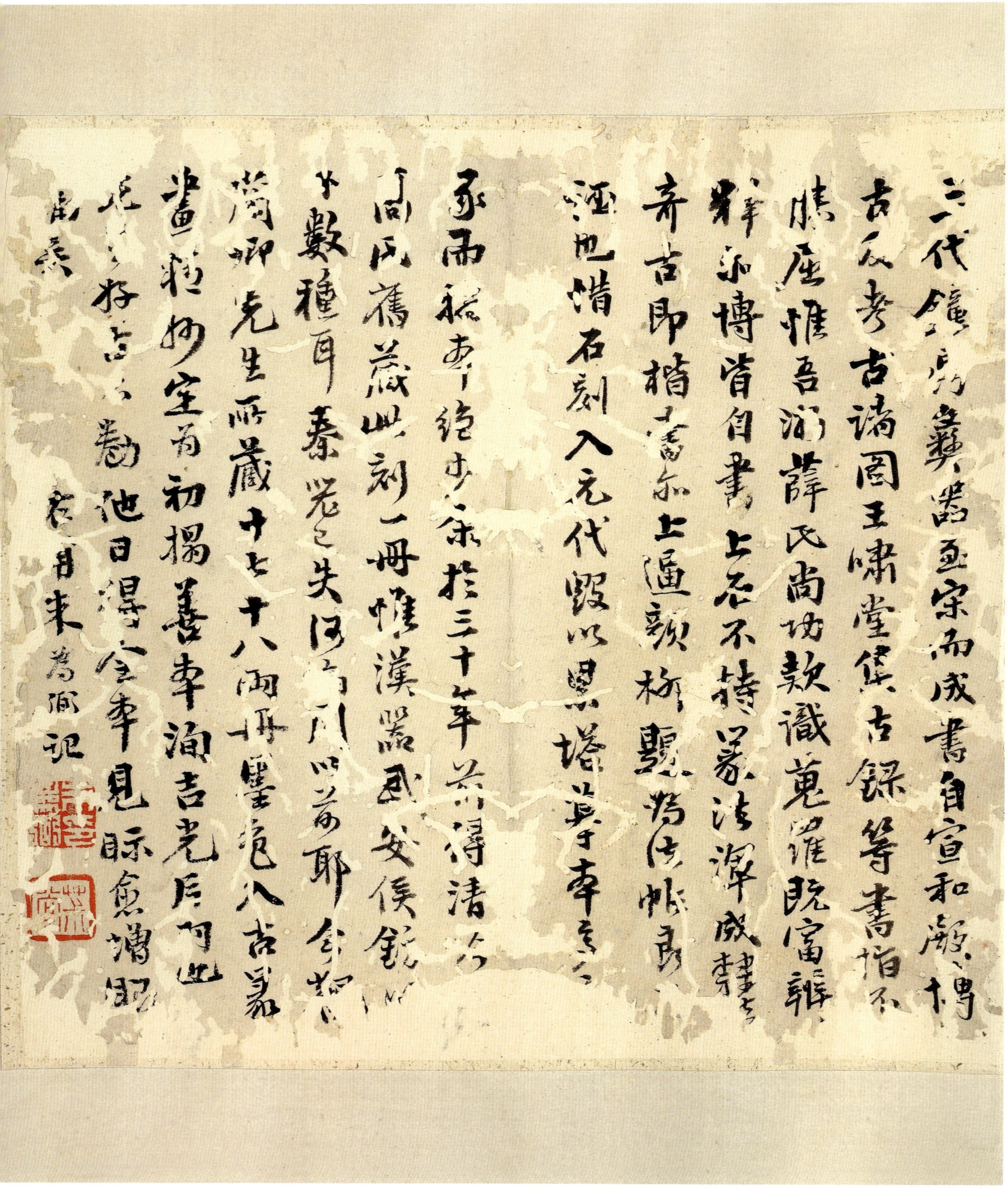
三代鐘鼎彝器至宋而成書自宣和殿博
古及考古諸圖王俅嘯堂集古録等書指不
勝屈惟吾浙薛氏尚功款識蒐羅既富雜
糅亦博皆自書上石不特篆法深成隸古
奇古即楷書亦上逼顔柳驂駸為法帖冠
湮也惜石刻入元代毀以墨搨本存者
寥寥稀有絶少余於三十年前得清吟
閣阮氏舊藏此刻一冊惟漢器武安侯鈁
十數種耳秦器已失何況商周以前耶今觀
蔣卿先生所藏十七十八兩冊墨色入古篆
畫精妙定爲初搨善本洵吉光片羽也
先生其好古之勤他日得全本見眎愈增眼
福矣　夜月來為卿記

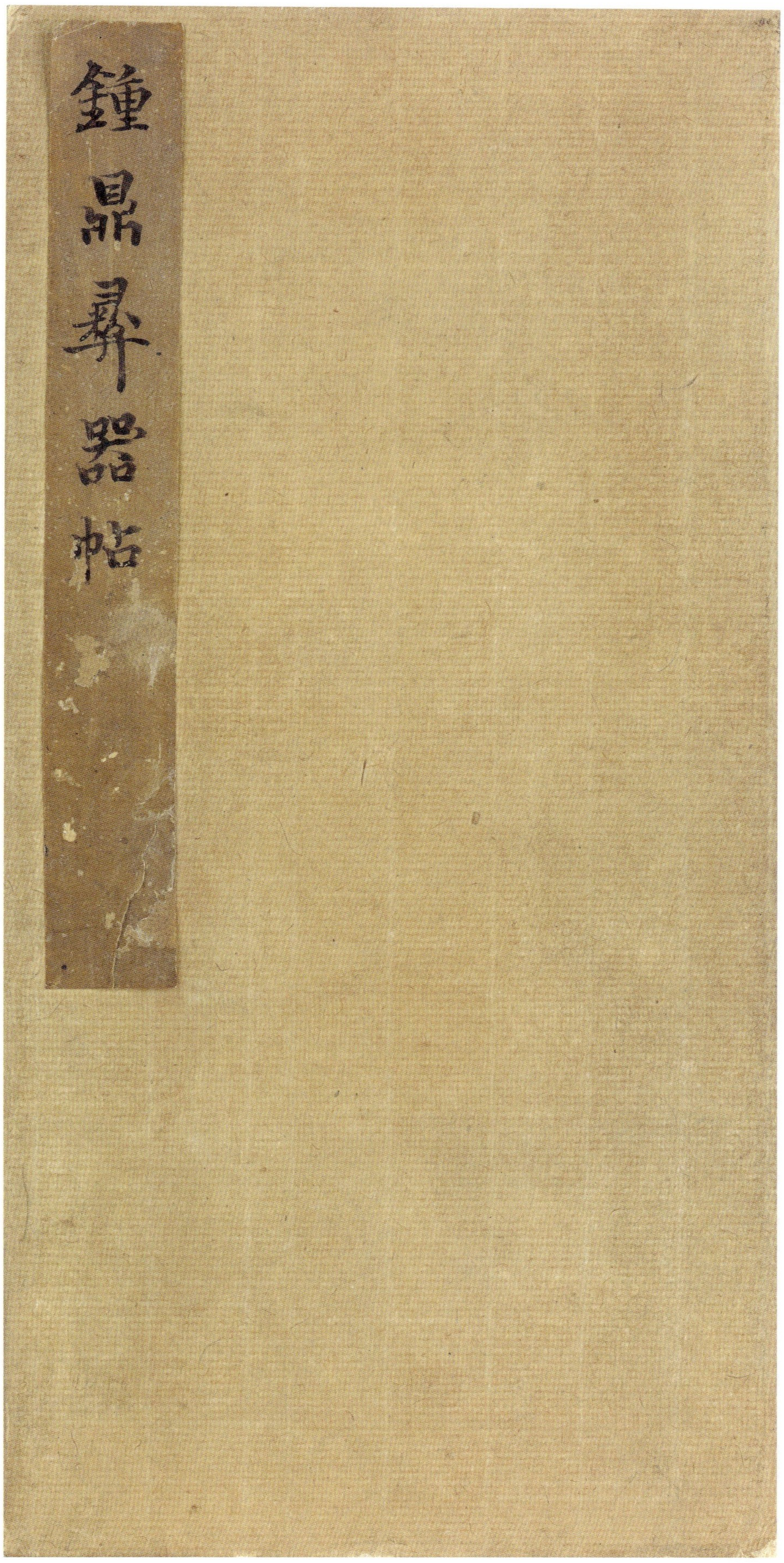
鐘鼎彝器帖

歷代鐘鼎彝器款識法帖

錢唐薛　尚功編次并釋音

漢器款識

鑪　壺　卮　律管　匜

洗　鉦

漢鑪

齊安鑪

齊安宮銅熏鑪容五升具盖重五斤六兩神爵四年

典宮當夫忠佐史工司馬讓造第一百卅一　廿三

齊安宮銅熏鑪容五升具盖重五斤六兩神爵四年

典宮當夫忠佐史工司馬讓造第一百三十一　廿三

右銘藏廬江李氏孜古。文齊安宮未可考銘云重

五斤六兩以權校之三[illegible]銖當漢之一斤

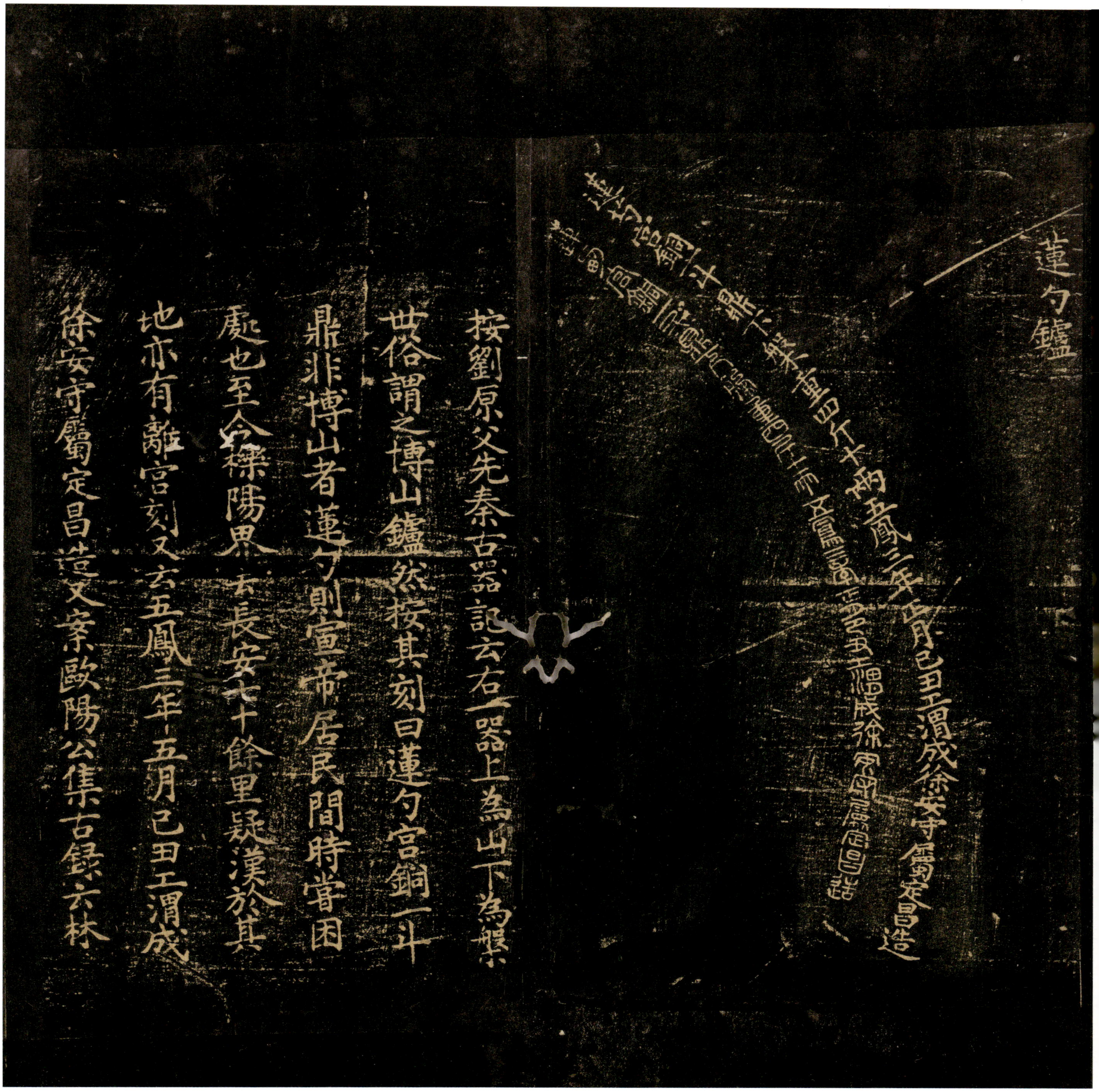

蓮勺鑪

蓮勺宮銅一斗鼎下槃重四斤十兩五鳳三年五月己丑工湄成徐安守屬定昌造

按劉原父先秦古器記云右一器上為山下為槃世俗謂之博山鑪然按其刻曰蓮勺宮銅一斗鼎非博山者蓮勺則宣帝居民間時嘗困處也至今櫟陽界去長安七十餘里疑漢於其地亦有離宮刻又云五鳳三年五月己丑工湄成徐安守屬定昌造又案歐陽公集古録云林

華觀行鐙銘一蓮勺宮博山鑪下槃銘一合
漢五鳳年中造於華觀漢書不載宣帝本
紀云困於蓮勺鹵中注云縣也亦不云有宮蓋
秦漢離宮別館不可勝數非因事見于前史
家不能備載也余所集錄古文自周穆王以來
莫不有之而獨無前漢時字求之久而不獲
每以為恨嘉祐中友人劉原父出為永興守
長安秦漢故都多古物奇器埋沒於荒基
敗冢往往為耕夫牧豎得之遂復傳於人
間而原父又雅喜藏古器由此所獲頗多
而以余方集古文故每以其銘刻為遺既獲
此二銘其後又得谷口銅甬乃甘露中造由

是始有前漢時字以足余之所闕而大償
其素願焉余所集録既博而為日兹久
求之亦勞得於人者頗多而最後成余之
志者原父也故特誌之

博山鑪

天興子孫　天興子孫

富貴昌宜　富貴昌宐

右銘識盧二李氏攷古云得於投子山重一斤
七兩中間符葉有文曰天興子孫又曰富貴
昌宜按漢故事曰太子服用則有銅博山香
鑪晉東宮舊事曰太子服用則有銅博山
香鑪一云鑪象海中博山下槃貯湯使潤

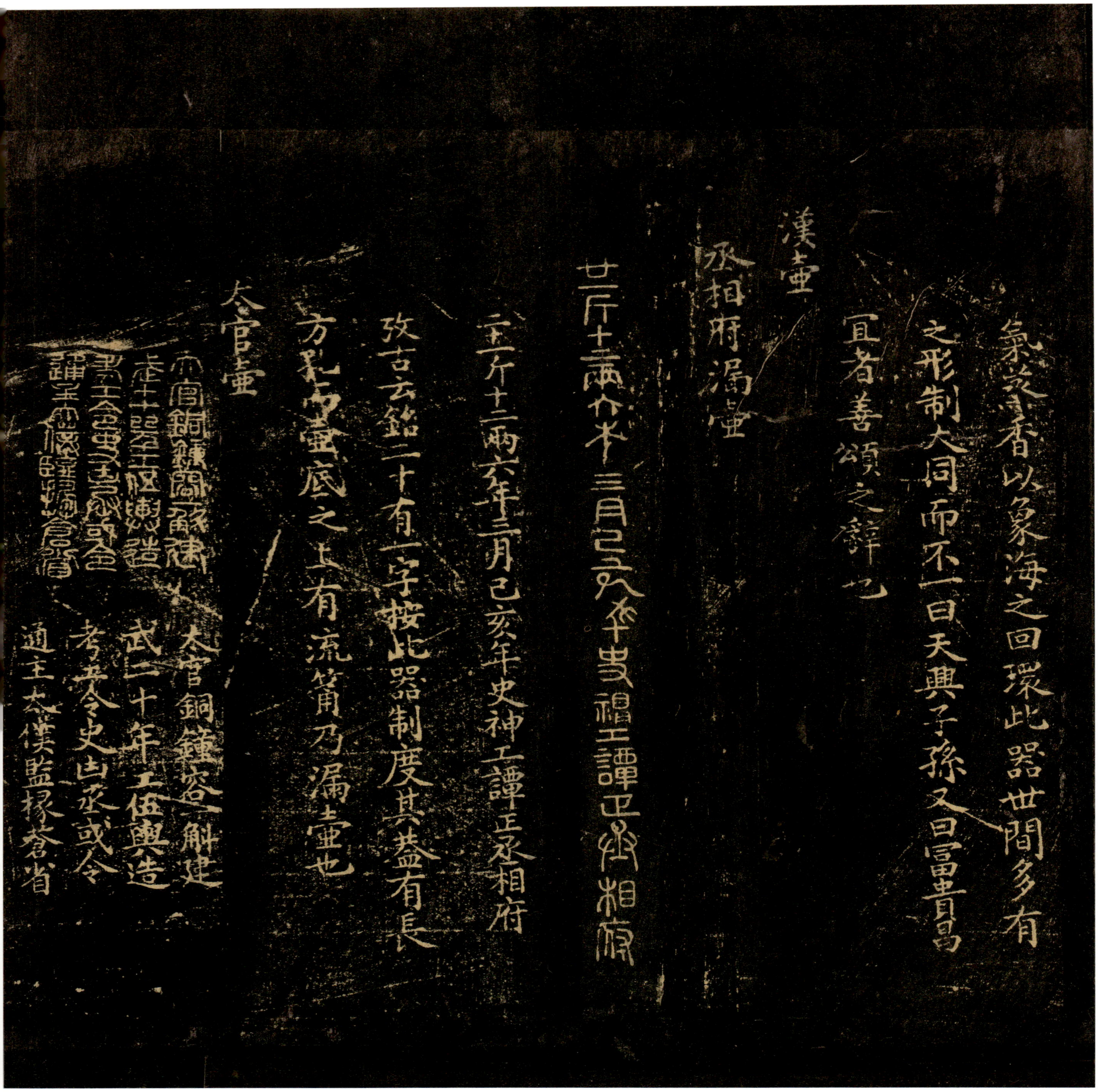

氣炎香以象海之回環此器世間多有
之形制大同而不一曰天興子孫又曰富貴昌
宜者善頌之辭也

漢壺

丞相府漏壺

廿斤十二兩六年三月己亥年史禮工譚正丞相府

二十斤十二兩六年三月己亥年史神工譚正丞相府

攷古云銘二十有一字按此器制度其蓋有長
方孔今壺底之上有流筩乃漏壺也

太官壺

太官銅鍾容一斛建
武二十年工伍興造
考工令史由丞或令
通主太僕監掾蒼省

博古録云銘三十二字按建武者漢之年號也東漢之盛惟建武永平號為極治而光武之初歲稱建武歷三十一年復改建武中元而此曰建武者蓋即位之年號非建武中元之年也二十年歲在甲辰乃東夷率衆内附正極治之時自伍輿至蒼省蓋其工造與夫監掾之姓名耳此器體類壺而銘曰鍾者字書以鍾字从金从重以上為體蓋飲無以節之則流而生禍所以銘鍾者欲其止而不流蓋壺以取形鍾以示戒故說文以鍾為酒器其義如之

綏和壺

綏和元年供工昌為
湯官造卅鍊銅黃塗
壺容二斗重十二斤
八兩塗工乳護級掾
臨主守右丞同守令
寶省

綏和元年供工昌為
湯官造卅鍊銅黃塗
壺容二斗重十二斤
八兩塗工乳護級掾
臨主守右丞同守令
寶省

按漢成帝即位二十有六年始改元綏和作此壺
作於是歲也凡漢必謹其歲月與夫造器之
官如曰護級掾臨王守右丞同守令寶省者
是也

漢巵

建光巵

建光中室有四

建光中室有四

銘六字曰建光中室有四按東漢孝安帝即位
之十六年名其年紀曰建光是器蓋於建光中

陛也中室之稱者宜其有五室而此特中室
之器耳蓋漢武立帳則有甲乙言中室有
四則其他亦或有數也

漢律管

律管

六呂始建國元年正月
癸酉朔日制

六呂始建國元年正月
癸酉朔日制

右銘藏晁無咎學士家云始建國元年正月
癸酉朔日制按漢書律歷志古以竹或玉爲
之至平帝時王莽始易以銅又漢書莽以十

二月朔癸酉為建國元年正月之朔二說皆
合也

漢匜

注水匜

律斤衡蘭
注水匜容一升
始建國元年
正月癸酉
朔日制

銘二十有二字曰始建國元年正月癸酉朔日
制按漢新室當孺子嬰初始元年戊辰十二
月改為建國此言元年正月則當是明年
己巳歲制此器也此器形製如盂而淺且其
旁復出一流與匜略不相類詳見其識文乃
知匜也然所容五合其器特小恐凡格間所用

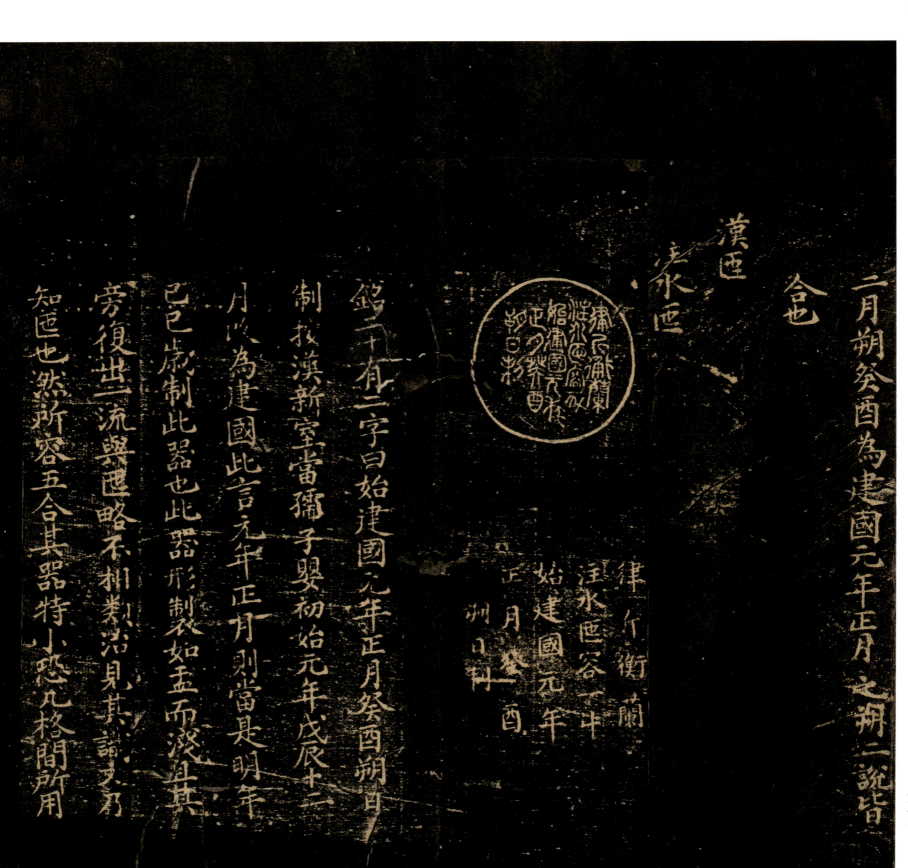

者耳

漢洗
陽嘉洗

陽嘉四年朔令

陽嘉四年朔令

銘云陽嘉四年朔令按孝順帝即位之十年改年紀曰陽嘉凡四年茲器曰陽嘉四年蓋謹其所造之歲也曰朔者朔月也曰令者時令也字之右狀魚之形字之左復作鷺鷥以鷺鷥習水而捕魚其猶習於禮而得民之譬也洗盥手之器於此以奉祭祀交神人非苟然者謹其歲時且象而規之蓋不能無微意耳

長宜子孫洗

長宜子孫

長宜子孫

宜子孫洗

宜子孫

宜子孫

呂榮

呂榮

攷古云按舊禮圖云洗承盤棄水之器其外畫水文菱花及魚以飾之唐會要云上元一年高宗命韋弘機營東都上陽宮於澗曲疏建陰殿掘得古銅器似盆而淺中有蹙起

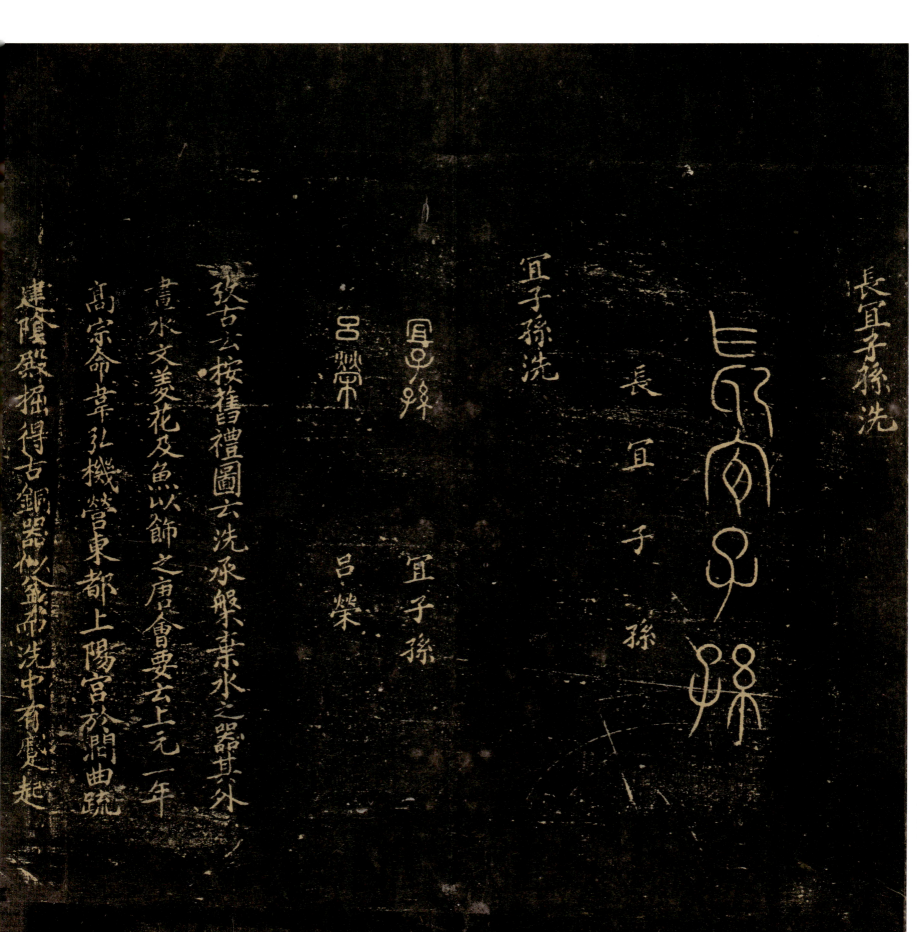

雙鯉之狀魚間有四篆字長宜子孫與此
器同皆漢洗也
雙魚四錢大洗
富貴昌宜
田樂
銘曰富貴昌宜者亦善頌之辭也
漢鉦
平周鉦
平周金銅鉦
重六斤八兩
平定五年受圖陰
平周金銅鉦
重六斤八兩
平定五年受圖陰

按古器物銘云右銅鉦云平周金銅鉦重十六斤八兩皆文云平定五年受圜陰士大夫頗疑前代紀年無為平定者余嘗攷之葢非年號也案西漢書地里志平周平定圜陰三縣皆屬西河郡圜陰漢惠帝五年置葢此鉦先藏平周後歸圜陰復以授平定故并刻銘耳所謂五年者當是景帝以前未有年號時也前世既無平定年號而三縣皆隸西河故知其如此又圜陰王莽改曰方陰顔師古曰圜字本作圁縣在圁水之陰因以為名王莽改為方陰則當時已誤為圜今有銀州銀水即是舊名猶存但字變耳其說出於酈道元注水經今按茲器當時所刻乃[illegible]

圜字然則師古何所依據遂以爲圜乎恐亦臆說也

歷代鐘鼎彝器款識法帖

錢唐薛尚功編次并釋音

漢器款識

漢鐙

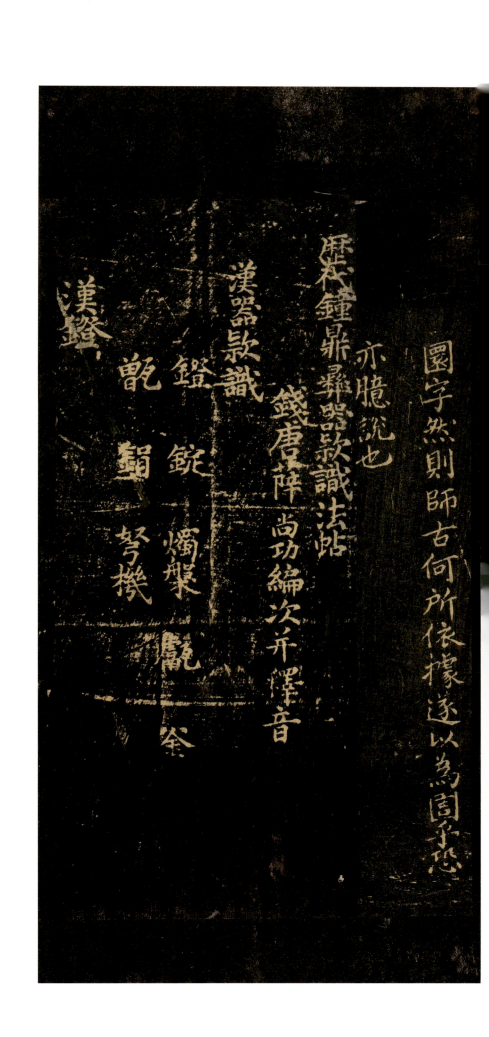

林華觀行鐙
林華觀行鐙重一斤十四兩五鳳二年造第一
林華觀行鐙重一斤十四兩五鳳二年造第一
林華觀漢書不載曰五鳳二年乃前漢時
物耳字畫極佳乃劉原父得之於長安

模其銘文以遺歐陽公者說在蓮勺鑪篇

上林榮宮鐙

上林榮宮銅鴈足鐙下有槃并重六斤黃龍元年民工李常造第四

第二

百卅

上林榮宮銅鴈足鐙下有槃并重六斤黃龍元年民工李常造第四

第二

百三十

銘云上林榮宮鴈足鐙下有槃并重六斤黃

龍元年民工李常造第四言榮宮未攷

首山宮鐙

蒲反首山宮銅鴈足八寸𥁊重六斤永始四年二月壽貢慶造

蒲反首山宮銅鴈足八寸𥁊重六斤永始四年二月壽貢慶造

攷古云藏京兆李氏銘云蒲反首山宮銅鴈足𥁊重六斤永始四年二月壽貢慶造攷古云漢宣帝時器地里志蒲反有首山祠其宮即祠宮也

甘泉上林宮行鐙

河東為甘泉上林宮造行鐙重
六斤十兩五鳳二年王回夫山工
誼作第二　曾

河東為甘泉上林宮造行鐙重
六斤十兩五鳳二年王回夫山工
誼作第二　曾。

右銘藏京兆呂氏惟承槃存銘二十有四字

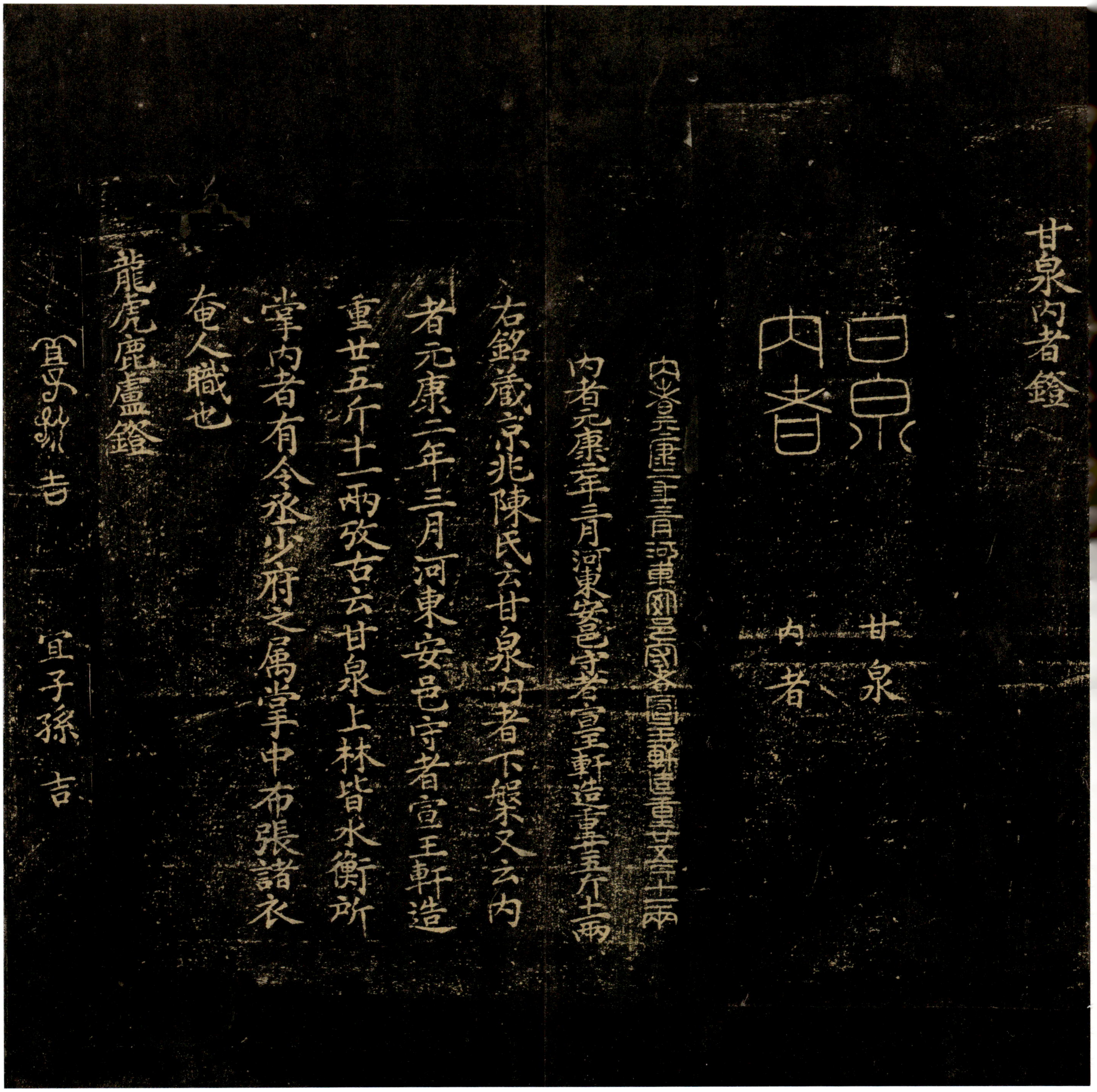
甘泉内者鐙
甘泉内者
内者元康二年三月河東安邑守者宣王軒造重廿五斤十二兩
内者元康二年三月河東安邑守者宣王軒造重廿五斤十二兩
甘泉
内者
右銘藏京兆陳氏云甘泉内者下缺又云内
者元康二年三月河東安邑守者宣王軒造
重廿五斤十二兩攷古云甘泉上林皆水衡所
掌内者有令丞少府之屬掌中布張諸衣
奄人職也
龍虎鹿盧鐙
宜子孫吉
宜子孫　吉

右銘云宜子孫吉上有龍虎為之飾鹿盧

江李氏

耿氏鐙

延光四年二月耿氏
作鐙比二工張褒造

延光四年二月耿氏
作鐙比二工張褒造

銘云延光四年二月耿氏作鐙比二工張褒造全
作漢隸極奇文云比二者言如此比者有二耳漢
人大抵爾雅可愛

漢錠 漢鐙同

虹燭錠 一名王氏錠

王氏銅虹燭錠
兩辟并重廿二斤四兩
第一

王氏銅虹燭錠
兩辟并重廿二斤四兩
第一

博古録云銘一十八字自三代至秦器無斤兩之識此器顯其斤重又字畫與漢五鳳鐙款識相類定漢物也說文以錠為鐙鐙則登而有用者銘曰虹燭者取其氣運如虹之義殆薦熟食之器但闕其蓋而不全曰王氏者未審其為誰也曰第一則知為虹燭者數不特此耳

漢燭槃

車宮承燭槃

車宮銅承燭槃并重三斤八兩五鳳四年造　林

車宮銅承燭槃重三斤八兩五鳳四年　扶

攷古云車宮不知何所右銘云車宮承燭槃重三斤八兩五鳳四年造下又有一扶字扶乃言其號耳漢器有扶字者甚多

漢甗

周陽侯甗

周陽侯家銅三習雖甗鍑一容五斗重十
八斤六兩師治國五年五月國輸第四

周陽侯家銅三習雖甗鍑一容五斗重十
八斤六兩師治國五年五月國輸第四

攷古云銘三十有三字按說文鍑大口釜也鍑上有甑故曰甗鍑言三習雖者習重也其制三

重漢恩澤侯表有周陽侯二淮南王長舅趙兼孝文元年封六年免孝景太后弟田勝孝景後三年封傳子祖元狩三年免文曰郚治國五年自以侯受封嗣位之年數也文字疑宣帝時器皆未可考

漢釜

館陶釜

河東所造
三斗銅㚆
釜重十二斤
長信賜
館陶家
第二

古器物銘云銘云長信賜館陶家案漢書外戚傳文帝竇皇后女嫖封館陶長主又百官

公卿表長信詹事掌皇太后宮景帝中六年更名長信少府張晏注曰以太后所居宮爲名也居長信則曰長信少府居長樂則曰長樂少府然則景帝時官名長信則竇太后居是宮無疑銘雖無年月然知其爲竇太后賜館陶公主亦無疑也

軹家釜

軹家容四斗五升重十斤一兩九朱

三年工丙造第五

軹家容四斗五升重十斤一兩九銖

三年工丙造第五

軹家宮不可攷藏京兆孫氏

漢甗

軹家甗

軹家容三斗重四斤廿朱

三年工丙造第五

軹家容三斗重四斤廿銖

三年工丙造第五

銘曰軹家與軹家釜銘文同亦藏京兆

孫氏

漢鋗

梁山鋗

梁山銅二斗鋗重十斤元康元年造

博古云有銘在脣曰梁山鋗重十斤元康
元年造外復有一扶字按漢孝宣帝即
位之十年乃改元康元年是器乃此年造
也其扶字乃號耳如好畤鼎用畤字是也
梁山銅者紀其貢金之地梁山於漢初為
孝王之封梁王依山鼓鑄為國之富故在孝
王時有罍尊直千金戒後世寶之則梁
山之銅有自來矣其後梁之子孫分其國
為五則在孝宣時亦不替貢金之職耳

書言府弩機

延光三年閏月書言
府作六石鐖郭工鍛
賢令磨守丞郥栞
鐵史訓主

右銘二十有七字曰延光三年閏月書言府
作桉延光三年蓋東漢孝安皇帝即位
之十九年也是年歲在甲子閏在十月不
言十月而言閏月舉閏則知十月也書
言府者所謂言則左史書之之義天禄
石渠之屬也蓋漢之武庫隨府有之如
尙者是也又若工若令若丞若史皆銘
之於機則知除戎器戒不虞昔人尤在
所慎者其制作或錯以銀而文鏤細
若絲綰結則知所謂咸精其能非特
於前漢孝宣之際為然也

江州公使庫
今鑴造到歷代鐘鼎彝器款識法帖二十卷

計石二十四片

右具如前

紹興十四年六月　日右修職郎司法參軍兼監孫　玠

右迪功郎司戶參軍兼監朱　衎

右通直郎簽書節度判官廳公事提舉薛　尚功

左承事郎權添差通判軍州主管學事兼管內勸農營田事潘　良能

右朝請郎通判軍州主管學事兼管內勸農營田事孫　畯

右朝散大夫權知軍州主管學事兼管內勸農營田事林　師說

宋石刻江州公庫本鐘鼎彝器款識帖

存七八至十五六卷又十九二十卷共殘帙

六册相傳爲常熟歸氏物也五柳居

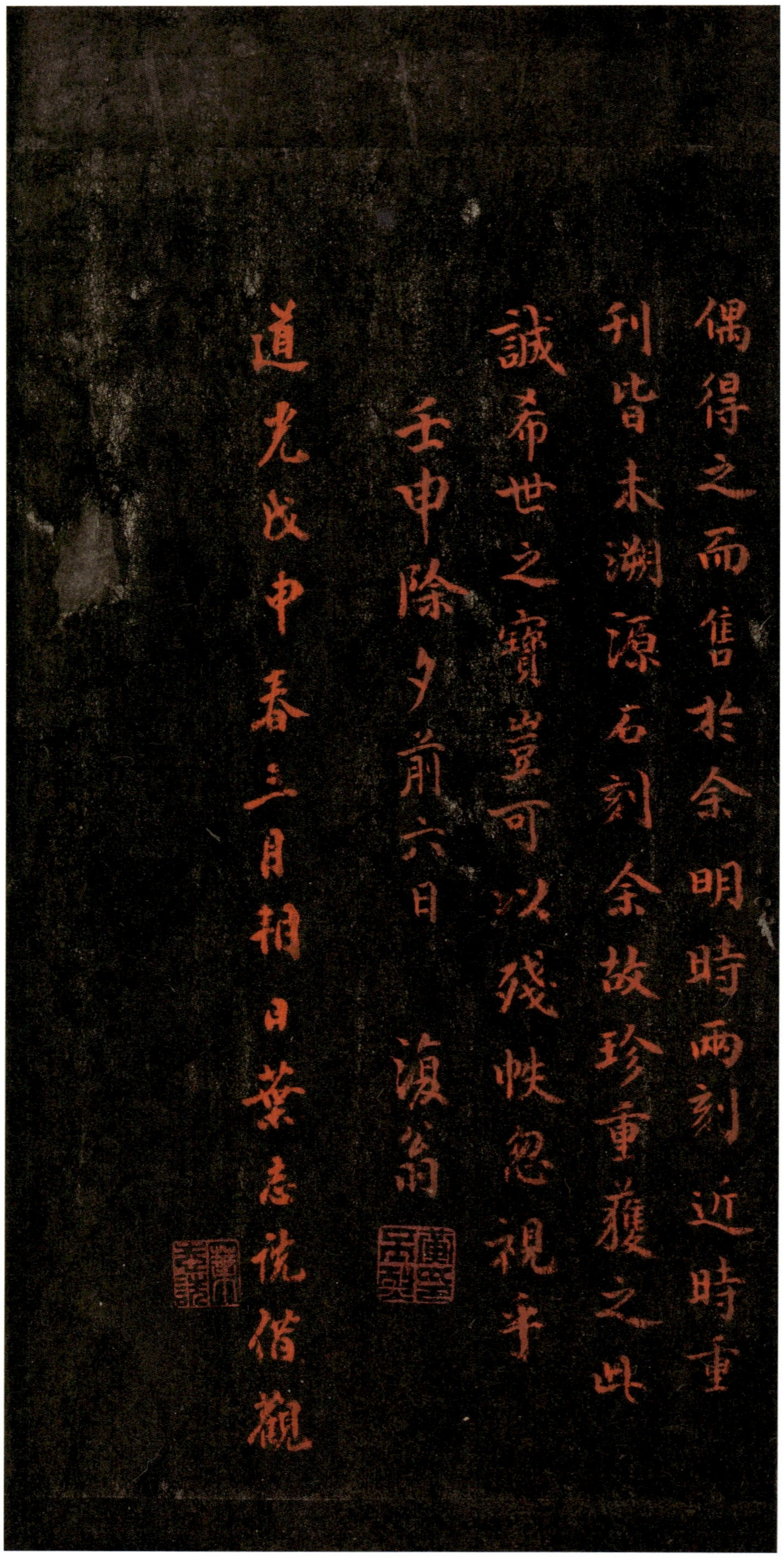
偶得之而售於余明時兩刻近時重
刊皆未溯源石刻余故珍重獲之此
誠希世之寶豈可以殘帙忽視乎
壬申除夕前六日　復翁
道光戊申春三月朔日葉志詵借觀

殘葉集一

仲駒敦蓋

字五十為大夫則尊其字而字以伯仲也仲姜者益
仲駒父之母或祖也或以為仲駒父妻則禮曰夫不
祭妻是以知其為母或祖也按春秋凡婦人皆以
字配姓伯姬仲子季姜之類是也仲姜亦字配姓也
齊許申呂皆姜姓此則未詳其何國女夫器有用
器有祭器凡銘有享孝追孝祀禋者皆祭器
九嬪職云凡祭祀贊玉盞而玉盞之制不見於

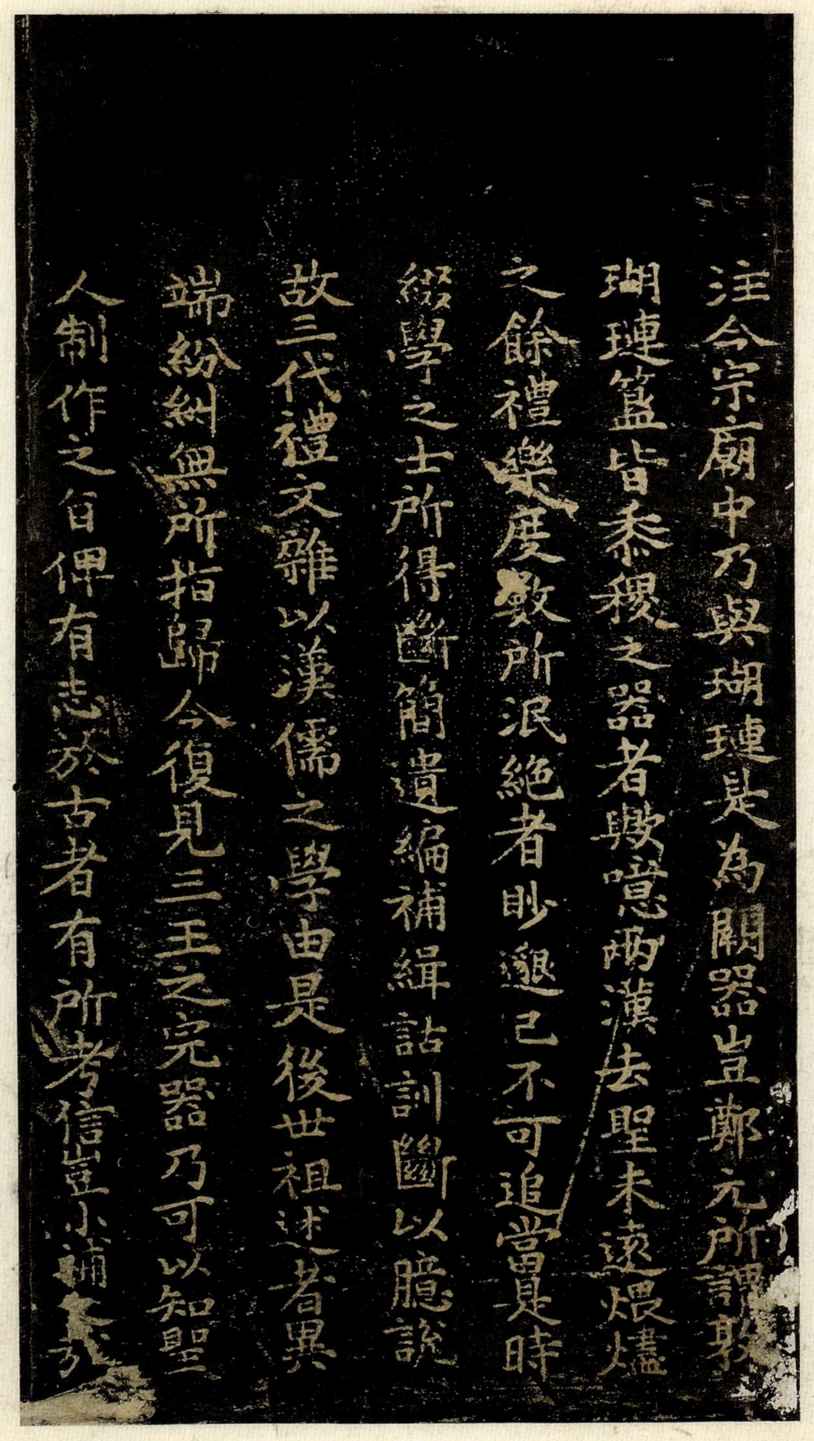

注今宗廟中乃與瑚璉是為閼器豈鄭元所謂敦
瑚璉簠皆黍稷之器者歟噫兩漢去聖未遠煨燼
之餘禮樂度數所泯絕者眇邈已不可追當是時
綴學之士所得斷簡遺編補緝詁訓斷以臆說
故三代禮文雜以漢儒之學由是後世祖述者異
端紛糾無所指歸今復見三王之完器乃可以知聖
人制作之旨俾有志於古者有所考信豈小補哉

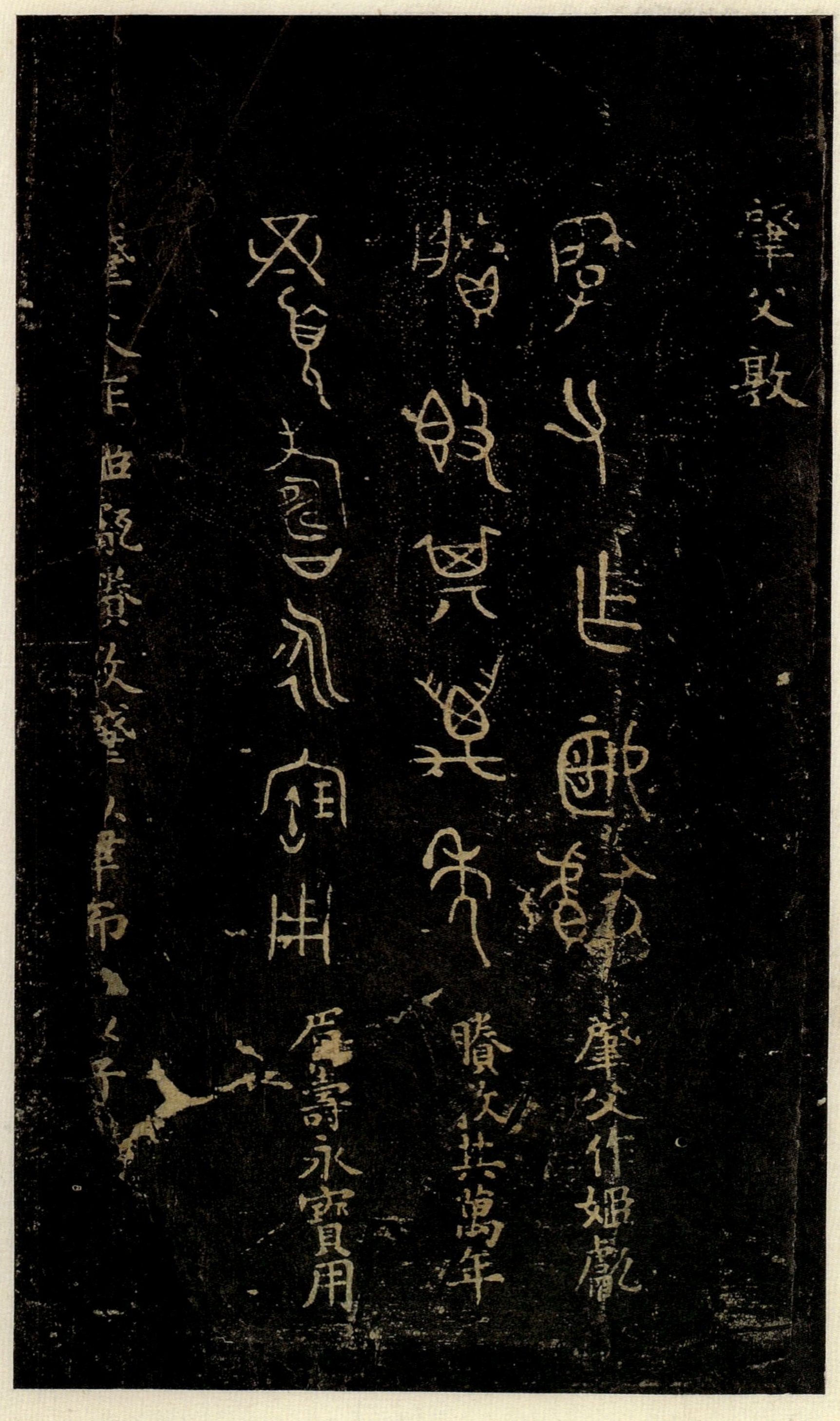
肇父敦

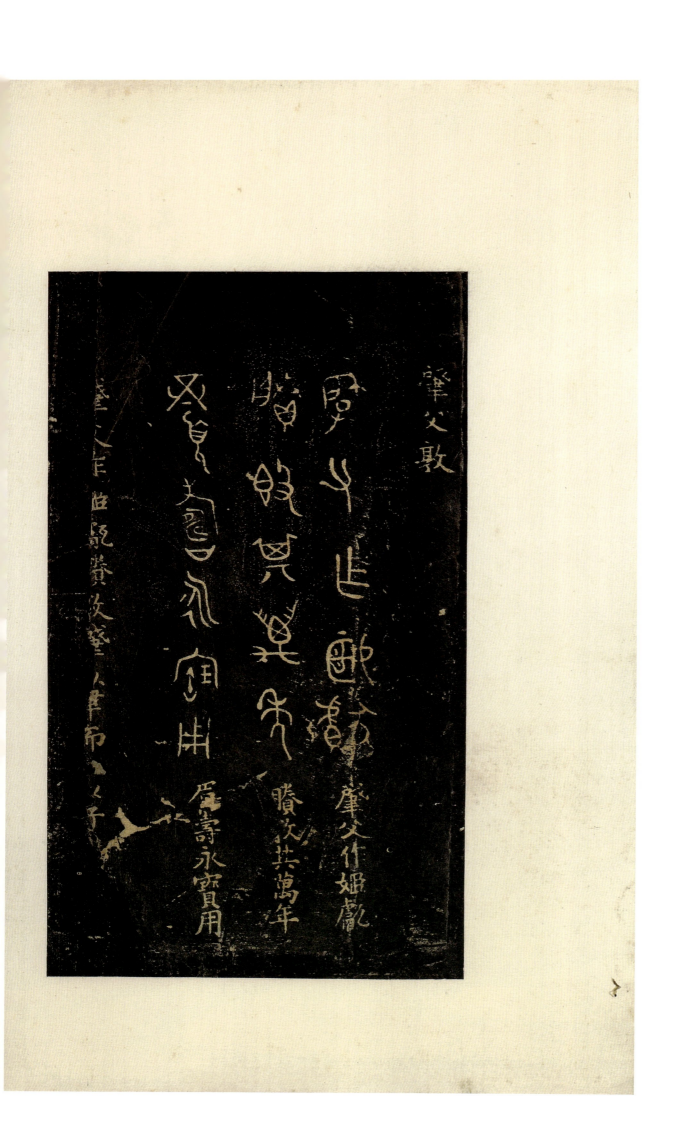

歷代鐘鼎彝器款識法帖卷第十四

錢唐薛尚功編次并釋音

周器款識

敦

周敦

散季敦

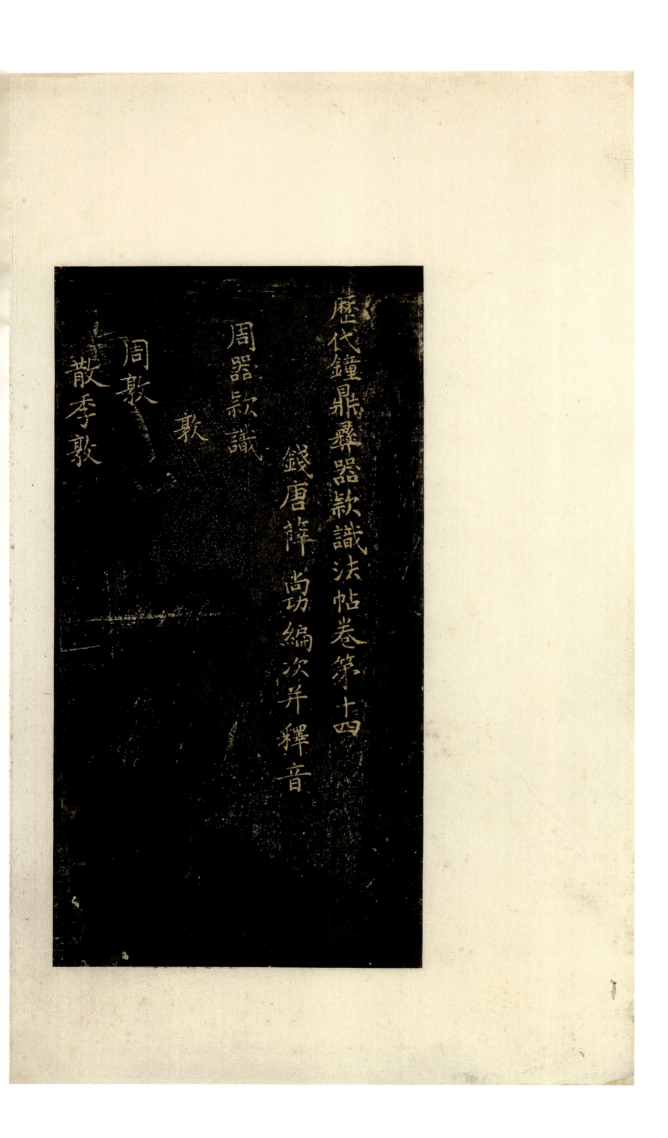

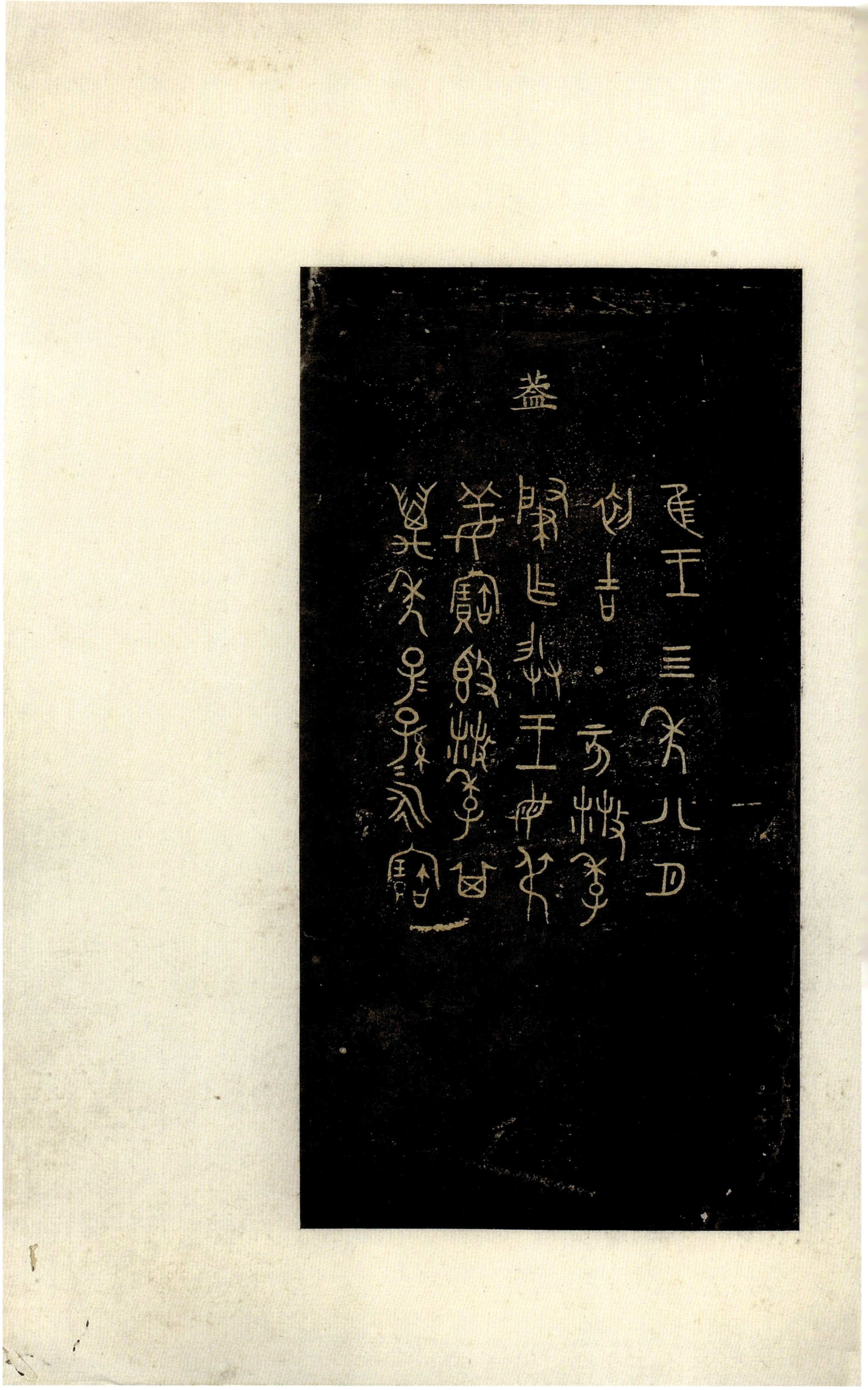
盞

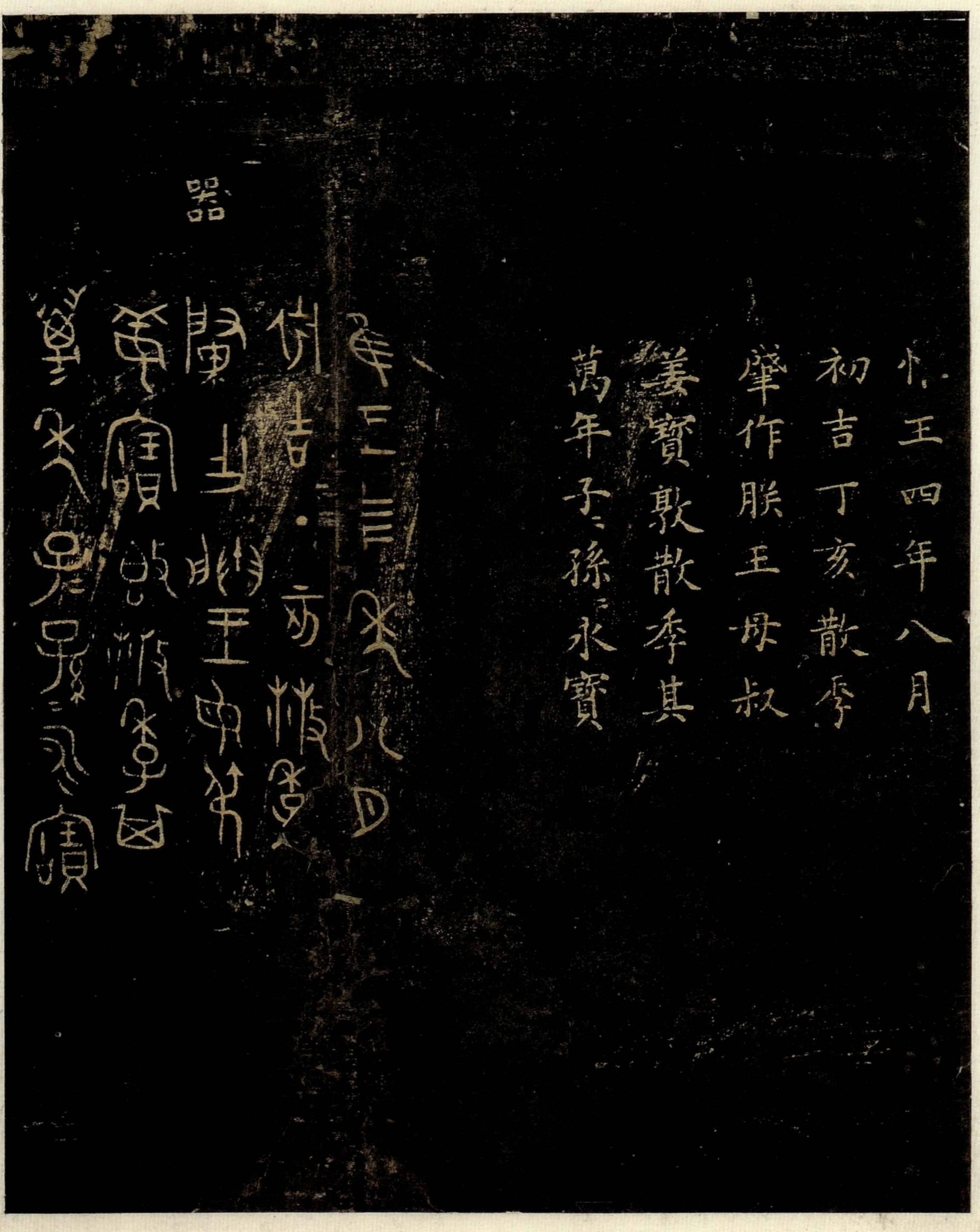
惟王四年八月
初吉丁亥散季
肇作朕王母叔
姜寶敦散季其
萬年子=孫=永寶
器

釋音同前

得古□去敢其銘乃散季為王母叔姜作也昔之人神祀□之禮其彝器食飲每通用之既以人道事乎神又以神道饗乎人此家廟中與夫平日燕居之器皆得銘而用之初無別也散季之銘叔姜敦必有一於是矣當商之末世周之盛德文王在下遵養時晦於四方之賢者盡歸乎來如太公望散宜生之徒莫不咸在文王者得此數臣以為之輔故□須之莫□以貽於□孫之訓□人□

此考釋缺後半約十五行

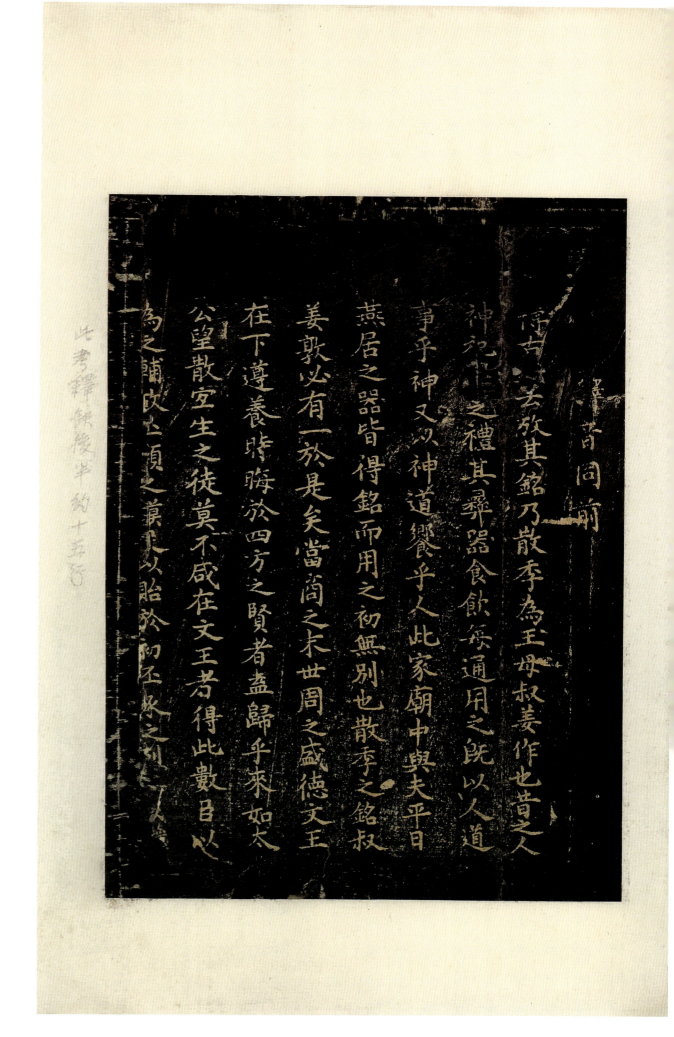

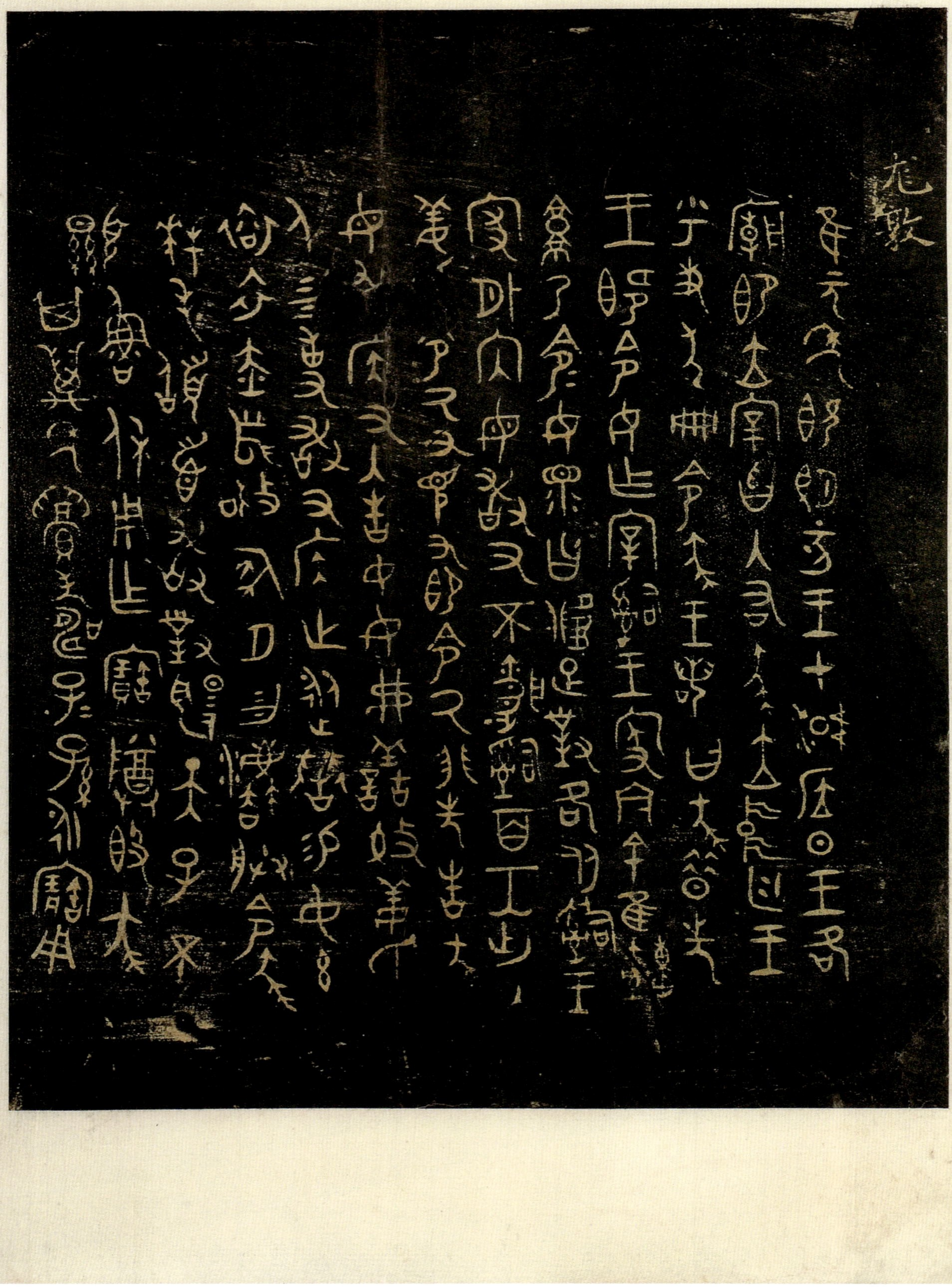
龙敦

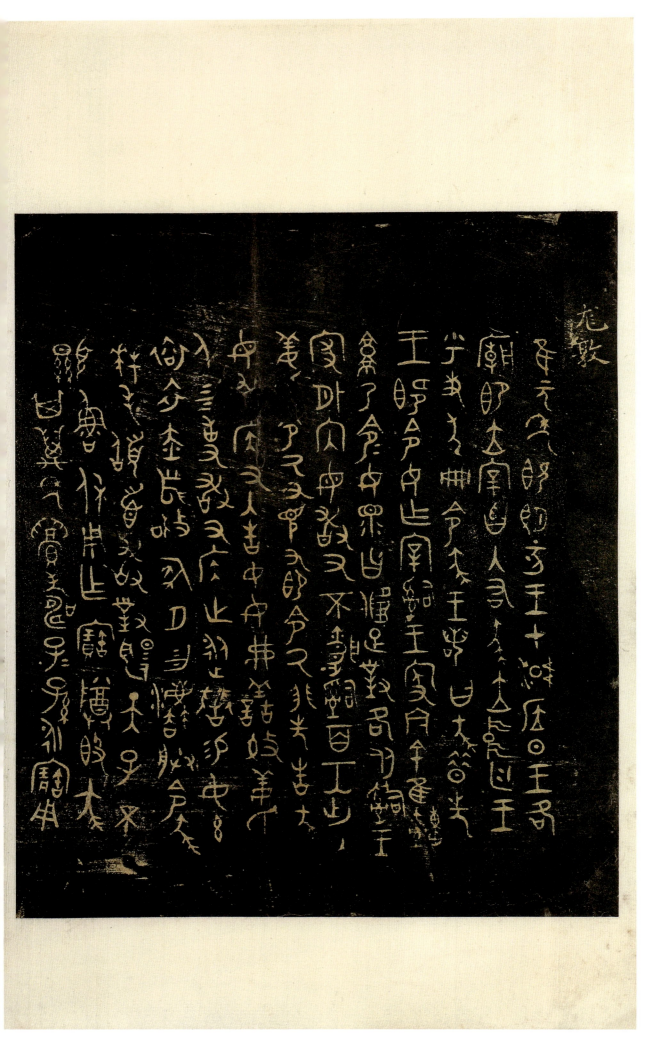

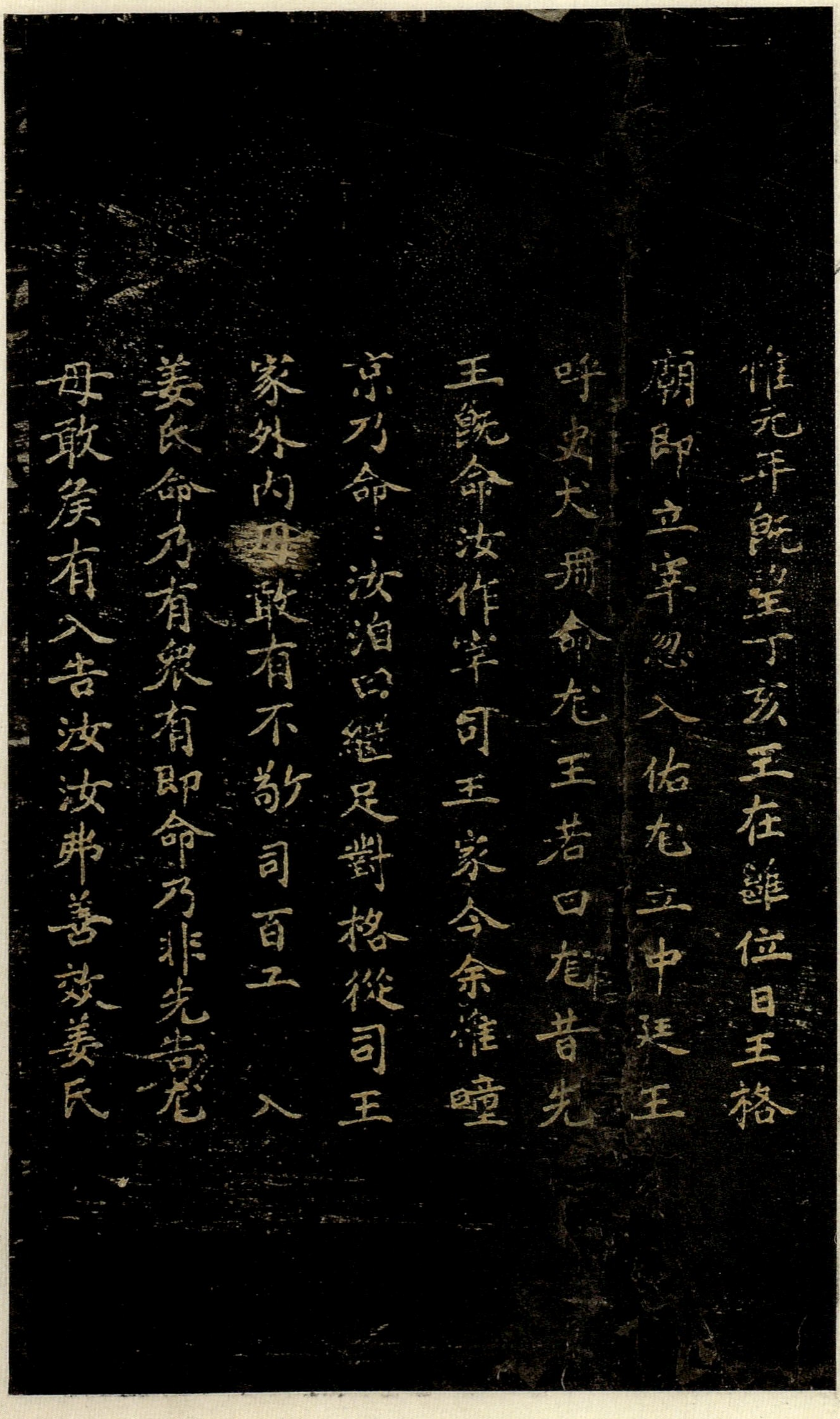
惟元年既望丁亥王在雝位日王格
廟即立宰忽入佑龙立中廷王
呼史大冊命龙王若曰龙昔先
王既命汝作宰司王家今余惟曈
京乃命：汝洎曰繼足對格從司王
家外內毋敢有不歆司百工入
姜氏命乃有眾有即命乃非先告龙
毋敢矦有入告汝汝弗善效姜氏

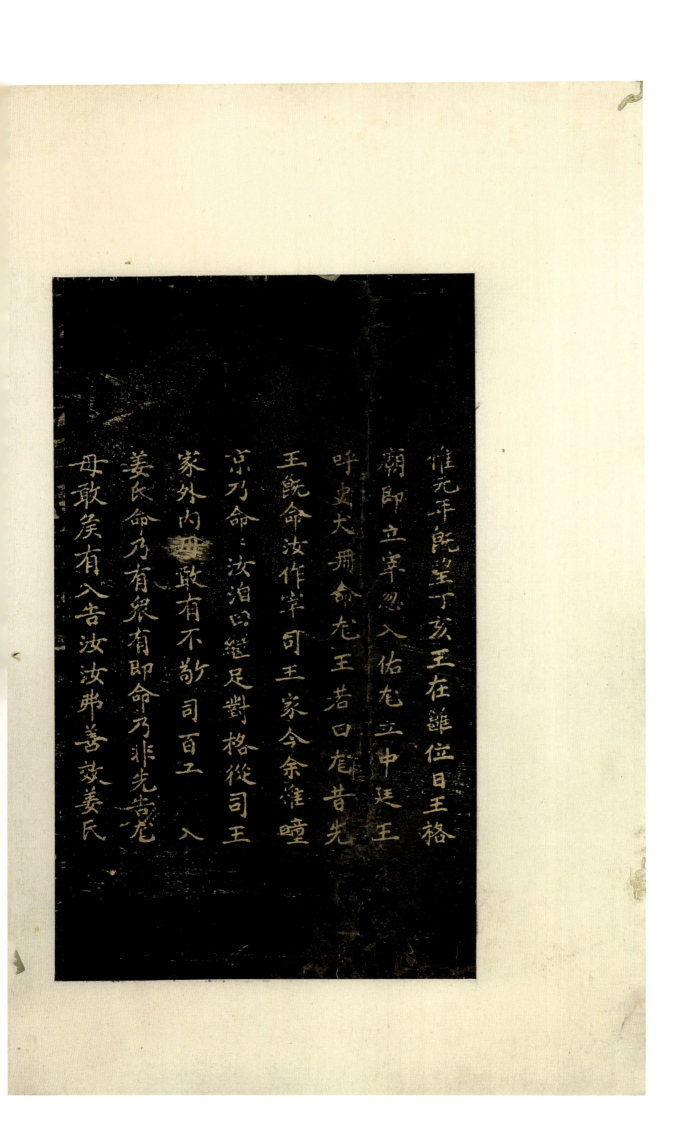

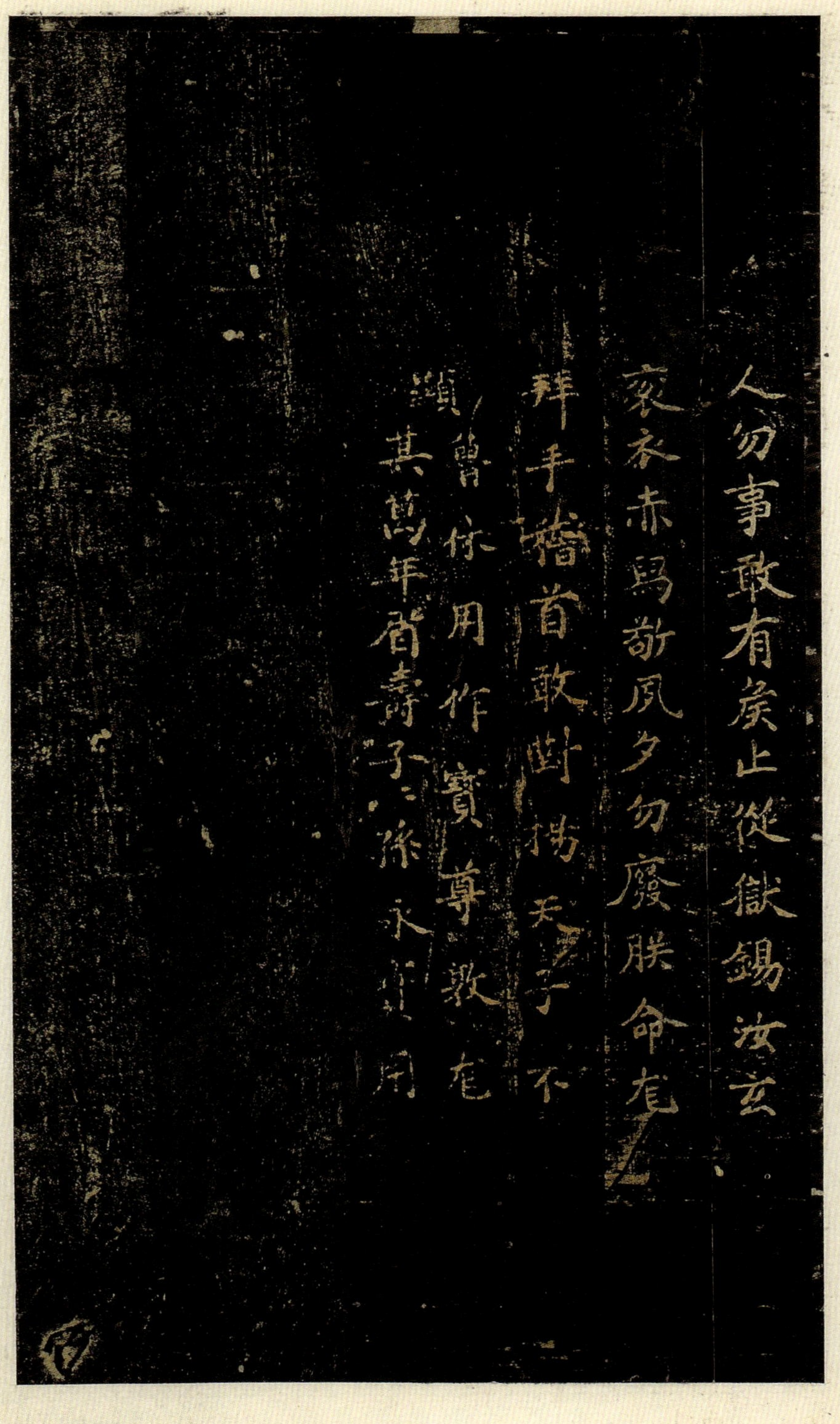
人勿事敢有疾止從獄錫汝玄
衮衣赤舄敬夙夕勿廢朕命龙
拜手稽首敢對揚天子不
顯魯休用作寶尊敦龙
其萬年眉壽子子孫永寶用

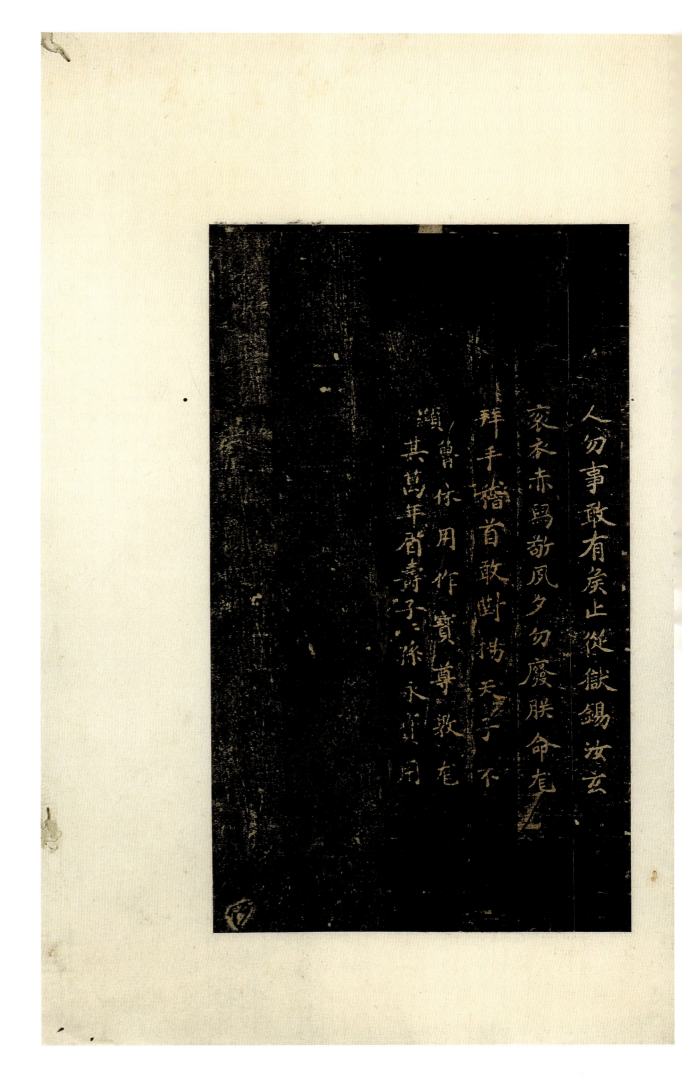

龙乃其名也鄭有大夫公子九周鼎亦有龙生鼎公
子龙者嘗為大夫而此敦冊命龙作宰司王家而
錫之以玄袞赤舄想非所謂公子龙也此言夙夕
勿廢朕命寅簋亦曰夙夕勿廢朕命晉姜鼎
云勿廢文侯顯命齊侯鎛鐘云弗敢廢乃命
而廢皆用灋蓋灋有時而廢故古人通作廢
字猶治亂謂之亂也

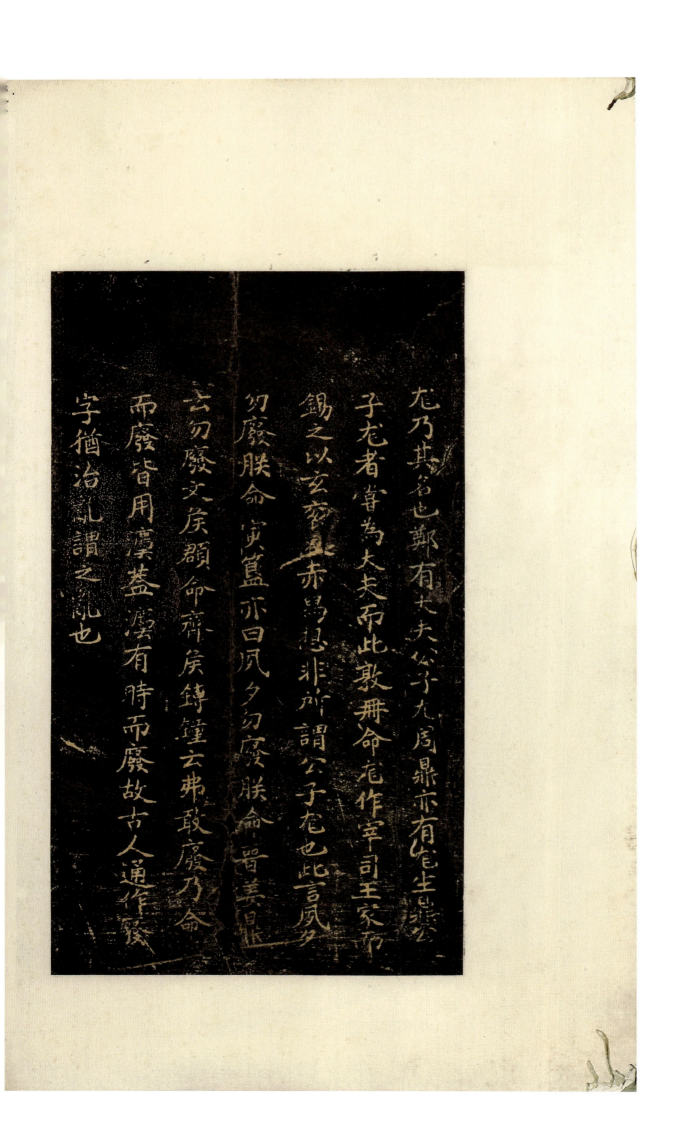

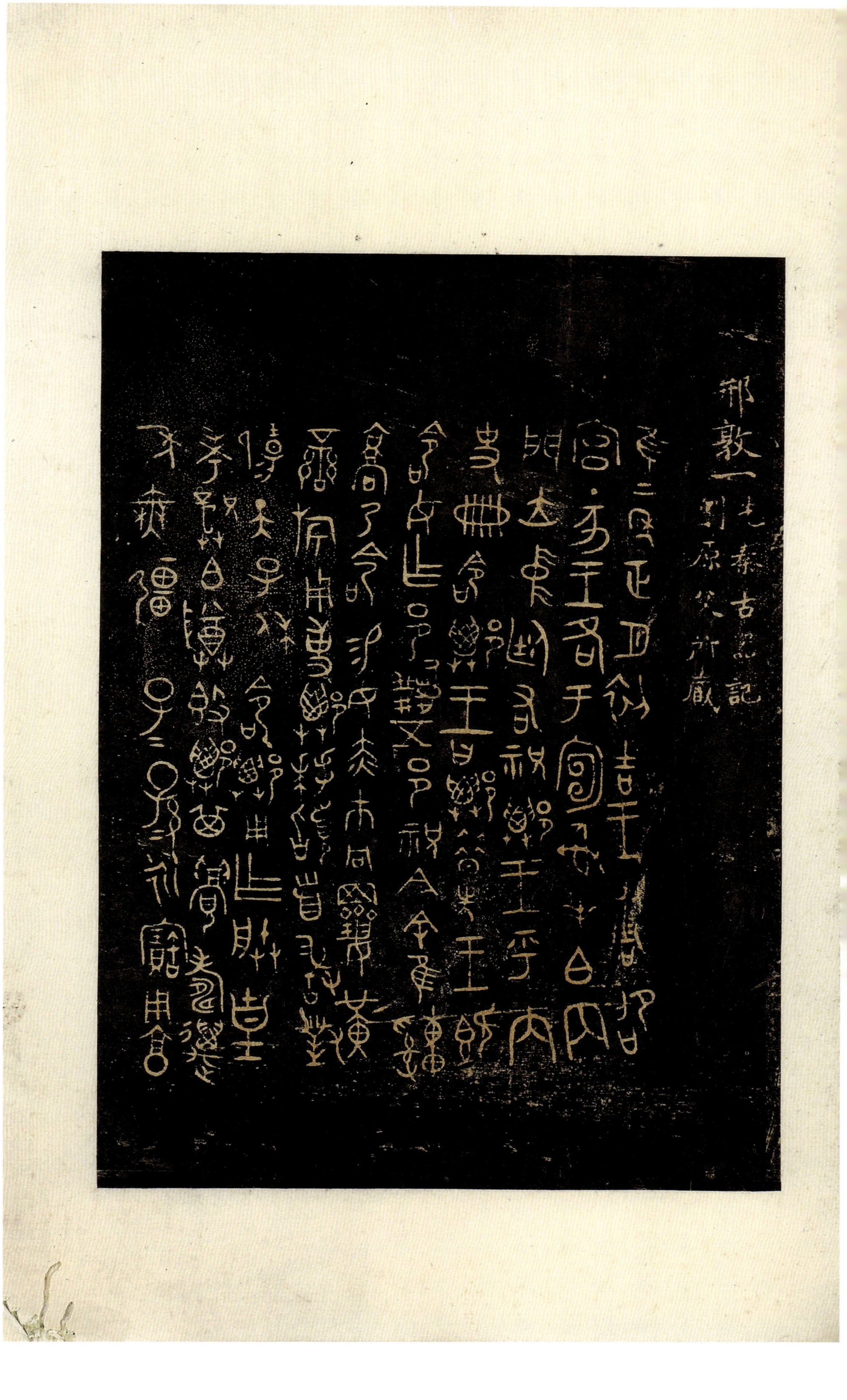
郘敦一
先秦古器記
劉原父所藏

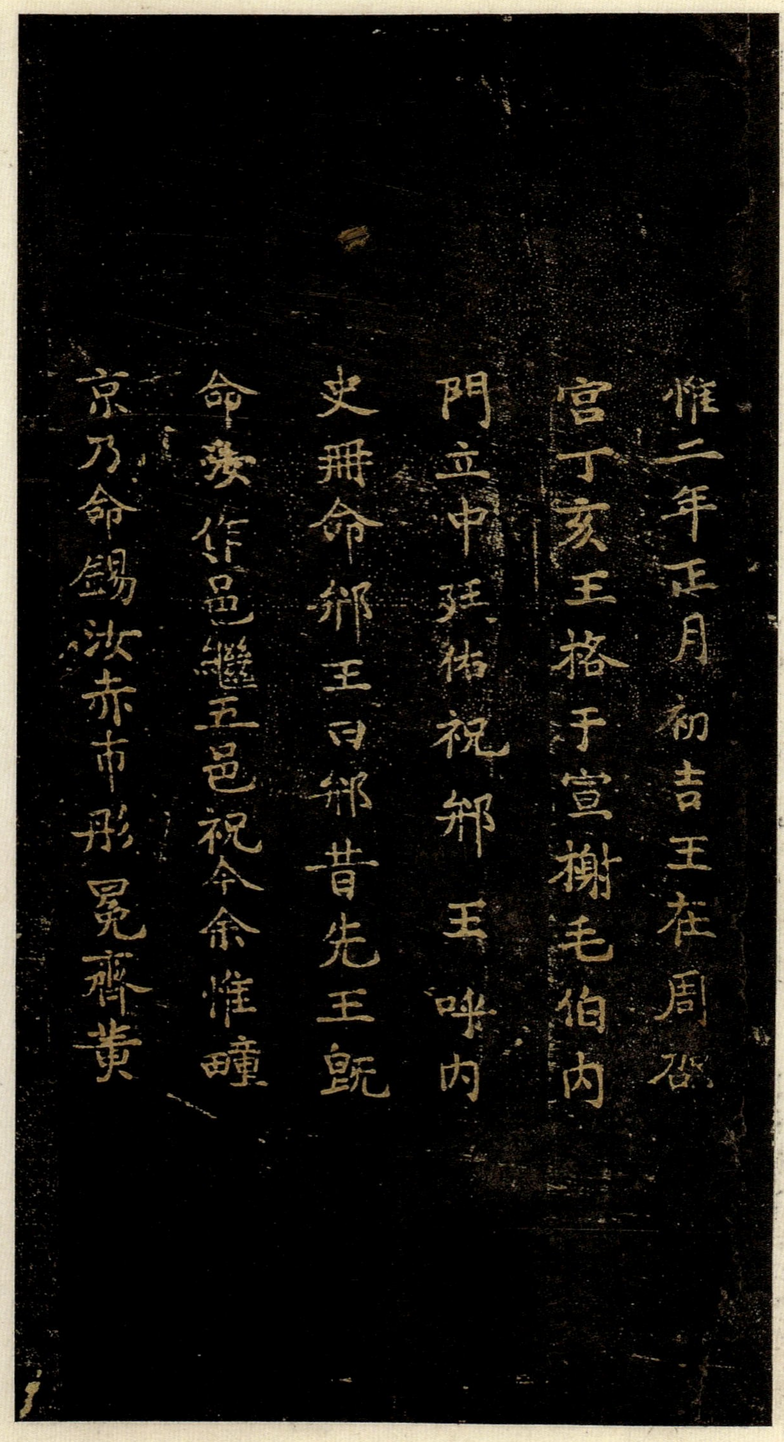

惟二年正月初吉王在周邵
宮丁亥王格于宣榭毛伯內
門立中廷右祝郱王呼內
史冊命郱王曰郱昔先王既
命[illegible]作邑繼五邑祝今余惟瞳
京乃命錫汝赤市彤冕齊黃

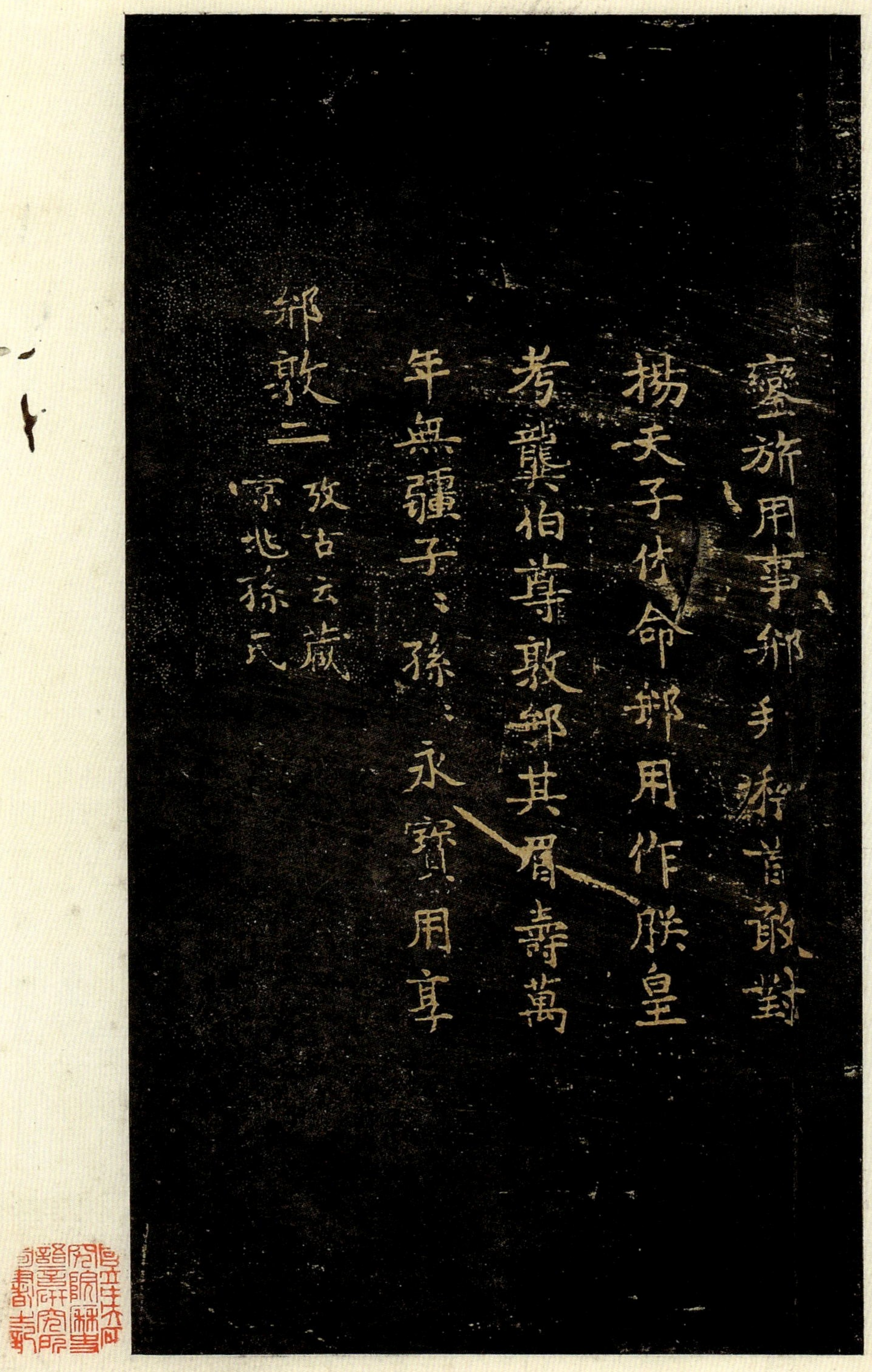
鑾旂用事郙手稽首敢對
揚天子休命郙用作朕皇
考龔伯尊敦郙其眉壽萬
年無疆子子孫孫永寶用享
郙敦二
攷古云藏
京兆孫氏

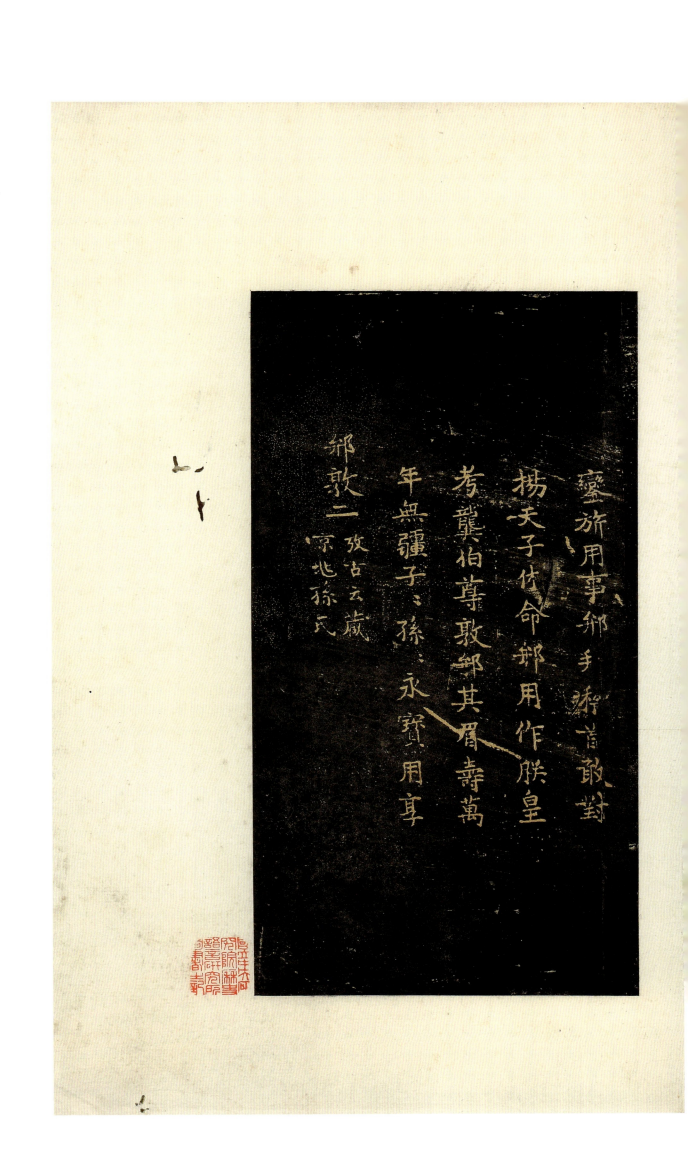

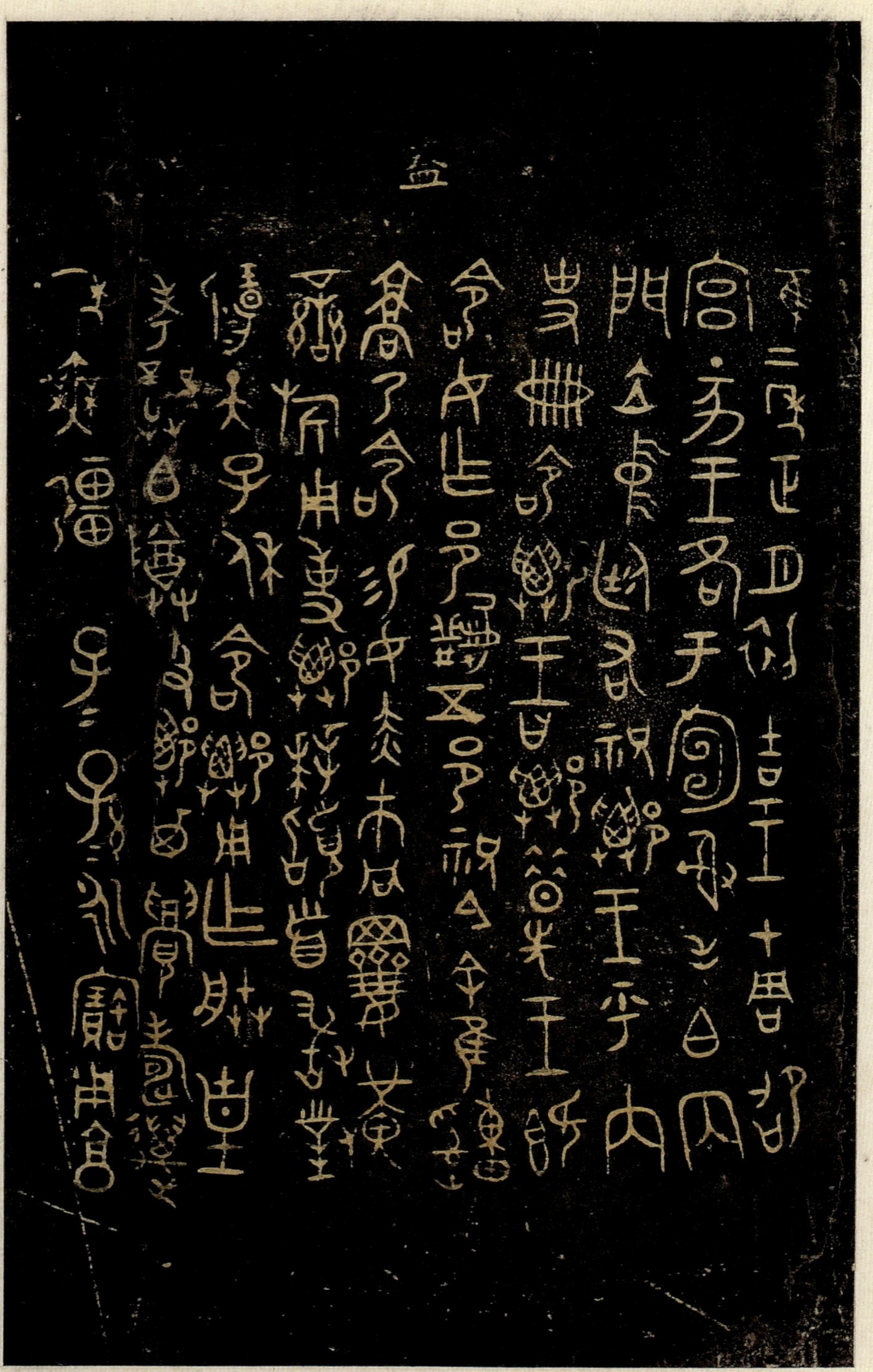

此開与後一開当互移，参本所影印本　此開即郘敦二之蓋器銘文也

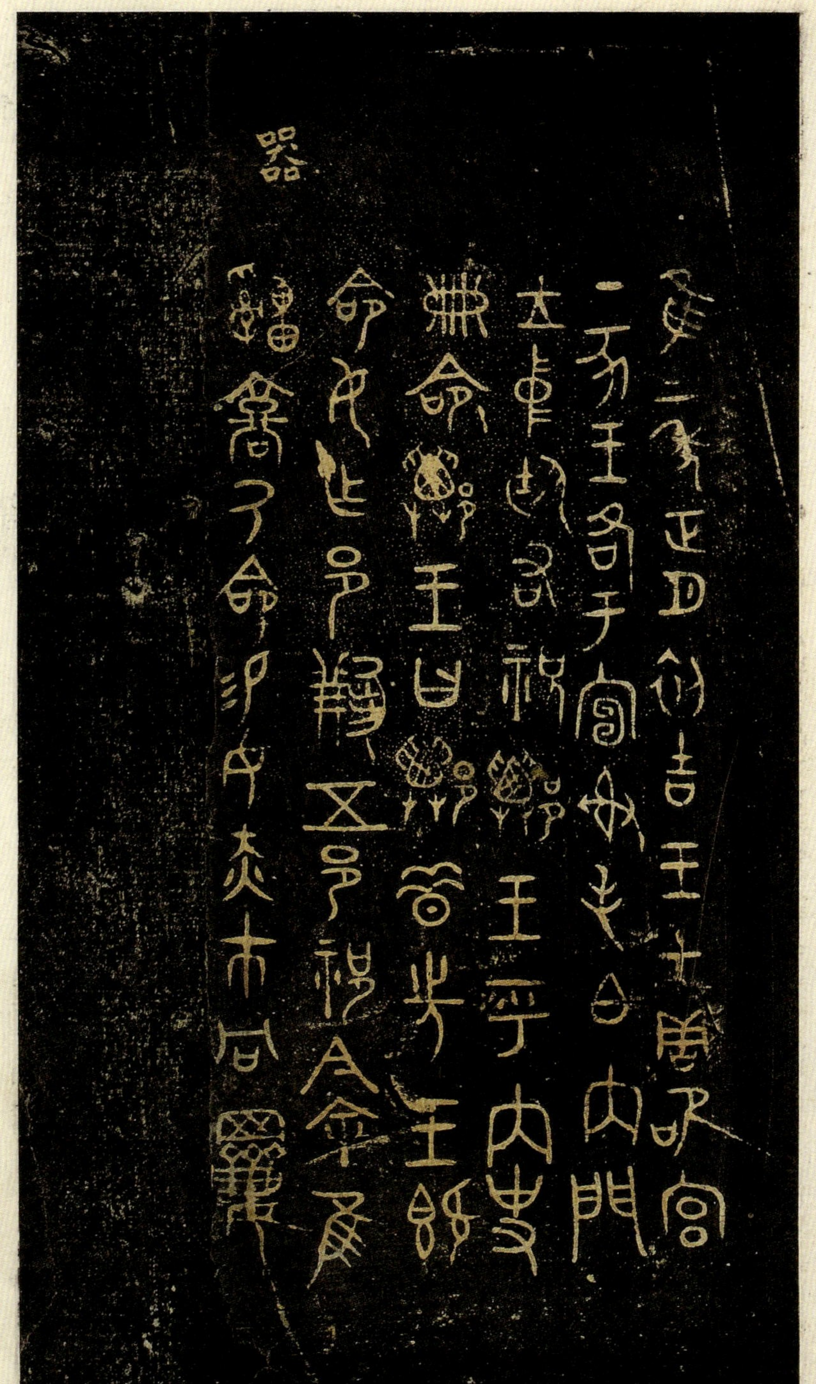

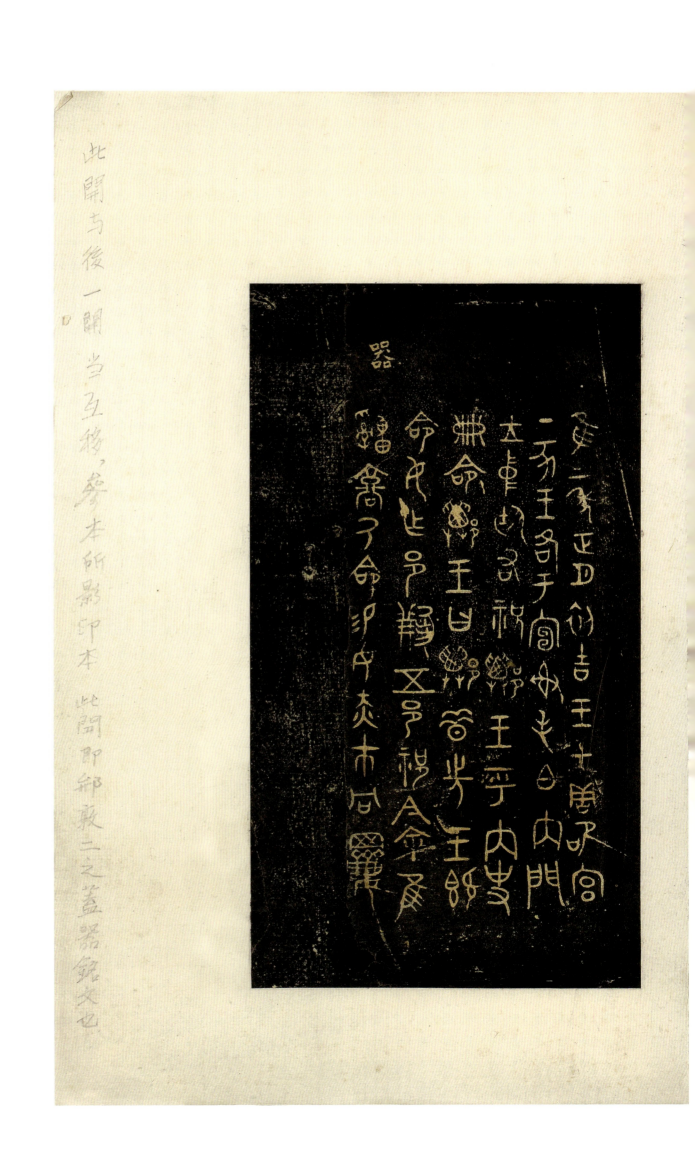

郘敦三
古器物銘

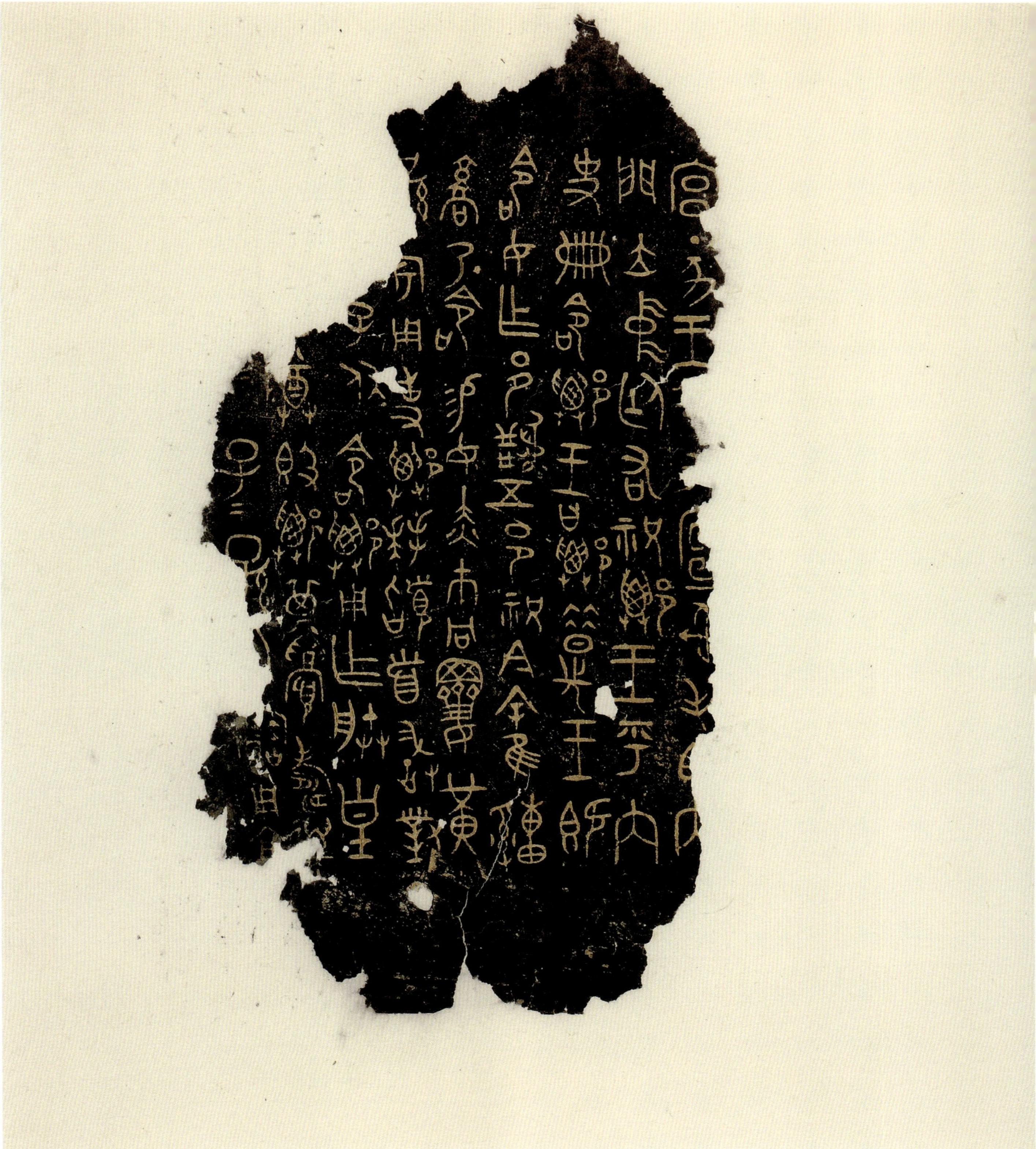

殘葉集二

宋拓薛尚功鐘鼎款識法帖
原刻殘本
庚寅春三月吴湖帆題籤

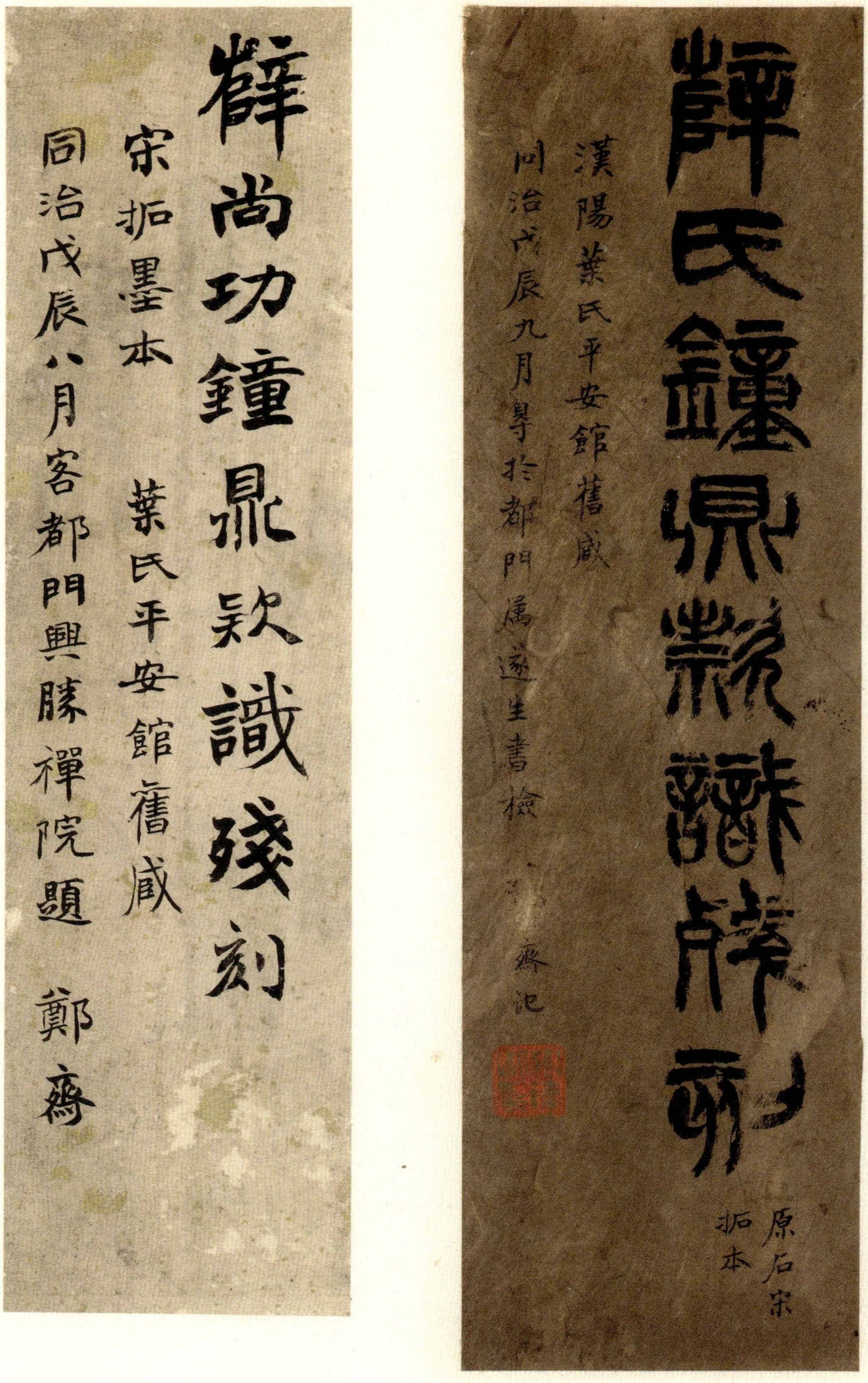
薛氏鐘鼎款識殘刻
漢陽葉氏平安館舊臧
同治戊辰九月㝵於都門屬遜生書檢
𪊟記
原石宋拓本
薛尚功鐘鼎款識殘刻
宋拓墨本　葉氏平安館舊臧
同治戊辰八月客都門興勝禪院題　鄭𪊟

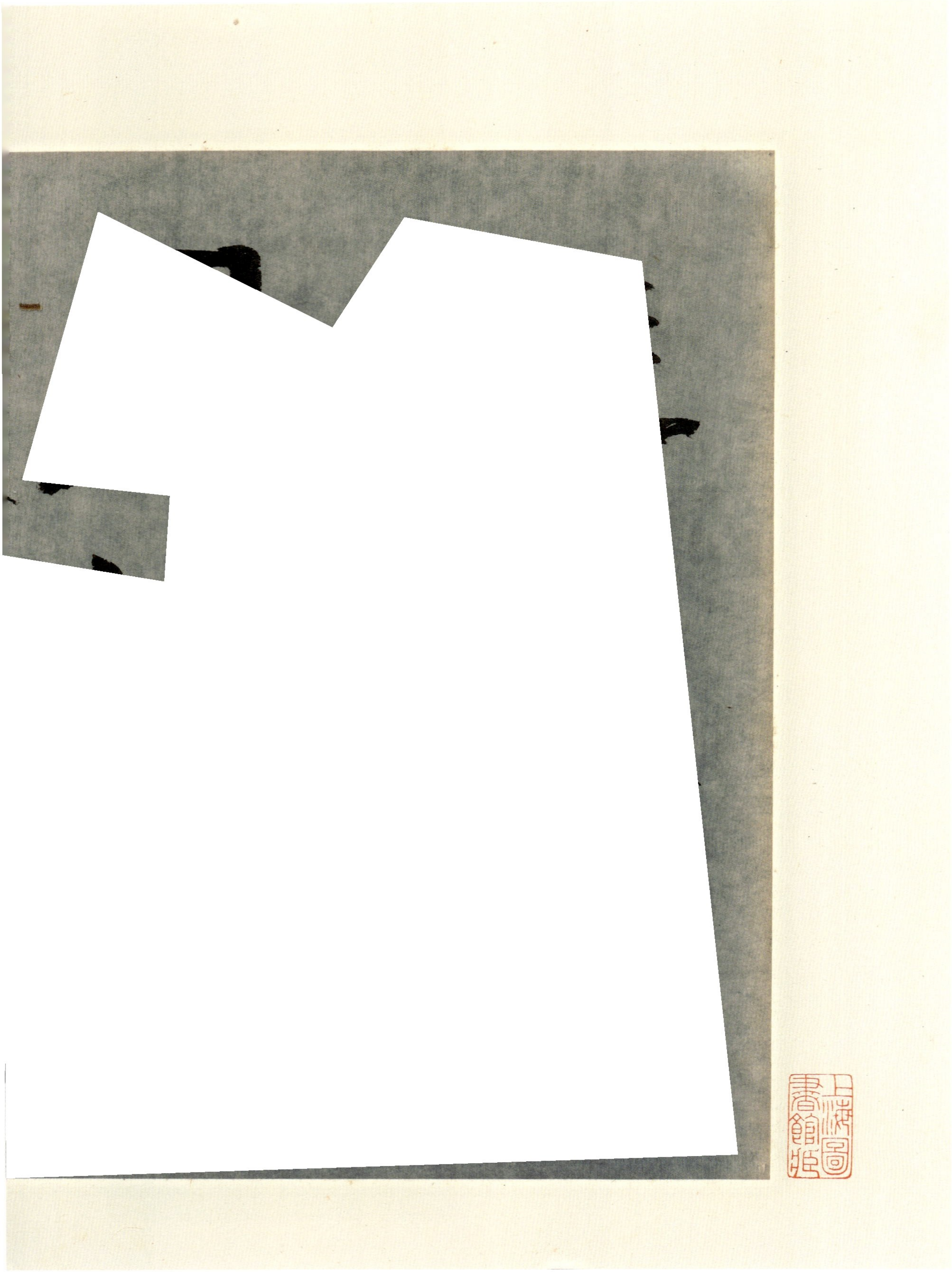
上海圖書館藏

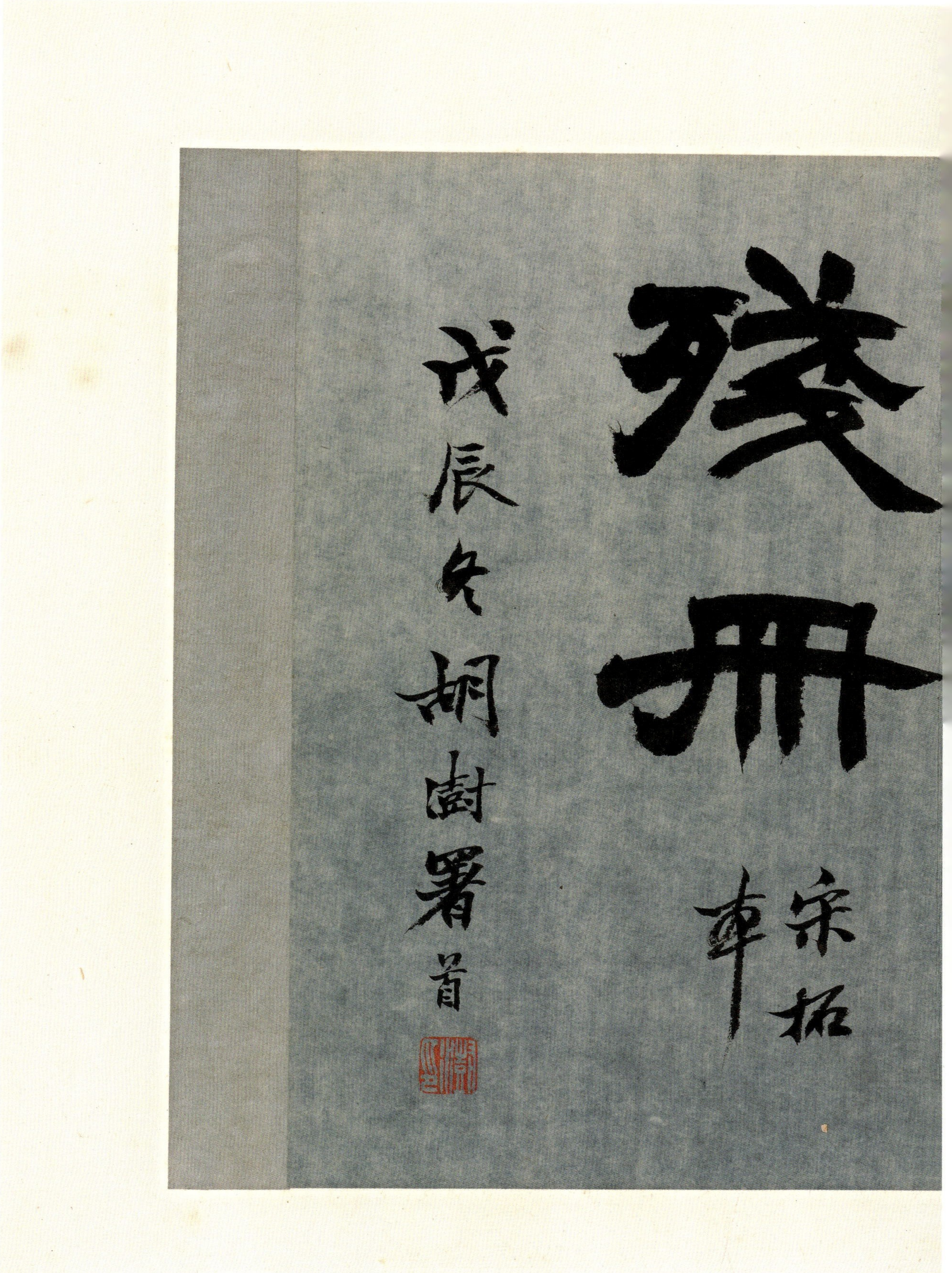
殘冊
宋拓
戊辰冬胡澍署首

薛氏鐘鼎欵識殘冊目錄

宰辟父敦三　宰辟父敦二　釋文三行　卷十四　跋三行

虘敦　銘缺三行

郱敦二　郱敦一　釋文缺三行

器　蓋銘存三行半

郱敦三　銘全　釋文缺七行

師逭敦　釋文缺二行

石鼓第二　卷十七　存五行

谷口甬　卷十八　銘缺

漢鈁

武安侯鈁

漢鼎

李氏鼎

鮑氏鼎

汾陰侯鼎

定陶鼎

卷二十

漢鐙

上林榮宮鐙　銘一行誤裝在末葉　更正

首山宮鐙

甘泉上林宮鐙　僅存標題

銘及釋文俱缺与首山宮鐙倒裝　更正

林華觀行鐙

師毁敦　汾陰宮鼎

銘存三行　上林鼎

牧敦　孝成鼎

銘缺十二行　好時鼎

敔敦

據前明朱氏刻本上林鼎在好時鼎後此冊裝誤 更正

同治己巳春正月校勘紀存時居吳門　鄭齋

右目爲外祖川沙沈韻初先生所書卷十四遺錄目錄二器又郘敦二器銘誤蓋銘茲用朱文校正補入其中漢鈁漢鼎漢鐙爲標類非目故圈刪其他注誤裝四處皆據之更正重裝右目書于同治己巳越今已八十一年民國庚寅鏡塘錢君出觀校勘付裝吳湖帆記

薛氏鐘鼎款識殘拓本

東卿所藏 覃溪題

宋拓原刻殘本存廿五器廿八葉

第十四卷 牢薛父敦二至卷終啟敦止凡十器十五葉

第十七卷 岐陽石鼓二殘文一葉

第十八卷 谷口甬至好畤鼎止凡十器九葉

第二十卷 卷首上林榮宮鐙至林華觀行鐙凡四器三葉 甘泉上林宮行鐙祇存標目一行器釋俱不存

按薛尚功鐘鼎款識法帖計收夏商周秦漢吉金石文字凡五百十一器分二十卷薛氏生于南宋初紹興間越今在八百年左右此帖所載諸器除岐陽十鼓猶煌赫存立于天壤間外其他吉金之屬幾乎百不一存甚矣滄桑變幻對此僅存殘楮賸屬猶及摩挲能無慨歎耶

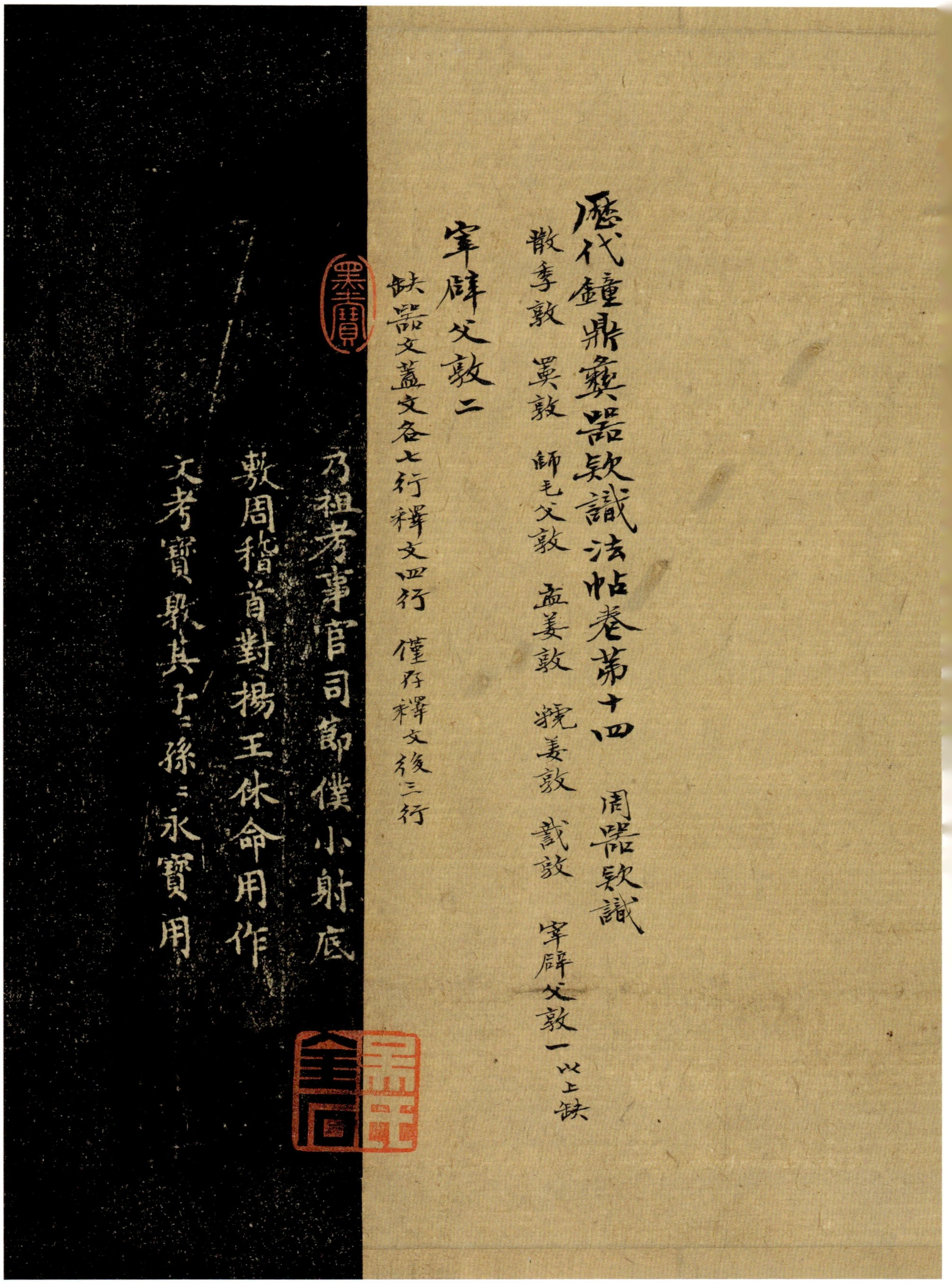
歷代鐘鼎彝器欵識法帖卷第十四　周器欵識
散季敦　異敦　師毛父敦　孟姜敦　貌姜敦　戠敦　宰辟父敦一以上缺
宰辟父敦二
缺器文蓋文各七行釋文四行　僅存釋文後三行
乃祖考事官司節僕小射底
敷周稽首對揚王休命用作
文考寶敦其子子孫孫永寶用

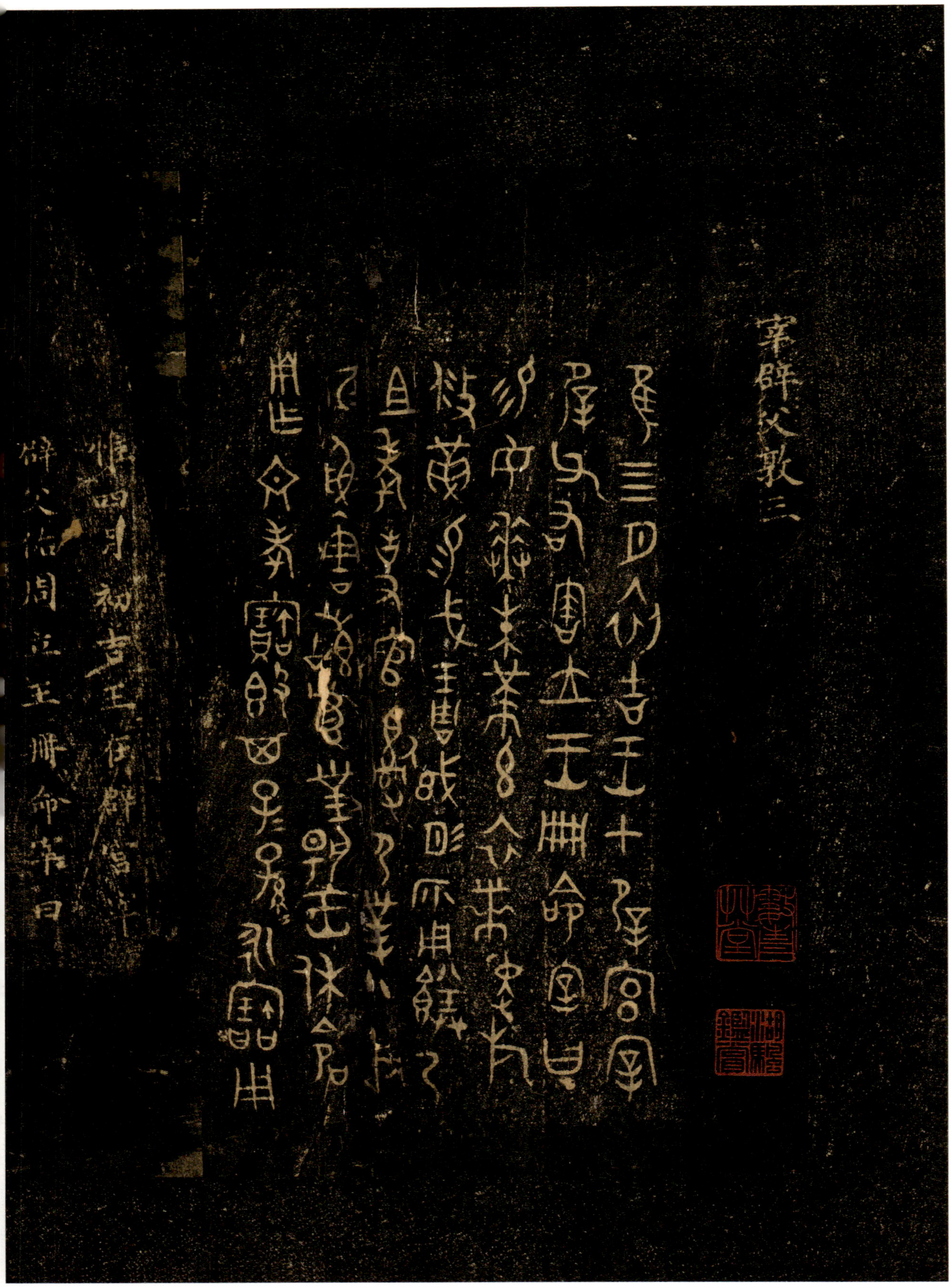
宰辟父敦三

錫汝華朱芾玄衣束帶旂
鋚革錫戈琱戟彤矢用饌乃
祖考事官司節僕小射
底敷周稽首對揚王休命
用作文考寶敦其子孫永寶用

三器形制款識悉同乃一時物也其銘曰周者豐子
周悼公也悼公文襄之後故有用作文考寶敦之
辭古者錫有功則必有彝器以紀其事且以告
于家廟焉如秬鬯一卣告于文人是也卣飲器敦
食器其為銘一也是敦之銘亦曰用饌乃祖考者
謂此

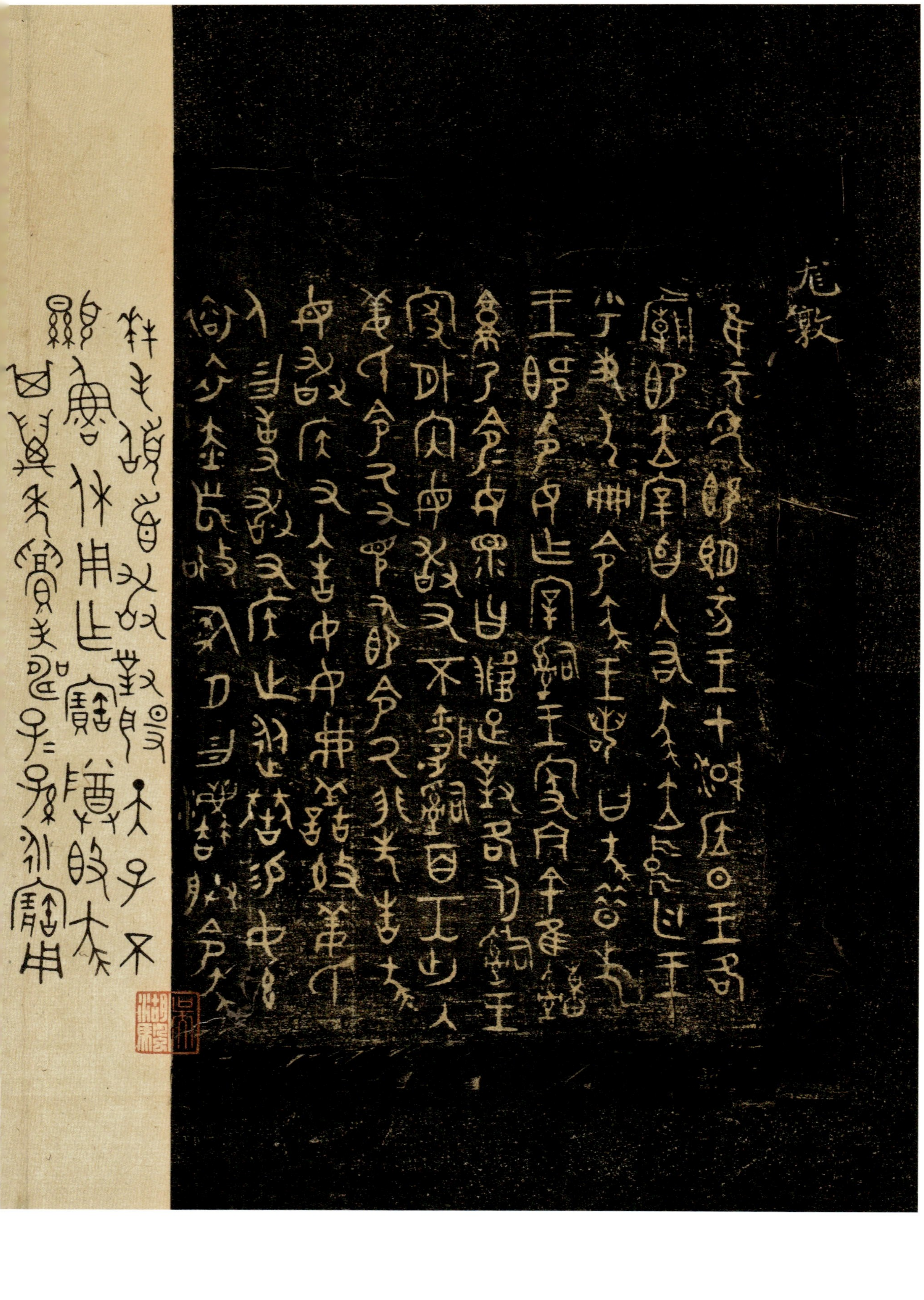

姜氏命乃有衆有即命乃非先告龙
毋敢疾有入告汝汝弗善效姜氏
人勿事敢有疾止從獄錫汝玄
衮衣赤舄敬夙夕勿廢朕命龙
拜手稽首敢對揚天子不
頌
用作寶尊彝龙
其萬年眉壽子子孫孫永寶用

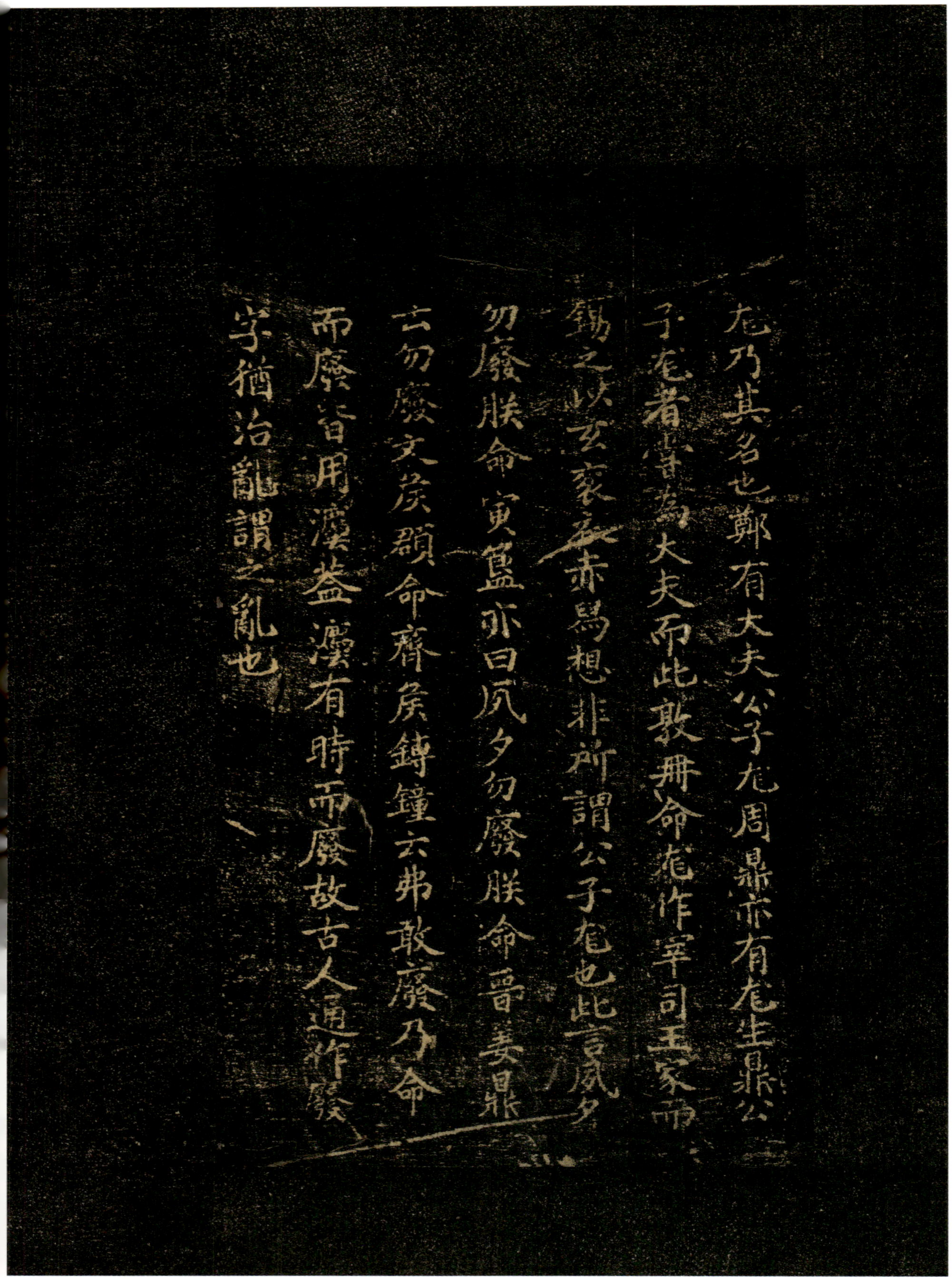

龙乃其名也鄭有大夫公子龙周鼎亦有龙生鼎公
子龙者嘗為大夫而此敦冊命龙作宰司王家而
錫之以玄衮衣赤舄想非所謂公子龙也此言夙夕
勿廢朕命寅簋亦曰夙夕勿廢朕命晉姜鼎
云勿廢文侯顯命齊侯鎛鐘云弗敢廢乃命
而廢皆用灋盖灋有時而廢故古人通作廢
字猶治亂謂之亂也

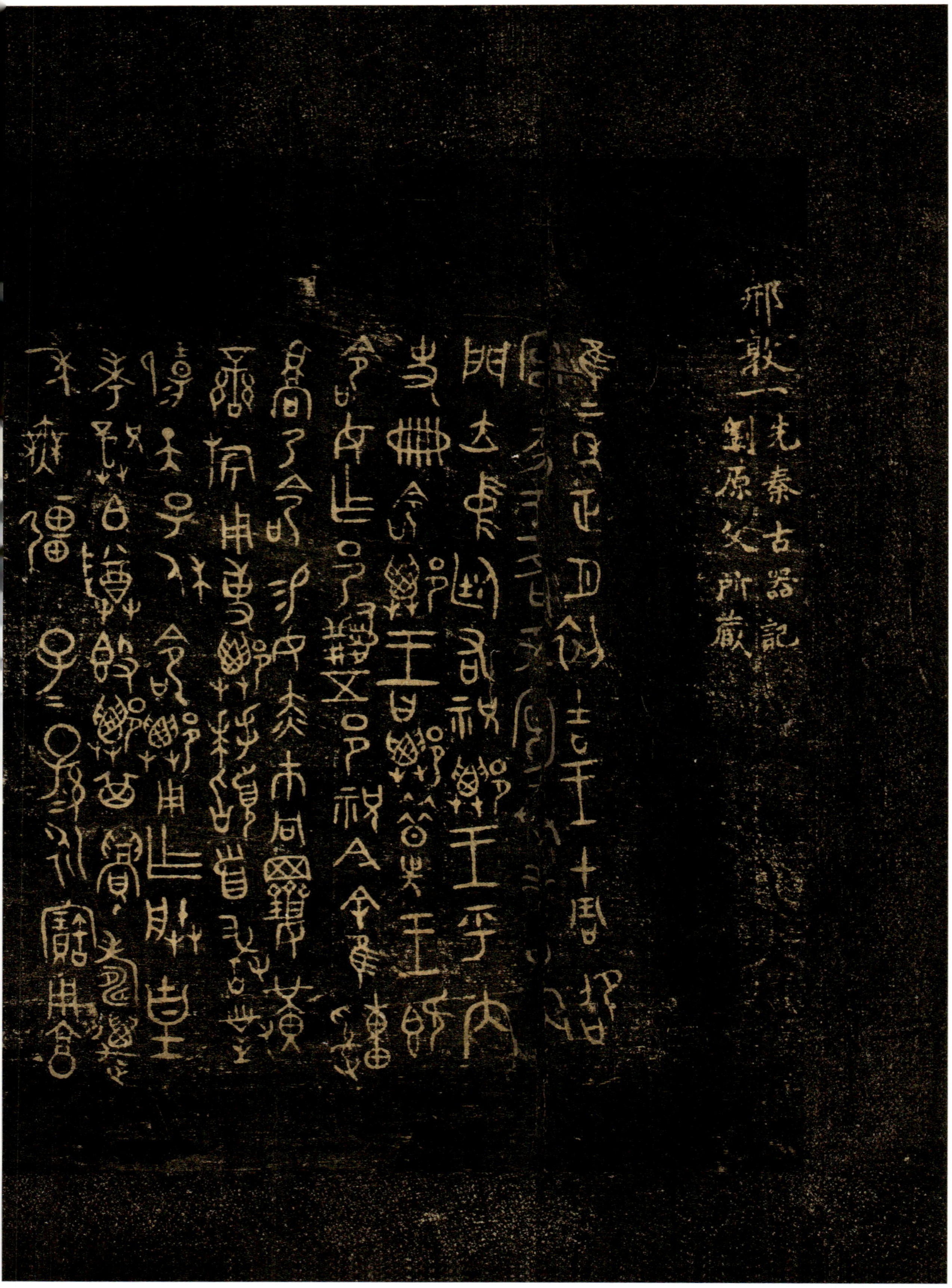
郘敦一
先秦古器記
劉原父所藏

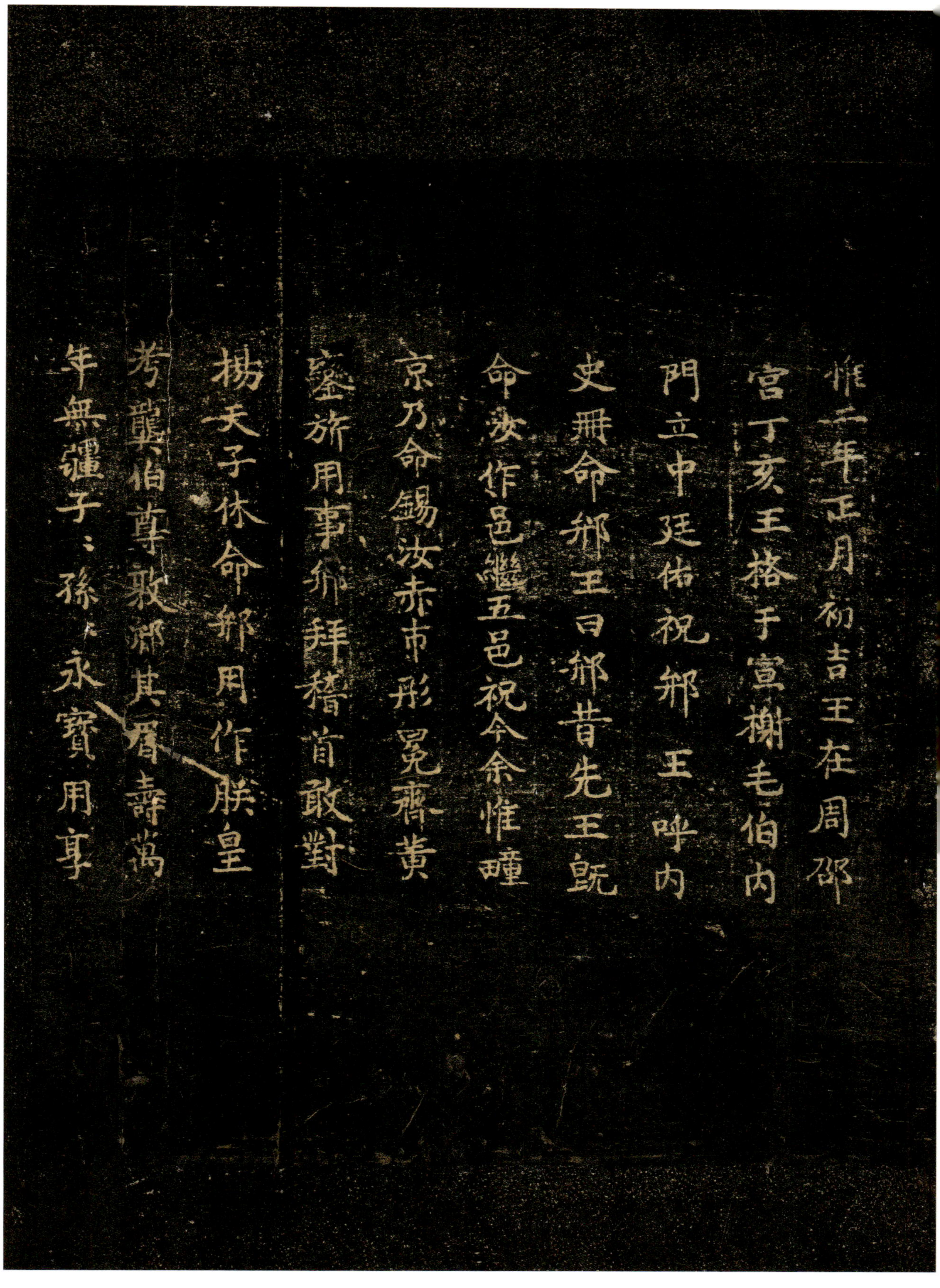
惟二年正月初吉王在周邵
宮丁亥王格于宣榭毛伯内
門立中廷佑祝邦王呼内
史冊命邦王曰邦昔先王既
命汝作邑繼五邑祝今余惟瞳
京乃命錫汝赤市彤冕齊黃
鑾旂用事邦拜稽首敢對
揚天子休命邦用作朕皇
考龔伯尊敦邦其眉壽萬
年無疆子子孫孫永寶用享

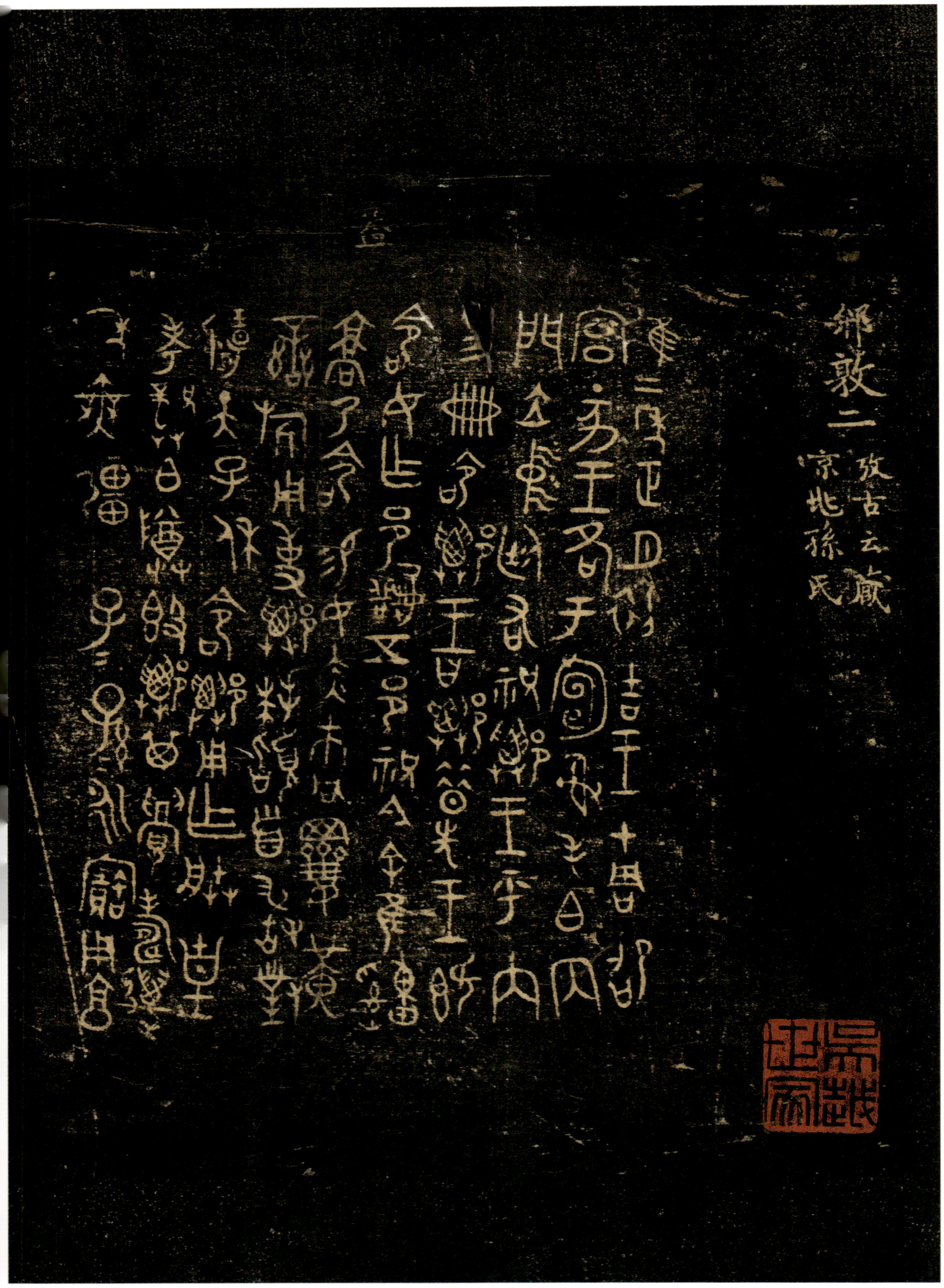
蓋
郱敦二
攷古云藏
京兆孫氏

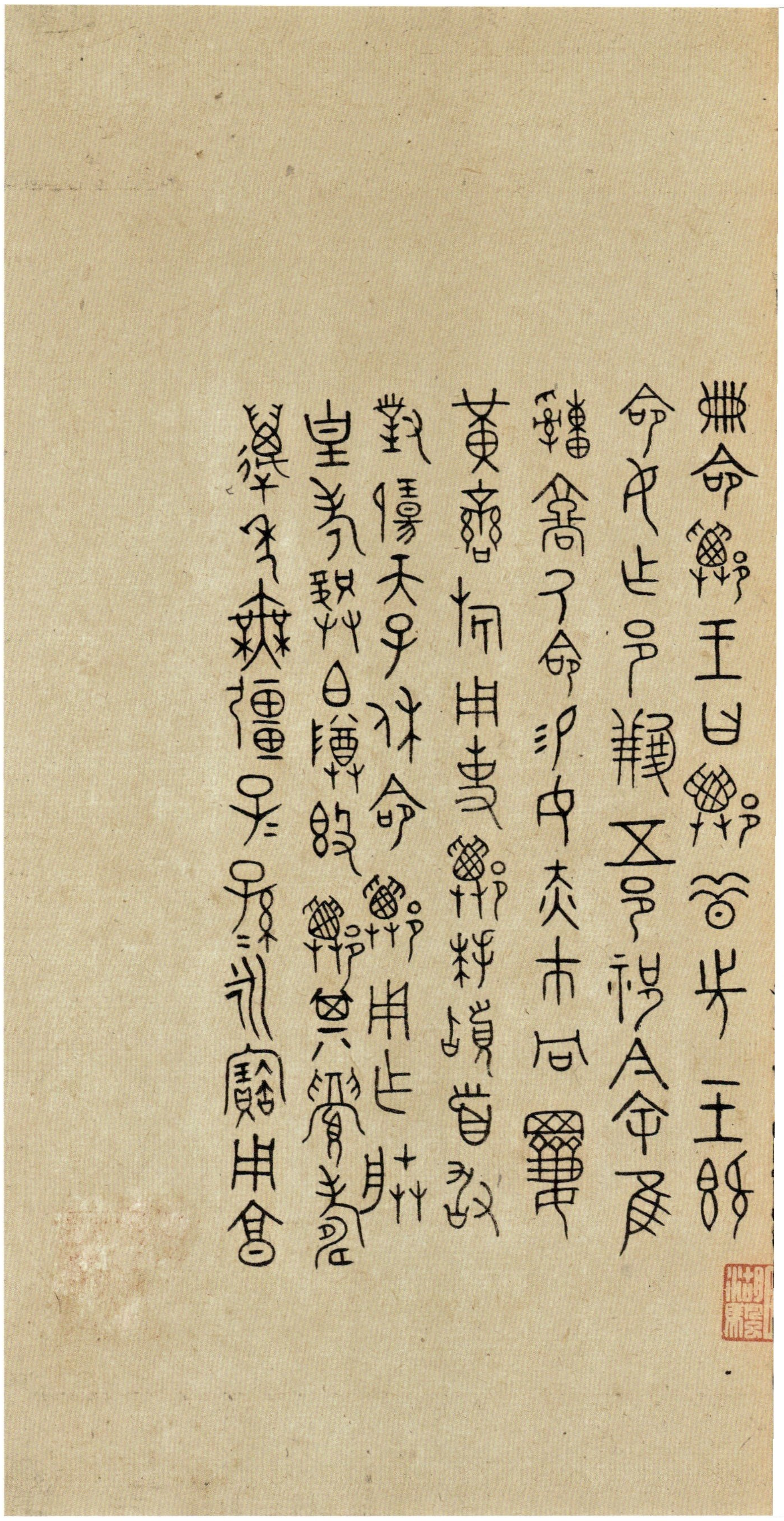

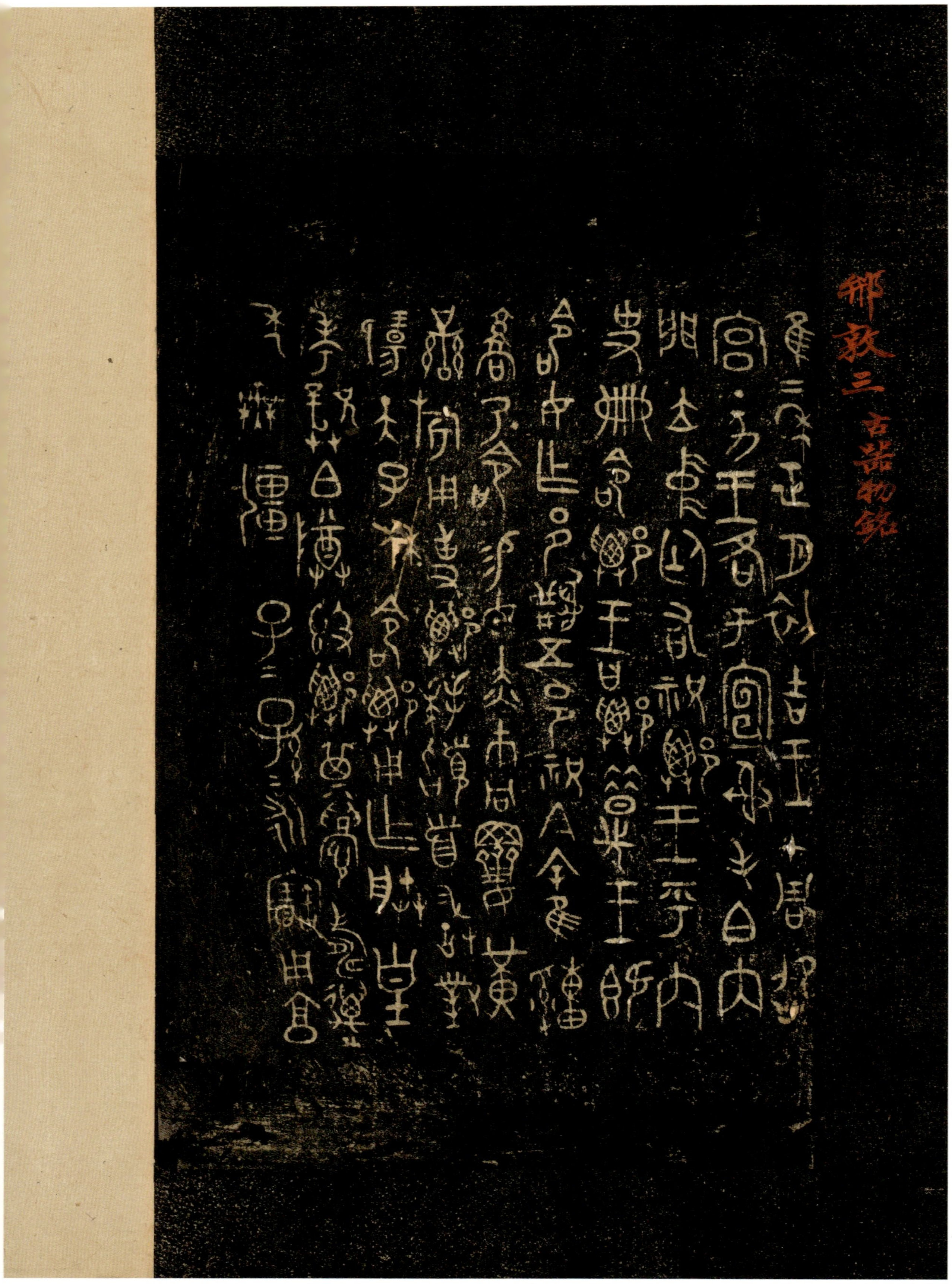
郘敦三
古器物銘

王克商尚父牽牲毛叔鄭奉明水則此銘謂
鄭者毛叔鄭也銘稱伯者爵也稱叔者字也
敦乃文武時器以愚考之此字从弁从邑弁字
史籀作□而此敦曰□則謂之郝無疑呂氏
攷古亦作郝字而劉原父謂之鄭者非也呂

氏又曰此三敦同制同文則知古人作器勒銘非
一物器皆有是銘也郘周大夫也有功錫命為
其[illegible][illegible]祭器也宣榭者宣王之廟也榭射堂
之制也其文作叙古射字執弓矢以射之象
因名其室曰射音謝後從木其堂無室以便射事
故凡無室者謂之榭爾雅云宣王之廟制如榭故
謂之宣榭春秋記成周宣榭火以宗廟之重
而書之如桓僖宮之比二傳去歲禮樂之器非也
又有戩敦云王格于大室亦廟也古者爵有德
而祿有功必賜於太廟示不敢專也祭之日一獻

君降立于阼階之南南鄉所命北面史由君右執策命之再拜稽首受書以歸而舍奠于其廟毛伯内門立中庭右祝邾者毛伯執政之上卿也入廟門中其庭立祝與邾皆在其右也王呼内史策命邾者内史掌諸侯孤卿大夫之策也王曰者史執策贊王命以告邾也赤芾彤冕齊黄鑾旂所錫車服齊黄者鳥齊色也邾拜稽首用作皇考龔伯寶尊敦者所謂受書以歸舍奠于其廟也此策命之禮右器多有是辭故詳釋之

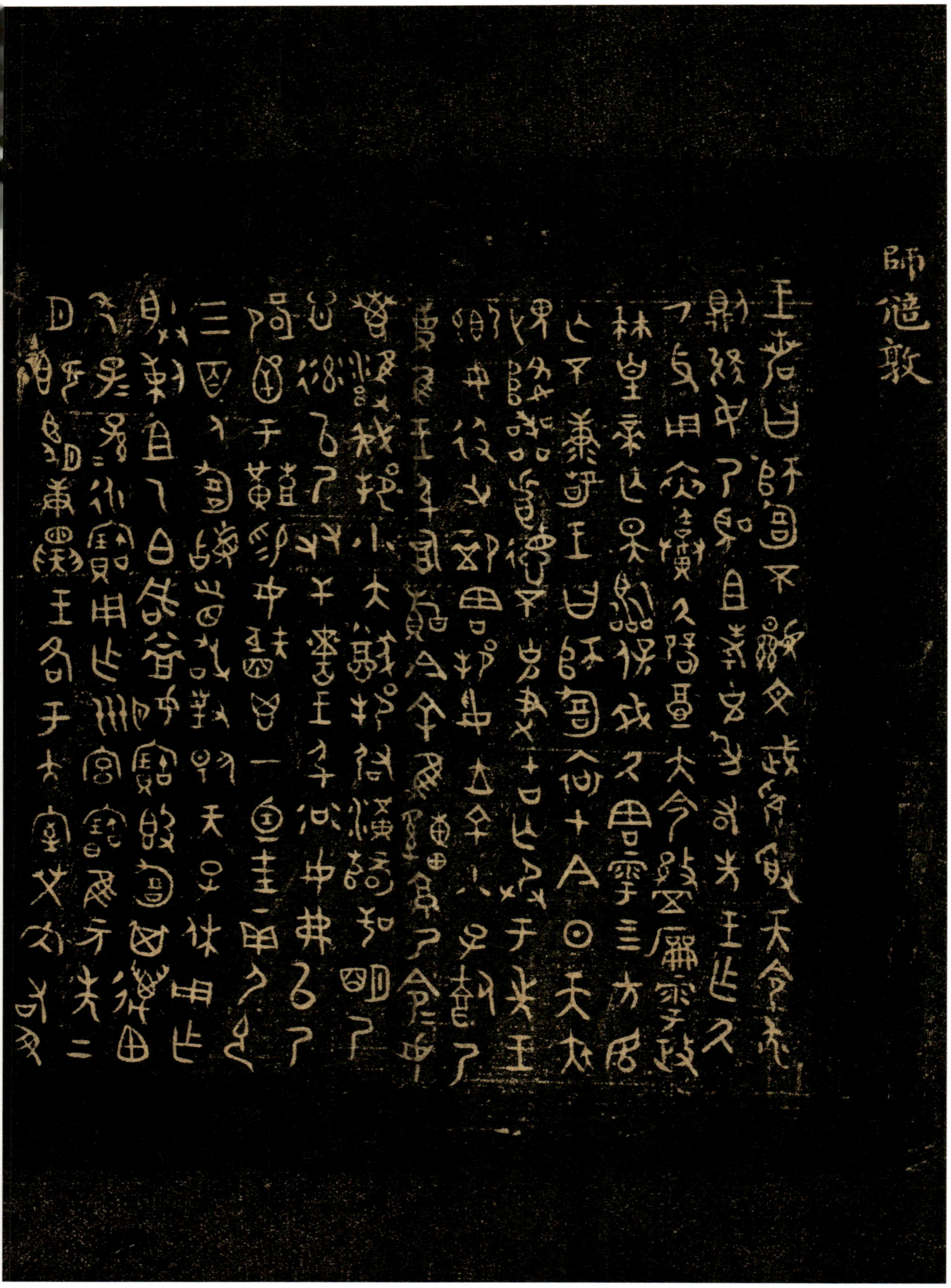
師遃敦

王若曰師㿟丕顯文武膺受天命亦
則於汝乃聖祖考克佑先王作乃
用夾丞乃辟軍大命盩和粵政
皇帝亡吳臨保我乃周粵四方
無不康靜王曰師㿟哀哉今日天疾
俾降喪首德不克盡古無承于先王
鄉汝
邮周邦妥立余小子載乃
尃惟王身鐛今余惟瞳京乃命女
惠雖我邦小大猷邦弘漢尊諆明乃
心率以乃友干吾王身谷汝帛以乃
辟于艱錫汝秬鬯一卣圭一缶節邑
五百人億耤敦對揚天子休用作

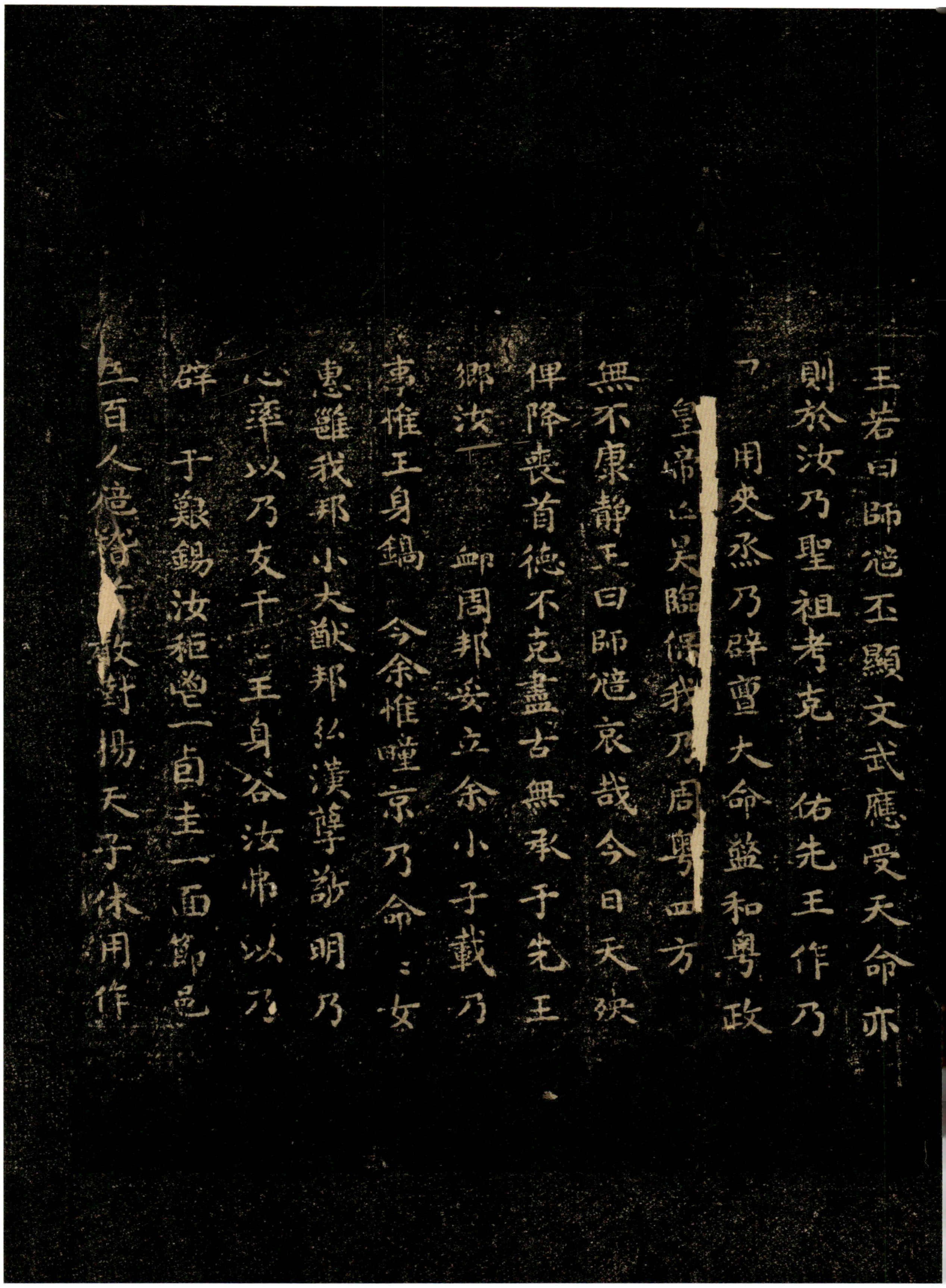

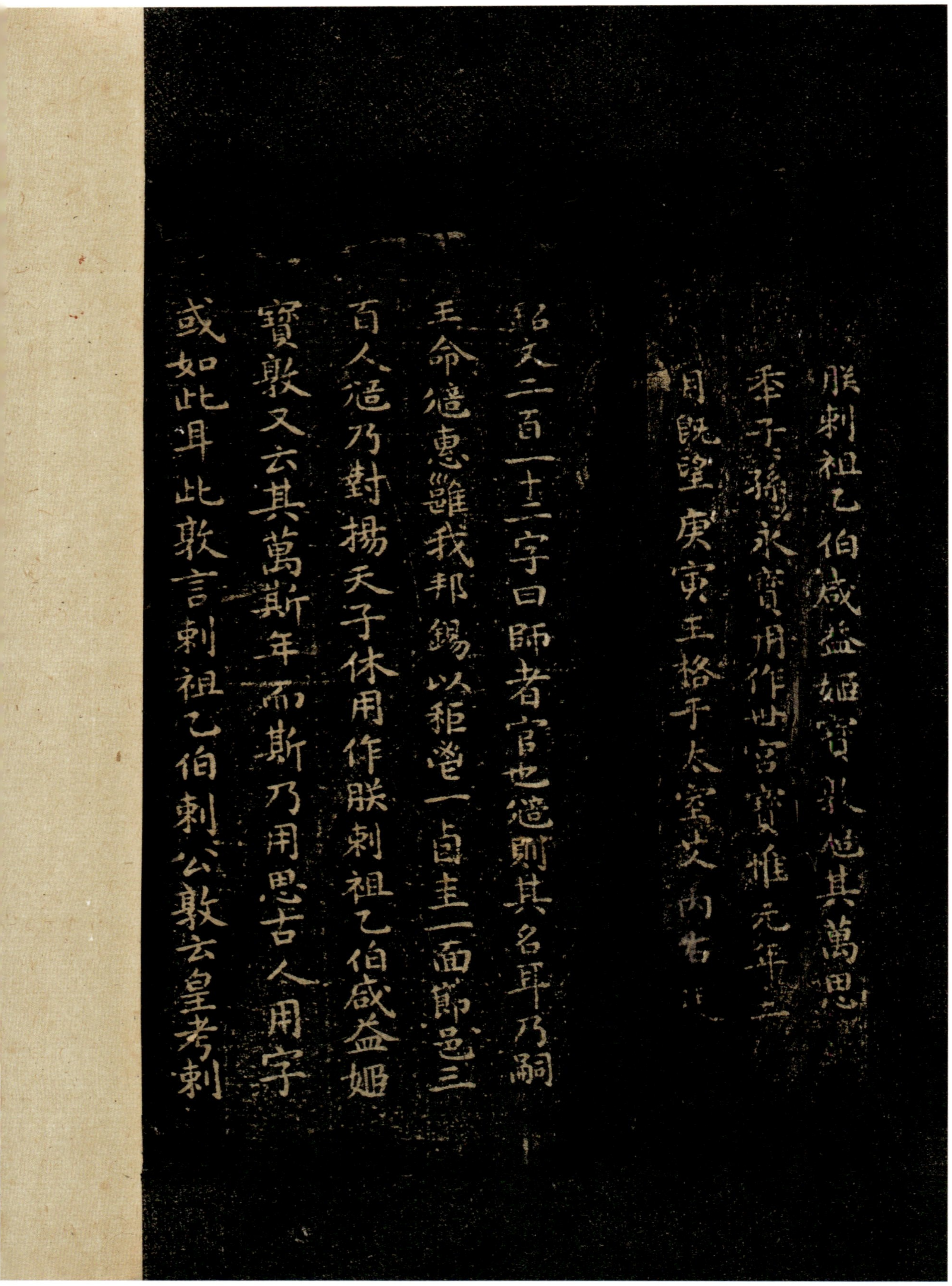

朕剌祖乙伯咸益姬寶敦偣其萬思
年子孫永寶用作卋宮寶推元年三
月既望庚寅王格于太室史内右偣

銘文二百一十三字曰師者官也偣則其名耳乃嗣
王命偣惠雝我邦錫以秬鬯一卣圭一面節邑三
百人偣乃對揚天子休用作朕剌祖乙伯咸益姬
寶敦又云其萬斯年而斯乃用思古人用字
或如此耳此敦言剌祖乙伯剌公敦云皇考剌

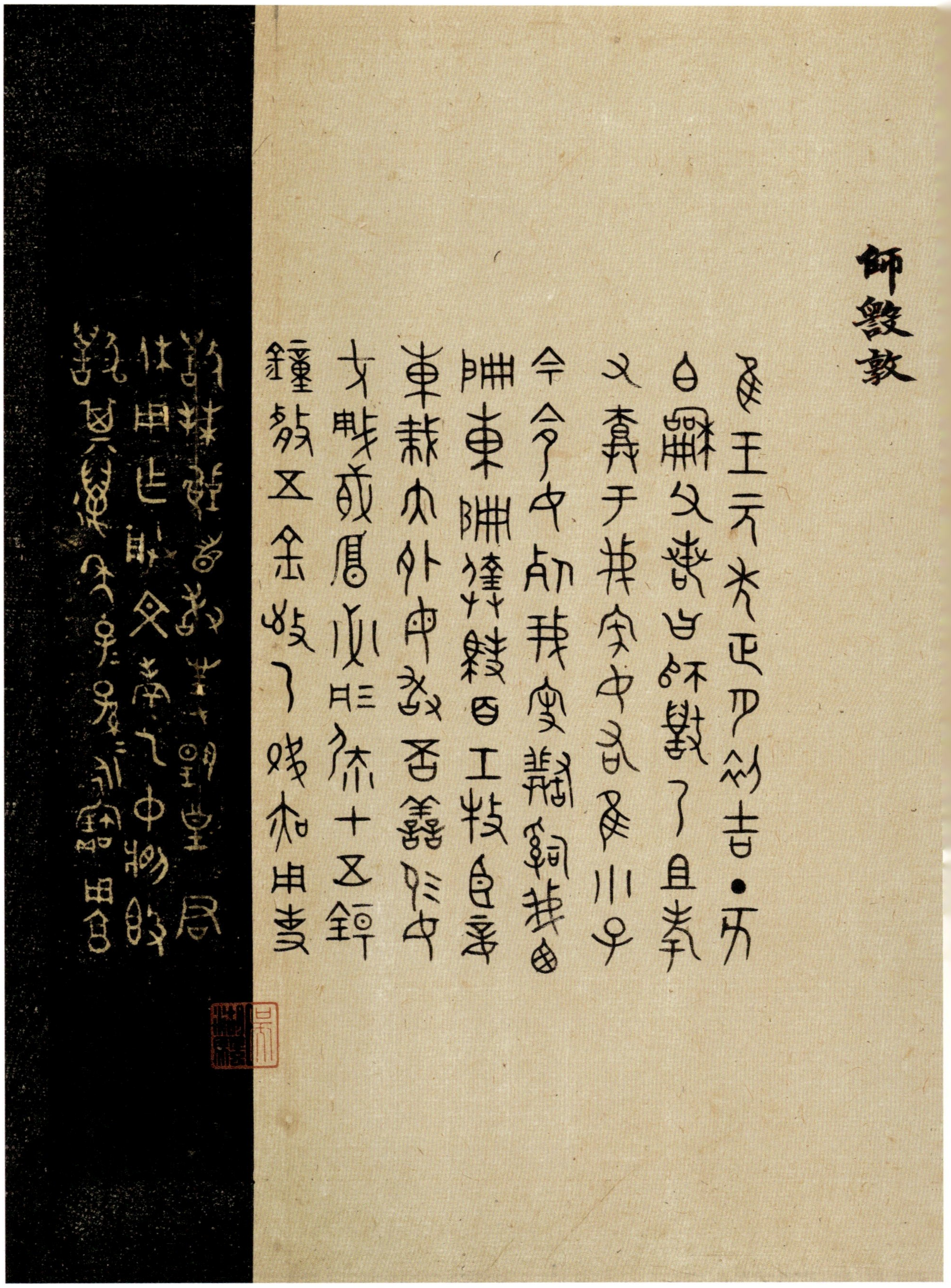
師𣪘敦

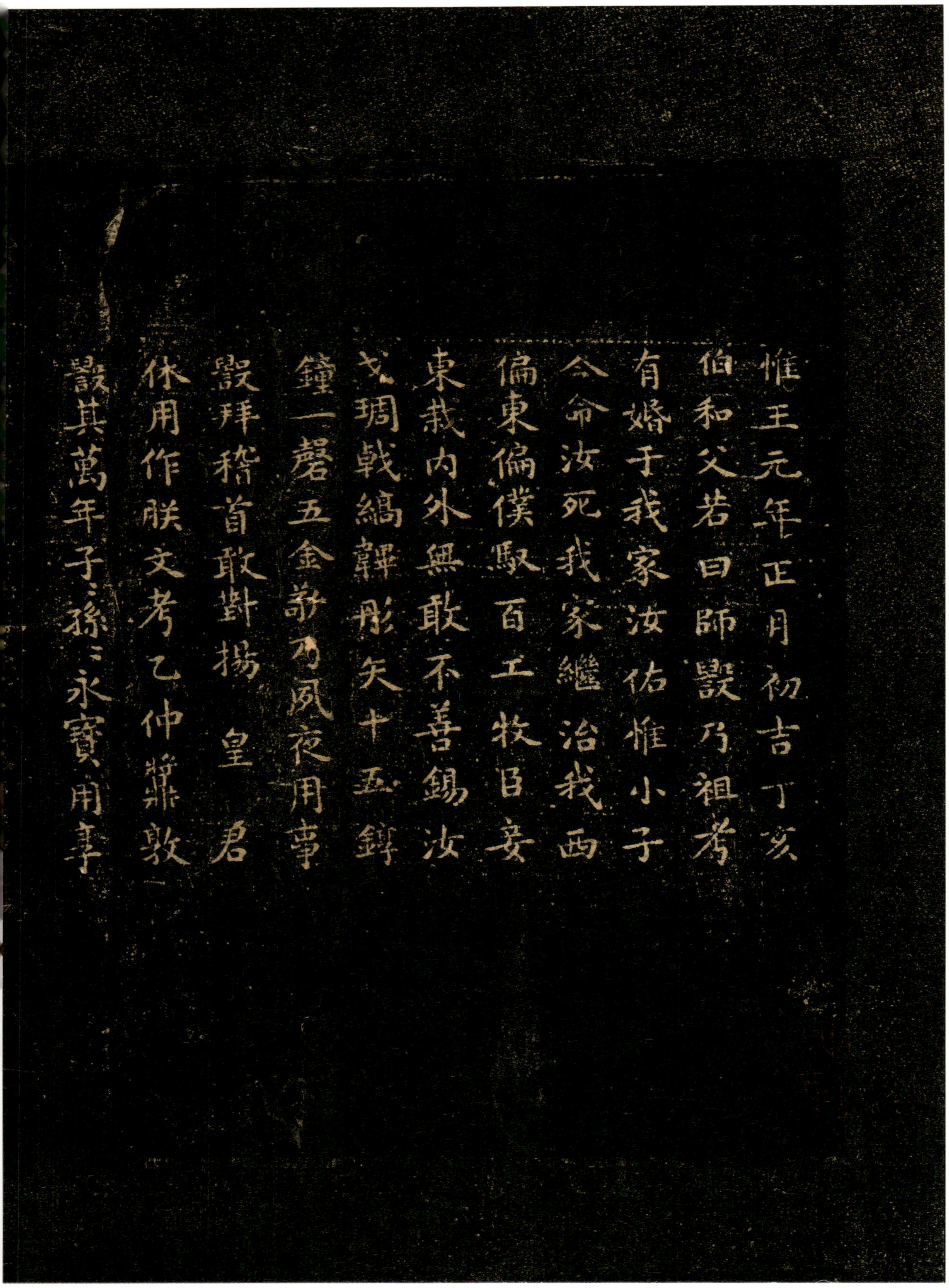
惟王元年正月初吉丁亥
伯和父若曰師毀乃祖考
有婚于我家汝佑惟小子
令汝死我家繼治我西
偏東偏僕馭百工牧臣妾
東裁內外無敢不善錫汝
戈琱戟緱韠彤矢十五鋝
鐘一磬五金敬乃夙夜用事
毀拜稽首敢對揚　皇君
休用作朕文考乙仲將鼎敦
毀其萬年子子孫孫永寶用享

博古録云此銘伯和父者和衛武公也衛自康叔有國至武公已三世矣武公能修康叔之政平戎有功故周平王命之為公今觀文著伯和父稱若曰則知代王而言者也其謂師毀乃祖考婚于我家則知為周室之姻婭舊族耳方兹時師毀治其東偏為有功焉故銘厥功而錫貝敦以章其善且復見兼戈矛錞鐘之物不一等可謂盛矣然世系所出則前史既闕無所考證不得其傳焉

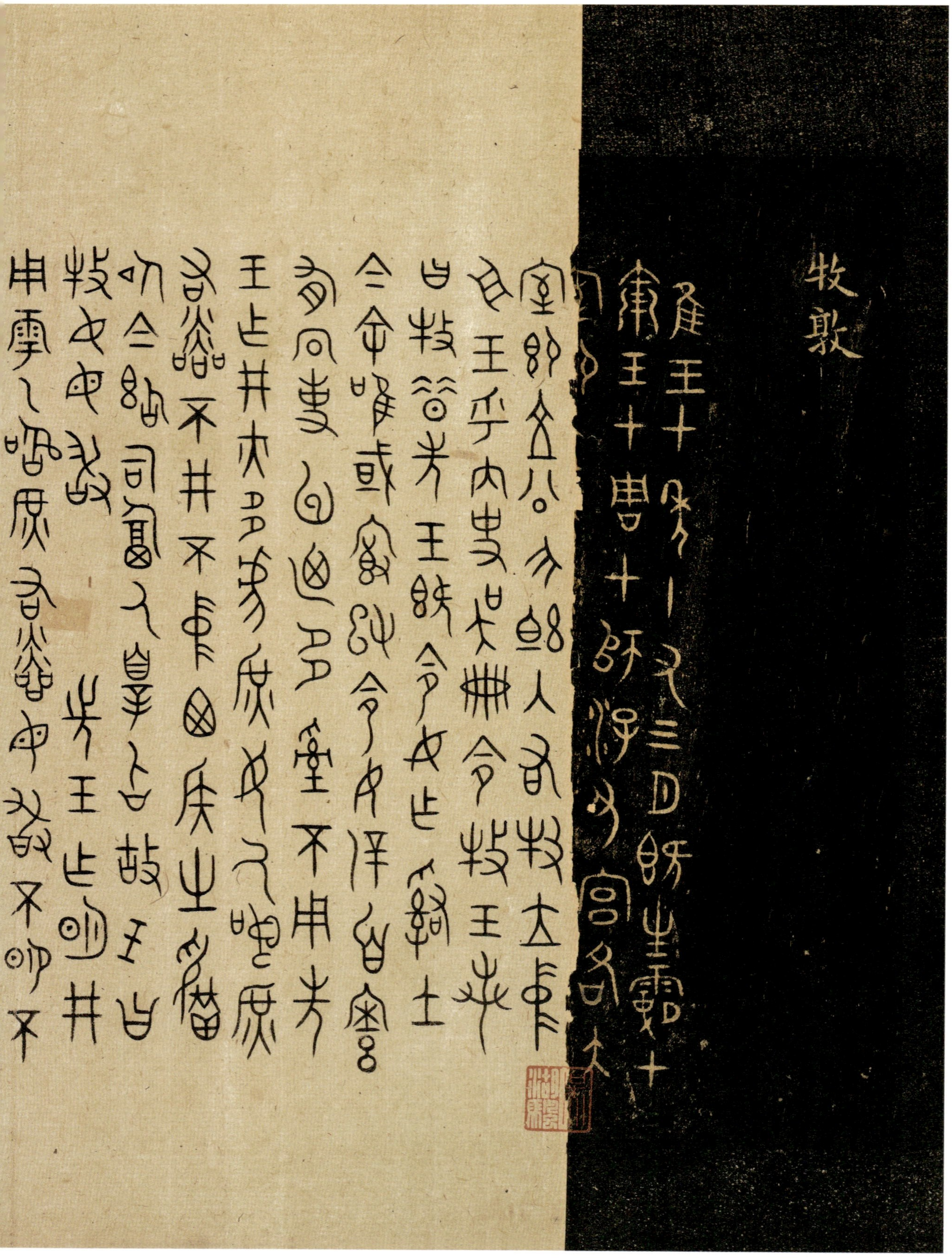
牧敦

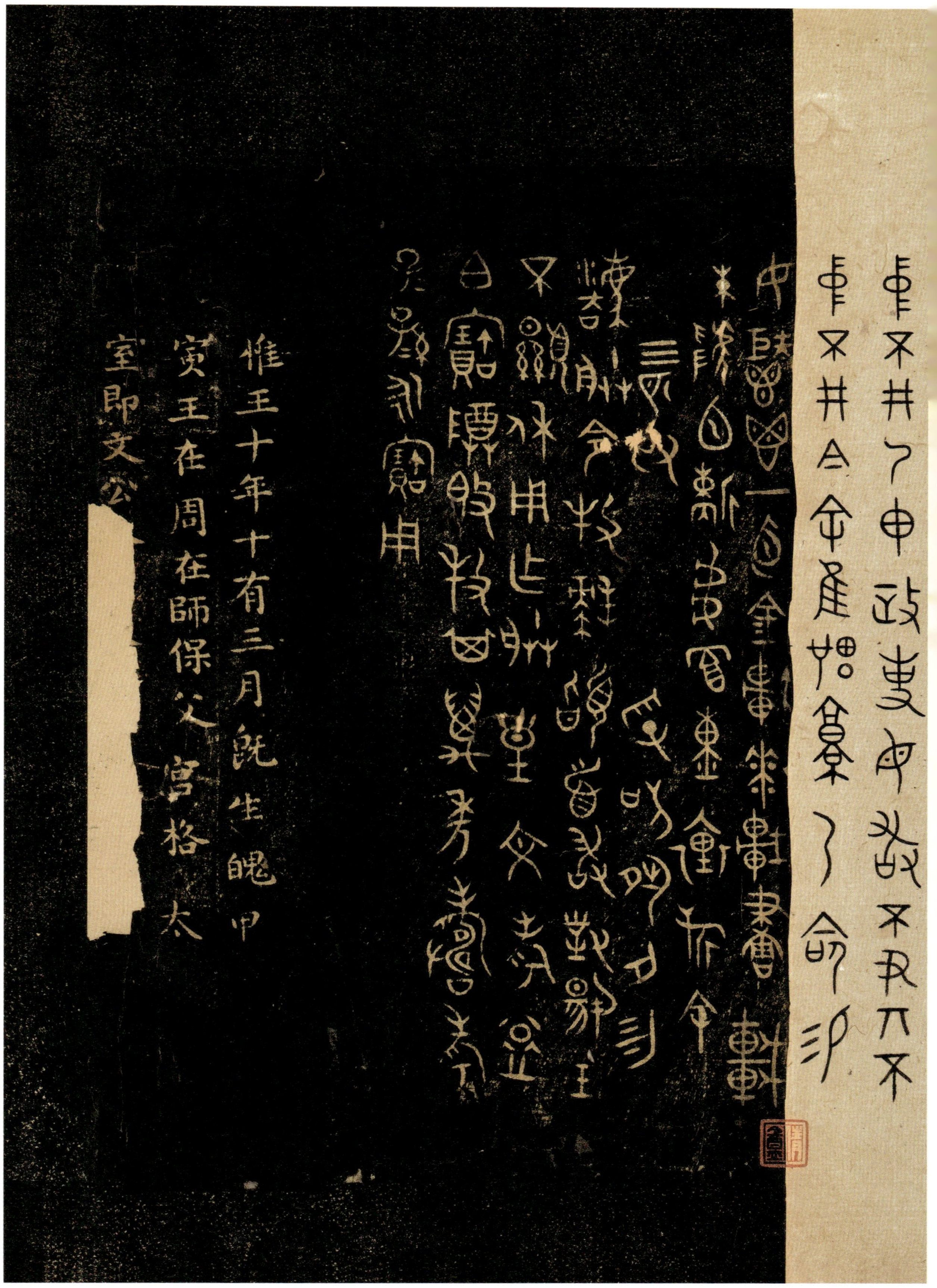
惟王十年十有三月既生魄甲
寅王在周在師保父宮格太
室即文公

建王呼内史吳册命牧曰若
曰牧昔先王旣命汝作司土
今余唯或𢊨改命汝辟百寮
有同事　迺多辭不用先
王作刑亦多虐庶民及傒庶
右　不刑不中迺侯之朋
以今響司偪乃皐召故王曰
牧汝母敢　先王作明刑
用粤乃傒庶右　母敢不明不
中不刑乃申政事母敢不尹其不
中不刑今余惟曈京乃命錫
汝秬鬯一卣金車桼車畫軒
朱虢卣　虎冟練裏旂余

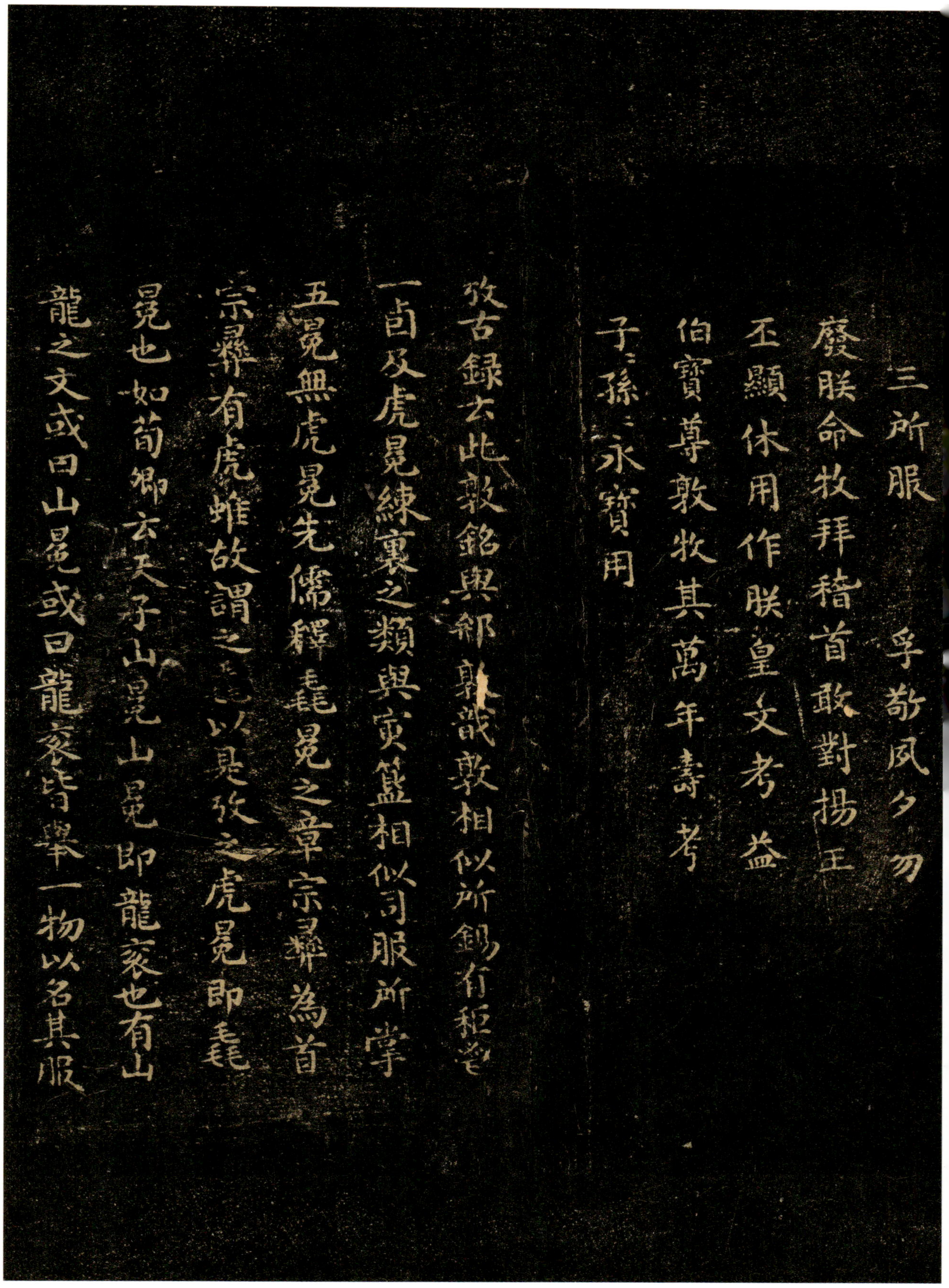

三所服　孚敬夙夕勿
廢朕命牧拜稽首敢對揚王
丕顯休用作朕皇文考益
伯寶尊敦牧其萬年壽考
子〻孫〻永寶用

攷古録云此敦銘與郤[illegible]敦相似所錫有秬鬯
一卣及虎冟練裏之類與寅簋相似司服所掌
五冕無虎冕先儒釋毳冕之章宗彝爲首
宗彝有虎蜼故謂之〻〻以是攷之虎冕即毳
冕也如荀卿云天子山冕山冕即龍袞也有山
龍之文或曰山冕或曰龍袞皆舉一物以名其服

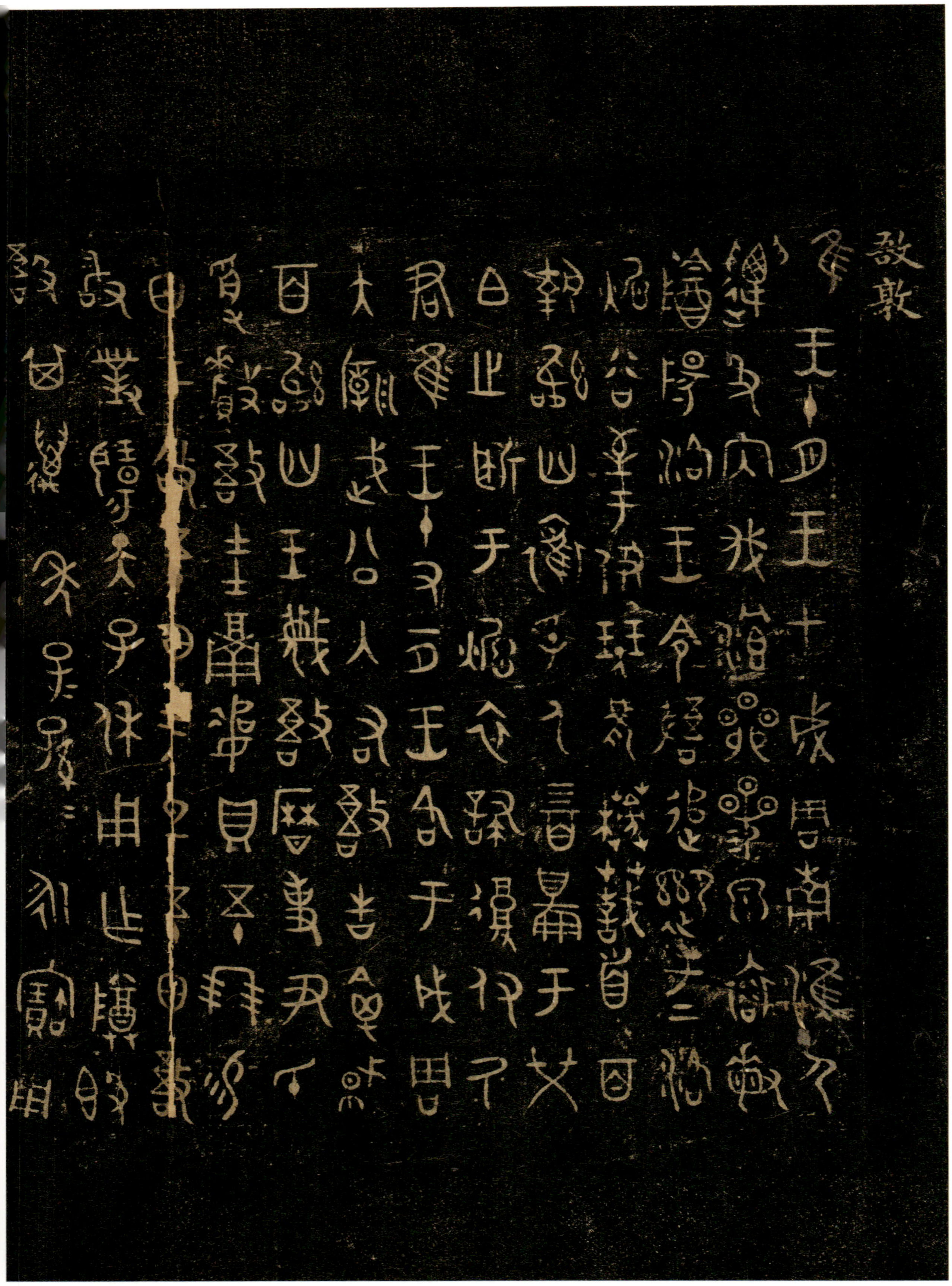
敔敦

惟王十月王在成周南淮節
遷及內伐浪昴參怡裕敏
陰陽洛王命敔追迎于上洛
烋谷至于伊班馬捞戩首百
執僕曰雜孚人三百鄙于炗
伯之斷于烋衣怖復付乃
君惟王十有一月王格于成周
太廟武公入佑敔告禽馘
百僕曰王蔑敔曆事尹氏
受釐敔圭鬲幣貝五十朋錫
田于敆五十田于早五十田敔
敢對揚天子休作尊敦
敔其萬年子〻孫〻永寶用

博古錄云銘一百四十字首曰惟王十月猶春秋之言
春王正月之意蓋言王所以尊王言月所以謹時也
曰王在成周者猶詩之言王居鎬京周公既成洛邑
明天下知所歸往也曰及內伐浪昴猶詩之所謂薄
伐玁狁至于太原者矣曰王命敔追迎于上洛猶
詩之出車以勞還杕杜以勤歸者矣執傒曰離乎
人三百泮宮之執訊獲醜之意也曰十有一月格于
成周大廟告厥成功于廟之意也曰敔告禽馘百
傒曰者有同乎獻馘曰尹氏受釐有若乎告廟
之終並受其福曰圭鬲幣貝五十朋者蓋錫以

圭璧以作爾寶鑄以鼎彝以箸其功與之幣帛以將其意而其數之多至五十朋足矣而又錫以土田之衍則受錫者豈得傲然自居其寵耶宜乎對揚天子之休命而歸美以報其上焉亦猶詩所謂虎拜稽首天子萬年之意歟是敦也不惟製作精工而又字畫奇古其間辭意與商周之書雅頌之文相為表裏揚雄言周書噩噩爾殆有見於茲也

卷十四終

存十器　原本十四卷凡十七器

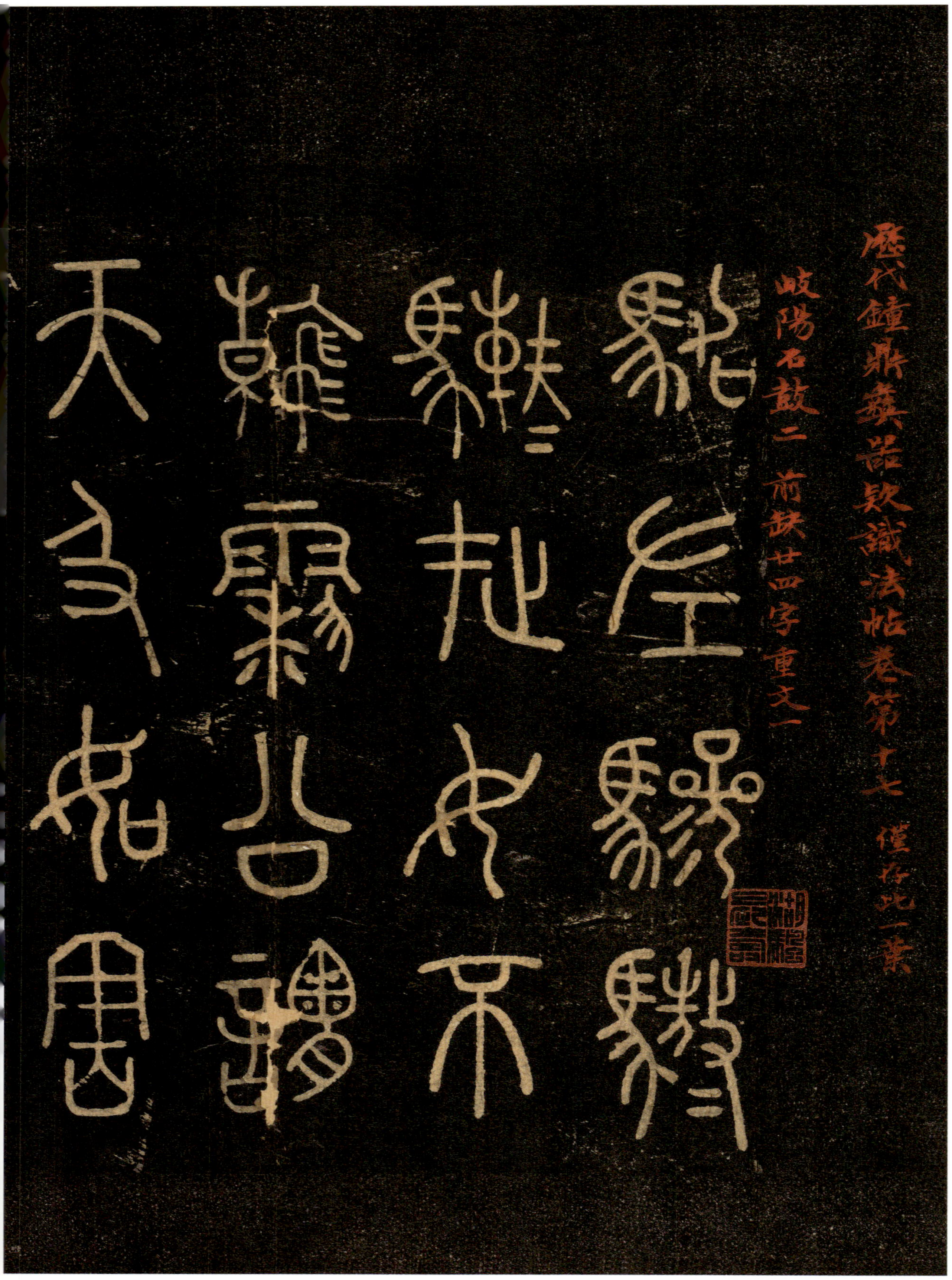
歷代鐘鼎彝器款識法帖卷第十七　僅存此一葉
岐陽石鼓二　前缺廿四字重文一

法帖第十七卷　周器款識都十三器

平陸戈　鳳棲鐸　岐陽石鼓一至十 存第二鼓殘文十九字 重文二字　琥

按琥為六瑞玉之一此所收者有全十二三字為銅琥非玉琥也

薛氏法帖所收五百十一器中祇第十七卷中岐陽石鼓十器為石第十八卷中秦璽三器為玉其他四百九十八器皆金屬也

歷代鐘鼎彝器欵識法帖卷第十八

谷口銅甬　銘文鈌

秦器欵識　玉璽三　秦權　平陽斤

周器欵識　周陽侯鐘　以上鈌

卷末好時鼎後鈌侈耳鼎高奴鼎二器

谷口銅甬
容十升
始元四年
南方
左馮翊造

谷口銅甬容十升
重卌斤甘露元年
十月計掾章平
左馮翊府
北方[illegible]

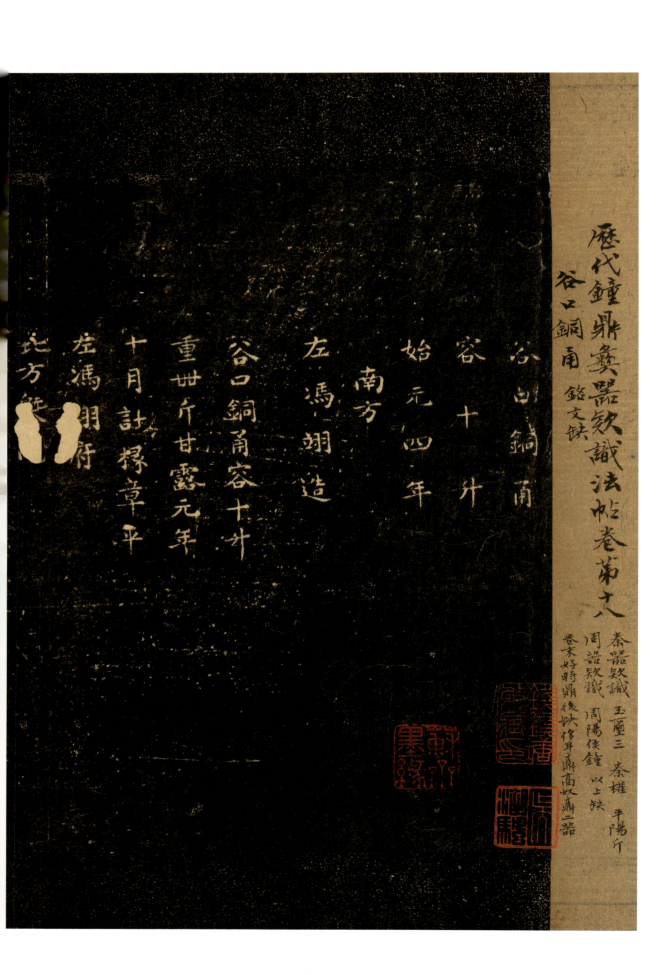

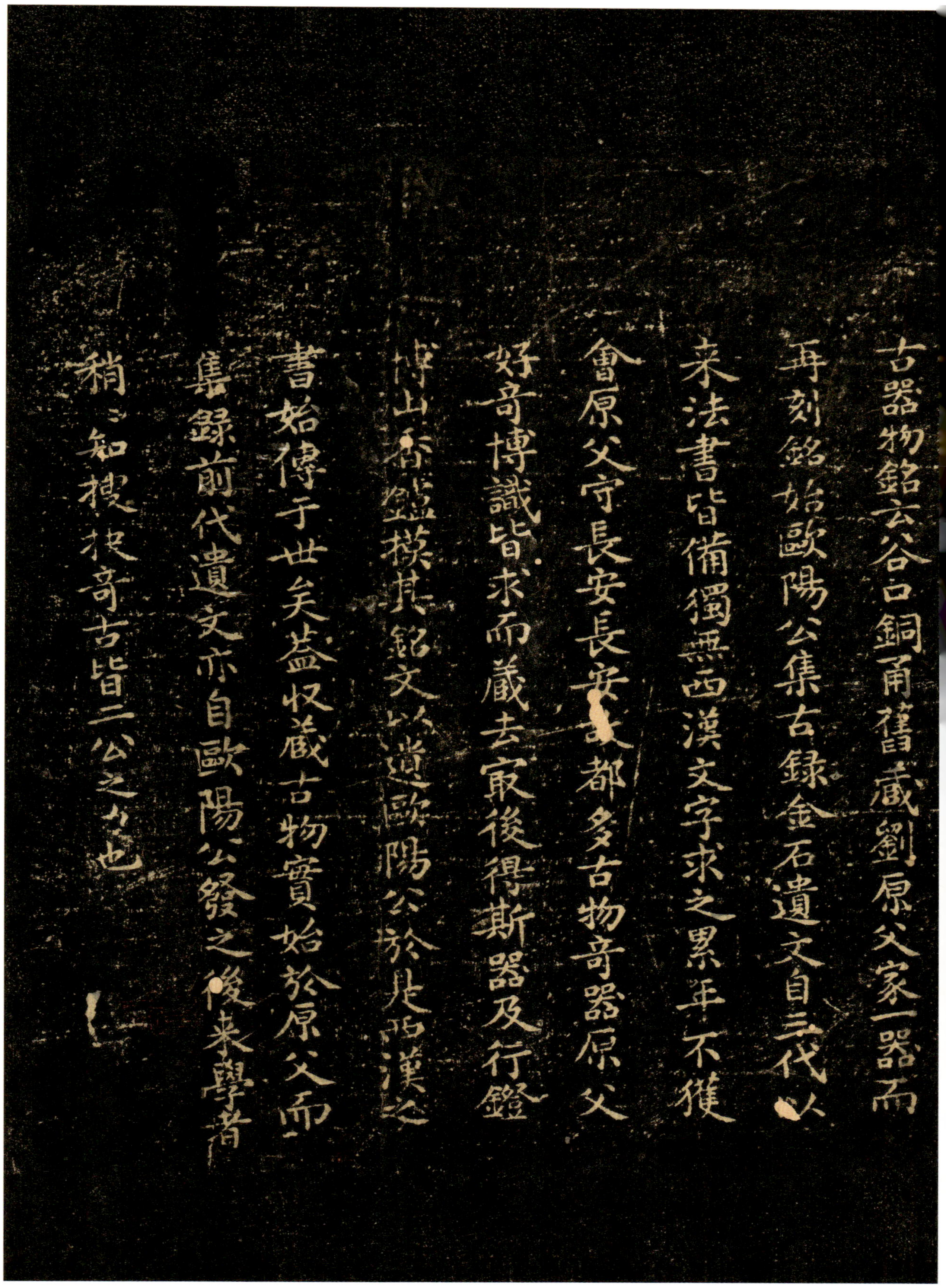

古器物銘云谷口銅甬舊藏劉原父家一器而
再刻銘始歐陽公集古録金石遺文自三代以
来法書皆備獨無西漢文字求之累年不獲
會原父守長安長安故都多古物奇器原父
好奇博識皆求而藏去最後得斯器及行鐙
博山香鑪模其銘文以遺歐陽公於是西漢之
書始傳于世矣葢收藏古物實始於原父而
集録前代遺文亦自歐陽公發之後来學者
稍〻知搜抉奇古皆二公之力也

漢鈁

武安侯鈁

武安侯家銅鈁容一石二斗重四十二斤第一

武安侯家銅鈁一容一石二斗重四十二斤第一

右武安侯鈁銘不知所從得按漢書景帝後三年田蚡封武安侯又楚思王子慢元壽元始中再封武安侯器銘無年月未知果誰所作又

按帝紀楚懷王嘗封高祖為武安矦然驗其制皆是非高祖時器

漢鼎

李氏鼎

李氏

李氏

銘二字曰李氏按此器圜弇上而耳外附質素無文與汾陰寶鼎相類其字畫亦作漢蹟李氏顯於兩漢者如西漢之李廣李陵

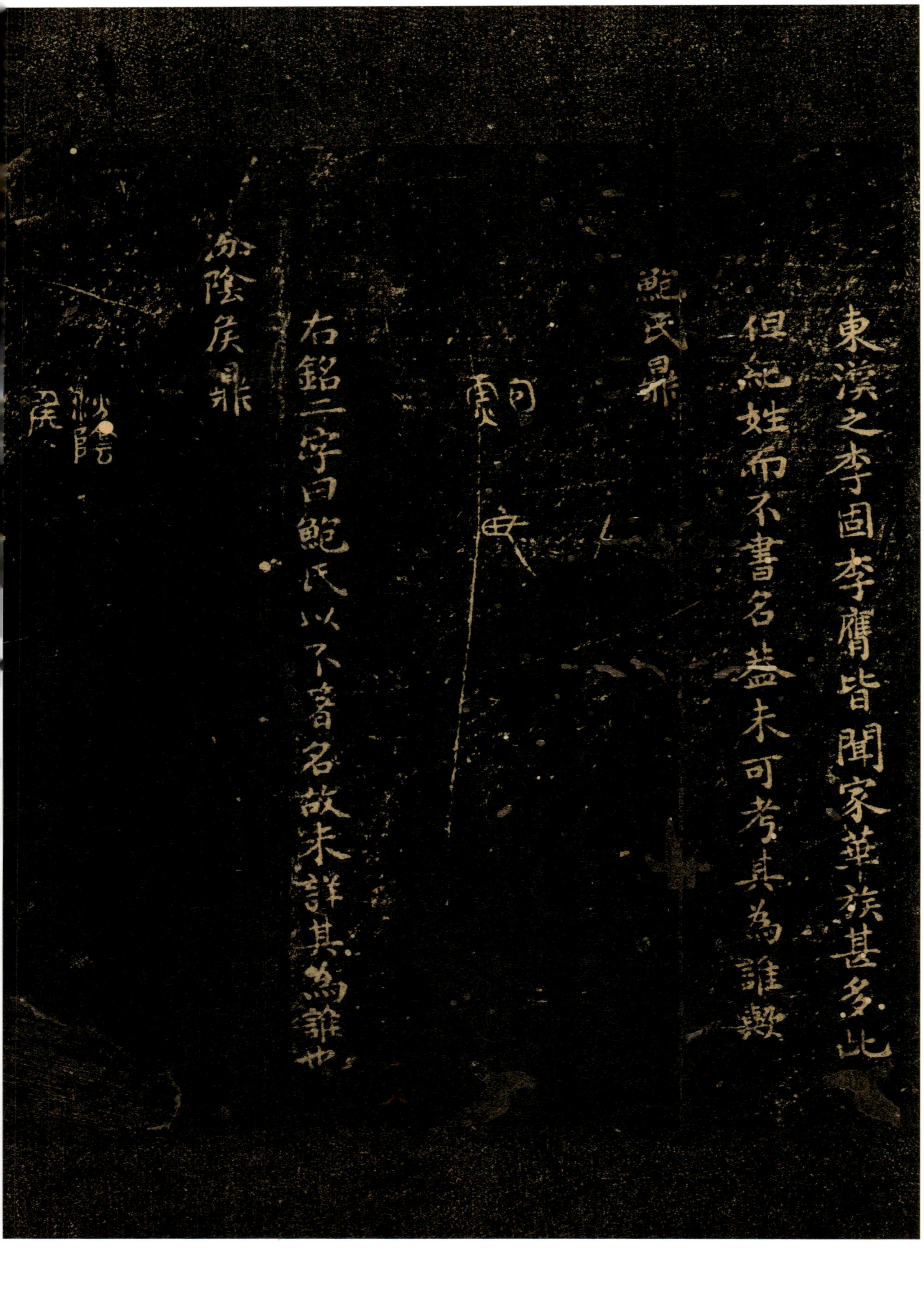

東漢之李固李膺皆聞家華族甚多此
但紀姓而不書名益未可考其為誰歟

鮑氏鼎

右銘二字曰鮑氏以不書名故未詳其為誰也

汾陰侯鼎

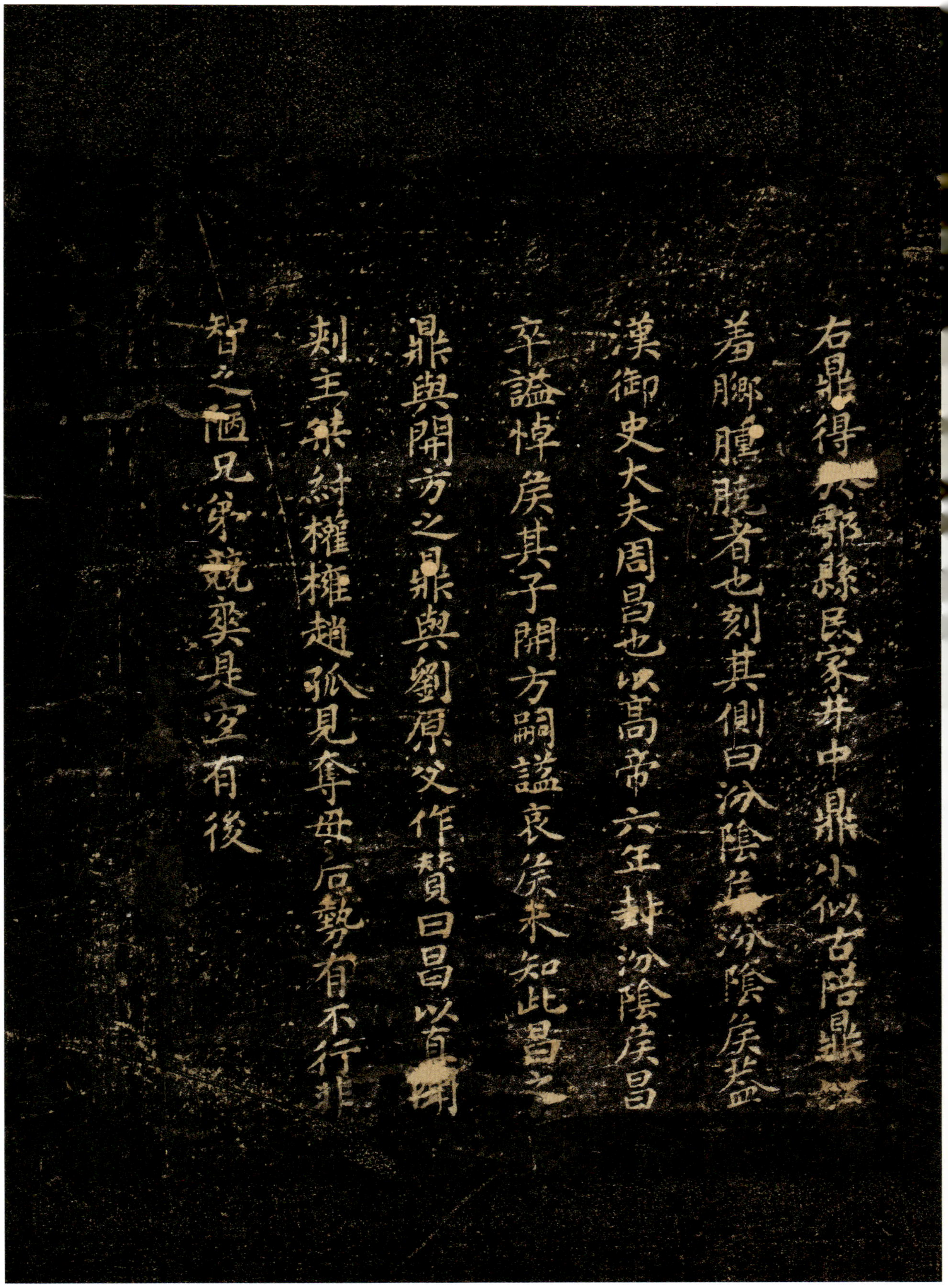

右鼎得□鄠縣民家井中鼎小似古陪鼎□
着脚臃腫者也刻其側曰汾陰侯□汾陰侯蓋
漢御史大夫周昌也以高帝六年封汾陰侯昌
卒謚悼侯其子開方嗣謚哀侯未知此昌之
鼎與開方之鼎與劉原父作贊曰昌以直□
刺主桀紂權權趙孤見奪母后勢有不行非
智之陋兄弟競奕是空有後

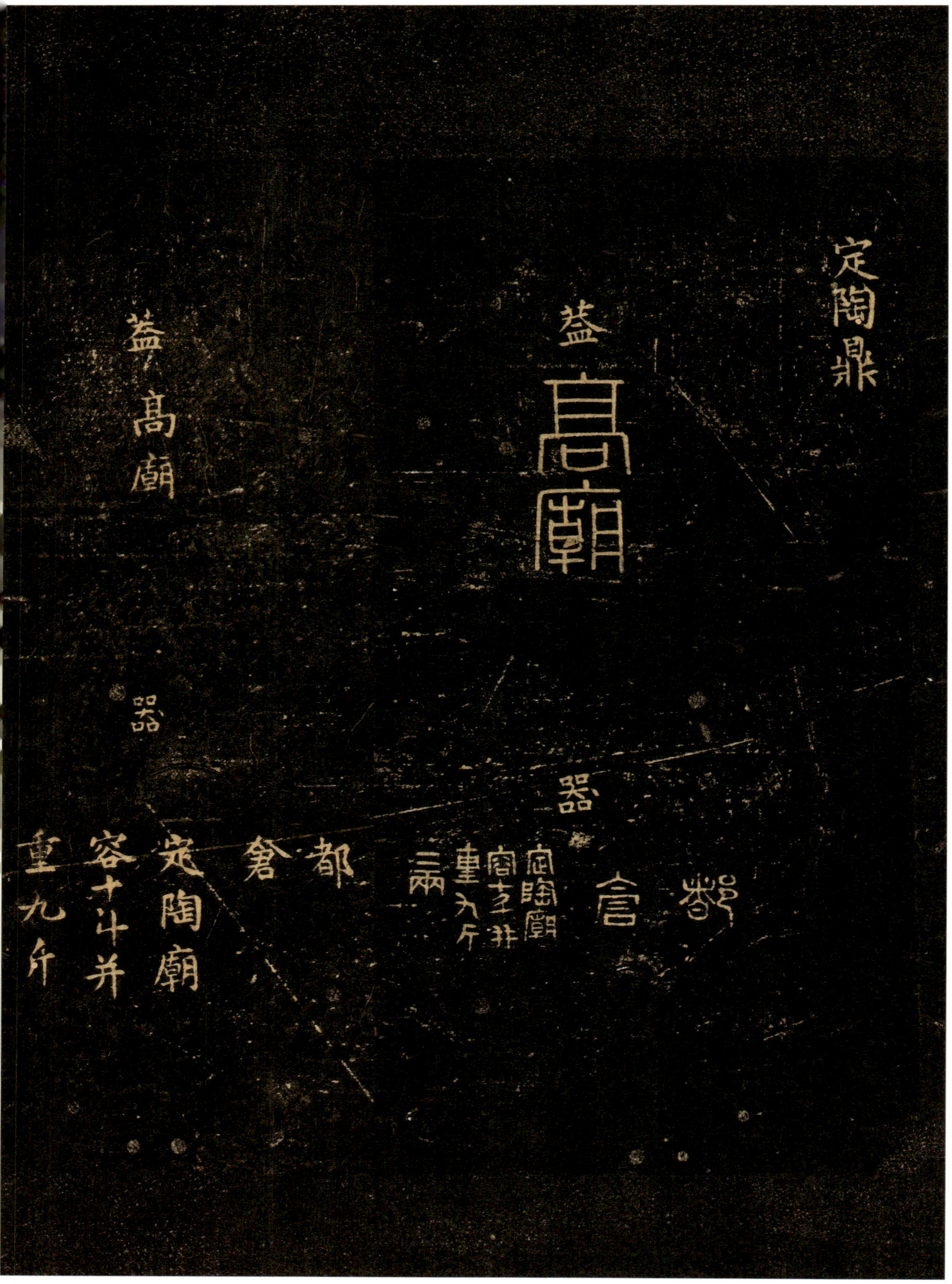
定陶鼎
蓋高廟
器
都倉
定陶廟
容十斗并
重九斤

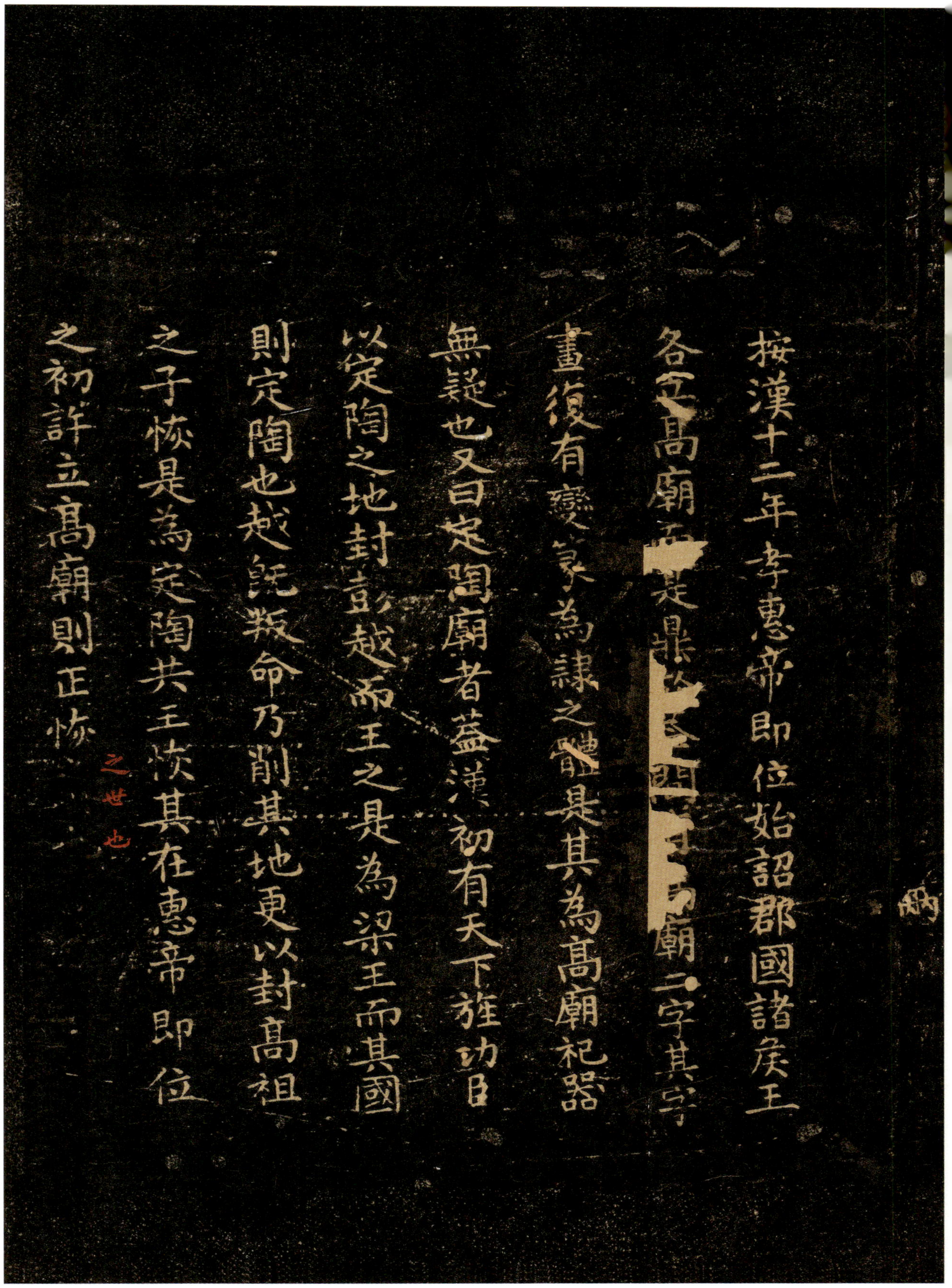
按漢十二年孝惠帝即位始詔郡國諸侯王
各立高廟[illegible]是鼎[illegible]廟二字其字
畫復有變篆為隸之體是其為高廟祀器
無疑也又曰定陶廟者蓋漢初有天下旌功日
以定陶之地封彭越而王之是為梁王而其國
則定陶也越既叛命乃削其地更以封高祖
之子恢是為定陶共王恢其在惠帝即位
之初許立高廟則正恢之世也

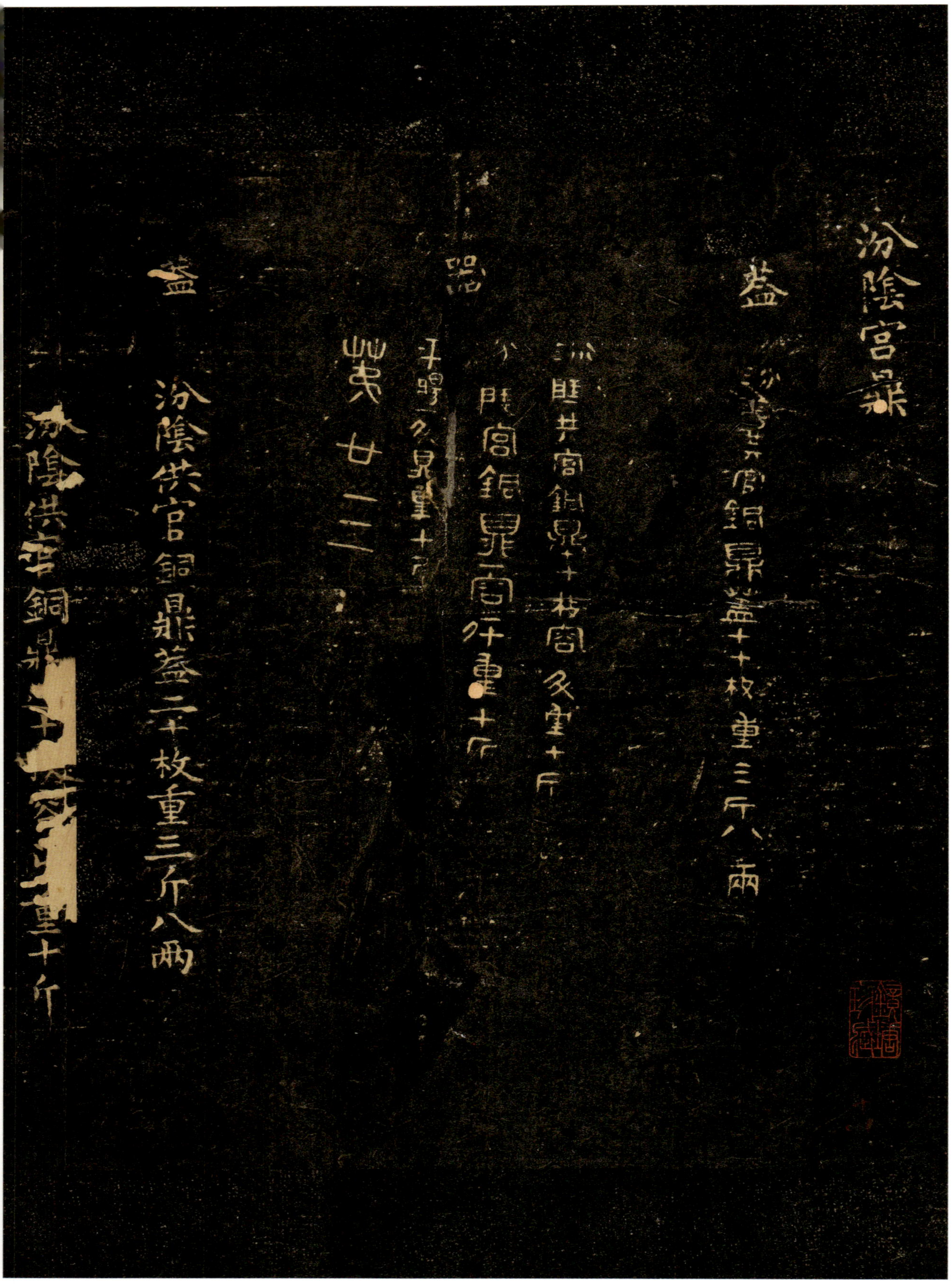
汾陰宮鼎
蓋
汾陰供官銅鼎蓋二十枚重三斤八兩

器

汾陰宮銅鼎一容一斗重十斤

平陽一斗鼎重十斤

第廿三

按前漢地理志河東郡屬縣有曰汾陰有曰平陽而平陽有鐵官此曰汾陰宮别宮之在汾陰者也考其銘識既曰汾陰供官銅鼎二十枚又曰汾陰宮銅鼎一者二十所以舉供官之數而一者舉其隷於宮者也又曰平陽一斗鼎蓋平陽有鐵官此乃紀所鑄之地耳曰第二十三者總其器

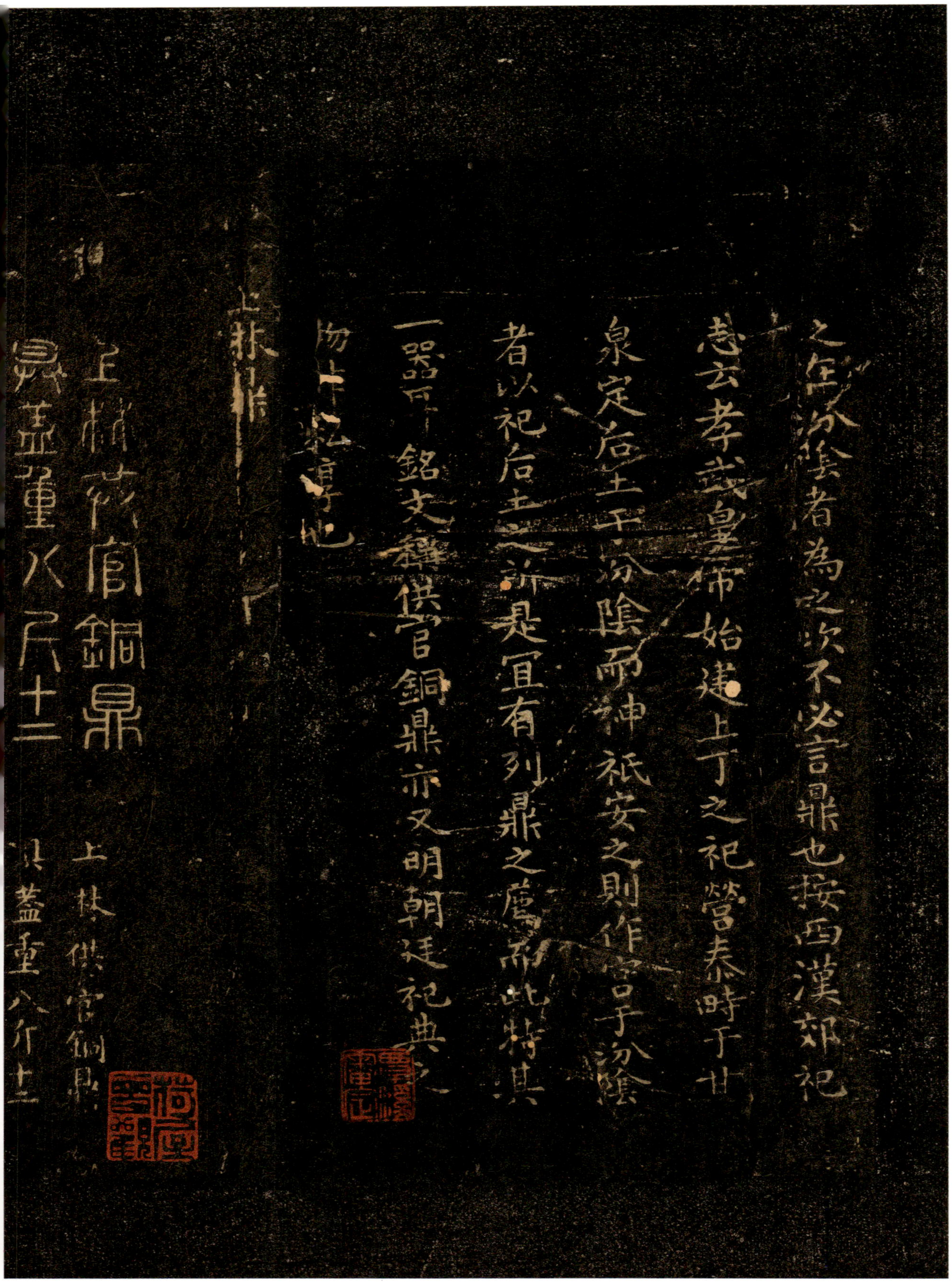
之年汾陰者為之坎不必言鼎也按西漢郊祀
志云孝武皇帝始建上丁之祀營泰畤于甘
泉定后土于汾陰而神祇安之則作宮于汾陰
者以祀后土之所是宜有列鼎之薦而此特其
一器耳銘文云供官銅鼎亦又明朝廷祀典之
物非私享也
上林供官銅鼎
并蓋重八斤十三

兩工史揄造監
右銘不知所從得銘有監工李
西漢器也

孝成鼎
長安尉孝成廟銅三斗鼎蓋一合第十

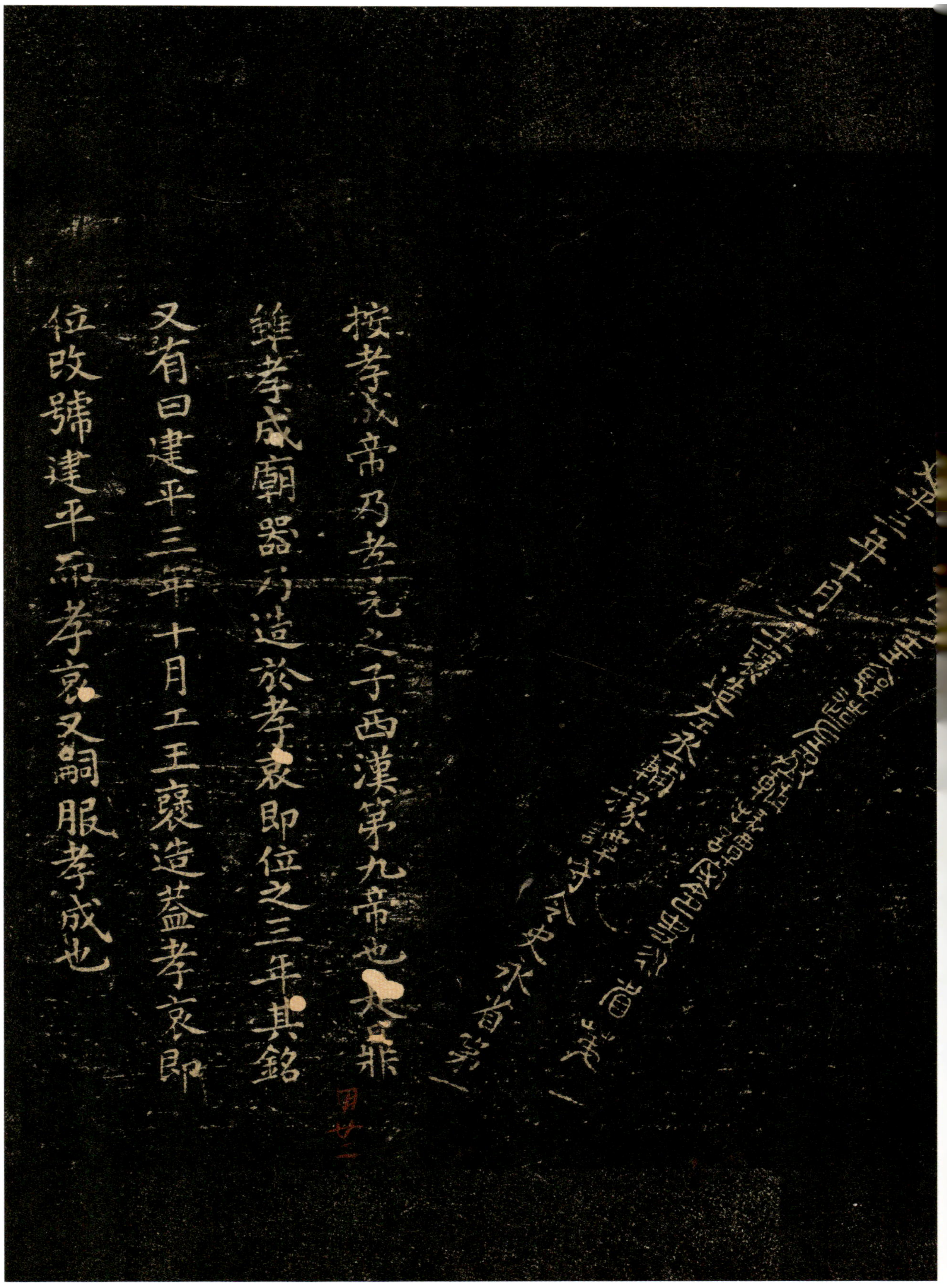
按孝成帝乃孝元之子西漢第九帝也此鼎
雖孝成廟器乃造於孝哀即位之三年其銘
又有曰建平三年十月工王襃造蓋孝哀即
位改號建平而孝哀又嗣服孝成也

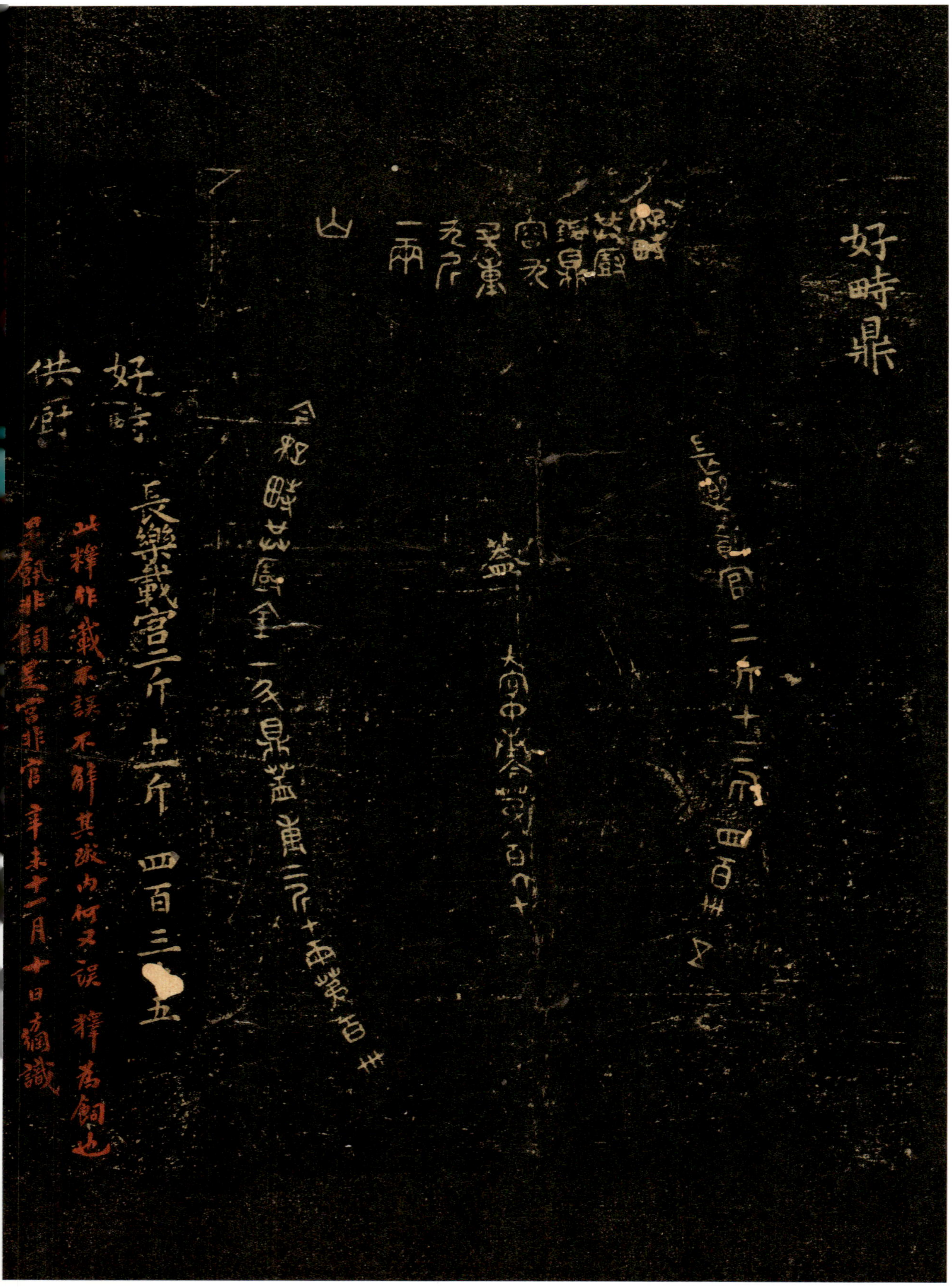
好時鼎

銅鼎
容九
升重
九斤
一兩
山

太官中丞今第八百六十

今好畤供□金一斗鼎蓋重二斤十兩第百廿□

博古錄□按□封土也冢而祀之在昔秦□
攻西戎始祠少昊作西畤秦文夢黄蛇口止於鄜
又爲鄜畤秦宣於渭南祠青帝曰密畤秦靈
於吳陽祠黄帝曰上畤祠炎帝曰下畤此畤之所

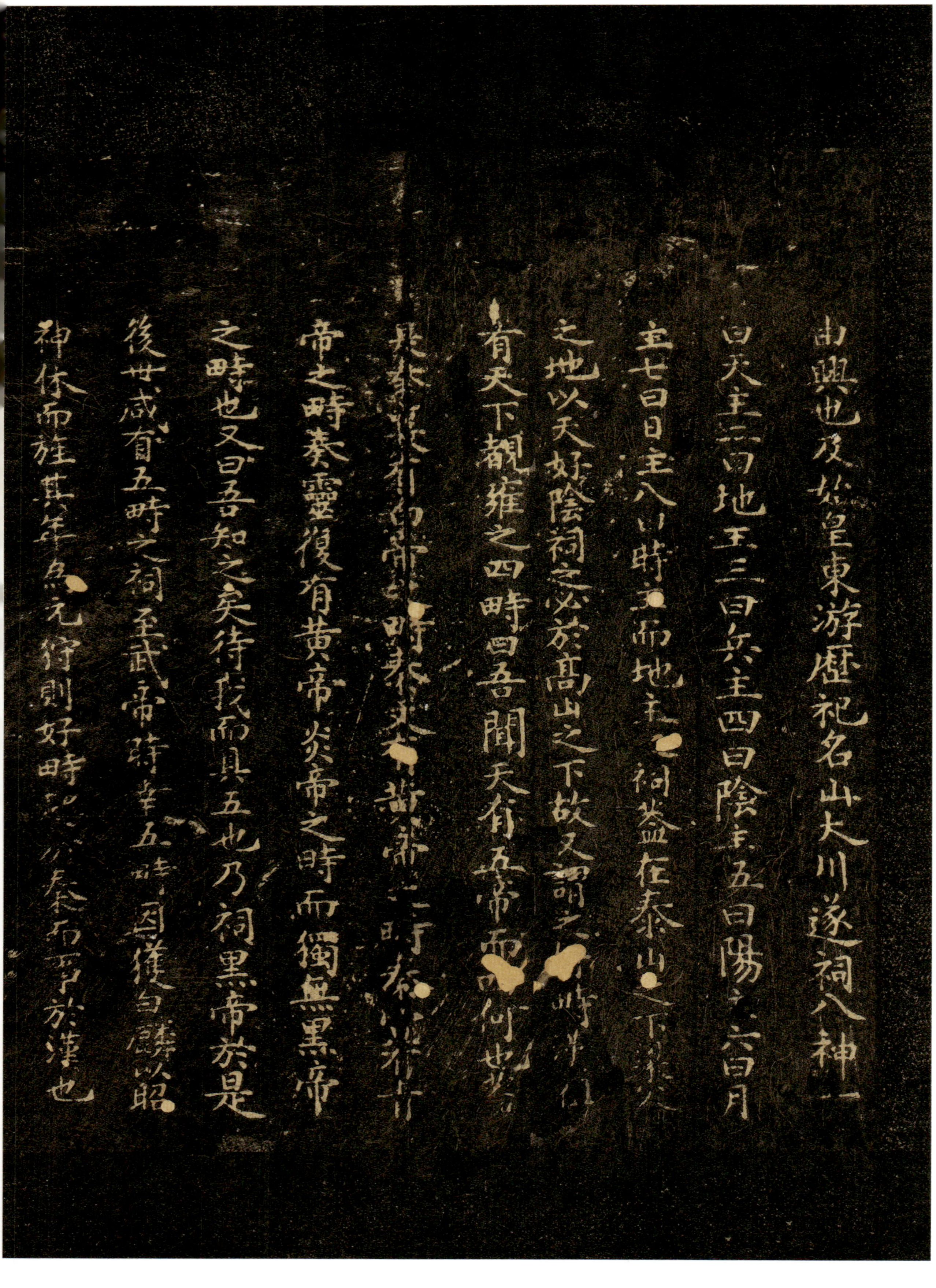

由興也及始皇東游歷祀名山大川遂祠八神一
曰天主二曰地主三曰兵主四曰陰主五曰陽主六曰月
主七曰日主八曰時主而地主[illegible]祠蓋在泰山[illegible]之下梁父
之地以天好陰祠之必於高山之下故又謂之[illegible]時[illegible]
有天下觀雍之四時曰吾聞天有五帝而[illegible]何也[illegible]
是秦[illegible]有白帝[illegible]時秦[illegible][illegible]帝[illegible]時秦[illegible][illegible]
帝之時秦靈復有黃帝炎帝之時而獨無黑帝
之時也又曰吾知之矣待我而具五也乃祠黑帝於是
後世咸有五時之祠至武帝時幸五時因獲白麟以昭
神休而旌其年爲元狩則好時[illegible]以秦名而[illegible]於漢也

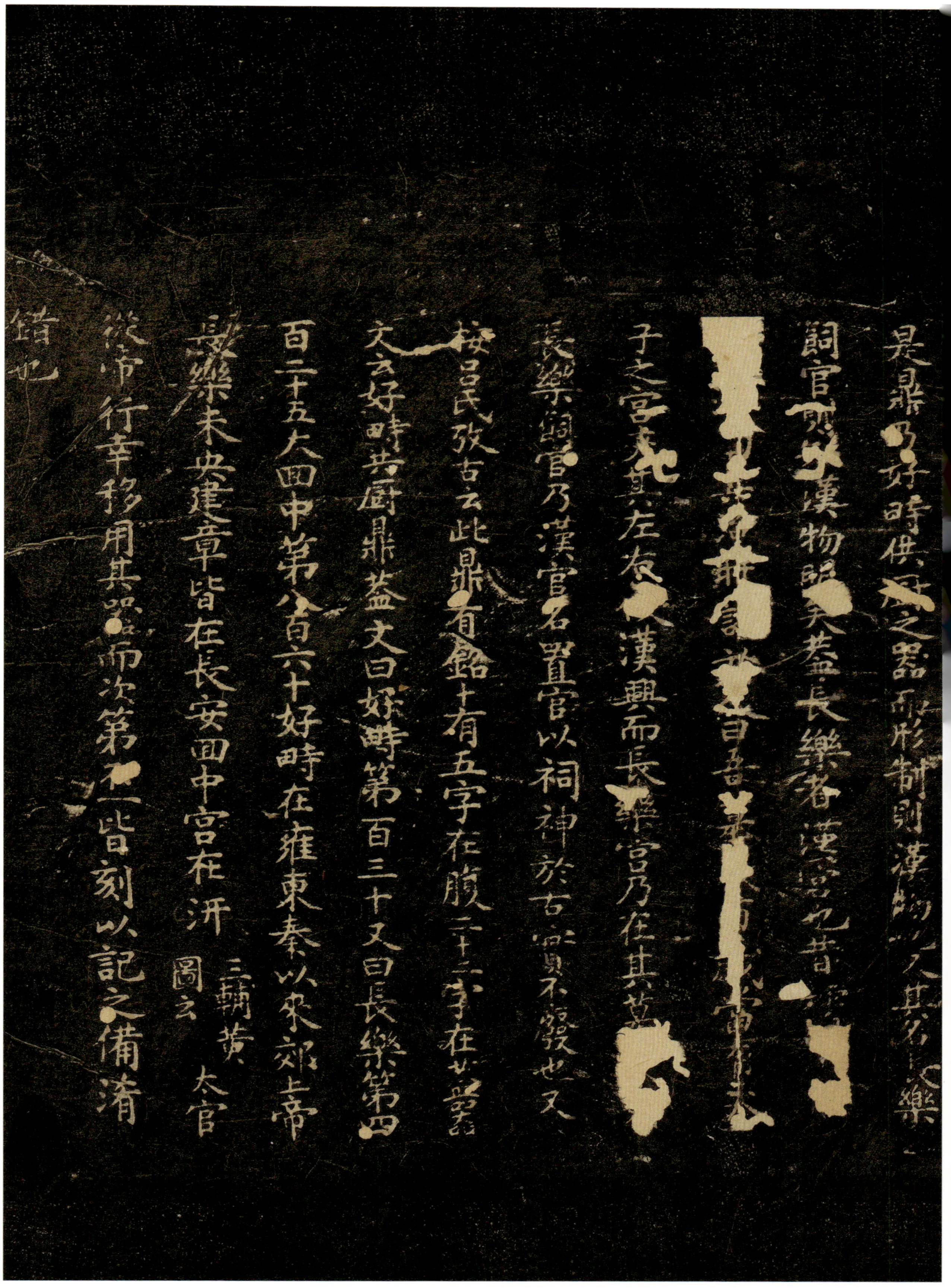

是鼎乃好時供厨之器而形制則漢物以其名長樂
餇官[illegible]以漢物明矣蓋長樂者漢宮也昔[illegible]
[illegible]
子之宮也其左右[illegible]漢興而長樂宮乃在其[illegible]
長樂餇官乃漢官名置官以祠神於古無不發也又
按呂氏攷古云此鼎有銘十有五字在腹二十二字在其蓋
文云好時共厨鼎蓋文曰好時第百三十又曰長樂第四
百二十五大四中第八百六十好時在雍東秦以來郊帝
長樂未央建章皆在長安四中宮在汧　三輔黃圖云　太官
從帝行幸移用其器而次第不一皆刻以記之備濟
錯也

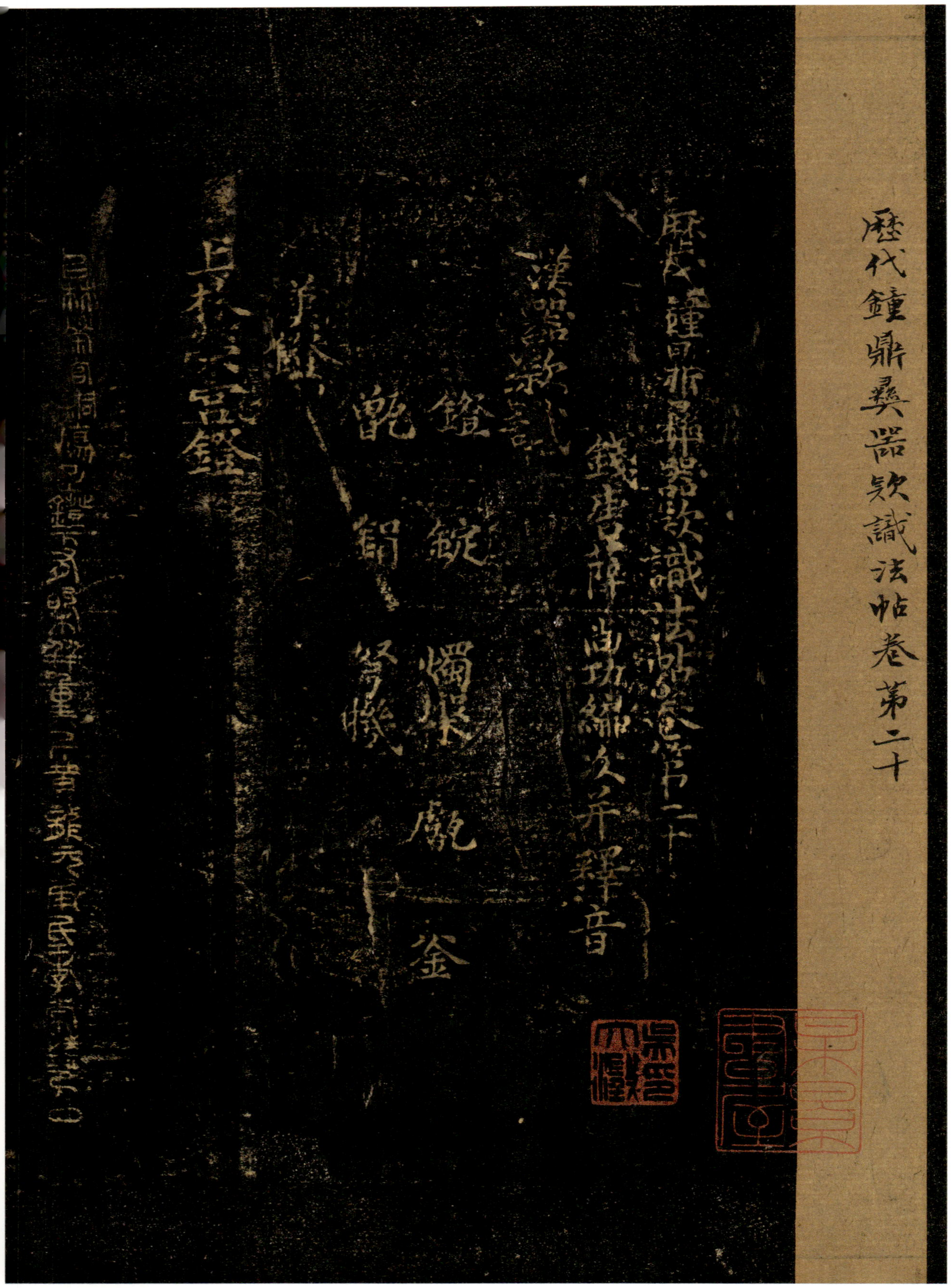
歷代鍾鼎彝器欵識法帖卷第二十
歷代鍾鼎彝器款識法帖卷第二十
錢唐薛尚功編次并釋音
漢器款識
上林榮宮鐙

上林榮宮銅鴈足鐙下有槃并重六斤黃龍元年民工李常造第四
第二
百三十

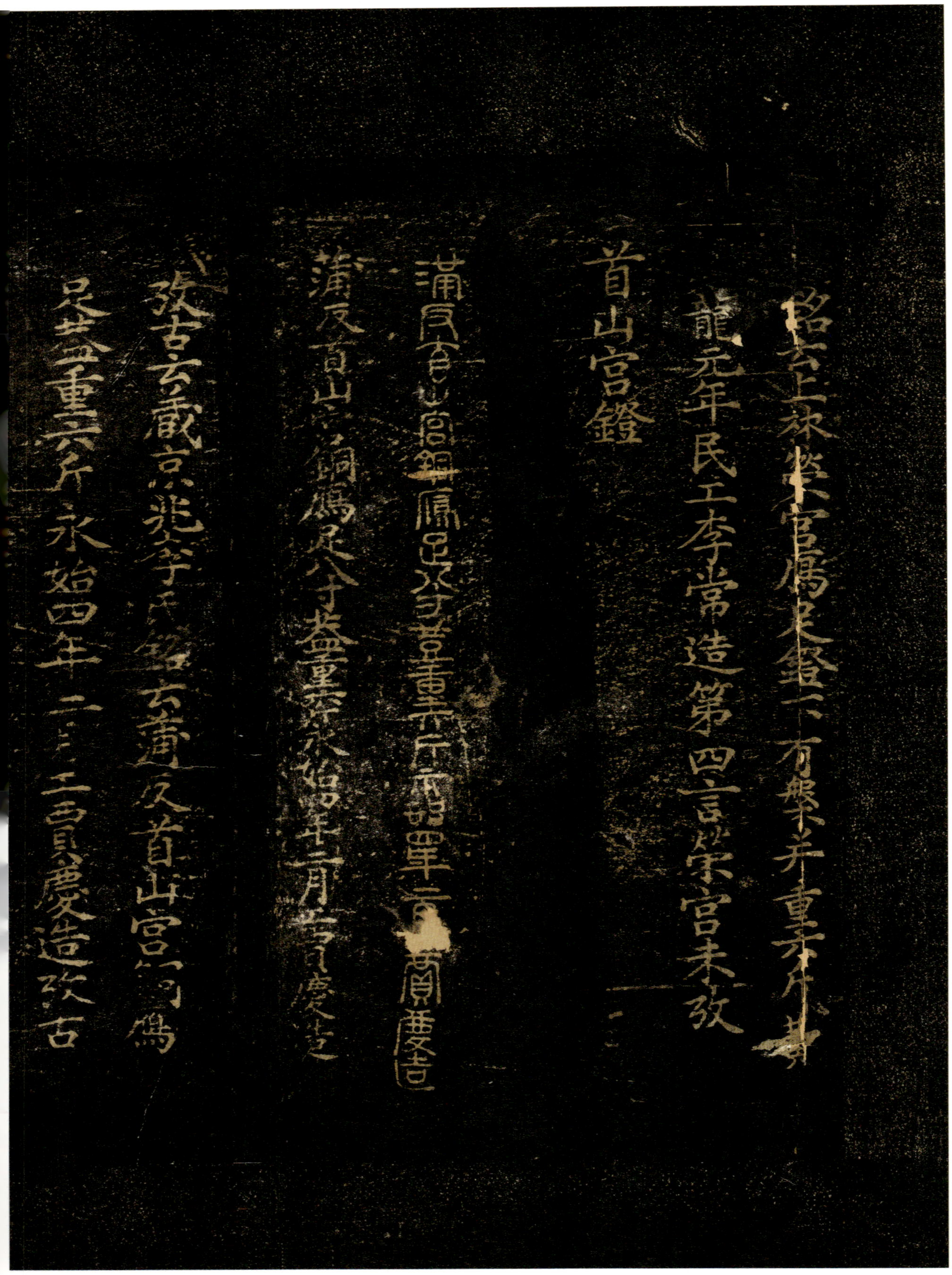
銘云上林榮宮鴈足鐙一有槃并重三斤八兩
龍元年民工李常造第四言榮宮未改
首山宮鐙
蒲反首山宮銅鴈足八寸鐙重三斤永始四年二月
改古云藏京兆李氏銘云蒲反首山宮銅鴈
足鐙重三斤永始四年二月工賁慶造改古

右漢宣帝時器地里志蒲反有首山祠
其宫即祠宫也
甘泉上林宫行鐙

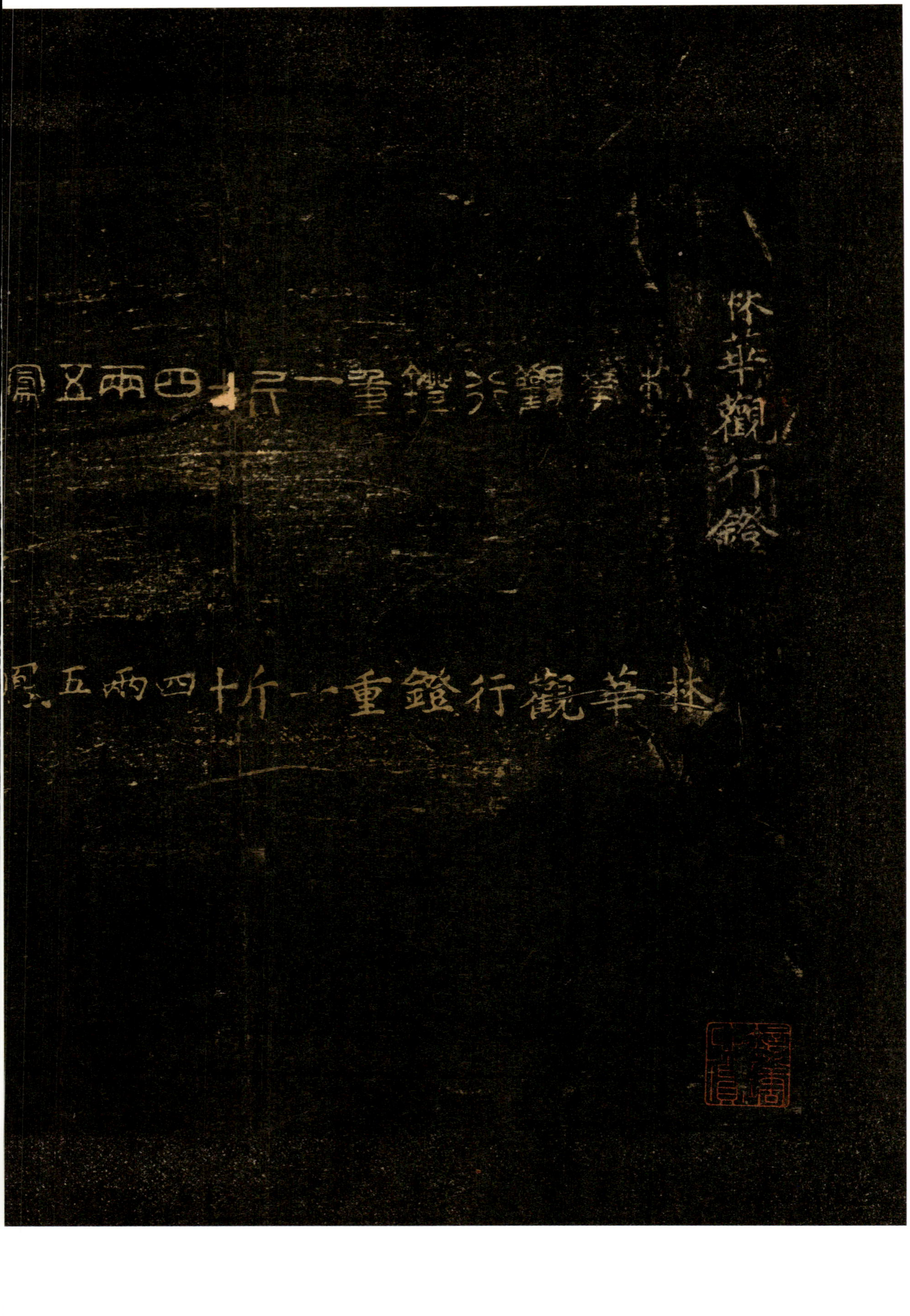
林華觀行鐙
林華觀行鐙重一斤四兩五

卷末後缺十一品

薛用敏鐘鼎款識第十八卷殘拓本谷口銅甬以下至上林鼎凡十段唯谷口銅甬一段篆文已失去矣好時鼎跋雖詳述五時祠事然此銘云長樂飤宮此是宮字非官字跋內或作官者誤耳飤字本从人从食中聲即載字也亦見於岐陽癸鼓此器篆文偶省人作几與人篆作几者迥別薛氏不知而誤以為食旁加人釋作飼字則謬甚矣飤設飪也正与長樂宮之鼎器義合以此長樂飤宮之銘合諸好時共廚則好時乃是右扶風邑名漢書地理志云好時有梁山宮薛氏此帖第廿

卷梁山銅鍹銘後有扶字薛跋亦援以寺
鼎銘後有山字以證之是也又武安侯鈁
跋云楚思王子慢元壽元始中再封武安侯
合重刻款識誤脫元壽二字可見後來鋟木
之之本不依原石舊拓失真者多矣然此王子慢
以建平四年封武安侯元始元年治收封
武安侯此跋誤讀史表乃以其元壽失侯
之年為其初封武安侯之年則亦誤也安

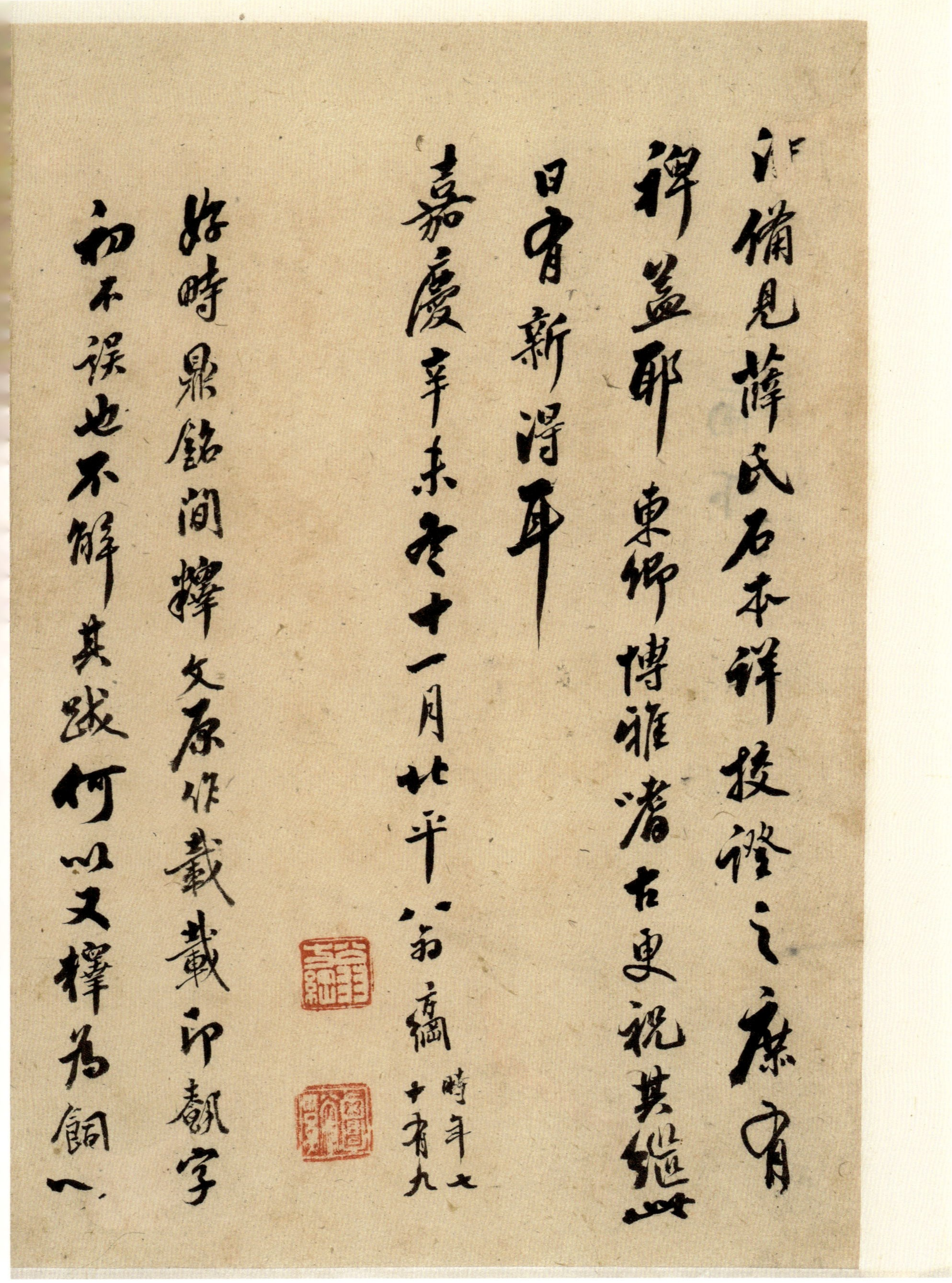
所備見薛氏石本詳校證之處有裨益耶　東卿博雅渚古吏視其繼日有新得耳

嘉慶辛未冬十一月北平翁方綱　時年七十有九

好時鼎銘間釋文原作載載即覩字初不誤也不解其跋何以又釋為飼入

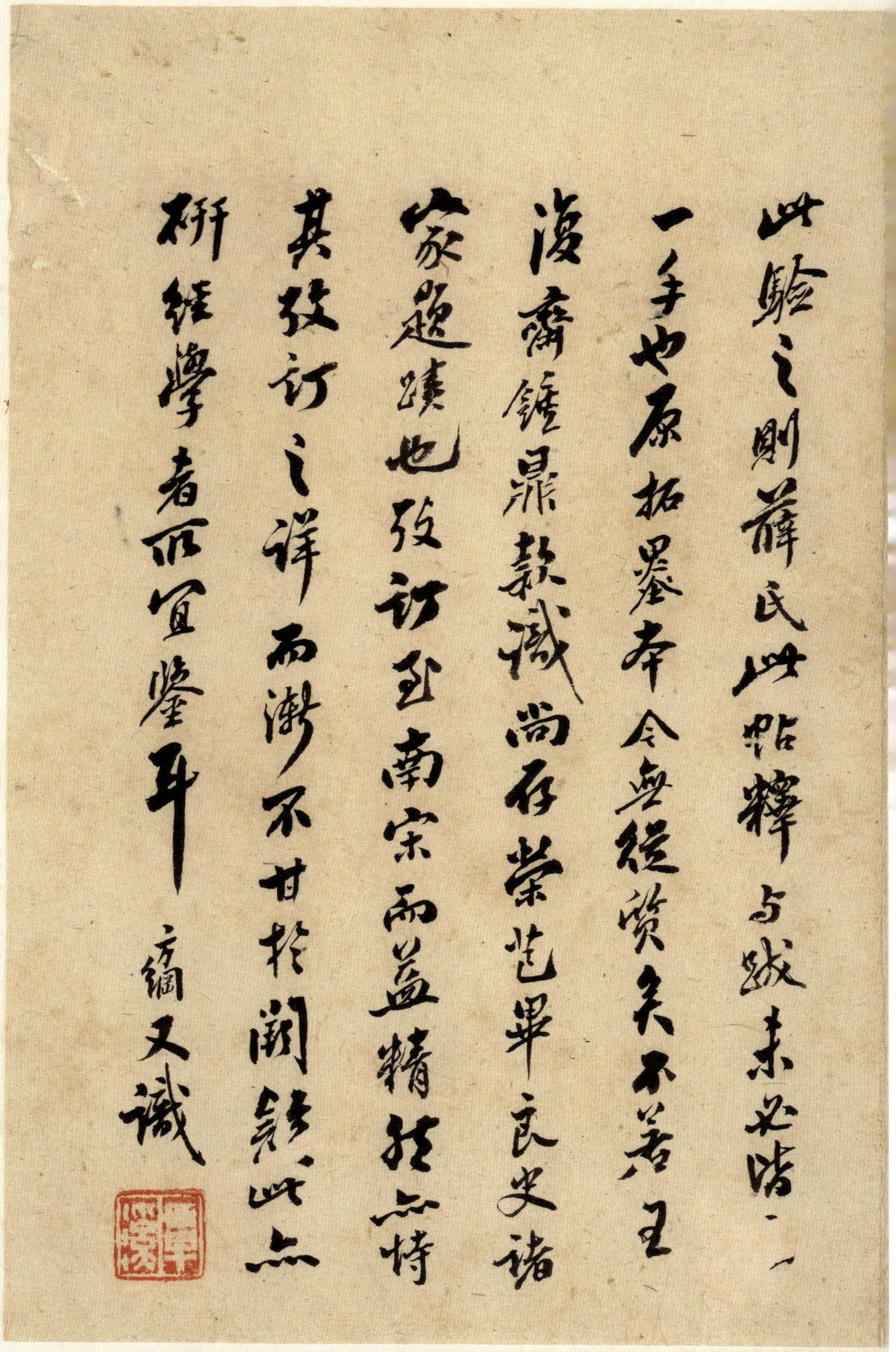

此驗之則薛氏此帖釋与跋未必皆一一
一手也原拓墨本今無從資矣不若王
復齋鐘鼎款識尚存榮芑畢良史諸
家題跋也攷訂至南宋而益精往往恃
其攷訂之詳而漸不甘於闕疑此亦
研經學者所宜鑒耳
方綱又識

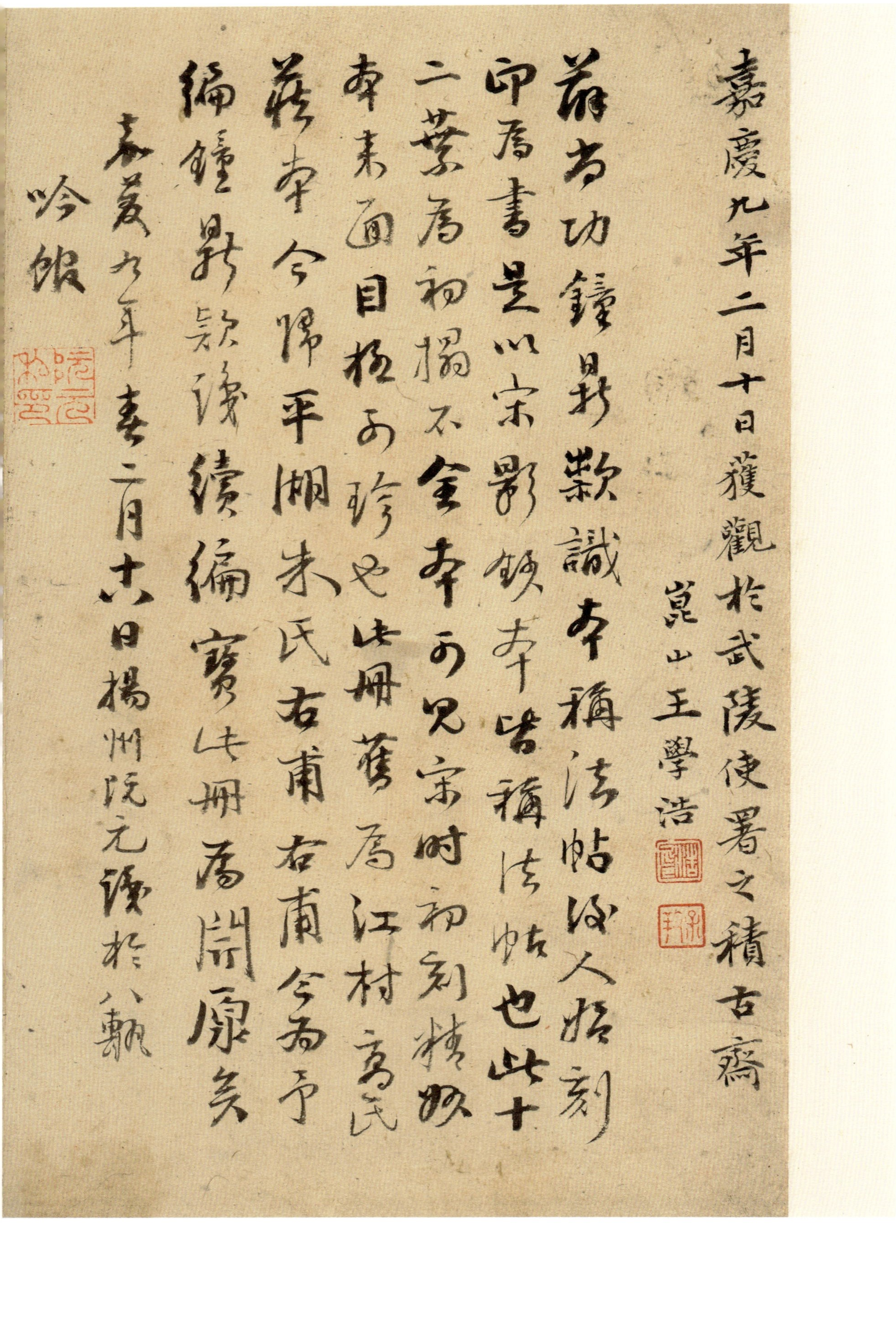
嘉慶九年二月十日獲觀於武陵使署之積古齋

崑山王學浩

薛尚功鐘鼎款識本稱法帖後人始刻
印板書是以宋影鈔本皆稱法帖也此十
二葉為初搨不全本可見宋時初刻精妙
本來面目極可珍也此冊舊為江村高氏
藏本今歸平湖朱氏右甫右甫今為予
編鐘鼎款識續編寶此冊為開原矣

嘉慶九年春二月廿六日揚州阮元識於八甎
吟館

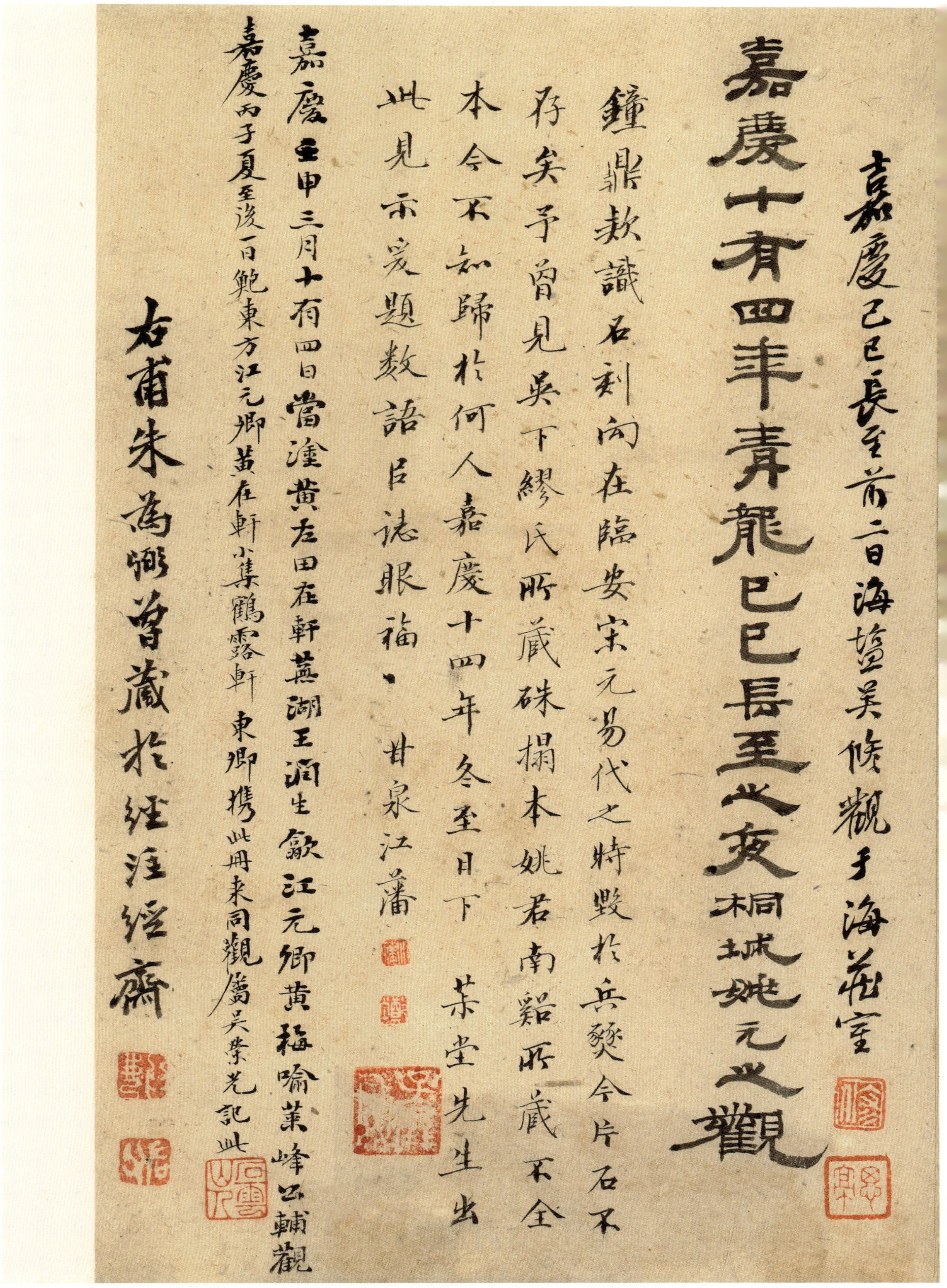
嘉慶己巳長至前二日海鹽吴修觀于海藏室

嘉慶十有四年青龍己巳長至之夜桐城姚元之觀

鐘鼎款識石刻向在臨安宋元易代之時毀於兵燹今片石不存矣予曾見吴下繆氏所藏硃搨本姚君南谿所藏不全本今不知歸於何人嘉慶十四年冬至日下　茮堂先生出此見示爰題數語以誌眼福　甘泉江藩

嘉慶壬申三月十有四日當塗黄左田在軒蕪湖王潤生歙江元卿黄梅喻某峰以輔觀

嘉慶丙子夏至後一日鮑東方江元卿黄在軒小集鶴露軒　東卿攜此冊來同觀　廣吴榮光記此

右甫朱爲弼曾藏於經注經齋

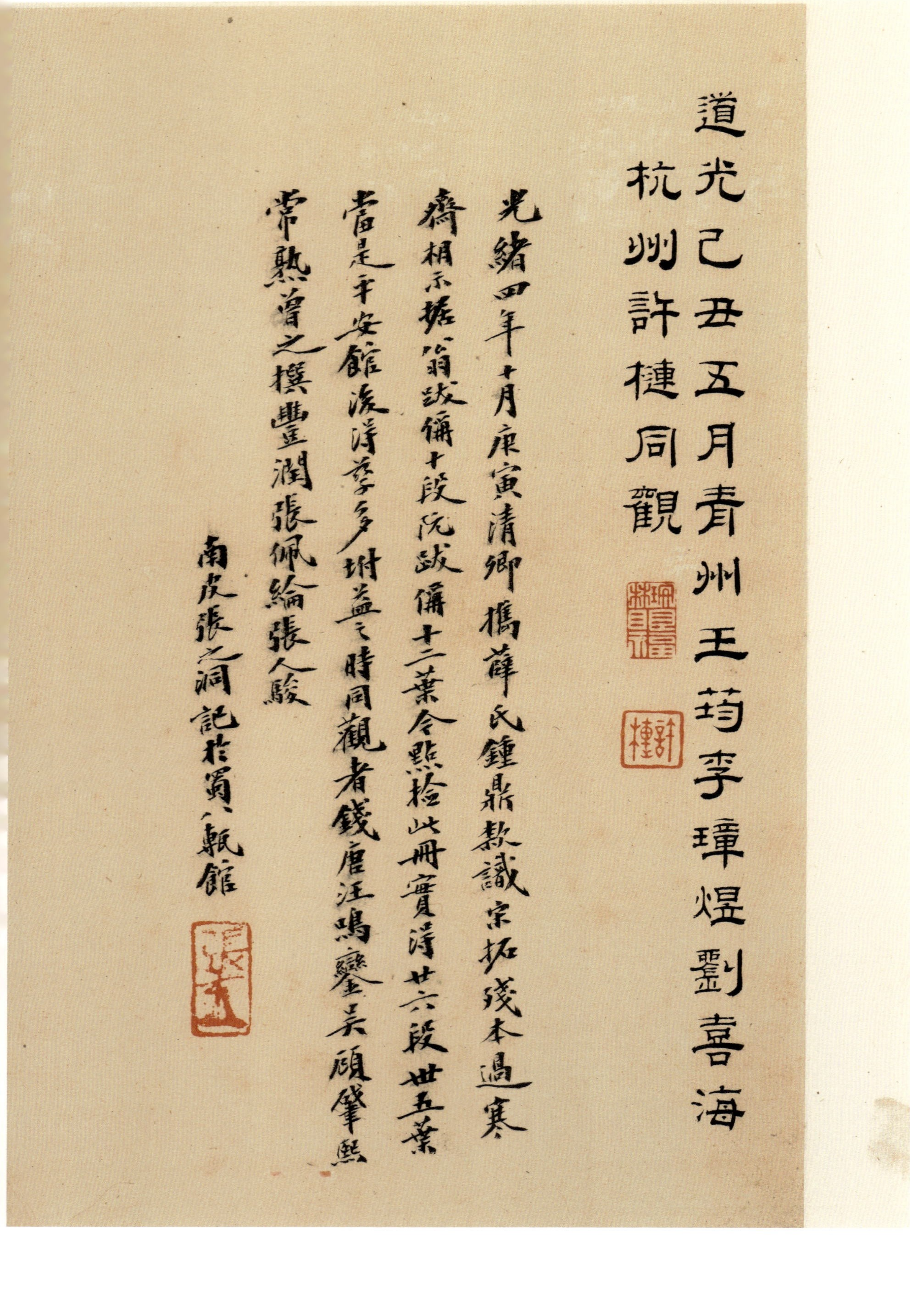
道光己丑五月青州王筠李璋煜劉喜海杭州許槤同觀

光緒四年十月庚寅清卿攜薛氏鐘鼎款識宋拓殘本過寒齋相示據翁跋備十段阮跋備十二葉今點檢此冊實得廿六段廿五葉當是平安館後得者多增益之時同觀者錢唐汪鳴鑾吳縣顧肇熙常熟曾之撰豐潤張佩綸張人駿

南皮張之洞記於蜀輶館

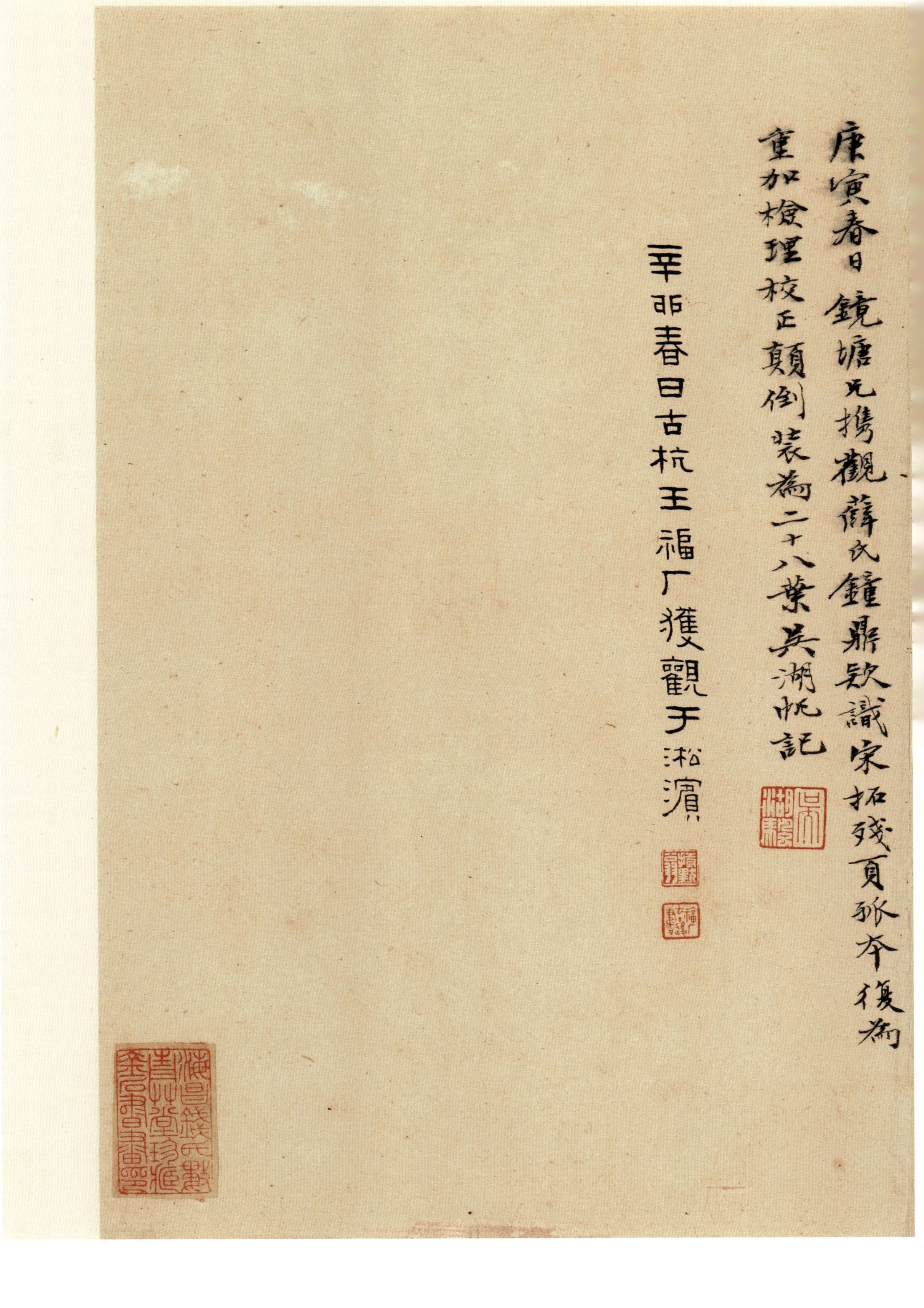
庚寅春日鏡塘兄携觀薛氏鐘鼎欵識宋拓殘頁張本復爲重加檢理校正顛倒裝爲二十八葉吳湖帆記
辛丑春日古杭王福厂獲觀于淞濱

宋拓石本歷代鐘鼎彝器款識法帖殘葉跋

徐中舒

本所於十八年九月開始在午門城上整理明、清内閣大庫檔案時，即發見宋拓石本《歷代鐘鼎彝器款識法帖》殘葉三面，四周並皆破損，以今通行刻本校之，知在十三、十四兩卷中。考内閣藏書，原儲於文淵閣東閣，實合宋、金、元、明四代之書而匯於一。朱彝尊《曝書亭集》卷四十四《文淵閣書目跋》云：

按宋靖康二年金人索秘書監文籍，節次解發，見丁特起《孤臣泣血録》。而洪容齋《隨筆》亦云，宣和殿、太清樓、龍圖閣所儲書籍，靖康蕩析之餘，盡歸於燕。元之平金也，楊中書惟中於軍前收伊、洛諸書，載送燕都。及平宋，王承旨構，首請輦送三館圖籍。至元中又徙平陽經籍所於京師，且括江西諸郡書板，又遣使杭州悉取在官書籍板刻，至大都。明永樂間勅翰林院凡南北所儲書，各取一部。於時修撰陳循督舟十艘，載書百櫃，送北京。又嘗命禮部尚書鄭賜擇通知典籍者，四出購求遺書，皆儲之文淵閣内。相傳雕本十三，抄本十七，蓋合宋、金、元之所儲而匯於一。縹緗之富，古未有也！

正統六年（一四四一）楊士奇等打點閣中書籍，編爲《文淵閣書目》。《四庫全書提要》云：

是編有正統六年題本一通，稱各書自永樂十九年（一四二一）南京取來，一向於左順門北廊收貯，未有完整書目。近奉旨移貯文淵閣東閣，臣等逐一打點清切，編置字號，寫完一本，總名《文淵閣書目》，請用廣運之寶，鈐識備照，庶無遺失。

明代帝王好學者少，中秘所藏雖富，亦土苴視之，立法苟簡，盜竊隨之，迄萬曆三十三年（一六〇五）孫能傳等重編《内閣書目》時，舊藏善本，所存已寥寥無幾。朱彝尊《文淵閣書目跋》又云：

迄萬曆乙巳（一六〇五）輔臣諭内閣，敕房辦事大理寺副孫能傳、中書舍人張萱、秦焜、郭安民、吴大山校理遺籍，惟地志僅存，亦皆嘉、隆後書，初非舊本，經典喪失，寥寥無幾。

《曝書亭集》卷四十四《重編内閣書目跋》亦云：

今以正統六年目録對勘，四部之書，十亡其九，惟地志差詳。然宋、元圖經，舊本並不登載，著於録者，悉成、弘（一四六五—一五〇五）以後所編。是則内閣藏書，至萬曆年已不可問。

此宋拓石本《歷代鐘鼎彝器款識法帖》殘葉，當爲文淵閣中舊物。《文淵閣書目》卷十三辰字號第一廚書目，載有：

《鐘鼎大篆》一部，一册，完全。
《鐘鼎彝器款識》一部，一册，闕。
《鐘鼎帖》一部，十册，闕。
《籀文》一部，二册，闕。
《歷代款識法帖》一部，三册，闕。

此諸目在《内閣書目》金石部中則僅見《鐘鼎大篆》一册（原注不全，即南岳《岣嶁神禹碑》）一種，是其餘四種在明代即已亡佚。不過在《内閣大庫檔册》（見《玉簡齋叢書》）騰字櫃中除「墨刻禹王碑文一百四十張一捆」外，尚有「破爛法帖一包」，當即此亡佚四種之殘餘，而此殘葉三面，亦當即此殘餘之殘餘。又如《文淵閣書目》中之《鐘鼎彝器款識》《歷代款識法帖》均可確定爲薛書省稱，《鐘鼎帖》多至十册，仍復殘闕，當亦是薛書簡名。蓋明以前金石書，以鐘鼎彝器款識名者，唯薛尚功及王復齋兩家。薛書搜羅完備，釐爲二十卷，模勒上石，故有歷代……法帖之稱。王書則僅拓本流傳，據《曝書亭集》卷四十六《宋拓鐘鼎款識跋》記其流傳次第甚詳，知未流入内府。且王書僅一册，完全無闕，亦與此目記一部一册闕者，不合。又此目所載《籀文》一部二册闕者，疑爲《石鼓文》，或即薛書所載之《石鼓》，亦未可知。總之，此《歷代鐘鼎彝器款識法帖》一書，在此目中析爲四名，或三名，必其書式大小裝治不同所致。即閣中所藏，必爲四種，或三種殘本。由此推知薛書墨拓，在明初已難得完本。及萬曆十六年（一五八八）萬岳山人硃印本《歷代鐘鼎彝器款識法帖序》則云：

> 《款識》一集，有抄本，無刻本。

又崇禎六年（一六三三）朱謀垔所刻《歷代鐘鼎彝器款識法帖序》亦云：

> 南宋薛尚功集《鐘鼎彝器款識》二十卷，《鐘鼎韻》七卷。《韻》有刻本傳世，《款識》則尚功手書，爲山陰錢德平秘藏。

此兩人皆先後翻刻薛書，而竟不知有石刻本，則明代此本流傳之罕，蓋可想見。

宋刻石本，原在江州。《直齋書録解題鐘鼎篆韻》目下云：

> 尚功有《鐘鼎法帖》十卷，刻於江州，當是其《篆韻》之所本也。

吾邱衍《學古編》論鐘鼎品二則，亦云：

> 薛尚功《款識法帖》十卷（原注尚功字用敏，錢唐人，僉書定江軍節度判官廳事），碑在江州，蜀中亦有翻刻者，字加肥。
>
> 薛尚功《重廣鐘鼎篆韻》七卷，江州使庫板，一卷象形奇字，一卷器用名目，五卷韻。

蜀中翻刻本，原委不明。元龜茲盛熙明《法書考》（此書創於至順二年，進呈於元統元年，即一三三一至一三三三）所載似即本於《學古編》，而略有增正。《法書考》云：

> 薛尚功《款識法帖》二十卷，碑在江州，蜀有翻本，字肥，後多一甗鼎。

蜀本款識如何，今無從取證，此外亦不見於何種著録，姑置不論。至石本卷數，據《學古編》《法書考》兩書所載，則有十卷、二十卷之異。元靈武斡玉倫徒跋薛氏手書本，亦云：

> 予讀薛尚功集古金石文，常歎其博，及見謝長源所收尚功寫本，乃知今石刻，僅得其半。（按手書本爲二十卷，石本僅得其半，必爲十卷無疑。原跋附朱謀垔刻本薛書後）

全祖望《鮚埼亭集外編》卷三十五《跋薛尚功手書鐘鼎款識》亦云：

> 石刻所傳，蓋僅有其半。

《四庫全書提要》則於此問題，疑而不決，其辭如下：

> 是書見於晁公武《讀書志》《宋史·藝文志》均作二十卷，與今本同。惟陳振孫《書録解題》作《鐘鼎法帖》十卷，卷數互異，似傳寫脱二字。然吾邱衍《學古編》亦作十卷，所云刻於江州，與振孫之説亦符，蓋當時原有二本也。

考明項子京《蕉窗九録》之《帖録》云：

> 宋薛尚功編次《鐘鼎卣彝古銅器銘》二十卷，刻於九江府庫，臨摹極工，甚有古意，今多取便抄録，作十卷以市於人。

是十卷本乃宋、元以來世俗取便抄録之作，非原書款式如此。元陶九成《輟耕録》卷二十六論傳國璽條云：

> 今取宋薛尚功此編《歷代鐘鼎彝器款識法帖》碑本第十八卷内璽文，模勒於後，以備博古者之一覽云。

此云碑本第十八卷，則原書卷數必在十卷以外可知。又黄丕烈《蕘圃藏書題識》卷一云：

> 余藏石刻殘本，少一至六，又十七、十八，共八卷。

是黄氏所藏石本除去殘闕，當有十二卷。古書流通處影印《歷代鐘鼎彝器款識法帖》首列參校書目，繆校六種中有：

> 宋石刻祖本，存十二卷，士禮居舊藏。

當即指此。又近人林鈞《石廬金石書志》卷八《歷代鐘鼎彝器款識法帖》目下，載朱爲弼跋云：

> 摹本多亥豕，而拓本絶少。余於三十年前，得清吟堂高氏舊藏此刻一册，惟漢器武安侯鈁以下數種耳，秦器已失，何論周以前耶！（按此在薛書第十八卷中）今觀蘭卿先生所藏十七、十八兩册，墨色入古，篆畫精妙，定爲初拓善本，洵吉光片羽也。

此均可爲石本原有二十卷之證。

石本之外相傳有薛氏手寫本。崇禎六年（一六三三）朱謀垔刻本，光緒三十三年（一九〇七）劉氏玉海堂刻本，均從此出。北平圖書館藏有朱刻本，其第十五卷後，附有宋、元人跋語兩葉，俱從手迹摹刻者，今備録於下：

> 孟頫鑒定。
>
> 嘉熙三年冬十有一月望後十一日，外孫朝請郎新知臨江軍事楊伯

喦，拜觀於廿四叔外翁書室。後二十年，弁陽周密得之外舅泳齋書房。

集金石録者多矣，尚功所編，尤爲精詣，況其墨迹乎？余舊於山陰錢德平家屢閲之，誠奇書也！至正元年十二月甲子，鑒書博士柯九思書於吴氏遜學齋。

予讀薛尚功集古金石文，常歎其博。及見謝長源所收尚功寫本，乃知今石刻，僅得其半，而寫本字畫爲精。夫學至於博而精，豈特論藝文而已？至正元年後五月二十二日，靈武斡玉倫徒克莊，在武林驛書。是日以潘雲谷墨，試張掖劉伯温所遺黄羊尾毛筆。

至正七年秋八月十二日，白野泰不華觀。

姑蘇王行觀。

據《平津館鑒藏書籍記》卷二，及《鐵琴銅劍樓藏書目録》卷七，所載朱刻本，除上述跋語外，尚有張天雨、周伯温、豐坊各親款題識。張天雨跋又見《抱經樓藏書志》及《皕宋樓藏書志》經部小學類，兹補録之：

錢塘薛尚功摹集三代彝器款識，文凡廿卷，較其器之墨迹，筆精墨妙過之，又其討論，有出於《博古》《考古》之外。前輩博雅，精詣如此！彼困而不學，竊好古之名，自比於米顛者，得不有愧？方外張天雨老學齋觀。

薛氏手寫本入清初爲范氏天一閣所得。《鮚埼亭集外編》卷三十五《跋薛尚功手書鐘鼎款識》所記原書題跋姓氏，均與朱刻本合。嘉慶間孫星衍又見此本於山東。玉海堂本載孫序云：

及余再官東省，得見舊寫本，多元、明人印章，或題爲繭紙薛尚功手書者，未知是非？然紙色舊而篆文極工……雖不敢定爲薛氏手迹，其爲宋寫本無疑矣！

此孫氏所見本，與朱謀垔所據原本，已有不同：(1)有元、明人印章，而無跋語，故孫氏不敢遽定爲薛氏手書。(2)所載《石鼓文》全與朱本不合。孫序云：

内有石鼓文字完備，此與世傳楊慎所見李東陽處唐拓本，約略相同，即後人疑楊升庵僞作者。考韓文公作《石鼓歌》原有「公從何處得紙本，毫髮盡備無差訛」之句，是唐時自有完本。如薛氏作書即見之，不應他本僅據殘字别石收録。然以爲後人增補入帙，何以紙色字畫，又與全書無異？豈薛氏以後得本，追改成書耶？

此《石鼓》來歷極可疑。玉海堂本原即孫氏所模舊寫本。孫氏稱舊寫本多元、明人印章，今玉海堂本曾將此元、明人印章，照原式鎸出。其《歷代鐘鼎彝器款識法帖目録》卷第一下，有沈氏雄仲、柯九思敬仲印，《歷代鐘鼎彝器款識法帖》第十卷終，有錢氏德平、沈氏雄仲，第三卷前有謝氏長原等印。錢德平、柯九思、謝長源均見朱本跋語。至沈雄仲與此本關係，則見明都穆《寓意編》及汪砢玉《珊瑚網古今法書録》。《寓意編》云：

史丈（明古）復有薛尚功摹《鐘鼎款識真跡》二十卷，後題云，嘉熙三年冬十有一月望後十一日，外孫朝請郎新知臨江軍事楊伯喦拜觀於廿四叔外翁書室，後二十年弁陽周密得之外舅泳齋書房，趙孟頫鑒定，白野不華、周伯琦題名，張伯雨、柯九思跋。此帖舊爲吾鄉沈雄仲藏。雄仲名洪，元巨室，號萬三之後，善草隸書，老而貧，故史氏得之。成化戊申（即弘治元年，一四八八）予館授史氏，九月，其家火作，書畫多付煨燼，唯此帖及歐、褚、趙模書數卷獨存，豈奇寶鬼神固衛之耶？

此可證玉海堂本與朱本同出一源。玉海堂本與朱本篆書行款，前後大略一致，獨《石鼓》則兩本大不相同。朱本《石鼓》有薛氏後記云：

右岐陽十鼓，周宣王太史籀所書。歲月深遠，剥泐殆盡。前人嘗以其可辨者刻之於石，以甲乙第其次，雖不成文，然典型尚在。姑勒於此，與好事者共之。

玉海堂本亦將此記刊去。雖孫氏云紙色字畫與全書無異，但從此舊寫本流傳之原委觀之，玉海堂本所載《石鼓》，必後人據楊慎本（？）竄改。

楊慎有《石鼓文音釋》，《四庫全書提要》載慎自序，稱東陽嘗語慎，及見東坡之本，篆籀特全，將手書上石，未竟而卒，慎因以東陽舊本，録而藏之。又慎所著《金石古文》，其第二卷亦載《石鼓文》，後有跋云：

予得唐人拓本於李文正先生，凡七百二字，蓋全文也，嘗刻之木以傳矣。

細核《金石古文》所載《石鼓》僅六百五十二字（連重文在内），與慎所稱七百二字不合。楊賓《鐵函齋書跋·連江石鼓文跋》云：

> 連江吴襄惠公文華得舊拓《石鼓文》於楊用修，用修得之李西涯，實蘇子瞻藏本也。

連江本後載入《陝西通志》，其字數與《金石古文》略同。朱遏先先生藏有陶滋《石鼓文正誤》，其《後序》云：

> 滋以正德戊寅歲作《石鼓文正誤》，甫成編，以諫止南狩觸罪，坐斥橋門，一日過寮友國博陸君俊卿家，見几上有舊書一册，取而閱之，乃東坡蘇子《石鼓文》摹本也。刻之者爲維揚歐氏本源，歐得之於甬東楊氏準，不知楊得之何人？……蘇本六百一十一字（按重文四十六字未計入），九鼓篆籀皆完，惟一鼓僅存其半焉，惜薛尚功輩爲音釋時，不獲見此！……正德庚辰（按即正德十五年，一五二〇）春三月七日，汾亭子陶滋書。

此云與楊慎本同出蘇氏，字數相差祇數字，此相差數字，或即陶序所謂「合舊編重爲删定」者所致。又《楊升庵年譜》載：

> 正德十六年（一五二一）辛巳冬十月，以李東陽所授東坡《石鼓文》舊本，屬善書者録爲一卷，藏之齋閣。

楊氏見此本，與陶氏僅相差一年。是此本當時已流傳非一。陸深《金臺紀聞》疑升庵以補綴爲奇，朱彝尊《日下舊聞考》及《曝書亭集·石鼓文跋》謂爲楊升庵僞造者，似皆有周納之嫌。

玉海堂本《石鼓》正文六百十四字，重文四十九字（内小魚、二日、五日等合文，依前計算例，每兩字仍作一字計），又比陶本多六字，比楊本多十一字。此必據陶、楊兩本，再參酌别本，補綴而成。在未有陶、楊兩本以前，決不能有此字數最多之玉海堂本。陶序明云「惜薛尚功輩爲音釋時，不獲見此」，可證此本原與薛書無關。近聞徐森玉先生言，十年前在廠肆曾見薛書石本殘帙，其中《石鼓》首尾完具，與玉海堂本同。森玉先生任北平圖書館採訪部主任，精鑒别，凡近二十年來由琉璃廠隆福寺書肆售出之善本書籍，無不寓目者，若所記不誤，則此石本之來歷，至爲可疑。《石廬金石志》卷八圖譜類云，藏有宋刻殘本十七、十八兩册，本爲晉府收藏物，有晉府圖書、敬德堂圖書印、子子孫孫永寶用等朱文印，當即宋拓石本無疑。《石鼓》原在薛書第十七卷中，此殘本有葉志詵、郭尚先、朱爲弼三跋，於《石鼓》行款字數均未言及，大致與朱本、阮本不能有若何差異，若此本與朱本、阮本不同，則跋中不容不言。又郭尚先跋云：

> 右《金石款識》第十八卷，以明朱謀垔刊本校之，悉同，惟彼本（即石本，對朱本言，故稱彼本）秦璽向巨源本第一，畢景儒本第三耳。

此石本、朱本不同處。考《輟耕録》卷二十六論傳國璽條，引碑本第十八卷璽文次第，正是向巨源本第一，畢景儒本第三。阮本亦云據舊鈔宋時石本校勘，其第十八卷秦璽次第，亦與《輟耕録》所引同。可證阮所據以校勘者，確爲舊鈔宋時石本。阮本《石鼓》與朱本不異，正可證明石本《石鼓》，與玉海堂本不同。森玉先生所見薛書殘本，今不知流入誰家？薛書蜀本，除吾、盛二家外，向不見於著録，此或即蜀本歟？然盛書明云字肥，後多一虺鼎，此外如有若何差異，不容不言。是蜀本《石鼓》，亦未必如此。姑誌於此，以待他日論定云。

各本每葉行款起訖，朱本、硃印本、玉海堂本、古書流通處本均同，可斷其同出於舊寫本。石本則略有不同。此石本殘葉第一面，自仲駒敦蓋以下，寫本在第十三卷第八葉；仲駒敦蓋以前，則在第七葉。是石本在一面中，而寫本分屬兩葉。此種差别，雖甚微細，但亦可見寫本與石本，原不相襲。舊謂寫本出薛尚功手摹，以朱本所載跋語觀之，嘉熙三年楊伯嵒跋，距薛氏成書約百年，柯九思跋，距楊跋又約百年，柯同時人有吾邱衍、張天雨、趙孟頫，俱精於鑒賞，玉海堂本卷一有貞白子、卷十二有貞白居士、卷十三有貞白道人諸印，貞白即吾邱衍，薛爲錢塘人，而此書爲山陰錢德平舊藏，泰不華、斡玉倫徒之跋，皆其官江浙行省時所爲，吾邱衍、張天雨又錢塘人，以此論之，此書出於薛氏手摹，似屬可信。又朱爲弼跋云：

> 吾浙薛氏尚功《款識》蒐羅既富，辨釋亦博，皆自書上石，不特篆法渾成，隸法奇古，即楷書亦上逼顔、柳，題爲法帖，良不誣也。

今觀此石本，摹寫之佳，實在朱本、玉海堂本之上。《蕘圃藏書題識》云：

> 此書自以宋刻爲最佳，精鈔次之。

又云：

既無石刻，則朱本可據。

誠爲篤論。是石本之出於薛氏手摹，又似可信。

寫本，則朱本、玉海堂本，猶存典型。石本原石，據朱爲弼云：「入元代毁以累塔。」(見《石廬金石志》)拓本，則人間已無全璧，即間有一二殘編零簡，亦秘藏嚴扃，無由窺見。阮本雖號稱得舊鈔宋時石本校勘，其每葉行款起訖，已全改石本之舊，其款識出於展轉傳摹，更在朱本之下。徐康《前塵夢影録》云：

阮文達撫浙時，得舊鈔本，因令陳仲魚鱣、趙次閑之琛作篆，高爽泉垲書釋文，千種一律，同於鑿空，遠不及《積古齋款識》據拓本橅刻者。嗣爲粤督，始見朱刻本，大悔，奈幕中無何夢華、朱菽堂、張叔未諸君慫恿集事，文達意興亦衰，否則粤東西梨棗木甚賤，而刻工亦精，可爲而不爲，書之顯晦，非有數耶？

此即阮本、朱本優劣論。阮本既不足據，石本又不易得，此宋拓殘葉，實可使吾人窺見石本一斑，是亦足以珍異矣！

石本傳世既稀，兹將嘉、道以來，各家藏弆，見於著録者，備列於下，藉爲本文結束。

黄蕘圃藏殘石本共十二卷(缺一至六、十七、十八，共八卷)——見《蕘圃藏書題識》。

歸朝煦藏石本——見玉海堂本孫星衍序。

嘉善程氏藏宋拓石刻本——見《郘亭知見傳本書目》。

吴大澂藏宋拓殘石本——見《前塵夢影録》江標《注》。

朱爲弼得高氏清吟堂舊藏漢器武安侯鈁以下數種——見《石廬金石志》。

林鈞藏宋刊殘本十七、十八兩册——見《石廬金石志》。

一九三〇年五月廿七日於北海

(原載《史語所集刊》第二本第二分，一九三〇年；又載《徐中舒歷史論文選輯》第一二八—一四〇頁，中華書局一九九八年)

宋拓石本歷代鐘鼎彝器款識法帖殘本再跋

徐中舒

石本薛尚功《鐘鼎彝器款識法帖》，民國十八年本所在殘餘内閣檔案中發見三葉。當時余曾草一跋文，並原跋揭於本所《集刊》中。嗣因趙斐雲(萬里)先生之介，又由本所購得石本殘卷計十六葉。本所已合前次發見之三葉，别印一百部流傳。取刻本較之，本所在内閣檔案中所發見之三葉，適與此十六葉(破損處皆用墨塗補)前後銜接。以此推之，此次所購得者，亦必爲内閣大庫中物。蓋民國五年移内閣檔案於午門歷史博物館，其中頗多宋、元本殘卷殘葉。當歷史博物館最初清理之時，其中珍貴之件，多爲監守人侵盗，此即彼時所散佚者。此十六葉爲何人所盗，吾等本知之，惟不必在此露布其名也。

石本來源，前跋仍有未盡者，兹補録之如後。宋曾宏父《石刻鋪叙》云：

《鐘鼎彝器款識帖》二十卷，定江僉幕(原注：陳氏《書目》作通直郎)錢唐薛尚功編次，并釋。起於夏，而盡於漢：

初卷夏琱戈、鈎帶；商鐘、鼎。

二卷商之尊彝。

三則卣；四則壺、爵；五則觚、舉、觶、敦、甗、鬲、盉、匜、槃、戈，皆商器也。

六之七悉載周鐘；八之後益以磬銘。

九之十則鼎之篆識；十一爲尊、卣、壺、舟、寶(按寶爲斝誤字)；十二爲觶、角、彝、匜；十三至十四盡敦銘；十五則簠、簋、豆、盉；十六則甗、鬲、槃、盂、盦；十七則戈、鐸、鼓、琥，皆周器也。

十八卷秦璽、權、斤居前；其後爲漢鐘、甬、鈁、鼎、鬲。

十九乃鑪、壺、巵、律管、匜(按刻本匜在此卷之末)、洗、鉦；末卷則鐙、錠、燭槃、甗、釜、甑、鋗、弩機，皆漢器也。

紹興十四年(一一四四)甲子六月郡守林師説爲鐫置公庫。石以片計者，二十有四。視汝之所刻（按《汝帖》刻於一一〇九），武陵所鋟（按《武陵帖》刻於一一四一），金石篆隸，則此帖爲備。

此所載二十卷，內容與今刻本全同。薛氏官定江軍，其地即江州所在。《宋史·地理志》云：

江州上潯陽郡……舊爲江南東路，建炎元年（一一二七）升定江軍節度，二年置安撫制置使，以江、池、饒、信爲江州路，紹興元年（一一三一）復爲二路（按即江南東路、江州路），本路置安撫大使。

薛氏服官江州，故郡守林師説爲之刊石，而江州使庫有薛氏《重廣鐘鼎篆韻》板刻（見《前跋》引吾邱衍《學古編》），當亦爲同時之事。薛氏事迹不傳，此石本刻於紹興十四年（一一四四），則薛氏之年代，亦可藉此而定。即北宋末南宋初年間人。

自淳化三年（九九二）《祕閣法帖》（省稱《淳化閣帖》）刊石之後，百餘年來數經翻刻，而鐘鼎及秦、漢石刻文字，亦時鐫入法帖之中。如《汝帖》第一段有金石文八種，第二段有秦、漢、三國刻石五種，《武陵帖》第五卷有蒼頡、夏禹書暨古鐘鼎款識，薛氏書卷十三之叔旦敦亦云得於《蘭亭法帖》中。蓋北宋刊刻法帖之風既盛，而商、周銅器出土亦夥，故南渡之初，薛氏得彙集商、周、秦、漢鐘鼎石刻文字，爲一完備之古代法帖。此亦當時學風下之新學業也。

薛氏所據諸書，據本書所載如下：

《重修宣和博古圖録》（薛稱《重修博古圖録》，或《博古録》）。

呂大臨《考古圖録》（薛稱呂氏《考古》，或《考古圖》，或《考古録》，或《考古》）。

李公麟《古器圖録》（薛稱李氏《古器録》），見於卷一庚鼎下引，僅此一見。《東觀餘論》下卷，有《跋定本古器圖後》，當即此書。翟耆年《籀史》稱此書爲李伯時《考古圖》）。

劉敞《先秦古器記》（薛稱劉原父《先秦古器記》）。

歐陽修《集古録》（薛稱歐陽文忠公《集古録》）。

《古器物銘》（《籀史》有趙明誠《古器物碑録》十五卷，當即此書）。

淮揚石本。

《蘭亭法帖》。

《集古印格》。

向旛傳本。

向巨源傳本。

蔡平仲傳書。

此外復有取於墨本者（如卷十三達敦下云，得於王炎公明家藏墨本），取材既富，摹寫亦復謹嚴，其各書如有筆畫不同者，必並存之。故言宋代彝器款識之書，必以此爲最。今其所據諸書，如《宣和博古圖》，明、清兩代刻本之外，元至大本已不易見，宋本（據《四庫書目提要》大觀時所作，即一一〇七至一一一〇）天壤間或已絶迹。《考古圖》明、清刻本外，亦無善本。其他所據諸書，並皆湮滅。此石本雖不足二十葉，然皆薛氏當日手迹，其中敬字皆避宋諱缺筆，視朱本、劉本出於傳摹者，神采既勝，而卷十四中有一行云：

錢唐薛尚功編次，并釋音。

此一行亦刻本所無。以版本言，此亦足珍貴也。

（原載《史語所集刊》第二本第四分，一九三一年；又載《徐中舒歷史論文選輯》第一四一—一四四頁，中華書局一九九八年）

歷代鐘鼎彝器款識法帖述評

容庚

薛尚功字用敏，錢塘人。善古篆。紹興中，以通直郎僉定江軍節度判官廳事。宋代集録彝器款識以此書爲富，而編次條理亦以此書爲優。卷一夏琱戈、帶鈎、商鐘、鼎四十六器，卷二商尊、彝四十三器，卷三商卣三十四器，卷四商壺、罍、爵四十四器，卷五商觚、斝、觶、敦、甗、鬲、盉、匜、盤、戈四十四器，卷六至八周鐘、磬三十八器，卷九、十周鼎五十七器，卷十一周尊、卣、壺、舟、罍二十二器，卷十二周觶、角、彝、匜三十三器，卷十三、十四周敦三十九器，卷十五周簠、簋、豆、盉二十二器，卷十六周甗、鬲、槃、盂、盦二十九器，卷十七周戈、鐸、鼓、琥十三器，卷十八秦璽、權、斤、漢鐘、甬、鈁、鼎、鼒十八器，卷十九漢鑪、壺、巵、律管、洗、鉦、匜十四器，卷二十漢鐙、錠、燭槃、甗、釜、甑、鋗、弩機十五器，凡五百一十一器。其所定夏器、商鐘當屬之周，而商周二代，雖大較近是，而周器有當入之於商者。磬一、鼓十乃石器，琥一、璽三乃玉器，非盡銅器也。

其評此書之得者，《郡齋讀書志》（四：十三，王氏本）稱其詳備。《四庫總目》（四一：二八）云：「尚功嗜古好奇，又深通篆籀之學，能集諸家所長而比其同異，頗有訂訛刊誤之功，非鈔撮蹈襲者比也。」其言誠是。若所舉「其箋釋名義，考據尤精」者五條，以《虁鼎》爲商鼎，説尚可從。以《夔鼎》上一字爲夔字，《父乙鼎》末一字爲彝字，《召夫鼎》釋家刊二字（案此乃《册命鼎》文，誤以爲上一器《召夫鼎》），説均未確。以《父甲鼎》立戈爲子，則以不誤爲誤矣。

其舉此書之失者，《四庫總目》云：「其中如十六卷中載《比干墓銅盤銘》之類，未免真僞雜糅。」翁方綱《跋鐘鼎款識殘拓本》云：

《好時鼎》一跋，詳引《漢郊祀志》秦、漢祠五時事，然以愚詳之，此鼎所謂好時者，特右扶風之邑名耳……奚必援五時祠乎……又此殘拓内《武安侯鈁》跋，楚思王子悛，以元壽元始（原誤封）再封武安侯。考《王子侯表》，思王子悛以建平四年（紀元前三年）初封武安侯，其元壽年乃其失侯之歲，薛誤讀史表而訛耳。半卷之殘帖，已有參差若此者，安得見其石本全帙，詳爲核正，庶有益乎（《復初齋文集》二八：十七）。

張澍《書鐘鼎款識後》云：

《鐘鼎款識》云「《漢書言府弩機》銘二十有七字，延光三年閏三（款識無三字）月，書言府作」。澍案：書言府或疑是人姓名，而他書無言及者。獨《朱博傳》云：「姑幕縣有群輩八人報仇廷中，皆不得。長吏自系書言府。」據此是拘縶罪人之所也。書言云者，鞫訊犯人，書兩造之供辭耳。而薛尚功乃云：「書言府者，所謂言則左史書之之義，天禄、石渠之屬，蓋漢之武庫，隨府有之，若盾省是也。」其説非。既云書言，何得又云武庫耶（《養素堂文集》一八：一）。

孫詒讓著《古籀拾遺》，序謂：「薛氏之旨，在於鑒别書法，蓋猶未刊集帖之陋，故其書摹勒頗精，而評釋多謬」，乃爲之校正商鐘、己酉戍命尊、許子鐘、聘鐘、盄和鐘、齊侯鎛鐘、窖磬、晉姜鼎、師艅尊、單癸卣、孟姜匜、宰辟父敦、敔敦、寅簋等十四器。郭沫若著《兩周金文辭大系》，採用中齋三器、中觶、中甗、厚趠鼎、穆卣、牧敦、師毛父敦、走鐘、蔡敦、成鼎、敔敦、伯克壺、師𣪕敦、微䜌鼎、寰鼎、師訇敦、𣁋盨、𢦏敦、鄦敦二器、楚公逆鎛、楚王鐘、楚王酓章鐘二器、伯戔盤、伯戔𥂴、鄀公諴鼎、許子鐘二器、宋公戍鐘六器、宋公䜌鼎、曩公壺、慶叔匜、叔夷鎛、叔夷鐘七器、晉姜鼎、伯郄父鼎、虢姜敦、秦公鐘等五十二器，重爲考釋，其餘有待校正者尚多也。以今日尚存之趠鼎及岐陽石鼓十器較之，可知其傳寫失真。若秦璽三，可確定爲宋哲宗時僞造，因而改元元符。趙彦衛《雲麓漫鈔》（十五：一）已辨之。

其刻本曾宏父《石刻鋪敘》謂「二十卷，定江僉幕錢唐薛尚功編次並釋……紹興十四年（一一四四）甲子六月，郡守林師説爲鐫置公庫。石以片計者二十有四」。其石刻本流傳者，如黄丕烈藏十二卷（缺一至六及十七、十八共八卷），見於《蕘圃藏書題識》；翁方綱見第十八卷殘拓本《谷口甬》以下凡十段，《谷口甬》篆已失去，見於《復初齋文集》（二八：十七），皆未得見。歷史語言研究所整理明、清内閣大庫檔案，得殘葉三紙，又購得殘葉十六紙，適相銜接，爲第十三卷仲駒敦、肇父敦，第十四卷散季敦、尨敦、郝敦，凡五器。《直齋書録解題》云：「尚功有《鐘鼎法帖》十卷。」《學古編》云：「薛尚功《款識法帖》十卷，碑在江州，蜀中亦有翻刻者，字加肥。」元靈武斡王倫徒跋云：「予讀薛尚功集古金石文常歎其博，及見謝長源所收尚功寫本，乃知今石刻僅得其半。」（見朱刻本）項元汴《蕉窗九録》（頁二十）云：「宋薛尚功編次鐘鼎卣彝古銅器銘二十卷，刻於九江府庫，臨摹極工，甚有古意，今多取便抄録，作十卷以示於人。」似是二十卷本之外又有十卷本。孫詒讓云：「蓋定江石本，南宋中葉已缺其半，陳直齋所見即不全本，實無二刻也。」（《籀高述林》六：十）明孫楨《金石評考》則謂「宋刻本有木、石二種」（見下文）。又《金石評考》（頁十四）云：「余三次得三册，雖爲殘斷，喜皆舊拓，翫刻手固似三種，又不知何地再摸也。」又云：「此帖余得之於崑山沈大中，共十五幅，幅長五尺有奇，剪棄潰爛，裝爲二册，校之摸本裁得四之一耳。曾宏父乃曰石以片計者二十有四，豈兩面皆刻者歟。」（《跋薛尚功鐘鼎款識石刻》）

石本在明代已少流傳，然頗傳真迹尚存於世。都穆《寓意編》云：

史丈（吴江史鑒）復有薛尚功摹《鐘鼎款識》真迹二十卷，後題云「嘉熙三年（一二三九）冬十有一月望後十一日外孫朝請（原作奉）郎新知臨江軍事楊伯嵒拜觀於廿四叔外翁書室。後二十年弁陽周密得之外舅泳齋書房」。趙孟頫鑒定。白野不花、周伯琦題名。張伯雨、柯九思跋。此帖舊爲吾鄉沈雄仲藏。雄仲名洪，元巨室號萬三後，善草隸，老而貧，故史氏得之。成化戊申（一四八八），余館授史氏。九月，其家火作，書畫多付煨燼，惟此帖及歐、褚、趙模書數卷獨存。

朱存理《鐵網珊瑚・書品》（一：二十）並記録柯九思、張天雨等人題跋、觀款。《金石評考》（頁十五）云：

薛尚功《鐘鼎款識》二十卷，余所藏宋刻本有木、石二種，惜皆殘缺，未睹其全。聞真迹在吴江史氏，前缺數葉，元俞紫芝書以補之，共用絹素百二十翻。屢欲扁舟往訪，多難未遑也。

朱謀垔所刻，即此真迹本。後歸范氏天一閣，最後有豐坊題。全祖望云：「范氏書帖大半萬卷樓故物，而是本獨不知得之何人。」（《鮚琦亭集外編》三五：四）然均不言俞和補書之事，豈孫氏所記，得之傳聞，不足信耶？

傳世木刻、傳寫之本有五：

（一）明萬曆十六年，萬岳山人木刻朱印本，前有萬岳山人序，略云：

《款識》一集，有抄本無刻本。予深憫其傳之不博也，意欲梓焉。謀諸數年，因艱於摹寫之手而竟不果，然梓行之興，遂自索然。邇年偶遇松石姜君，亦博物之士，能兼諸家書法，又工篆隸。予以是集而謀諸姜君，彼固唯然，試一爲之。予觀其摹寫之際，運筆精熟，若素所習者，不半月而就，於是遂得而梓焉，初願始畢。其間多錯亂缺文者，悉皆校讎釐正，則魯魚、亥豕之訛，庶乎其免矣。

萬岳山人不知何許人，序末有「宣公後裔」印，故《天禄琳琅書目》（七：三二）定爲陸氏。考證删節不全，每遇略長之考證，輒删去其末段，或並删其前段，且多誤字，幾於文義不通。如《癸鼎》云：「右癸有紐徙而未連之象。萬物之出也，草昧而已。草者至巽而齊，昧者至離而明，癸正北方而冬也，故一草。《河圖》《洛書》，三代傳寶，而夏、商爲近，故書畫未分耳。」讀者試取它本校之，便可知其謬誤之狀。

（二）崇禎六年，朱謀垔刻本。謀垔字隱之，號厭原山人，寧藩支裔。好苦吟，爲《山居百詠》。善書畫。築寒玉館，藝竹萬竿，軒楹之間，泠碧蕭然，列古彝鼎圖史，吟嘯不倦。著有《畫史會要》五卷，《續書史會要》一卷（朱寶符《畫史會要・序》）。

此書前有謀垔序，略云：

南宋薛尚功集《鐘鼎彝器款識》二十卷，《鐘鼎韻》七卷。韻有刻本，傳世《款識》則尚功手書，爲山陰錢德平秘藏。神物流傳，不專一氏。庚午（一六三五）夏月，客有持以視余。余喜出殊異，不惜重貲購之，而不欲私爲己寶也，爰授梓人，公諸同好……篆文一卷至八卷，臨川帥志摹；九卷至廿卷，則族侄統鉌繼之；小楷家侄統𨨗書。書成，搜其亥豕之訛，則有族侄寶符、統鉆。至於命意運指，不失古人遺法，自柔翰以至鐵史，皆不佞垔一一指授，願爲薛氏忠臣者。

朱氏所得是吴江史氏本，是否薛氏手書未可必，其於原石本則未見也。

(三)嘉慶二年，阮元刻本。阮元序略云：

薛尚功《鐘鼎款識》宋時爲石刻本，故有法帖之名。明萬曆間，朱印刊本，訛舛最多，跋語亦删節不全。惟崇禎間，朱謀垔所刻尚功原本，較爲可據。然板本並佚，傳寫滋誤。今據吴門袁氏廷檮影鈔舊本，及元所藏舊鈔宋時石刻本，互相校勘，更就文瀾閣寫本補正之，似可還薛氏舊觀。錢唐吴氏文健明於小學，審定文字，以付梓人；陳氏豫鍾精篆刻，爲摹款識；高氏塏善書，爲録釋跋，皆一時之能事也。

然刻本無石本「錢唐薛尚功編次並釋音」一行，則其自藏必非舊鈔宋時石刻本。文瀾閣寫本從朱氏刻本出，阮氏就文瀾閣寫本補正，則其未見朱刻可知。

(四)嘉慶十二年(一八〇七)平津館臨宋寫本。孫星衍序略云：

曩客中州時，見薛氏《鐘鼎款識》石刻本於歸河丞朝煦處，未及細閲。後至京師，得明刻佳本，旋爲友人取去。阮中丞開府浙中，既以宋刻板本校梓行世，視舊本精善。及余再官東省，得見舊寫本，多元、明人印章，或題爲繭紙薛尚功手書者，未知是非，然紙色舊而篆文極工，核之阮氏刻本及近時本篆體，審正釋文，字句增多，可以訂别本誤改篆文及脱落釋文共若干處。記所見法帖本式樣正與此相似，雖不敢定爲薛氏手迹，其爲宋寫本無疑矣。亟屬嚴孝廉可均影臨古篆，蔣茂才嗣曾寫附釋文。或有原書筆誤，皆仍其舊。

孫氏欲將寫本付欹劂未果。光緒三十三年(一九〇七)，貴池劉世珩校刊於武昌，並取阮印本細勘，舉阮本誤脱共一百二十八處，爲《札記》一卷附於後。劉氏未見朱本，衹以孫本校阮本，而阮本之同於朱本者，劉氏不知也。余嘗以朱本校孫本：如《秉仲鼎》《休爵》《丁舉爵》《父己舉》《蓮勺爐》，孫本皆奪其目。《岐陽石鼓》之後，孫本缺考説兩行五十八字。阮本皆有之，劉氏未曾舉出。其餘錯缺之字，朱、孫兩本互有優劣。孫本爲繆荃孫舊藏，見於《藝風藏書記》(五：一)。劉氏《札記》頗有誤字，如《齊侯鎛鐘》云：「肇霸於戎，按[illegible]，《説文》霸重文，阮本作敏誤。」《齊侯鐘一》云：「余錫汝釐都霸爵，霸不釋亂。」《齊侯鐘八》云：「都霸，阮作都亂。」案朱本、阮本均釋肇敏不誤，孫本、繆本均釋肇霸。霸乃下一行「余錫汝釐都霸爵」之文，朱本、阮本、孫本、繆本均釋爲亂。《齊侯鐘二》肇敏、亂爵之釋，四本均同。《齊侯鐘十》肇敏改余敏，四本均同；亂惟孫本釋作霸。可知敏與亂乃舊釋，後人有釋亂爲霸者，注改霸於篆文之右，劉氏《校記》遂認敏爲霸，引《説文》爲證，而不知其張冠李戴，《鐘二》《鐘十》尚存舊釋，未曾盡改也。校記《齊侯鐘一》，有《鐘二》至《六》之文，《鐘八》有《鐘十》之文，殊嫌鹵莽。《齊侯鐘八》云「肅肅義政，阮作殷殷」。余所見阮本並不誤。

(五)古書流通處石印繆荃孫藏本，前有朱謀垔敘，田林記，後有康熙五十八年(一七一九)，虞山陸亮(友桐)記，阮元、孫星衍序。陸亮記略云：

吾虞湖南毛氏素稱藏書家，此寫本《鐘鼎款識》廿卷，前後皆有汲古閣及黼季印章，此爲毛氏家藏本無疑。客持以售，索價甚昂，余貧不能致，復愛甚不忍捨去，因與暉山侄篝燈抄録，凡十晝夜而成帙。惟是亥豕、魯魚，句多舛缺，且無敘識款題，不知何人輯録。繙閲之下，每用慨然。己亥(一七一九)秋，館於石城清河公第，得交髯翁田志山先生，見其案有焚餘舊本，爲先生填補而成者，因乞假校勘。先生學深貌古，性誠慤爽朗，絶無幾微吝色。復與暉山侄校其訛謬，並録敘跋，始知爲南宋薛尚功所集，而是書竟成完璧矣。

此本前有參校書目云：陸校三種：田志山校補程氏焚餘本，明萬岳山人刻朱印本，明朱謀垔刻本，繆校六種：宋石刻祖本，阮氏文選樓刻本，黄蕘圃校補顧云美鈔本，倪闇公舊藏景鈔本，周櫟園舊藏景鈔本，平津館鈔本。「爲藝風老人銘心絶品」。案陸氏《後記》云：「因與暉山侄篝燈抄録」，又云：「復與暉山侄校其訛謬，並録敘跋。」今此本出於一手，復無校改痕迹。且田林《前記》「子孫」誤「予孫」，「復醬瓿」誤「復瓿」，此乃後人傳鈔本，其非陸氏叔侄手寫可知。此書《藝風藏書記》(五：二)著録，衹云：「摹寫極精，康熙己亥陸友桐手寫本」，並録田氏、陸氏兩人手跋而已。至謂陸校三種，繆校六種，何以均無一言及之？《岐陽十鼓》，阮氏屬江德地據天一閣本校注其誤於字旁，此書同之，是否出於繆氏手筆未可知，可知者書末有繆氏手書：「藝風校，癸丑（一九一三）十一月又校，小珊」，十二字而已。乃謂：「藝風嘗遍假南北各藏書家舊鈔精刻之本以彙校此本，實爲畢生精力之所寄。友桐鈔之於前，藝風校之於後，允推此書第一善本。」書估欺人，可恨可笑！實則朱刻本之不如也。

五本並觀，校以原刻石本殘葉及《嘯堂》宋刻，萬岳山人本銘文訛舛，考證删節，其劣不待言。其餘四本，出於朱本，而均未見朱本，雖小有異同，由於各人之校改。朱本較佳；孫本差近朱本，而款識筆畫略肥，横畫與直畫每不相接，如《乙酉父丁彝》之酉字貝字。繆本在孫本與阮本之間，銘文有與阮本同誤者，如《夔鼎》。阮本爲下。若以《象尊》言，校以《博古》《嘯堂》，薛氏五本均無一是處，且知阮本、繆本實出於萬岳本。石刻本每卷之首，有「錢唐薛尚功編次並釋音」一行，五本均無之。其考證，石刻殘本每行十七字至二十字，萬岳本每行二十八九字，朱本每行三十字至三十一字，阮本每行十九字至二十一字，孫本每行二十四字至三十一字，繆本每行二十七字至三十字。《岐陽石鼓》朱、阮、繆三本均始於「而師弓庶」，獨孫本始於「吾車既工」。石刻、萬岳、朱、阮、孫五本均無板心書名，獨繆本版心有「《歷代鐘鼎彝器款識》卷幾」一行。

觀於下表，石本雖僅得三器，然與各木本、石印本之同異，大略可見矣。茲將各本異同較大者記録數條於下：

（1）朱本卷三《貝父辛卣》：「亦有文（及之誤）於貝者也」（也字衍）。下缺「書言大貝在西房，蓋國之所寶也。以貝銘之卣間，是亦象矢之義也。父辛則指其人而已」三十四字，與萬岳本同。阮本、孫本、繆本均不缺，惟「大貝」阮本作「赤貝」，繆本作「亦貝」。《書·顧命》「胤之舞衣，大貝鼖鼓在西房」，故知阮本、繆本均誤也。

（2）朱本卷七《盄和鐘》「按本紀」下缺「自襄公爲始，則桓公爲十二公，而銘鐘者爲景公也。按秦本紀」二十四字，與阮本同。孫本、繆本均不缺。校以《集古録跋尾》，則應有此二十四字。

（3）朱本卷二十《軐家釜》銘文「軐家容四斗五升，重十斤一兩九朱，三年工丙造，第五」，二十一字；《軐家甑》銘文「軐家容三斗，重四斤廿朱，三年工丙造，第五」，十七字，證之《考古圖》（九：三一）正合。乃阮本移《軐家釜》於《館陶釜》之後，銘文十七字，與《軐家甑》相同。《軐家甑》銘文祇得前段十字，缺去後段「三年工丙造，第五」七字。孫本《軐家釜》與《軐家甑》銘文互易，《軐家甑》缺去後段銘文七字。繆本先《軐家釜》，次《館陶釜》，次《軐家甑》，次序與朱本、孫本同，而釜、甑銘文則同於阮本。其餘可參觀劉氏《校記》，不復備舉。

石、木本異同表

器名＼板本	石本	朱本	阮本	孫本	繆本
仲駒敦蓋	不見於□注	不見於傳注	不見經傳	同朱本	同阮本
	眇邈	同石本	渺邈	同石本	同阮本
	所得斷簡遺編補緝詁訓	所以斷簡遺編補緝詁訓	斷簡遺編補緝訓詁	斷簡遺編補緝詁訓	所簡遺編補緝訓詁
	無所指歸	無所歸止	同石本	同石本	同石本
	製作之旨	製作之有	同石本	同石本	同石本
	小補之哉	小補哉	同石本	同石本	同石本
器名前	周敦	缺	同朱本	同石本	同石本
散季敦	考其銘	考其名	同朱本	同朱本	同朱本
	饗乎人	享乎人	同石本	同石本	同石本
	以爲之輔	以之爲輔	同石本	同石本	同石本
尨敦	尨	同石本	皆作龍	同石本	同石本
	今余惟	同石本	令余惟	同石本	同石本
	命汝洎曰	同石本	命汝衆曰	同阮本	命汝伯曰
	入姜氏命	同石本	人姜氏命	同石本	同阮本
	敢有侯止	同石本	敢有候止	同石本	同石本
	文侯頵命齊侯鏄鐘	同石本	文侯顧命齊侯鐘銘	同石本	同阮本
	故古人	同石本	于古人	同石本	于古人

（選自容庚《宋代吉金書籍述評》之《歷代鐘鼎彝器款識法帖》部分。《宋代吉金書籍述評》最初發表於《史語所集刊外編——慶祝蔡元培先生六十五歲論文集》，一九三三年；又增訂發表於《學術研究》一九六四年第一期。後從該文中抽出此部分内容，題曰《歷代鐘鼎彝器款識法帖述評》，載於《歷代鐘鼎彝器款識法帖》木刻景本，中華書局一九八六年。此據後者。）

記所見薛氏鐘鼎款識原石宋拓殘本

王世民

薛尚功撰《歷代鐘鼎彝器款識法帖》二十卷（以下簡稱「薛書」），是宋代金石學著作中集録金文資料最豐富的一部。據曾宏父《石刻鋪敘》記載，該書於紹興十四年（一一四四）由郡守林師説鎸置江州（今江西九江）公庫，用石二十四片。由於宋亡以後原石不存，傳世拓本極爲難得。

一九二九年，史語所派員整理儲存在北京午門城樓的明清内閣大庫檔案，從中發現薛書的宋拓殘紙三葉，後又購得十六葉。這十九葉殘紙的内容，屬十三、十四兩卷，共計八器（有的缺行較多）。當時由徐中舒先生撰寫跋文兩篇，發表在《史語所集刊》第二本的第二、四分册。該所又將殘紙和跋文集合起來，用珂羅版精印一百册傳世，從而引起學術界的注意。徐先生指出，薛書墨拓在明代已難得完本，十九葉殘紙當爲文淵閣中舊物，據此「實可使吾人窺見石本一斑，是亦足以珍異矣」。

徐先生在前跋的末尾，曾列舉清代嘉道以來見於著録的各家所藏薛書石本如下：

（1）歸朝煦藏石本——見玉海堂本孫星衍序

（2）黄蕘圃藏殘石本共十二卷（缺一至六、十七、十八，共八卷）——見《蕘圃藏書題識》

（3）嘉善程氏藏宋拓石刻本——見《郘亭知見傳本書目》

（4）吴大澂藏宋拓殘石本——見《前塵夢影録》江標注

（5）朱爲弼得高氏清吟堂舊藏漢器武安侯鈁以下數種——見《石廬金石書志》

（6）林鈞藏宋刊殘本十七、十八兩册——見《石廬金石書志》

但是，徐先生未能親眼見到所舉任何一本的原物，其中除黄丕烈、林鈞二本在著録中記明共包含第七至二十卷外，其他幾本都不詳其所屬卷次，甚至記述有誤（4、5實爲一種）。容庚先生在一九三三年初次發表的《宋代吉金書籍述評》一文（見《慶祝蔡元培先生六十五歲論文集》），談到薛書原石拓本的流傳情況，曾提到「黄丕烈藏十二卷」和「翁方綱見第十八卷殘本谷口甬以下凡十段」，同時表示「皆未得見」。這些藏本的已知卷數，既以黄氏士禮居藏本爲多，無疑學術價值最高。民國初年，古書流通處石印繆荃孫藏本，卷首所列參校書目中「繆校六種」，有「宋石刻祖本，存十二卷，士禮居舊藏」，説明當時該本尚完好無恙。令人遺憾的是，時至今日，這一黄氏藏本和歸、程二本，早已不知去向。我們有幸親手摩挲的是下列二本：

（1）朱爲弼得自高氏清吟堂舊藏殘本，翁方綱所見和江標見於吳大澂家均此，現藏上海圖書館。

（2）《石廬金石書志》著録，林鈞所藏十八卷一册。現藏中國社會科學院考古研究所。

另承張政烺先生告知，史語所於一九四七年前後又在北京購得薛書原拓殘紙，唐蘭先生曾將其借往北京大學拍照，後被該所携往臺灣。經向北京大學考古系及唐蘭之子復年同志查詢，未能獲知進一步情況。一九六八年六月出版的《史語所善本書目》，對該所收藏的薛書石本殘紙未作著録。至於上海圖書館藏本卷末江藩跋述及的「吳下繆氏所藏硃拓本、姚君南谿所藏不全本」，當時已不知歸於何人，現在更無法弄清楚卷次和下落。

二

現藏上海圖書館的薛書原拓殘本，係一九五六年上海市文物管理委員會由方詩銘先生經手購自錢鏡塘處，後撥交圖書館保存。這一殘本的現狀，是採取「金鑲玉」方式裝裱的册葉，高22.5釐米，寬36.3—38.2釐米。織錦封面上白色簽條，係「庚寅春三月」（一九五〇）吳大澂孫吳湖帆所書，文曰「宋拓薛尚功鐘鼎款識法帖　原刻殘本」。卷前又有舊簽二條和扉頁一幅，均爲同治戊辰年（一八六八）沈樹鏞（字韻初，號鄭齋）請友人爲其題寫。原文作：

薛氏鐘鼎款識殘刻　原石宋拓本　漢陽葉氏平安館舊藏　同治戊辰九月得於都門屬遂生書檢　鄭齋記

薛尚功鐘鼎款識殘刻　宋拓墨本　葉氏平安館舊藏　同治戊辰八月客都門興勝禪院題　鄭齋

薛氏鐘鼎款識殘册　宋拓本　戊辰冬胡澍署首

據鄭齋舊簽及吳湖帆題記（詳下）可知，此本原係葉志詵平安館舊藏，同治七年（一八六八）歸沈韻初。沈韻初（一八三二—一八七四）是清末著名藏家，時有「近世以來大江南北收藏碑帖之富無以比焉」之譽。他是吳大澂的妹丈，吳湖帆題記又稱外祖，沈吳兩家爲雙重姻親，關係密切。

沈韻初爲殘册書寫了詳細目録，吳湖帆曾加校補，並另作簡目附後。其間又插入翁方綱所題一簽。原文如次：

薛氏鐘鼎款識殘册目録（注：方括號内爲吳湖帆校補標注）

〔辛辟父敦二　釋文三行　卷十四〕
辛辟父敦三
尨敦
　銘缺三行
　釋文缺三行
〔邢敦一〕
邢敦二
　蓋〔器〕銘存三行半
邢敦三
　銘全
　釋文缺七行
師偣敦
　釋文缺二行
師毀敦
　銘存三行
牧敦
　銘缺十二行
敔敦
石鼓第二〔卷十七〕

存五行
谷口甬〔卷十八〕
銘缺
△漢鈁
武安侯鈁
△漢鼎
李氏鼎
鮑氏鼎
汾陰侯鼎
定陶鼎
汾陰宫鼎
上林鼎
孝成鼎
好時鼎
卷二十
△漢鐙
上林榮宫鐙
銘一行誤裝在末葉〔更正〕
首山宫鐙
甘泉上林宫鐙〔僅存標題〕
銘及釋文俱缺與首山宫鐙倒裝〔更正〕
林華觀行鐙
據前明朱氏刻本上林鼎在好時鼎後此册裝誤〔更正〕
同治己巳春正月校勘紀存時居吴門　鄭齋

右目爲外祖川沙沈韻初先生所書。卷十四遺録目録二器，又郉敦二器銘誤蓋銘，兹用朱文校正補入其中。漢鈁、漢鼎、漢鐙爲標類非目，故圈删。其他注誤裝四處，皆據之更正重裝。右目書於同治己巳，越今已八十一年，民國庚寅鏡塘錢君出觀校勘付裝，吴湖帆記。

（注：卷末又題「庚寅春日鏡塘兄携觀薛氏鐘鼎款識宋拓殘頁孤本，復爲重加檢理，校正顛倒，裝爲二十八葉，吴湖帆記」）

薛氏鐘鼎款識殘拓本　東卿所藏覃溪題
宋拓原刻殘本存廿五器廿八葉
第十四卷辛辟父敦二至卷終敔敦止凡十器十五葉
第十七卷岐陽石鼓二殘文一葉
第十八卷谷口甬至好時鼎止凡十器九葉
第二十卷卷首上林榮宫鐙至林華觀行鐙
凡四器三葉甘泉上林宫鐙祗存標目一行器釋俱不存

按薛尚功鐘鼎款識法帖計收夏商周秦漢金石文字凡五百十一器，分二十卷。薛氏生於南宋初紹興間，越今在八百年左右。此帖所載諸器，除岐陽十鼓猶煊赫存立於天壤間外，其他吉金之屬幾乎百不一存，甚矣滄桑變幻，對此僅存殘楮賸麝，猶及摩挲，能無慨幸耶。

吴湖帆在重裝時，還用朱筆和另紙將殘本中若干短缺部分（主要是銘文缺行）有所補綴，使之一目瞭然。

卷末有題跋多條，表明此本最早爲高士奇（一六四四—一七〇三）清吟堂所藏，嘉慶年間歸於朱爲弼（一七七一—一八四〇）經注經齋。這時僅有十八卷「谷口銅甬以下至上林鼎凡十段」（翁跋語），由於谷口甬的標題和銘文俱缺，又被記作「漢器武安侯鈁以下數段」（考古所藏本朱跋語）。此間題寫跋語的有王學浩、阮元、吴修、姚元之、江藩五人。五跋如次：

嘉慶九年二月十日獲觀於武陵使署之積古齋。崑山王學浩。

薛尚功鐘鼎款識本稱法帖，後人始刻印爲書，是以宋影鈔本皆稱法帖也。此十二葉爲初拓不全本，可見宋時初刻精妙本來面目，極可珍也。此册舊爲江村高氏藏本，今歸平湖朱氏右甫。右甫今爲予編鐘鼎款識續編，寶此册爲淵源矣。

嘉慶九年春二月十八日，揚州阮元識於八甎吟館。

嘉慶己巳（注：十四年）長至前二日，海鹽吴修觀於海藏室。

嘉慶十有四年青龍己巳長至之夜，桐城姚元之觀。

鐘鼎款識石刻向在臨安，宋元易代之時毁於兵燹，今片石不存矣。予曾見吴下繆氏所藏硃拓本，姚君南谿所藏不全本，今不知歸於何人。嘉慶十四年冬至日下，菽堂先生出此見示，爰題數語以誌眼福。甘泉江藩。

嘉慶十四年冬以後不久，此本即歸葉志詵，有十六年冬翁方綱（一七三三—一八一八）長跋爲證。該跋見於所著《復初齋文集》卷二十八，文字有較多改動。原跋云：

薛用敏鐘鼎款識第十八卷殘拓本，谷口銅甬以下至上林鼎凡十段，惟谷口銅甬一段篆文已失去矣。好時鼎跋雖詳述五時祠事，然此銘云長樂⿰⿱扌食卂宫（原注：此是宫字非官字，跋内或作官者，誤耳。⿰⿱扌食卂字本从卂从食才聲，即載字也，亦見於岐陽癸鼓，此器篆文偶省卂作八，與人篆作八者迥别，薛氏不知而誤以爲食旁加人，釋作飼字，則謬甚矣。⿰⿱扌食卂，設飪也，正與長樂宫之鼎器義合。）以此長樂⿰⿱扌食卂宫之銘合諸好時共廚，則好時乃是右扶風邑名。《漢書·地理志》云，好時有梁山宫，薛氏此帖第廿卷梁山銅銷銘後有扶字，薛跋亦援好時鼎銘後有山字以證之，是也。又武安侯鈁跋云，楚思王子慢元壽元始中再封武安侯，今重刻款識誤脱元壽二字，可見後來鋟木之本不依原石舊拓，失真者多矣。然此王子慢以建平四年封武安侯，元始元年復封武安侯，此跋誤讀史表，乃以其元壽失侯之年爲其初封武安侯之年，則亦誤也，安得備見薛氏石本詳校證之，庶有裨益耶。東卿博雅嗜古，更祝其繼此日有新得耳。嘉慶辛未（按：十六年）冬十一月北平翁方綱。時年七十有九。

好時鼎銘間釋文原作載，載即⿰⿱扌食卂字，初不誤也，不解其跋何以又釋爲飼，以此驗之，則薛氏此帖釋與跋未必皆出一手也。原拓墨本今無從質矣，不若王復齋鐘鼎款識尚存榮芑、畢良史諸家題迹也。考訂至南宋而益精，然亦恃其考訂之詳而漸不甘於闕疑，此亦研經學者所宜鑒耳。方綱又識。

好時鼎釋文間又有批注二行：

此釋作載不誤，不解其跋内何又誤釋爲飼也。是⿰⿱扌食卂非飼，是宫非官。辛未十一月十日方綱識。

葉東卿收藏期間的題跋還有：

嘉慶壬申（按：十七年）三月十有四日，當塗黄左田在軒、蕪湖王潤生、歙江元卿、黄梅喻萊峰公輔觀。

嘉慶丙子（按：二十一年）夏至後一日，鮑東方、江元卿、黄在軒小集鶴露軒，東卿携此册來同觀，屬吴榮光記此。

右甫朱爲弼曾藏於經注經齋。

道光己丑五月，青州王筠、李璋煜、劉喜海、杭州許槤同觀。

前已交代，此本卷首簽條表明，同治七年（一八六八）轉歸沈韻初收藏，是在葉東卿手中歷時四十餘年。此間增益至現有數量。沈韻初於同治十二年（一八七三）二月去世後，此本存吴大澂家較長時間。卷末張之洞跋云：

光緒四年十月庚寅，清卿携薛氏鐘鼎款識宋拓殘本過寒齋相示，據翁跋稱十段，阮跋稱十二葉，今點檢此册實得廿六段卅五葉，當是平安館後得孳多坿益之。時同觀者錢唐汪鳴鑾、吴顧肇熙、常熟曾之撰、豐潤張佩綸張人駿。南皮張之洞記於蜀八甎館。

徐康《前塵夢影録》卷上「薛鐘鼎款識」條江標（建霞）注也提到，「標見宋石殘拓本於吴窓齋中丞家」（該注成於光緒二十二年）。當時吴大澂究竟是將此本由沈家借觀，還是已歸其所有？又於何時流入錢鏡塘之手？尚待進一步查明。

二

現藏中國社會科學院考古研究所的完整第十八卷原拓，則是一九五七年經當時兼任考古所所長的鄭振鐸先生親自接洽，連同《石廬金石書志》著録的其他多種藏書，直接得自石廬主人福州林鈞氏。考古所入藏時，此卷拓本裝成高24釐米、寬12.5釐米的册葉，織錦封皮上的白簽無字，蠹蝕頗爲嚴重。一九八三年，送請文物局出國文物展覽辦公室張明善同志重新裝裱，爲避免書口部位摺疊受損，將其改裝成卷軸。

《石廬金石書志》卷八圖譜一，對此宋刻殘本著録甚詳。其中講到，此本曾爲明代晉藩收藏，卷末有「晉府圖書」、「敬德堂圖書」等印記爲證，「最後歸吾閩李蘭卿等先輩，余於丁巳（注：一九一七）秋間得諸李氏後人」。按李蘭卿名彦樂，爲乾嘉時期著名金石學家翁方綱門人，官至廣西按察使。但李氏本人未在卷上加蓋收藏印記，也没有在卷末題寫跋語。現有三跋爲李氏收藏期間葉志詵、郭尚先、朱爲弼三人題寫：

道光四年四月望日借校一過。葉志詵記。

右金石款識第十八卷，以明朱謀垔刊本校之悉同，惟彼本秦璽向巨源本第一畢景儒本第三耳。郭尚先記。

三代鐘鼎彝器至宋而成書，自宣和殿博古及考古諸圖、王嘯堂集古録等書，指不勝屈。惟吾浙薛氏尚功款識搜羅既富，辨釋亦博，皆自書上石，不特篆法渾成，隸法奇古，即楷書亦上逼顔柳，題爲法帖，良不誣也。惜石刻入元代毁以累塔，摹本多亥豕，而拓本絶少。余於三十年前得清吟堂高氏舊藏此刻一册，惟漢器武安侯鈁以下數種耳，秦器已失，何論周以前耶。今觀蘭卿先生所藏十七、十八兩册，墨色入古，篆畫精妙，定爲初拓善本，洵吉光片羽也。先生好古不倦，他日得全本見眎，愈增眼福矣。右甫朱爲弼記。

朱氏所説「石刻入元代毁以累塔」一節，應有所本，未詳見於何書記載。由此證實，上海圖書館藏本中「漢器武安鈁以下數種」，確爲朱氏所得清吟堂高氏舊藏。

值得注意的是，朱跋記録的蘭卿先生所藏爲十七、十八兩册，而《石廬金石書志》並未交代這兩册在丁巳秋間（一九一七）是否全都歸於林鈞，還是衹得到十八卷一册。一九五七年夏考古所派人前往福州接收石廬藏書時，未能向林鈞本人問明，現已無從查考。徐中舒先生的前一跋文提到：「近聞徐森玉先生言，十年前在廠肆曾見薛書石本殘帙，其中石鼓首尾完具，與玉海堂本同」。石鼓在薛書中正好載於十七卷。徐先生跋發表於一九二九年，十年前即一九一九年或稍早，與林鈞獲得的時間（一九一七）相近，或許此本由李蘭卿後人手中流出時即分散二處亦未可知。

現藏上海圖書館和考古研究所的這兩份薛書殘本，雖同屬宋拓，具體墨拓時間却有先後。一九八四年春，筆者爲《殷周金文集成》一書印刷事出差上海，順便查閲上海圖書館收藏的珍貴金文拓本。承顧廷龍先生錦注，得以觀覽該館所藏薛書殘本。爲了進行深入的考察，筆者當年再次去上海時，特携考古所藏本前往比對。經反復核校發現，這兩本中的十八卷原拓基本一致，又有些微差别。大體説來，考古所藏本的字畫清瘦，筆鋒鋭利，上圖藏本則稍嫌肥鈍，應是捶拓較久所致。最明顯的是定陶鼎一段，跋語末尾的「更以封高祖之子恢，是爲定陶共王」至「則正恢之世也」，考古所本字字清晰，而上圖藏本「之世也」三字已被磨損，係用朱筆補於行間。由此可見，考古所藏本確如朱爲弼跋所説「爲初拓善本」，而上圖藏本中的十八卷部分墨拓時間較晚。

三

總結以上，我們能夠確知的薛書原石宋拓殘本，内容包括：

第十三卷　仲駒敦二，仲駒敦蓋，肇父敦　計三器（史語所藏）
第十四卷　散季敦，尨敦，郱敦一、二、三　計五器（史語所藏）
　　　　　宰辟父敦二至敔敦　計十器（上圖藏）
　　　　　　去重後實有十一器
第十七卷　石鼓二（上圖藏）
第十八卷　全卷十八器（考古所藏）
　　　　　谷口甬以下十器（上圖藏）
第二十卷　起首四器（上圖藏）

共計三十七器，僅佔全書收器總數五百十一器的7.2%（其中商周器十四，佔所收商周器數的3%）。雖然如此，終歸是八百四十年前的原本，也就難能可貴了。

徐中舒先生根據他所看到的十九葉殘紙指出，薛書石本中「敬」字避宋諱缺筆，十四卷之首有「錢唐薛尚功編次並釋音」一行。現在，我們不僅看到與十四卷行款相同的十七、十八兩卷卷首，而且發現避宋諱缺筆的還有「桓」字，見十四卷郱敦三考説。這些都是石本不同於今本的突出特點。

關於薛書木刻、傳寫諸本的優劣，容庚所作《述評》以爲，明崇禎六年（一六三三）朱謀垔刻本較佳，清嘉慶十二年（一八〇七）孫星衍平津館臨宋寫本差近朱本。將此二本與石本對校，得以進一步明確石本的優點和二本的價值。

從金文研究的角度考察，器銘摹寫情況應居首要位置。石本中器銘摹寫甚精，篆文筆畫稍粗，與宋刻《嘯堂集古録》相似，可能較爲接近原篆。朱、孫二本則與石本有一定距離，相對而言朱本似失真較少，而孫本筆畫略肥，摹寫出自名家（嚴可均），或有加意美飾之嫌。因此，在石刻原本大部不存的情況下，對薛書器銘信從朱本是可取的。

但是，從石刻殘本反映的其他方面檢驗，情況却有所不同，孫本常優於朱本。就全書的編排體例來説，石本原是除各卷之首列有該卷所收器銘的類别外，又在卷内插入若干分類標題，使之層次分明，邏輯嚴密。例如十八卷，首列「秦器款識，璽、權、斤，漢器款識，鐘、甬、鈁、鼎、鐎」，卷内又插有「秦璽」、「秦權」和「漢鐘」、「漢甬」、「漢鈁」等分類標題，以及具體器名。孫本與此完全一致。朱本則僅全書總目和各卷之首依舊，卷内標題一律删去，以致面目全非。

差别較大的還是書中的器銘考説部分。現將石本與孫、朱二本的異同列舉如下：

第十三卷

仲駒敦蓋

「所得斷簡遺編補緝詁訓」 孫本「所得」二字空缺，朱本誤「得」爲「以」。

「無所指歸」 孫本同，朱本作「歸止」。

「製作之旨」 孫本同，朱本誤「旨」爲「有」。

「小補之哉」 孫本同，朱本奪「之」字。

第十四卷

散季敦

「考其銘」 孫、朱二本均作「名」。

「饗乎人」 孫本同，朱本作「享」。

「以爲之輔」 孫本同，朱本作「之爲」。

尨敦

「命汝洎曰」 朱本同，孫本作「眔」。

郱敦三

「此敦曰」 孫本同，朱本作「口」。

「音謝後從木」（雙行小字，屬括注性質） 孫、朱二本均竄入正文

「爾雅云」（雙行小字） 孫本同，朱本竄入正文。

「宣王之廟制如榭」 孫本同，朱本奪「制」字。

師毀敦

「兼戈矛錞鐘之物」 孫本同，朱本奪「兼」字，誤「鐘」爲「鍾」。

牧敦

「及虎冟練裏之類」 孫本同，朱本誤「及」爲「皮」。

敔敦

「言月所以謹時也」 孫本「也」空缺，朱本誤作「又」。

第十八卷

平陽斤

「二十六年」 孫本同，朱本作「廿」（他處同此）。

「金石刻盡始皇帝所爲也」 孫本同，朱本奪「帝」字。

「今之肉倍好」 孫本同，朱本誤「倍」爲「陪」。

周陽虎鍾 朱本同，孫本誤「鍾」爲「鐘」。

汾陰侯鼎

「此昌之鼎與，開方之鼎與」 孫本均作「歟」，朱本下「與」作「歟」。

武安侯鈁

「元壽元始中」 孫本同，朱本奪「元壽」二字。

汾陰宮鼎

「孝武皇帝始建上丁之祀」 孫、朱二本均作「上下」。

好畤鼎

「及始皇東游」 孫本同，朱本作「更遊」。

「於是後世咸有五時之祠」　孫本同，朱本誤「咸」爲「成」。

「三輔黄圖云」(小字)　孫本同，朱本竄入正文。

高奴鼎　孫本同，朱本遺漏。

第二十卷

上林榮宫鐙

「言榮宫未考」　孫本同，朱本誤「榮」爲「磐」。

首山宫鐙

「考古云」　孫本同，朱本奪「云」字。

林華觀行鐙

「漢書不載」　孫本同，朱本誤「不」爲「六」。

此外，還有若干異體字的差别，不備舉。

孫星衍本自序稱：

曩客中州時，見薛氏鐘鼎款識石刻本於歸河丞朝煦處，未及細閲……及余再官東省，得見舊寫本，多元明人印章，或題爲繭紙薛尚功手書者，未知是非？然紙色舊而篆文極工，核之阮元刻本及近時本，篆體審正，釋文字句增多，可以訂别本誤改篆文及脱落釋文共若干處。記所見法帖本式樣正與此相似，雖不敢定爲薛氏手迹，其爲宋寫本無疑矣。亟屬嚴孝廉可均影臨古篆，蔣茂才嗣曾寫附釋文，或有原書筆誤皆仍其舊，仍付剞劂，以廣流傳。

孫本既多來源於鈐有多方元明人印章的舊寫本，理應與原石殘本接近之處甚多。當然，孫本在傳寫過程中難免有個别脱誤，容庚曾據朱、孫二本對校指出若干。但我們對孫本的價值仍應充分估計。實事求是地説，孫、朱二本互有優劣，並非朱本最佳。

我們目前看到的薛書原石殘本畢竟有限，據此一斑尚難確知全書的原貌。希望本文之磚能夠引起大家對尚存殘本的關注，使其及早公佈於世，以期進一步恢復薛書的本來面目。

附記：

筆者在考察上海圖書館藏本時，承顧廷龍先生惠予關照，又承方詩銘先生見告有關情況，志此以表深切的謝意。

補記：

史語所於一九四七年購藏的薛書原拓殘紙，筆者於二〇〇一年十二月前往臺北該所訪問時曾有機會親自考察，獲知係石鼓文爲主要内容的第十七卷，有程恩澤、朱爲弼、葉志詵、郭尚先、李盛鐸、袁寒雲等人題跋，裝幀與考古研究所藏第十八卷相似，或同屬朱爲弼跋和《石廬金石書志》所述李蘭卿舊藏之物。

（原載《慶祝蘇秉琦考古五十五年論文集》第四一六—四二四頁，文物出版社一九八九年；後有修訂，載王世民著《商周銅器與考古學史論集》第三〇九—三二一頁，藝文印書館二〇〇八年；又載於王世民著《考古學史與商周銅器研究》第七九—九二頁，社會科學文獻出版社二〇一七年）

宋拓《歷代鐘鼎彝器款識法帖》知見

李宗焜

一、概説

宋薛尚功撰《歷代鐘鼎彝器款識法帖》（以下簡稱《款識》），二十卷。薛尚功，字用敏，錢塘（今浙江杭州）人。宋紹興年間（一一三一—一一六二）以通直郎簽書定江軍節度判官廳事。《款識》全書收有夏器二、商器二百又九、周器二百五十三、秦器五、漢器四十二，凡五百十一器。其中以商、周二代鼎器最多，計九十七器。惟周代磬、鼓爲石製，周琥、秦璽爲玉器，餘均銅器。《四庫全書提要》稱本書：

所録篆文雖大抵以《考古》《博古》二圖爲本，而蒐輯較廣，實多出於兩書之外……未免真僞雜糅，然大致可稱博洽……箋釋名義，考據尤精……其立説並有依據。蓋尚功嗜古好奇，又深通篆籀之學，能集諸家所長而比其同異，頗有訂訛刊誤之功，非鈔撮蹈襲者比也。

《款識》是宋代金石著述中輯録銅器銘文最豐富的一部書，自是十分重要，尤其所著録的鐘鼎彝器多已不傳，獨見於此書，其重要性不言可喻。《款識》二十卷，紹興間曾有刻石，可知初爲石刻本。宋亡以後，石刻散佚，現僅存若干宋拓本。石本之外，後世另有木刻與傳寫本。

二、通行本

現在流傳的主要是木刻本和若干傳寫本。其重要者簡述如下：

（一）明萬曆十六年（一五八八）萬岳山人刊硃印本

此本卷前有萬曆十六年萬岳山人序，云：

《款識》一集，有抄本無刻本。予深憫其傳之不博也，意欲梓焉。謀諸數年，因艱於摹寫之手而竟不果然；梓行之興，遂自索然。邇年偶遇松石姜君，亦博物之士，能兼諸家書法，又工篆隸。予以是集而謀諸姜君，彼固唯然，試一爲之。予觀其摹寫之際，運筆精熟，若素所習者，不半月而就，於是遂得而梓焉，初願始畢。其間多錯亂缺文者，悉皆校讎釐正，則魯魚亥豕之訛，庶乎其免矣。故刻之以與四方同志者共焉。

此本因萬岳山人序後有「宣公後裔」印，故又稱「陸刻」。黄丕烈説：「此書自以宋刻爲最佳，精抄次之。明刻有二：一爲硃印本，此陸刻是也；一爲墨印本，余所收朱刻是也。在明刻本，朱又勝於陸矣。余故校朱本於此鈔本上，而陸本之不如各本，已遜此鈔本，又何論朱本耶？」[一]可謂評價極低。容庚亦評其「考證删節不全，每遇略長之考證，輒删去其末段，或並删其前段，且多誤字，幾於文義不通」[二]。此硃印本雖自稱「其間多錯亂缺文者，悉皆校讎釐正，則魯魚亥豕之訛，庶乎其免矣」，事實則並非如此。

（二）明崇禎六年（一六三三）朱謀垔校刊本

是書崇禎六年朱謀垔序，述其所據底本及刊刻經過，云：

南宋薛尚功集《鐘鼎彝器款識》二十卷，《鐘鼎韻》七卷。《韻》有刻本，傳世《款識》則尚功手書，爲山陰錢德平秘藏。神物流傳，不專一氏，庚午（一六三〇）夏月，客有持以視余，余喜出殊異，不惜重貲購之，而不欲私爲己寶也，爰授梓人，公諸同好……篆文一卷至八卷，臨川帥志摹；九卷至廿卷，則族侄統鉫繼之；小楷家侄統𨨗書。書成，搜其亥豕之訛，則有族侄寶符、統鑽。至於命意運指，不失古人遺法，自柔翰以至銕史，皆不佞垔一一指授，願爲薛氏忠臣者。

黄丕烈稱：「約略定之，朱爲勝矣……既無石刻，則朱本可據。」[三]容

[一]臺灣圖書館藏清康熙九年（一六七〇）黄公禾手抄本《歷代鐘鼎彝器款識法帖》黄丕烈跋語。黄氏另跋稱此書爲「顧云美舊藏，并相傳爲其手書」。同治二年沈梧題記亦稱「黄氏士禮居收藏，顧云美手抄本」。此本卷前有康熙庚戌黄公禾序，自稱「因假袁君之藏，親爲抄謄」。此當爲圖書館著録「手抄本」所據；然序言並無印記，或出於傳抄。册中鈐有顧苓「顧苓之印」、「云美」、「塔影園」印記，尤其「東吴小顧八分」一印，若謂此册相傳爲顧氏手書，或不爲無稽。

[二]容庚：《歷代鐘鼎彝器款識法帖述評》，《宋人著録金文叢刊·初編》第三〇四—三一一頁，中華書局二〇〇五年。

[三]同注[一]，黄丕烈跋文。

庚說：「朱氏所得是吳江史氏本，是否薛氏手書未可必，其於原石本則未見也。」一九三五年于省吾曾將朱本印行，現在《款識》的各種出版品，主要就是于省吾印的這個本子，流傳最廣[四]。

（三）清嘉慶二年（一七九七）阮元刻本

阮元序稱其刊刻經過，云：

薛尚功《鐘鼎款識》宋時爲石刻本，故有法帖之名。明萬曆間，硃印刊本，訛舛最多，跋語亦刪節不全。惟崇禎間朱謀垔所刻尚功原本較爲可據。然板本并佚，傳寫滋誤。今據吳門袁氏廷檮影鈔舊本，及元所藏舊鈔宋時石刻本，互相校勘，更就文瀾閣寫本補正之，似可還薛氏舊觀。錢塘吳氏文健明於小學，審定文字，以付梓人；陳氏豫鍾精篆刻，爲摹款識；高氏垲善書，爲録釋跋，皆一時之能事也。

容庚評此本：「刻本無石本『錢唐薛尚功編次並釋音』一行，則其自藏必非舊鈔宋時石刻本。文瀾閣寫本從朱氏刻本出，阮氏就文瀾閣寫本補正，則其未見朱刻可知。」[五]

此書北京國圖有多部藏本，或有跋語。近年曾出版[六]。

（四）清嘉慶十二年（一八〇七）平津館臨宋寫本

孫星衍序此書云：

曩客中州時，見薛氏《鐘鼎款識》石刻本於歸河丞朝煦處，未及細閱。後至京師，得明刻佳本，旋爲友人取去。阮中丞開府浙中，既以宋刻板本校梓行世，視舊本精善。及余再官東省，得見舊寫本，多元、明人印章，或題爲繭紙薛尚功手書者，未知是非，然紙色舊而篆文極工，核之阮氏刻本及近時本篆體，審正釋文，字句增多，可以訂別本誤改篆文及脱落釋文共若干處。記所見法帖本式樣，正與此相似，雖不敢定爲薛氏手蹟，其爲宋寫本無疑矣。亟屬嚴孝廉可均影臨古篆，蔣茂才嗣曾寫附釋文，或有原書筆誤，皆仍其舊，仍付剞劂，以廣流傳。

此序寫於嘉慶十二年，據孫序則此本根據宋寫本傳寫，可惜並未刊刻以廣流傳，直到光緒三十三年（一九〇七）才由貴池劉世珩校刊於武昌。平津館臨宋寫本後爲繆荃孫所得[七]，今藏臺灣圖書館，一九七二年廣文書局曾將之出版。

（五）繆荃孫藏康熙五十八年（一七一九）陸亮友桐氏據汲古閣本抄校本

此書後有陸亮後記，云：

吾虞湖南毛氏素稱藏書家，此寫本《鐘鼎款識》廿卷，前後皆有汲古閣及黼季印章，其爲毛氏家藏本無疑。客持以售，索價甚昂，余貧不能致，復愛甚不忍捨去，因與暉山姪篝燈抄録，凡十晝夜而成帙。惟是亥豕魯魚，句多舛缺，且無敘識款題，不知何人輯録。繙閱之下，每用慨然。己亥（一七一九）秋，館於石城清河公第，得交髯翁田志山先生，見其案有焚餘舊本，爲先生填補而成者，因乞假較勘。先生學深貌古，性誠慤爽朗，絶無幾微吝色。復與暉山姪校其訛謬，并録敘跋，始知爲南宋薛尚功所集，而是書竟成完璧矣。

此記既言「與暉山姪篝燈抄録」，又言「復與暉山姪校其訛謬」，但今所見之本出於一手，且無校改痕跡，容庚定其「乃後人傳抄本，其非陸氏叔姪手寫可知」。《藝風藏書記》記此書「摹寫極精。康熙己亥陸友桐手寫本，有跋。收藏有『巢氏七研齋印』朱文方印」。此外録田林、陸友桐序跋，並無其他。唯此本卷末有「藝風校」、「癸丑（一九一三）十一月又校，小珊」。民國初年上海古書流通處影印此書時卷前附有「參校書目」，參校書有「陸校三種」、「繆校六種」，但《藝風藏書記》無一語及此。「參校書目」後又說：

康熙己亥陸友桐手寫本《歷代鐘鼎彝器款識法帖》二十卷，爲藝風老人銘心絶品，藝風所藏此書，凡兩本。晚年以平津館鈔本售去，此本則珍爲秘笈，不輕示人。去歲敝處購得繆氏藏書，始知藝風嘗徧假南北各藏書家舊鈔精刻之本，以彙校此本，實爲畢生精力之所寄。友桐鈔之於前，藝風校之於後，允推此書第一善本。今特景印流布，並將二公參校諸本列目如右，庶幾讀此書者，有以知二公用力之勤，亦以見景印之

[四] 如中華書局、浙江古籍出版社、香港明石文化公司等。

[五] 同注[二]。

[六]《國家圖書館藏金文研究資料叢刊》第二十二册，北京圖書館出版社二〇〇四年。

[七] 見《藝風藏書記》卷五。《繆荃孫全集·目録一》第六八—六九頁，鳳凰出版社二〇一三年。

不容緩也。

此書既非陸氏手抄，所謂校語，也衹在第十七卷「岐陽石鼓」校注與石鼓文拓本異同，且此「校注」極大可能是書估從阮元本過録〔八〕，不能確認是繆氏手筆。此外再無其他，所謂「陸校三種」「繆校六種」，純屬「書估欺人」〔九〕。

林鈞稱此本「允推薛書第一善本。余當日未獲繆氏此書，抱恨無極，今得景本，亦可少慰」〔一〇〕，恐怕正是爲書估所欺。

容庚總結這五本的優劣認爲：萬岳山人本銘文訛舛，考證删節，其劣不待言。朱本較佳，孫本差近朱本，繆本在孫本與阮本之間，阮本爲下。

三、宋石刻拓本

《款識》一書通行之本爲木刻及傳寫本，其中又以朱謀垔本流傳最廣，各本優劣容庚已有評述。此外，《款識》有紹興十四年江州公庫石刻本，宋曾宏父《石刻鋪敘》曾記其事〔一一〕：

《鐘鼎彝器款識帖》二十卷，定江僉幕錢唐薛尚功編次并釋。起於夏而盡於漢……紹興十四年（一一四四）甲子六月，郡守林師説爲鐫置公庫。石以片計者二十有四。視汝之所刻、武陵所録金石篆隸，則此帖爲備。

可見紹興十四年，薛尚功服官江州，其所編釋的《款識》由郡守林師説爲之刊石，而《款識》最初是以石刻的方式面世的。可惜宋亡之後原石無存，只有若干宋拓傳世，而世人見者無多。

民國十八年（一九二九）史語所整理明清内閣大庫檔案時，發現宋拓石本薛尚功《歷代鐘鼎彝器款識法帖》卷十三、十四殘葉三紙，徐中舒曾撰《宋拓石本歷代鐘鼎彝器款識法帖殘葉跋》一文爲之跋記〔一二〕，述及殘葉出處、文獻所見各家藏弆。當時他所提到的《款識》宋拓情形爲〔一三〕：

石本傳世既稀，兹將嘉、道以來各家藏弆見於著録者，備列於下：

（1）歸朝煦藏石本——見玉海堂本孫星衍序

（2）黄蕘圃藏殘石本共十二卷（缺一至六、十七、十八，共八卷）——見《蕘圃藏書題識》

（3）嘉善程氏藏宋拓石刻本——見《郘亭知見傳本書目》

（4）吴大澂藏宋拓殘石本——見《前塵夢影録》江標注

（5）朱爲弼得高氏清吟堂舊藏漢器武安侯鈁以下數種——見《石盧金石志》

（6）林鈞藏宋刊殘本十七、十八兩册——見《石盧金石志》

這是徐中舒從著録中整理出來的，實際上這些石本他一件也没看過，此時他唯一見過的衹有内閣大庫的三葉殘紙。

民國二十年間，史語所又因趙萬里的介紹，以時價三百四十元購得十六葉殘葉，徐中舒「取所中藏三殘片對看，前後互相銜接，墨色紙張亦無稍異，斷是『一個本子』」〔一四〕。因石本傳世珍稀，史語所便合此十九葉宋拓殘本並徐氏《宋拓石本歷代鐘鼎彝器款識法帖殘本再跋》刊印百部流傳〔一五〕。這是唯一刊行的，也是一般人唯一能見到的《款識》宋拓。其他的或衹見於著録，或深藏秘府，一般人根本不知道，或者知道了也看不到。這些宋拓石本的傳世情形究竟如何，是我們要討論的重點。

（一）史語所藏本

一九三〇年前後，史語所整理内閣檔案，發現《款識》宋拓三葉殘紙；後又購得十六殘葉，合此十九葉刊印傳世，已見前述。除此之外，史語所還藏有《款識》宋拓的卷十七。

〔八〕阮元於第十七卷《岐陽石鼓》末跋語：「今夏摹刻天一閣北宋拓本，置之杭州府學，因屬儀徵江氏德地據彼校此，注其誤於字旁，以祛學者之惑。」

〔九〕容庚謂此：「書估欺人，可恨可笑！實則朱刻本之不如也。」

〔一〇〕林鈞：《石盧金石書志》卷八。

〔一一〕（宋）曾宏父《石刻鋪敘》卷上第六葉，《知不足齋叢書》。汝帖刻於一一〇九年，武陵帖刻於一一四一年。林師説（？—一一五三）字箕仲，仙遊人。累官兵部員外郎，知江州。

〔一二〕徐中舒：《宋拓石本歷代鐘鼎彝器款識法帖殘葉跋》，《史語所集刊》第二本第二分第一六一—一七〇頁，一九三〇年八月；又收入《徐中舒歷史論文選輯》第一二八—一四〇頁，中華書局一九九八年。

〔一三〕爲稱説方便，數字爲本文所加。

〔一四〕《史語所檔案》：元325-7，徐中舒致函傅斯年，函達薛氏《鐘鼎法帖》讓價三百四十元，盼早日付款。

〔一五〕一九三二年出版，一九九九年六月景印一版。

民國二十六年（一九三七），故宮博物院馬衡院長得知坊肆求售宋拓薛書《石鼓》卷，以史語所既存十九葉殘本，建議史語所購藏，他給傅斯年的信説[一六]：

返平後，聞薛尚功《鐘鼎款識法帖》末卷在廠肆求售，因思薛書拓本見存者，多數皆歸貴所，此卷雖係石鼓，與鐘鼎無關，究係首尾完全之一卷，且可與流出東鄰之三宋拓石鼓相參證，貴所收之最爲相宜，不審兄有意乎？肆估索價六百，際此年關或能較易商談也。

傅斯年回電馬院長：「薛書乞代購，款待示後即寄。」[一七]然書已爲北平圖書館所得，經傅斯年所長請讓，袁同禮副館長同意仍以四百五十元之購價，讓售史語所。袁同禮的回信説[一八]：

頃奉　手教，欣悉　尊處願購宋拓《鐘鼎款識》，自當奉讓，請將款（四百五十元）便中匯下，以便向中基會接洽注銷發單等等手續也。

《款識》卷十七石鼓文於是入藏史語所，其入藏情形與另一館藏宋刊《文苑英華》類似。宋刊《文苑英華》除完整一册外，另有内閣大庫檔案發現的三葉半殘葉[一九]。《款識》除了内閣大庫檔案發現殘葉外，亦有首尾完全之第十七卷《石鼓》册[二〇]；兩書均鈐有「晉府書畫之印」，曾爲明代晉藩所藏[二一]。明清鼎革之後，晉藩所藏有重歸内府者，有流落民間者，然幾經遞藏，能重聚於史語所，或是古物有靈。

《石鼓》卷，摺裝，木板面。此卷原爲晉藩圖書，卷首有「晉府書畫之印」朱文方印。撤藩後書當流入民間，爲李彦彬（字蘭屏）、彦章（字蘭卿）兄弟小雪浪齋收藏。卷内有「小雪浪齋鑑藏金石文字」、「蘭卿審定」印記；郭尚先跋云：「薛氏金石款識最號精博，此兩卷以紙墨驗之，蓋宋拓也……蘭屏寶之，宜哉！」

李氏兄弟之後，流入廣東劉泉（字雲甫）家藏，封籤題署有「宋榻石鼓文，雲浦題」，卷内有「銕城劉雲甫鑑藏金石書畫之章」、「銕城劉泉家藏」、「台山雲浦」諸印記[二二]。此册後爲沈曾桐所得[二三]，繆荃孫日記曾記其事（民國三年十月）[二四]：

十二日丁卯，晴。詣沈子封談……子封示朱竹垞手注《五代史》藁、宋拓《薛鐘鼎款識石鼓》一册。

可證此時《款識》石鼓册在沈曾桐處。隔年就由袁克文收藏[二五]。卷末有「庚申（一九二〇）五月沈曾植觀」，應是入藏袁克文以後的事。

袁克文收藏此册先經李盛鐸推薦，北京國圖藏有李盛鐸致袁克文書信二十五通，「從書信内容來看，主要是李盛鐸幫袁克文『掌眼』，辨析古籍版本，考鏡源流，襄助寒雲收藏」[二六]。其中一信提到「薛氏《鐘鼎》真宋拓精本，罕見之秘笈也」。於是袁克文通過傅增湘買到，卷後題記有「沅叔爲購得此册」，當購自沈子封。傅增湘曾記其事[二七]：

同叔（沈曾桐）閎識孤懷，高視一世，嫻於朝章國故，雅善清談。鼎革後，屏居燕京，鬱鬱寡歡，視朋輩少所許可。藏書甚富，不輕以假人，顧獨於余若有夙契，經歲往還，名鈔祕校，常相欣賞，頻年傳校之書殆百餘卷。宋元古槧，或斥以易米，余爲作緣者有宋拓《鍾鼎款識》、宋大字本《中庸集注》、宋本《内簡尺牘》，紙墨精好，世所希覯。

可證沈曾桐是通過傅增湘賣給袁克文以「易米」。

[一六]《史語所檔案》：元314-2-1，馬衡致傅斯年函，一九三七年二月二日。

[一七]《史語所檔案》：元314-2-2，傅斯年致電馬衡院長，一九三七年二月五日。

[一八]《傅斯年檔案》：II：363-3，袁同禮致傅斯年函，一九三七年二月十五日。

[一九]完整一册爲卷二七一至二八〇。殘葉爲卷二〇七卷首三葉半。

[二〇]除首葉缺半開補以黑紙外，基本完足。

[二一]晉藩封地在山西，朱元璋封其第三子朱棡爲晉王，宣德二年（一四二七）因事絶封。英宗正統元年（一四三六）又封美圭爲晉王，正統六年（一四四一）美圭死，子朱鍾鉉嗣位，這些印記就是他的藏書印。晉封絶於崇禎十四年（一六四一）。

[二二]題記及收藏印記詳見湯蔓媛：《傅斯年圖書館善本古籍題跋輯録》編號B124，史語所二〇〇八年。

[二三]沈曾桐（一八五三—一九二一），浙江嘉興人，字子封，號同叔，沈曾植弟。

[二四]《繆荃孫全集·日記三》第三四六頁，鳳凰出版社二〇一四年。

[二五]袁克文（一八八九—一九三一），字豹岑，别署寒雲，父爲袁世凱。此書中鈐有「皇二子」印。

[二六]李小文、孫俊：《李盛鐸致袁克文論書尺牘》，《文獻季刊》二〇〇八年第四期，第八三—一〇〇頁。

[二七]傅增湘：《藏園群書題記》第四三二—四三三頁，上海古籍出版社一九八九年。

袁克文日記也記録得書日期(乙卯十月二十一日)[二八]：

> 得宋拓《歷代鐘鼎彝器款識法帖》殘存卷十七《石鼓文》一卷，即薛氏祖本。紙墨沉雅，字畫精健，朱、阮諸刻，不足觀已。

距離沈曾桐出示繆荃孫的時間大約一年。

袁克文藏書後來也相繼散出。倫明曾有詩及此[二九]：

> 一時俊物走權家，容易歸他又叛他。
> 開卷赫然皇二子，世間何時不曇花。

並注曰：

> 袁寒雲克文，於乙丙間，大收宋槧，不論值，坊賈趨之，幾於搜岩熏穴。所儲又多内府物，不知如何得之也。項城敗後，隨即星散大半。

此册最終入藏史語所，已見前述。當其民國二十六年在北平圖書館時，曾拍有照片。從照片看，石鼓宋拓當時已有蝕蛀，卷後道光年間跋文亦有小蛀，但袁克文等人題跋及印記則完好，此黑白照片最後有「國立北平圖書館珍藏」朱印，應是決定轉讓給史語所後拍照存檔的。現況並袁氏跋印俱有新蛀修補。

石鼓文唐初被發現於陝西天興(今陝西鳳翔)三時原，薛氏《石鼓》卷末所云「右岐陽十鼓，周宣王太史籀所書」，應是當時普遍的認知。原石現藏北京故宫博物院。《款識·石鼓》係據北宋岐下翻刻本縮刻，此摹刻本錯誤雖多，但它所據最初底本跟傳世的《先鋒》《中權》《後勁》等北宋拓本相比，非但毫不遜色，猶優於此三種北宋拓本[三〇]。而薛書宋拓《石鼓》卷原石已不存，該宋拓本除傅圖藏本爲全卷外，現僅見上海圖書館存有「石鼓二」殘葉一葉(詳後文)，極爲珍稀。

(二)考古所藏本

現藏中國社會科學院考古所的《款識》爲第十八卷原拓全卷，一九五七年由當時的鄭振鐸所長親自接洽，直接得自石廬主人福州林鈞[三一]。王世民先生記述該册裝幀情況如下[三二]：

> 考古所入藏時，此卷拓本裝成高24釐米，寬12.5釐米的册葉，織錦封皮上的白簽無字，蠹蝕頗爲嚴重。一九八三年，送請文物局出國文物展覽辦公室張明善同志重新裝裱，爲避免書口部位摺疊受損，將其改裝成卷軸。

此卷原爲明代晉藩收藏，卷末有「敬德堂圖書印」「晉府圖書」「子子孫孫永寶用」印記，爲晉藩朱鍾鉉的藏書印。晉封絶於崇禎十四年(一六四一)。後歸李蘭屏、蘭卿兄弟，一九一七年秋由林鈞得諸李氏後人。林鈞《石廬金石書志》卷八曾有述及：

> 此係宋刻殘本，曾爲晉府收藏，最后歸吾閩李蘭卿鄉前輩，余於丁巳(一九一七)秋間得諸李氏后人。曾經漢陽葉東卿志詵、莆田郭蘭石尚先、平湖朱右甫爲弼手跋收藏。前有「小雪浪齋鑑存金石文字」朱文長方印，尚有白文「審定」一印蠹蝕姓名二字，后有「晉府圖書」朱文大方印、「敬德堂圖書印」朱文方印、「子子孫孫永寶用」朱文方印、「志詵之印」白文方印、「蘭卿審定」白文方印。按宋槧零本，球璧同珍，余之抱殘守缺亦自雄也。

《書志》隨後録葉、郭、朱[三三]三跋文。是則本册所見之三跋，爲李蘭卿收藏期間所記。這三跋是：

> 道光四年四月望日借校一過。葉志詵記。

> 右金石款識第十八卷，以明朱謀垔刊本校之悉同，惟彼本秦璽向巨源本第一，畢景儒本第三耳。郭尚先記。

> 三代鐘鼎彝器至宋而成書，自宣和殿《博古》及《考古》諸圖、王嘯

[二八] 同注[二六]第八三頁所引，稱據《寒雲日記——收古籍善本摘抄一九一五—一九一八年》。

[二九] 倫明：《辛亥以來藏書紀事詩》第七七頁，上海古籍出版社一九九〇年。

[三〇] 參徐寶貴：《石鼓文整理研究》第八二—八三頁，中華書局二〇〇八年。

[三一] 林鈞(一八九〇—一九七二)，字亞傑，號石廬。福建福州人。

[三二] 王世民：《記所見薛氏鐘鼎款識原石宋拓殘本》，收入《慶祝蘇秉琦考古五十五年論文集》第四一六—四二四頁；又見《商周銅器與考古學史論集》第三〇九頁，藝文印書館二〇〇八年。本文所引王先生意見均出此處，不再一一出注。

[三三] 葉志詵(一七七九—一八六三)，字東卿，號平安館，湖北漢陽人。郭尚先(一七八五—一八三二)，字元開，號蘭石，福建莆田人。朱爲弼(一七七一—一八四〇)，字右甫，號椒堂，經注經齋，浙江平湖人。

堂《集古録》等書，指不勝屈。惟吾浙薛氏尚功《款識》蒐羅既富，辨釋亦博，皆自書上石，不特篆法渾成，隸法奇古，即楷書亦上逼顔柳，題爲法帖，良不誣也。惜石刻入元代毁以累塔，摹本多亥豕，而拓本絶少。余於三十年前得清吟堂高氏舊藏此刻一册，惟漢器武安侯鈁以下數種耳，秦器已失，何論周以前耶。今觀蘭卿先生所藏十七、十八兩册，墨色入古，篆畫精妙，定爲初拓善本，洵吉光片羽也。先生好古不勌，他日得全本見眎，愈增眼福矣。右甫朱爲弼記。

其中郭尚先跋所稱此十八卷拓本與朱本校之悉同，祇有秦璽三件次序不同。按郭氏所説的順序，實爲阮本次第，朱本與石本並無不同。此當是郭所誤記。又徐中舒引此跋，於「彼本」下注云：「即石本，對朱本言，故稱彼本」，並説：

> 此石本、朱本不同處。考《輟耕録》卷二十六論傳國璽條，引碑本第十八卷璽文次第，正是向巨源本第一，畢景儒本第三。阮本亦云據舊鈔宋時石本校勘，其第十八卷秦璽次第，亦與《輟耕録》所引同。

按徐氏之言誤。郭尚先跋所謂「彼本」實指朱本，對石本言。郭在石本卷末題跋，自不能稱此石本爲「彼本」；從題跋文意讀，此彼本亦當指朱本。祇是郭所稱的朱本次第實爲阮本，朱本與石本次序並無不同[三四]。

此卷入藏考古所後，經改裝爲手卷，雖説有「避免書口部位摺疊受損」的考慮，但本爲册葉，經改裝爲手卷則完全失去了舊貌。

現在談一下卷十七、卷十八裝册的問題。

從史語所藏卷十三、十四的殘葉前後互相銜接，墨色紙張亦無稍異，斷是「一個本子」，已可推知兩卷緊密相連。卷十七、十八原亦應爲一册，卷十七卷前有「晉府書畫之印」，卷十八卷末有「晉府圖書」印，可見其原爲一册。依一般藏書蓋印的習慣，祇蓋卷前，或卷之前後，不會祇蓋卷後，因此在晉府時應當爲一册。今所見卷十七卷尾、卷十八卷尾分別都有道光四年葉志詵、郭尚先、朱爲弼的題記，可證在此時已分爲兩册，否則没有分別題記的道理。而且，如其原爲緊密銜接，也不可能有空間可供題跋。至晚在李氏兄弟收藏時，已從卷十七和卷十八相接處裁開，分裝爲兩册，卷十七最後入藏史語所，卷十八最後入藏考古所，其先原是同一册。

朱爲弼的跋文，最可注意的是「蘭卿先生所藏十七、十八兩册」，這説明卷十七、十八原都在李蘭卿處，而此時已分爲兩册。葉、郭、朱題記時，是同時看到這已經分開的「兩册」，因而分別題記。

接著談卷十七有没有到林鈞之手的問題。

王世民先生曾談到考古所卷十八購自林鈞的事，説：

> 值得注意的是，朱跋記録的蘭卿先生所藏爲十七、十八兩册，而《石廬金石書志》並未交代這兩册在丁巳秋間（一九一七）是否全都歸於林鈞，還是祇得到十八卷一册。一九五七年夏考古所派人前往福州接收石廬藏書時，未能向林鈞本人問明，現已無從查考。

徐中舒在《殘葉跋》中則提到：

> 《石廬金石志》卷八圖譜類云，藏有宋刻殘本十七、十八兩册，本爲晉府收藏物，有晉府圖書、敬德堂圖書印、子子孫孫永寶用等朱文印，當即宋拓石本無疑。《石鼓》原在薛書第十七卷中，此殘本有葉志詵、郭尚先、朱爲弼三跋，於《石鼓》行款字數，均未言及。

依徐説，顯然林鈞藏有卷十七、十八兩册。其實徐中舒此言真不知所云。《石廬金石書志》（已見前引）所載，完全針對卷十八而言，所録題跋也是卷十八的，隻字未提卷十七石鼓，徐氏何來「藏有宋刻殘本十七、十八兩册」之説？從考古所藏卷十八看，卷前鈐有「石廬珍藏金石書畫經籍之印」白文方印，卷末還有「石廬祕笈」朱文方印、「亞傑審定」白文方印、「曾藏石廬」白文方印。但史語所藏的卷十七，完全没有林鈞的任何印記，足以證明到林鈞之手的祇有卷十八，不待問明。

前面談到卷十七的遞藏經過，在李氏兄弟之後，流入劉泉、沈曾桐、袁克文，最後入藏史語所，並未經過林鈞。李氏兄弟是將卷十七、十八分別賣出的。

[三四] 石本「畢景儒」，所見木本、寫本，唯孫星衍本作「儒」，其他作「傳」。

(三)上海圖書館藏本

上海圖書館藏有《款識》一册，係經吴湖帆[三五]重裱，非宋本之舊。此册存卷十四，十五葉；卷十七，一葉；卷十八，九葉；卷二十，三葉，缺卷末十一器。吴湖帆於一九五〇年「裝爲二十八葉」[三六]。

此册的遞藏過程，根據阮元嘉慶九年(一八〇四)的題跋：

薛尚功《鐘鼎款識》本稱法帖，後人始刻印爲書，是以宋影鈔本皆稱法帖也。此十二葉爲初拓不全本，可見宋時初刻精妙本來面目，極可珍也。此册舊爲江村高氏藏本，今歸平湖朱氏右甫。右甫今爲予編《鐘鼎款識》續編，寶此册爲淵原矣。嘉慶九年春二月十八日，揚州阮元識於八甎吟館。

可知可考的第一個藏家爲高士奇清吟堂，嘉慶九年歸朱爲弼。考古所藏卷十八朱爲弼跋文亦稱「余於三十年前得清吟堂舊藏此刻一册」。

江藩跋云：

《鐘鼎款識》石刻向在臨安，宋元易代之時毁於兵燹，今片石不存矣。予曾見吴下繆氏所藏硃拓本、姚君南谿所藏不全本，今不知歸於何人。嘉慶十四年冬至日下茱堂先生出此見示，爰題數語以誌眼福。甘泉江藩。

可見嘉慶十四年(一八〇九)冬，此册仍在朱爲弼處。

嘉慶十六年翁方綱題跋稱「東卿博雅嗜古，更祝其繼此日有新得耳」。最晚此時已歸葉志詵。

此册卷首同治戊辰(七年，一八六八)鄭齋題稱「葉氏平安館舊藏」，可見此時已歸沈樹鏞[三七]，沈是吴湖帆外祖。鄭齋在同治八年爲此殘册寫了「目録」。沈氏同治十二年二月去世後，此本應在吴湖帆家，卷末有張之洞的題跋稱「光緒四年(一八七八)十月庚寅清卿携薛氏《鐘鼎款識》宋拓殘本過寒齋相示」可證。後來此册歸錢鏡塘，吴湖帆並爲它重新裝裱。鄭齋「目録」後，有吴湖帆題記：

右目爲外祖川沙沈韻初先生所書。卷十四遺録目録二器，又邾敦二器銘誤蓋銘，兹用朱文校正補入其中。漢鈁、漢鼎、漢鐙爲標類非目，故圈删。其他注誤裝四處，皆據之更正重裝。右目書於同治己巳(一八六九)，越今已八十一年。民國庚寅鏡塘錢君出觀校勘付裝，吴湖帆記。

卷末亦有吴跋稱：

庚寅春日，鏡塘兄携觀薛氏《鐘鼎款識》宋拓殘頁孤本，復爲重加檢理，校正顛倒，裝爲二十八葉。吴湖帆記。

可見最晚在一九五〇年時此册已爲錢鏡塘所有，而吴湖帆爲之重裝，並據朱謀垔刻本「校正顛倒」，且校勘了鄭齋目録，並於拓片之殘缺處配補白紙，並補其銘文(考釋部分未補)[三八]。一九五六年上海市文物管理委員會由方詩銘經手，購自錢鏡塘處，後移交上海圖書館保存，册中有錢氏印記多方。

上海圖書館藏本與其他各本頗可互補。卷十四原十七器，上圖藏本存十器。史語所藏本中也有卷十四的殘頁，與上圖藏本互有長短，可以互補。如：卷十四前段「散季敦」爲上圖本所無。「龙敦」到「邾敦三」，若干上圖殘本缺而史語所本有者，如：龙敦銘文十一至十三行，及其後釋文六行；邾敦二的第二則銘文，上圖本衹存前三行，史語所本雖倒數第四行略有殘破，但基本尚完整。邾敦三，史語所本衹剩殘破銘文，上圖本則完整。其後按語上圖本雖缺七行，史語所本則完全闕如。兩本正可互相取長補短。

史語所藏品另有卷十三殘頁，存三器，爲各家獨有者，原也是難得的「孤本」。新見黄丕烈舊藏本卷十三、十四全卷完足，可以完全取代原有的

[三五]吴湖帆(一八九四—一九六八)，一作湖颿，單名吴倩，本名吴萬，號倩庵、倩盦、淮生，別署醜簃、倩宋。江蘇蘇州人。吴大澂(一八三五—一九〇二，字清卿)嗣孫。

[三六]這裏所稱的葉，是就吴湖帆的認知説的，不等於宋本的葉。

[三七]沈樹鏞(一八三二—一八七三)，字韻初，號鄭齋。

[三八]其所補也有不盡妥當之處。如龙敦補銘文三行，其後釋文缺六行未補，所留空間最多衹夠補四行。鄭齋所寫目録謂「銘缺三行，釋文缺三行」，釋文實缺六行，吴湖帆亦未訂正。此實缺六行，前三行在一葉之前半，另三行在後半。覽者蓋一時失察。龙敦之後爲「邾敦一」，鄭齋目録漏列，吴湖帆爲增補此條。目録雖漏，但本文並無缺損，吴補了目録固是對的，但在本文「龙敦」和「邾敦一」之間補一大段黑紙，想係爲所補之目留餘地，實際並無必要。

殘本。

上圖卷十七僅存第二鼓殘文十九字，重文兩字。史語所藏本卷十七周鼓基本完整，上圖藏此殘葉爲史語所藏本之外唯一僅存的「複本」。不過，此殘葉的品相比史語所藏本好〔三九〕。

吴湖帆在此殘葉上除記録卷十七器目外，並題記談其中的「琥」爲銅琥，非玉琥。另有一段談到《款識》收器的材質：

> 薛氏法帖所收五百十一器中，祇第十七卷中岐陽石鼓十器爲石，第十八卷中秦璽三器爲玉，其它四百九十八器皆金屬也。〔四〇〕

以上是第十七卷一葉殘葉的情況。

卷十八，唯上圖及考古所有此拓。考古所藏本全卷完整，可惜蠹蝕嚴重。上圖本卷前、卷後均有缺葉。吴湖帆已記其缺項如下：

> 秦器款識：玉璽三、秦權、平陽斤。
>
> 周器款識：周陽侯鐘。以上缺。
>
> 卷末好時鼎後缺侈耳鬳、高奴鬳二器。

此當是據木刻本而校訂者。不過，吴所指的「周器款識：周陽侯鐘」則明顯是錯的。「周陽侯鐘」的前一行標題明作「漢鐘」，絶非周器，其銘文内容亦可證其爲漢器。

上圖卷十八殘卷始於「谷口甬」而缺銘文〔四一〕，谷口甬釋文後與考古所藏本同。上圖本雖非全帙，但大體而言品相比考古所藏本好，個别仍可互補。即以谷口甬釋文而言，上圖本較清晰，如「南方」「左馮翊造」等，考古所本幾乎看不到字，而上圖本清晰。但「北方槩南」，上圖本「槩」下的「木」不清楚，「南」字則殘存一豎畫，但考古所本皆清晰。定陶鼎一般也是上圖本清晰，但按語之「而是鼎於蓋間有高廟」，則考古所本較完整。而最後之「之世也」三字考古所本具在，而上圖本缺。汾陰宫鼎蓋之釋文第二行，「汾陰供官銅鼎二十枚容斗重十斤」，其中「二十枚容斗」數字，上圖本殘去，考古所本適可補闕。此外，好時鼎釋文「好時供厨銅鼎容九升重九斤一兩」，此釋上圖本上行清楚，考古所本下行清楚，適可互補。考古所本上林鼎釋文殘破不能讀，上圖本則基本清楚。

大致來説，卷十八考古所藏本完整但蠹蝕嚴重，上圖藏本雖殘葉，但品相比考古所本好，可以相當程度的補其不足。王世民先生曾比較這兩本説：

> 大體説來，考古所藏本的字畫清瘦，筆鋒鋭利，上圖藏本則稍嫌肥鈍，應是捶拓較久所致。最明顯的是定陶鼎一段，跋語末尾的「更以封高祖之子恢，是爲定陶共王」至「則正恢之世也」，考古所本字字清晰，而上圖藏本「之世也」三字已被磨損，係用朱筆補於行間。由此可見，考古所藏本確如朱爲弼跋所説「爲初拓善本」，而上圖藏本中的十八卷部分墨拓時間較晚。

王先生的意見有一定道理，但仍有可以商榷之處。首先，從字畫清瘦或肥鈍來看，二者字體的精神具在，尚無明顯區别，没有像《集王聖教序》劉鐵雲藏本和臺北故宫藏本那樣的差異。何況，如孝成鼎，考古所本的筆畫反而比上圖本更顯肥鈍，且其器名的「鼎」字、銘文的「孝」字都不如上圖本完整，似都不能作爲其拓本更早的證據。而所謂「之世也」三字磨損也有失察之處。上圖本「之世也」三字乍看確實爲一片黑，其旁爲朱筆補三字。但以拓片的特質，如其字已磨損，表現在拓片上的應該是白色斑駁，而不是一片黑。細看此三字原來有完整的白字，其變爲黑色或是施拓時墨色之暈漬，施拓之時其字並未磨損。

我們没有辦法一定爲上圖本、考古所本定出拓本先後，估計其施拓時間應該差不多。拓本之互有良窳，恐係拓工所致，非關先後。考古所本現況已多蠹蝕，可藉上圖本參考。想像考古所本當其未蠹之時，應是絶佳善拓無疑；當其已蠹之後，仍是天壤間卷十八唯一之完整拓本，極爲珍貴。

必須説明，以上所説的情形，是就藏本的「現況」説的。考古所本有不清楚的地方，是嚴重的蠹蝕所致，其初並不是這種情況。

〔三九〕個别筆畫史語所本較好，如「謂」字「言」旁。

〔四〇〕卷十七僅存一葉石鼓跋。

〔四一〕其器名各本均作「谷口甬」，吴湖帆補題爲「谷口銅甬」，增一「銅」字，鄭齋目録亦作「谷口甬」。

（四）黄丕烈舊藏本（士禮居藏本）

前面已經説過，《款識》所有的宋石拓本衹有史語所藏的十九葉殘葉出版過，一般人可以看到。史語所藏的卷十七、考古所藏的卷十八，以及上圖藏的四卷殘本，都没有出版，知道的人很少，看過的人更少。而黄丕烈舊藏的本子，一般衹見諸著録，學界甚至不知它是否還在人間。王世民先生對宋本《款識》曾做過調查，根據徐中舒所列宋石著録，仍不免感嘆：

這些藏本的已知卷數，既以黄氏士禮居藏本爲多，無疑學術價值最高。民國初年，古書流通處石印繆荃孫藏本，卷首所列參校書目中「繆校六種」有「宋石刻祖本，存十二卷，士禮居舊藏」，説明當時該本尚完好無恙。令人遺憾的是，時至今日，這一黄氏藏本和歸、程二本，早已不知去向。

黄丕烈在其《蕘圃藏書題識》中曾説[四二]：

昨歲得石刻殘本，取校此本獨勝……余藏石刻殘本，少一至六，又十七、十八共八卷，既無石刻，則朱本可據，因誌原委如右。復翁記。

此寫於嘉慶十八年（一八一三），可證其得石本於嘉慶十七年。其他各家文獻提到的，如平津館臨宋寫本，有孫星衍序：

曩客中州時，見薛氏《鐘鼎款識》石刻本於歸河丞朝煦處，未及細閲。

中國國家圖書館藏阮元刻本，有朱善旗[四三]校並跋，跋文作於清道光二十九年（一八四九）二月十九日：

同郡魏塘程蘭川通守文榮藏宋石刻江州公庫本薛氏款識帖，七、八至十五、六卷，又十九、二十卷，共殘帙六册。向爲汪閬源觀察得之黄蕘圃孝廉丕烈家。二十卷後蕘翁以硃筆題其後云：「相傳爲常熟歸氏物，五柳居偶得之而售於余。明時兩刻，近時重刊皆未溯源石刻，余故珍重獲之。此誠希世之寶，豈可以殘帙忽視乎？」道光戊申（一八四八）三月蘭川兄携來都門，因借校此册，此册訛字頗多，未暇悉改。

莫友芝《郘亭知見傳本書目》提到：《歷代鐘鼎彝器款識法帖》二十卷，宋薛尚功撰。石刻宋拓本，嘉善程氏有之。

可見黄本原爲歸朝煦物，後歸五柳居陶珠琳，再到黄丕烈，嗣歸汪閬源，再到程文榮。

咸豐三年（一八五三）太平天國軍攻陷江寧，通判程文榮殉節[四四]，程氏藏珍多毁於兵，此十二卷下落從此杳然。

民國初年，古書流通處石印繆荃孫藏本「陸友桐臨寫汲古閣鈔本」，前有參校書目，其中之一爲繆校六種：宋石刻祖本，存十二卷，士禮居舊藏。此是藉著録名目以自抬身價，説已見前。

去歲友人獲此黄丕烈舊藏十二卷本，爲宋拓宋裝原物，使此僅見著録的要籍重見天日。其第二十卷卷尾有黄丕烈朱筆跋語，作於清嘉慶十七年（一八一二）除夕前六日：

宋石刻江州公庫本鐘鼎彝器款識帖，存七、八至十五、六卷，又十九、二十卷，共殘帙六册，相傳爲常熟歸氏物也。五柳居偶得之而售於余。明時兩刻、近時重刊皆未溯源石刻，余故珍重獲之。此誠希世之寶，豈可以殘帙忽視乎！

卷末又有「道光戊申春三月朔日，葉志詵借觀」題記。其流傳大約如此。在程文榮（蘭川）處時，經葉志詵、朱善旗借觀。

此六册存十二卷，收藏及觀覽印記多方，見本文「附二」題跋印記釋文。其中「封」字朱文方印、「古雅」白文連珠印三見，「封」字印似仿賈似道藏印，背景如何待考[四五]。

徐中舒《殘葉跋》所言的前三項，即歸朝煦藏石本、黄蕘圃藏殘石本、嘉善程氏藏宋拓石刻本，皆指此十二卷拓本。不衹卷數獨多，且爲宋拓宋裝，保存完好，爲《款識》諸本之桂冠[四六]。

[四二] 原迹見於臺灣圖書館藏清康熙九年黄公禾抄本《歷代鐘鼎彝器款識法帖》黄丕烈跋語。

[四三] 朱善旂（一八〇〇—一八五五），本名善旗，字大章，號建卿，浙江平湖人。嗣爲朱爲弼長子。

[四四] 見《清史稿・卷三百九十八・列傳一百八十五》。

[四五] 賈似道藏品中或鈐有「封」字印，或釋「長」。史樹青在《宋白玉「封」字印考》中，認爲此印爲南宋官方禮儀用印。《鑒寶心得》第九七頁，山東畫報出版社二〇〇七年。

[四六] 唯卷十五首失約十三面。

宋石刻拓本《款識》避諱「玄」字二見（宋太祖趙匡胤始祖趙玄朗）、「敬」字十三見（宋太祖之祖趙敬）、「弘」字六見、「殷」字一見（宋太祖父親趙弘殷），「桓」字十見（宋欽宗趙桓），均缺末筆。惟避諱並不嚴謹，未缺末筆者「弘」字有五見、「玄」字則六見。由避諱字得以印證二十卷末「江州公使庫　今鎸造到《歷代鐘鼎彝器款識法帖》二十卷，計石二十四片。右具如前。紹興十四年六月　日」的刻記，此確爲宋刻宋拓本。

總之，《款識》二十卷宋拓現存者如下：

卷七至十六、十九至二十，黄丕烈舊藏。（卷十五缺卷前十三面。）

卷十七藏史語所。史語所尚有卷十三、十四殘葉。

卷十八藏考古所。

上海圖書館有卷十四、十七、十八、二十，四卷之殘葉。上圖的藏本雖然無出上述各本之外者，但其重見之處往往品相更好，可以互相參證。而其跋語獨多，亦甚可貴。

宋刻石本現存十四卷，計收二百七十二器。

四、宋石本的價值

研究古籍版本的人都知道，一定要找善本，尤其宋版最受重視，主要因其時代早，受傳鈔改動致訛的影響較少，所以版本可貴。

《款識》也是一樣的道理，雖然傳世明清刻本數種，甚至有號稱根據薛尚功手稿刊刻的，但畢竟無可證實，且其所謂手稿今已不知下落，已是死無對證。即使真有此手稿，經過一再刊刻，其品質也很難保證。而江州公庫本《款識》，爲郡守爲薛刻石，其刻石的最後尚且有薛尚功等人的職銜，可以説是薛本人親自參與的，其可靠性自然更高。

下面舉幾個例子來説明此宋拓的可貴。

（一）次序

石本的次序有與後代刻本不同的，當以何者爲是？

汾陰宮鼎後，考古所本次序爲孝成鼎、好時鼎、上林鼎、侈耳鼒、高奴鼒。上圖本上林鼎在孝成鼎前，而缺侈耳鼒、高奴鼒。上圖本經吴湖帆重裝，吴是根據朱謀垔刻本校的，次序當然與朱本同。考古所本經改爲手卷之後，已非宋本之舊，其次第似亦非具絶對説服力；但細看其拓紙，上林鼎標題緊密接續於好時鼎按語之後，且拓紙完整，没有斷裂，可見宋本次第本來如此。

類似的例子還見於卷二十。卷二十前面幾器的順序，各本皆作上林榮宮鐙、首山宮鐙、甘泉上林宮行鐙、林華觀行鐙、甘泉内者鐙、龍虎鹿盧鐙、耿氏鐙[四七]。上圖本與刻本同。唯甘泉上林宮行鐙僅存器名，吴湖帆重裝補一段空白紙，其後爲林華觀行鐙，跋文僅存前三行，其後吴補記「卷末後缺十一器」。按上圖本係經吴湖帆重裝，其次序依朱本排定，不可視爲宋本之舊。所見各本，唯黄丕烈本林華觀行鐙排第一，與各本異，當以何者爲是？按黄本爲經摺裝，每頁約容釋文六行，其中容有補接痕迹。但林華觀行鐙與上林榮宮鐙間爲一完整紙片，没有黏貼、折痕，可證原石以此爲次無疑，此是宋石之舊，其他各本之次皆誤。也許後出各本因林華觀行鐙銘文有「五鳳二年」（前五六）之文，遂移置甘泉上林宮行鐙之後，該器亦有「五鳳二年」之銘。但即使作此改變，其所收器物年代爲黄龍元年（前四九）、永始四年（前一三）、五鳳二年（前五六）、五鳳二年（前五六）、元康二年（前六四）、延光四年（一二五），年代排序也没有邏輯。無論其優劣如何，從黄本看，宋石原拓第一器爲林華觀行鐙無疑。

上圖本其後缺。黄本「漢釜」下依次爲館陶釜銘釋，軹家釜銘釋，次第井然。朱本無「漢釜」條目，其下先列「館陶釜一次、軹家釜一」，其後銘釋則先軹家釜、後館陶釜。孫本同，唯孫本有「漢釜」之目，且「次」字爲縮小注。萬曆本前頁缺，從其殘頁看，其次第與朱本同。各本中衹有阮本次序與宋石同。

卷十九石本所見漢器款識目次爲：鑪、壺、卮、律管、匜、洗、鉦。朱本目次與宋拓同，唯其正文則「匜」在全卷之末，與目次不合。阮本目次與正文均將「匜」列在最後。萬曆本目次爲：爐、壺、卮、律管、匜，其正文則「匜」仍

［四七］阮本龍虎鹿盧鐙在甘泉内者鐙之前。

在最後，疑其目或與朱本同，衹是漏了「匜」後的洗、鉦。這也説明一般認爲萬曆本脱節較多，是確有其事。而石本優於各本是很明顯的。

（二）校勘

用石本以校勘刻本，這方面可做的工作很多，這裏衹舉兩個例子説明。完整的校勘表請參見本文附一。

卷數	器名	石本	朱本	孫本
十三	仲駒敦蓋	不見於□注	不見於傳注	同朱本
十八	武安侯鈁	元壽元始中	元始中	同石本

卷十三「仲駒敦蓋」石本「不見於□注」，此條是容庚根據史語所藏的殘葉校的。士禮居本則清楚完整作「不見於傳注」。此是士禮居本優於殘葉之又一明證。

卷十八「武安侯鈁」石本按語「楚思王子愋元壽元始中再封武安侯」，朱本脱「元壽」二字，阮本、孫本皆有。翁方綱題跋説[四八]：

> 今重刻《款識》誤脱「元壽」二字，可見後來録木之本不依原石舊拓，失真者多矣。

翁氏又説：

> 然此王子愋以建平四年（公元前三年）封武安侯，元始元年（公元一年）復封武安侯，此跋誤讀史表，乃以其元壽失侯之年爲其初封武安侯之年，則亦誤也，安得備見薛氏石本詳校證之，庶有裨益耶。

這也可見學者渴望「備見」石本的心情。朱本誤脱「元壽」二字，就刻書而言自然是一種失誤，尤其朱氏「願爲薛氏忠臣者」，自當忠實於原作，縱有異文，亦當出校，不宜徑改，然而朱本失誤者多，此當屬「脱誤」，而非校改。

容庚曾根據史語所藏的石本卷十三、十四的十九紙殘葉校諸本，得出「朱本較佳，孫本差近朱本」的結論。王世民加上卷十八和卷二十的考察，認爲「孫本常優於朱本」「實事求是地説，孫、朱二本互有優劣，並非朱本最佳」，看法有所不同。然而，他們參校的樣本畢竟有限，黄丕烈士禮居本内容最多、最完整，正是全面考察這一問題的最佳契機。

（三）樣式

士禮居本保存宋裝原樣，對釐清《款識》的内容、格式很有幫助。尤其其他各家藏本都經改裝，完全失去舊貌之後，士禮居本宋裝原式的作用就更大了。由士禮居本兩卷裝一册，前後兩卷往往緊密連接這一點看，有助於斷定現在分藏史語所和考古所的卷十七和十八，原來爲同一册，後來才分開爲兩册。

總之，黄丕烈藏十二卷拓本（士禮居本），爲《款識》諸本之甲，當爲學術界所重。

附記：

本文曾於二〇一七年五月八日在史語所講論會上宣讀，後續有修訂。今復以石本與主要刻本之校勘全文附後供參。

中研院史語所、中國社科院考古所、上海圖書館，各收藏宋拓《歷代鐘鼎彝器款識法帖》若干殘卷，多年來我一直期待將兩岸三院這些殘本彙印成册。二〇一五年夏天，我在上海圖書館訪問一個月，有比較多的時間仔細考察上圖藏本，更堅信把這些殘本集中起來出版，是有益學界的大好事，於是進行聯繫和安排。

在上圖訪問時，曾就這個想法與黄顯功先生交換意見，得到他的熱烈支持和積極幫助，後來經過特批，拿到這一「一級文物」的圖檔。

考古所藏本從未對外公開，這次得到王世民先生、張文輝女士的幫助，向考古所申請全卷複製，經中國社會科學院王偉光院長特批，終於拿到此卷高清全圖，爲進一步研究創造條件。

先已取得史語所藏本的圖檔，後經圖委會的通過，取得圖檔授權，兩岸三院的本子終於湊齊了。

[四八] 上海圖書館藏本翁方綱題跋。

在我積極進行工作期間，友人晏旭兄告訴我，他的朋友新獲《款識》黃丕烈藏本，希望有機會出版，我告以正在進行的工作，如果能一起印，正是機緣湊巧。在大家樂觀其成的期待中，進一步把存世的全部《款識》彙爲一編。

二〇一六年秋，在長沙的一個頒獎會上，遇到中華書局的顧青總編輯，談到《款識》的種種因緣際會，顧總編當時就表示了非常積極的出版意願。但由於我做了多餘的考慮，讓事情多了没有意義的延宕，直到二〇一九年，才最終又回到中華。

這件事情的得以成就，需要感謝藏家的無私奉獻，讓這些石匱之書能化身千百。中華書局顧青總編輯、秦淑華主任、責任編輯張芃女士，爲本書的出版付出巨大勞動。

工作初期，得到中研院史語所的支持和幫助。二〇一七年後，獲得北京大學「人才啓動項目——拔尖創新人才培養」和「中國古文獻研究中心」的經費支持。

謹對此書出版付出心力的單位及個人，致上衷心感謝。

二〇二〇年初夏，李宗焜謹記

附一 《款識》石本與主要刻本校勘表

（一）「石本」指宋紹興間石刻之宋拓本，「朱本」指明崇禎六年（一六三三）朱謀垔校刊本，「孫本」指清嘉慶十二年（一八〇七）孫星衍平津館臨宋寫本。

（二）異體字不出校。石本偶有蛀蝕字，亦不出校。各本中偶有空缺字，以□表空一字。

（三）編排體例偶有不同，如石本一般先銘文，後接釋文（往往稱「釋音」），木刻本則較多採上銘文，下釋文的方式。這類情形不出校。

（四）「器名」後之「前」字，表所指對象之位置。如「遲父鐘一（前）」，表示遲父鐘一的前一行，石本尚有「周鐘」，朱本則無此一行；其餘類此。「按」表出校文字見於該器銘文、釋文之後的「按語」（考釋説明），方便讀者查找。未加注者爲釋文。

卷數	器名	石本	朱本	孫本	備注
七	遲父鐘一（前）	周鐘	缺	同石本	
	遲父鐘一	銘文後接釋音，二、三、四後作「釋音同前」	釋音在「遲父鐘四」後	同朱本	
	遲父鐘一（按）	而龍光者	而龍光	同石本	
	盄和鐘	虔敂朕祀	虔敬朕祀	同朱本	石本避諱敬
		百辟⿰彳胤士	同石本	百辟⿰彳肖士	孫本避清諱，缺末筆
		故名曰苩邦	故名曰昔邦	故名曰昔邦	
		高弘有慶	高弘有慶	同石本	弘，石本避諱，孫本避清諱
	盄和鐘（按）	據本紀自襄公爲始則桓公爲十二公而銘鐘者爲景公也按秦本紀自非子爲周附庸	據本紀自非子爲周附庸	同石本	石本避諱桓。朱本有脱文

（續表）

卷數	器名	石本	朱本	孫本	備注
七	齊侯鎛鐘	余弘猒乃心	同石本	余弘猒乃心	弘，石本未缺末筆，孫本避清諱
		弗敂戒	弗敬戒	同朱本	石本避諱敬
		敂恭辭命	敬恭辭命	同朱本	石本避諱敬
		汝以卹于朕身	汝以卹余朕身	同朱本	
	齊侯鎛鐘（按）	按太公呂望周封於	按太公望封於	同石本	
		東萊此海高密	東萊北海高密	同朱本	
		妘字音之女好皃	妘字音乏女好貌	妘字音之□□□	
		不獨銘其功業	同石本	不獨錫其功業	
		是猶詩言	同石本	□□詩言	
		異姓之國也	同石本	異□□國也	
		厚以厂物爲大	厚以厚物爲大	同石本	
		鎛以薄	鑄从薄	鎛从薄	
		鎛鐘比持鐘爲小	鎛鐘比特鐘爲小	同朱本	
		比編鐘爲天	比編鐘爲大	同朱本	
		今此鐘銘曰	今此鐘銘曰	同朱本	
		乃大於時鐘	乃大於特鐘	同朱本	
		妄自夸大耳	妄有誇大耳	妄有夸大耳	
		受錫者三一曰	同石本	受錫者三百	
		一曰錫汝車馬	二曰錫汝車馬	同石本	
		鈇鎬女鏐鏻鋁	鈇鎬玄鏐鏻鋁	鈇鎬玄鏐鏻鋁	玄，石本未缺末筆，孫本避清諱
		桓公之業	桓公之業	同石本	石本避諱桓
	齊侯鐘一（前）	周鐘	缺	同石本	
八	齊侯鐘一	余弘猒乃心	同石本	余弘猒乃心	弘，石本未缺末筆，孫本避清諱
		敂戒皮卹	敬戒虔卹	同朱本	石本避諱敬

（續表）

卷數	器名	石本	朱本	孫本	備注
八	齊侯鐘二	敂恭辭命	敬恭辭命	同朱本	石本避諱敬
		釐都徹爵	同石本	釐都脩爵	孫本避清諱，缺末筆
	齊侯鐘三	公曰反	公曰及	同朱本	
		力右余一人	左右余一人	同朱本	
		以敷成公	以敷戒公	同朱本	
	齊侯鐘五	于桓武靈公（二見）	于桓武靈公	同石本	石本避諱桓
	齊侯鐘六	鈇鎬玄鏐鏻鋁	同石本	鈇鎬玄鏐鏻鋁	玄，石本未缺末筆，孫本避清諱
	齊侯鐘十	余弘猒乃心	同石本	余弘厭乃心	弘，石本未缺末筆，孫本避清諱。猒、厭異體字
		錫汝釐都徹	同石本	錫汝釐都脩	孫本亂避清諱
	齊侯鐘十三（按）	迄于桓公	迄于桓公	同石本	石本避諱桓
		首稱於桓公	首稱于桓公	同石本	石本避諱桓
		其以此也	以其此也	同朱本	
	窖磬（前）	周磬	缺	同石本	
	窖磬	辟公日始之釐樂又	辟公王始之釐樂人	辟公王始之釐樂□	
	窖磬（按）	右銘五十七字	此銘五十七字	同朱本	石本在銘後，朱本、孫本在銘前
九	象鼎（前）	周鼎	缺	同石本	
	象鼎（按）	此畫象形	此書一象形	同石本	
	鮮鼎（按）	治大國若烹小鮮	治大國若烹小鱗	同石本	
		何其純素如此	何以純素如此	同朱本	

（續表）

卷數	器名	石本	朱本	孫本	備注
九	子父舉鼎（按）	是祭父皆從其子	是父皆從其子	同石本	
		其下又爲舉字	其下又爲子字舉	其下文爲舉字	
	豐鼎	豐用作玖	豐用作□	同石本	孫摹銘文「玖」字缺玉
	魯公鼎（按）	今考其銘識文書	今考其銘識文畫	今考其銘識文書	
		故篆體未有變省	故篆體未有變者	同石本	
	言肇鼎	其永寶用享	其永保用享	同朱本	
	乙公鼎	子子孫孫永寶	子子孫孫永保	同石本	
	娟氏鼎	永寶用	永保用	同朱本	
	娟氏鼎（按）	册象其札	册象其禮	同石本	
	尨生鼎	萬年永寶用	萬年永保用	同朱本	
	伯郄父鼎（按）	稽之周曆	同石本	稽之周歷	孫本「歷」避清諱
	唯叔鼎（按）	誨作寶鬲鼎	誨作寶鬲	同石本	
	孔文父飲鼎（按）	銘云惟三月孔父作	銘云惟三月孔文父作	同朱本	
	仲偁父鼎（按）	則禮樂自天子出	則禮樂征伐自天子出	同石本	
十	王子吴鼎（前）	周鼎	缺	同石本	
	王子吴鼎	作飼鋓鼎	作飼刑鼎	同朱本	
	王子吴鼎（按）	鼾字字書所不見	鼾字字書所不見	同石本	
		鼎旁作于	鼎旁作干	同石本	
	大夫始鼎	大夫始鼎，癸亥父己鬲鼎	癸亥父己鬲鼎，大夫始鼎	同朱本	順序不同
	季娟鼎	季娟鼎	季婦鼎	同石本	
		季娟寶尊彝	季婦寶尊彝	同石本	
	季娟鼎（按）	如書言大麓之類	如書言文麓之類	同石本	
		先命小臣夌往見	先命小臣陵往見	同朱本	

（續表）

卷數	器名	石本	朱本	孫本	備注
十	師秦宫鼎（按）	猶師[illegible]師毁也	猶師[illegible]師也毁	同石本	
		寶用而祝之	寶用而祀之	同石本	
	史頙父鼎（按）	雖辭有詳略	雖詞有詳略	同朱本	
	微欒鼎	享孝于朕皇考	享孝于朕皇考	同石本	
		永寶用享	永保用享	同石本	
	伯姬鼎	錫褱玄衣	錫褱玄衣	同石本	玄，石本避諱，孫本避清諱
	伯姬鼎（按）	作此尊鼎也	作此鼎尊也	同石本	
		字畫妙絶	字畫絶妙	同朱本	
		盡日不猒云	盡日不猒去	同石本	
	晉姜鼎	畏貫通弘	畏貫通弘	同石本	弘，石本避諱，孫本避清諱
		遠廷君子	遠延君子	同石本	
	晉姜鼎（按）	威貫通弘	威貫通弘	同石本	弘，石本避諱，孫本避清諱
		保其孫子三壽	保其子孫三壽	同石本	
		非特保我孫子	非特保我子孫	同石本	
		既佑武公	既祐武公	同石本	
	穆公鼎	穆公鼎	缺	同石本	
		于邢邦弘	于邢邦弘	同石本	弘，石本避諱，孫本避清諱
		眉壽子佑	眉壽□佑	同石本	
	穆公鼎（按）	不顯走者	丕顯走者	同石本	
		元王元撥	元王桓撥	同石本	
十一	月季尊（前）	周尊	缺	同石本	
	乙舉尊（按）	皆相因而得名也	皆因而得名也	同石本	
	師艅尊（按）	字書德字从彳	□書德字从彳	同朱本	

（續表）

卷數	器名	石本	朱本	孫本	備注
十一	召公尊	召公尊	召夫尊	同石本	
		用先中執王休用	用先中執王休用	同石本	
	召公尊（按）	亦曰南宮括而	亦曰南宮括	同石本	
		中鼎曰王執而此尊曰執王	中鼎曰王執而此尊曰執王	中鼎曰王執而此尊曰執王	
		錫于琖玉	錫于踐土	錫于琖王	
		貫行執	貫行執	同朱本	
	高克尊	對揚天佑王伯友	對揚天佑主伯友	同石本	
	孫卣（前）	周卣	缺	同石本	
	伯寶卣（按）	則宜有以作彝器	則官有以作彝器	同石本	
	師淮父卣	蓋、器均先銘文，後釋音	蓋上銘文，下釋音；器銘文下注「同前」	同朱本	
	師淮父卣（按）	此曰文考	此言文考	同石本	
	樂司徒卣	弘作旅卣	弘作旅卣	宏作旅卣	弘，石本避諱，孫本「宏」避清諱
	樂司徒卣（按）	弘作旅卣	同石本	宏作旅卣	弘，石本未缺末筆，孫本「宏」避清諱
	召仲考父壺（前）	周壺	缺	同石本	
	召仲考父壺（按）	年已加千	年已加干	同石本	
		用饗之謂也	用享之謂也	同石本	
	黃季舟（前）	周舟	缺	同石本	
	子乙斝一（前）	周斝	缺	同石本	
	子乙斝二	子乙	同前	同石本	
十二	父貝觶（前）	周觶	缺	同石本	
	雙弓角（前）	周角	缺	同石本	
	五彝（前）	周彝	缺	同石本	

（續表）

卷數	器名	石本	朱本	孫本	備注
十二	司空彝（按）	空則借用工字	空則借用二字	同石本	
	召父彝（按）	錫命孝享	錫命孝饗	同石本	
		以愚觀之	以余觀之	同石本	
	叔匜（前）	周匜	缺	同石本	
	孟皇父匜（按）	昔魯桓公之後	昔魯桓公之後	同朱本	石本避諱桓
		三桓氏	三桓氏	同石本	石本避諱桓
	司寇匜（按）	掌建邦之六典	掌邦之六典	同朱本	
	孟姜匜（按）	云子孟姜盥匜	云孟姜盥匜	同石本	
十三	周器款識（後）	敦	缺	同石本	
	兕敦一（前）	周敦	缺	同石本	
	兕敦一（銘文上方）	蓋器	缺	同朱本	
	兕敦二（銘文上方）	蓋器	缺	同朱本	
	周虔敦（按）	則一二以數之	則三以數之	同石本	
	達敦（按）	達从辵而此从走	達從辵而此从走	同朱本	
	伯冏父敦	第二銘文三行下，釋音三行	第二銘文三行下，注「同前」	第二銘文三行下，注「釋音同前」	
	伯冏父敦（按）	爲可貴者以此也	爲可貴以此也	同朱本	
		祭公作哲	祭公作括	祭公作招	
	蒯仲敦（按）	齊有申蒯	齊有中蒯	同石本	
	師望敦（按）	博古録云按史記	博古録云史記	同石本	
		以漁釣奸周西伯	以漁釣干周西伯	同石本	
		與語大説	與語大悦	同石本	
	叔貊敦	永寶用享孝	永寶用享考	同石本	當釋考
	仲駒敦二	仲駒敦二	缺器名	同石本	
	仲駒敦蓋	永寶用享孝	永寶用享考	同石本	當釋孝

（續表）

卷數	器名	石本	朱本	孫本	備注
十三	仲駒敦蓋(按)	所得斷簡遺編	所以斷簡遺編	所□□簡遺編	
		無所指歸	無所歸止	同石本	
		制作之旨	制作之有	同石本	
		小補之哉	小補哉	同石本	
十四	散季敦(前)	周敦	缺	同石本	
	散季敦(銘文上方)	蓋　器	缺	同石本	
	散季敦(器)	釋音同前	同前	同朱本	
	散季敦(按)	攷其銘	考其名	同朱本	
		以神道饗乎人	以神道亨乎人	同石本	
		以爲之輔	以之爲輔	同石本	
		大統未集	大統末集	同石本	
	師毛父敦	錫亦市	錫亦市	同石本	
	師毛父敦(按)	亦云毛伯	亦云伯毛	同石本	
	孟姜敦(按)	出於桓公之後	出于桓公之後	同石本	石本避諱桓
	戠敦	服□五服	服五服	同朱本	
	戠敦(按)	晉文公城濮之戰	晉文城濮之戰	同朱本	
	宰辟父敦一、二、三	玄衣束帶(三見)	同石本	玄衣束帶	玄，石本未缺末筆，孫本避清諱
	宰辟父敦二	後銘文之後，重出釋音七行	作「釋音同前」	同朱本	
	龙敦	毋敢有不茍	毋敢有不敬	同朱本	石本避諱敬
		錫汝玄衮衣	同石本	錫汝玄衮衣	玄，石本未缺末筆，孫本避清諱
		茍夙夕	敬夙夕	同朱本	石本避諱敬
	龙敦(按)	錫之以玄衮衣	同石本	錫之以玄衮衣	玄，石本未缺末筆，孫本避清諱

（續表）

卷數	器名	石本	朱本	孫本	備注
十四	郘敦一	錫汝赤市彤冕齊黃	錫汝赤芾彤冕齊黃	同石本	
	郘敦(按)	發掘所得	掘發所得	同石本	
		原父爲余攷按其事	原父爲余孜按其事	同石本	
		而此敦曰	而此敦口	同石本	
		音謝後从木(双行注)	(竄入正文)	同朱本	
		爾雅云(双行注)	(竄入正文)	同石本	
		宣王之廟制如榭	宣王之廟如榭	宣王之庿制如榭	
		如桓僖宮之比	如桓僖宮之比	同朱本	石本避諱桓
		降立于阼階	降立阼階	同石本	
	師箁敦	作乃乛□	作乃□□	同石本	
		邦弘潢孽茍明乃心	邦弘潢孽敬明乃心	邦弘潢孽敬明乃心	敬，石本避諱；弘，石本未缺筆，孫本避清諱
	師箁敦(按)	知刺公者乃	知刺公乃	同石本	
	師毀敦	茍乃夙夜用事	敬乃夙夜用事	同朱本	石本避諱敬
	師毀敦(按)	復見兼戈矛	復見戈矛	同石本	
	牧敦	孚茍夙夕	孚敬夙夕	同朱本	石本避諱敬
	牧敦(按)	及虎冕	皮虎冕	同石本	
	敔敦	作尊敦	作尊彝	同朱本	
	敔敦(按)	所以謹時也曰王在成周者	所以謹時又曰王在成周者	所以謹時□□王在成周者	
十五		卷前缺十三面	全	全	據朱本，以石本行款擬測
	張仲簠(按)	轉注偏旁	轉注偏傍	同石本	
		何丁寧重複	何叮寧重複	同石本	
		君子之於道不汲之	君子之於道不汲〃	同朱本	
	師奐父簋一(前)	周簋	缺	同石本	
	師望簋	師望簋、京叔簋	京叔簋、師望簋	同朱本	順序不同

（續表）

卷數	器名	石本	朱本	孫本	備注
十五	師望簋（銘文上方）	蓋　器	缺	同朱本	
	師望簋（按）	故號之曰	故號曰	同石本	
	京叔簋	上半有大片殘損	全	全	
	寅簋	敬明乃心	敬明乃心	同朱本	石本避諱敬
		敬夙夕	敬夙夕	同朱本	石本避諱敬
	寅簋（釋音後）	無「右」字	右	同朱本	
	單疑生豆（前）	周豆	缺	同石本	
	單從盉（前）	周盉	缺	同石本	
	單從盉（銘文上方）	蓋　器	缺	同朱本	
	嘉仲盉	嘉仲盉，伯王盉	伯王盉，嘉仲盉	同朱本	順序不同
十六	伯温父甗（前）	周甗	缺	同石本	
	方寶甗（按）	偏傍位置	邊傍位置	同石本	
	父乙甗	埶位在廟	蓺位在廟	蓺位在廟	
	慧季鬲（前）	周鬲	缺	同石本	
	慧季鬲（按）	按慧與惠通	按惠與慧通	同朱本	
	丁父鬲（按）	爲商器	爲商	同石本	
		蓋在周之太公望	蓋周之太公望	同石本	
	師鬲（按）	昔者以師稱其官	昔□師稱其官	同石本	
		製作簡古	制作蕑古	制作簡古	
	虢叔鬲二	作叔殷	作叔殷	同朱本	石本避諱殷
	蔑敖鬲（按）	所可辨者	所可辯者	同石本	
	仲父鬲（按）	不可辨者	不可辯者	同石本	
		考其製作	考其制作	同石本	
	仲斯鬲	仲斯鬲、某父鬲、諸旅鬲	某父鬲、諸旅鬲、仲斯鬲	同朱本	順序不同
	史孫槃（前）	周槃	缺	同石本	
	齊侯槃二	釋音同前	同前	同石本	
	冀師盤（按）	冀乃其族裔	冀乃其旅裔	同石本	

（續表）

卷數	器名	石本	朱本	孫本	備注
十六	伯索盂（前）	周盂	缺	同石本	
	邛仲盦（前）	周盦	缺	同石本	
	邛仲盦	先「脣」，銘文、釋音，分二圓。再「器」，上銘文，下釋音。	先「器」銘文，後釋音。再「脣」銘文、釋音，合一圓。	同朱本	
	鳳棲鐸（前）	周鐸	缺	同石本	
	鳳棲鐸（按）	作鳳棲木之狀	作鳳棲之狀	同石本	
十七	岐陽石鼓一（前）	周鼓	缺	同石本	
	岐陽石鼓一	岐陽石鼓一	同石本	岐陽石鼓七	孫本次序不同，所存銘文、釋音亦較多
		而師□□	而師□庶	而師……弓矢孔庶	石本損失
		樂天□□	樂天子來	同朱本	石本損失
	岐陽石鼓二	岐陽石鼓二	同石本	岐陽石鼓九	孫本次序不同，所存銘文、釋音亦較多，部分字異
	岐陽石鼓三	岐陽石鼓三	同石本	岐陽石鼓三	孫本銘文、釋音字較多
	岐陽石鼓四	岐陽石鼓四	同石本	岐陽石鼓四	孫本銘文、釋音字較多，部分字異
	岐陽石鼓五	岐陽石鼓五	同石本	岐陽石鼓二	孫本多三個重文號，字釋稍不同
		□淖	同石本	彼淖	
		其盜氏鮮	其益氏鮮	其蕰氏鮮	

（續表）

卷數	器名	石本	朱本	孫本	備注
十七	岐陽石鼓六	岐陽石鼓六	同石本	岐陽石鼓八	孫本銘文、釋音字較多，部分字異
		□走	同石本	彼走	
		[illegible]	[illegible]	同石本（然加重文號）	石本、朱本釋奔，孫本釋莽
	岐陽石鼓七	岐陽石鼓七	同石本	岐陽石鼓六	孫本銘文、釋音字較多，部分字異
	岐陽石鼓八	岐陽石鼓八	同石本	岐陽石鼓一	孫本字多
		其來趯	其來趯	同石本（然加重文號）	
	岐陽石鼓九	岐陽石鼓九	同石本	岐陽石鼓五	孫本字多
		其奔其敔	其奔其敔	同石本	
	岐陽石鼓十	岐陽石鼓十	同石本	岐陽石鼓十	孫本字多
		敇敂	敇敬	朝夕敬惕	石本避諱敬
		載西載比	載西載北	同朱本	
	岐陽石鼓（按）	右岐陽……	同石本	無	
	周琥	周琥 琥	周琥	同朱本	
	周琥（按）	加方明於其上	加文□□其上	同朱本	
		蓋以日辰爲號	蓋以日辰爲琥	同朱本	
		或云午與五同	或以午與五同	同朱本	
		蓄威以待此器之虎形	蓄威以待此器虎形	蓄威以持此器虎形	
十八	秦璽	秦璽 璽一	秦璽一	同石本	
	璽一（按）	畢景儒	畢景傳	畢景傳	傳，「儒」俗字
		玄妙淳古	玄妙淳古	同石本	玄，石本避諱，孫本避清諱

（續表）

卷數	器名	石本	朱本	孫本	備注
十八	秦權	秦權 權	秦權	同石本	
	秦權（按）	元年制詔丞相	元年□詔丞相	同石本	
		如後嗣爲之者	始後嗣爲之者	同石本	
	平陽斤（前）	秦斤	缺	同石本	
	平陽斤（按）	始皇二十六年	始皇廿六年	同石本	
		始皇帝所爲也	始皇所爲也	同石本	
		其一乃銅鐶	其一乃銅環	同朱本	
		循環刻之	循環列之	同石本	
		肉倍好者	肉陪好者	同石本	
	周陽侯鐘（前）	漢鐘	漢	同石本	
	谷口甬（前）	漢甬	缺	同石本	
	谷口甬（按）	古器物銘云	右古器物銘云	同朱本	
	武安侯鈁（前）	漢鈁	缺	同石本	
	武安侯鈁（按）	元壽元始中	元始中	同石本	
	李氏鼎（前）	漢鼎	缺	同石本	
	汾陰侯鼎（按）	昌之鼎與開方之鼎與	昌之鼎與開方之鼎歟	昌之鼎歟開方之鼎歟	
	定陶鼎（釋文上方）	蓋器	缺	同朱本	
	定陶鼎（按）	是鼎於蓋間	是鼎於蓋問	同石本	
	汾陰宮鼎（按）	河東郡屬縣	河南郡屬縣	同朱本	
		有曰汾陰有曰平陽	有汾陰有平陽	同石本	
		上丁之祀	上下之祀	同朱本	
	好畤鼎	好畤共厨銅鼎	好畤供厨銅鼎	同朱本	

（續表）

卷數	器名	石本	朱本	孫本	備注
十八	好時鼎（按）	及始皇東游	及始皇更游	及始皇東遊	
		後世咸有五時之祠	後世成有五時之祠	同石本	
		二十二字在蓋	廿二字在蓋	同石本	
		器文云好時共厨鼎	器文云好時供厨鼎	同朱本	
		長樂第四百二十五	長樂第四百廿五	同石本	各本釋文均爲「長樂第四百三十五」
		回中宫在汧	回中言在汧	同石本	
		三輔黄圖云（双行注）	（竄入正文）	同石本	
		太官從帝行幸	大官從帝行幸	同石本	
	侈耳𪔂（前）	漢𪔂	缺	同石本	
	高奴𪔂	有器名	缺	同石本	
十九	齊安鑪（前）	漢鑪	缺	同石本	
	蓮勺鑪	蓮芍宫銅一斗	蓮勺宫銅一斗	同石本	
	蓮勺鑪（按）	五鳳年中造林華觀	五鳳年中造華觀	同石本	
		困於蓮勺鹵中	用於蓮勺鹵中	同石本	
		自周穆王以來	目周穆王以來	同石本	
		而爲日兹久	而爲日滋久	同石本	
	博山鑪（按）	云得於投子山	云□宫太子山	云□□□子山	
		中間荇葉有文	同石本	中間行葉有文	
		一云鑪象海中博山	二□鑪象海中博山	□鑪象海中博山	
		使潤氣蒸香以象海之回環此器世間多有之	使潤氣蒸香以象海之回環此器世間亦有之	使潤□蒸香以象海之回□環此器世間多有之	
	丞相府漏壺（前）	漢壺	缺	同石本	

（續表）

卷數	器名	石本	朱本	孫本	備注
十九	太官壺	太官銅鐘	太官銅鍾	同石本	
	太官壺（按）	銘曰鍾者	銘曰鐘者	同石本	
		从金从重以止爲體	从金从重以㠯爲體	从金从重以正爲躰	
	綏和壺（按）	掾臨王守右丞	掾臨主守右丞	同朱本	石本釋文仍作「主」
	建光巵（前）	漢巵	缺	同石本	
	律管（前）	漢律管	缺	同石本	
	注水匜（前）	漢匜	缺	同石本	石本律管後接匜，朱本、孫本則移至十九卷末
	注水匜（按）	元年正月則當是明年己巳	元年正月則是明年己巳	同石本	
		治見其識文	迨見其識文	同朱本	
		然所容五合	然所容三合	同朱本	
	陽嘉洗（前）	漢洗	缺	同石本	
	陽嘉洗（按）	且象而規之	且象而視之	同石本	
	宜子孫洗（按）	洗承槃棄水之器	洗丞槃棄水之器	同石本	
		上元一年	上元二年	同朱本	
		高宗命韋弘機	高宗命韋弘機	同石本	弘，石本避諱，孫本避清諱
	宜子孫洗（按）	於澗曲跣建陰殿	於曲澗跣建陰殿	同石本	
		掘得古銅器似盆	掘得古銅似盆	同石本	
	平周鉦（前）	漢鉦	缺	同石本	
	平周鉦（按）	平周平定圜陰三縣	同石本	平周平定圜陰二縣	
		蓋此鉦先藏平周	此蓋鉦先藏平周	同石本	

（續表）

卷數	器名	石本	朱本	孫本	備注
二十	林華觀行鐙（前）	漢鐙	缺	同石本	朱本、孫本首爲上林榮宮鐙，林華觀行鐙在甘泉上林宮行鐙後；順序不同
	林華觀行鐙（按）	漢書不載	漢書六載	同石本	
	上林榮宮鐙	百三十	百廿	百卅	
	上林榮宮鐙（按）	言榮宮未攷	言槃宮未攷	同石本	朱本釋文及上按語均作「榮宮」
	首山宮鐙（按）	攷古云漢宣帝時器	攷古漢宣帝時器	同石本	
	甘泉上林宮行鐙	王回夫山工誼作	王回夫山二誼作	同石本	
	甘泉上林宮行鐙（按）	惟承槃存銘	惟永槃存銘	同石本	
	虹燭錠（前）	漢錠 與鐙同	缺	同石本	
	車宮承燭槃（前）	漢燭槃	缺	同石本	
	車宮承燭槃	車宮承燭槃	同石本	車宮丞燭槃	
		車宮銅承燭槃	同石本	車宮銅丞燭槃	
		五鳳四年 扶	五鳳四年造 扶	同石本	
	車宮承燭槃（按）	云車宮承燭槃	同石本	云車宮丞燭槃	
	周陽侯甗（前）	漢甗	缺	同石本	
	周陽侯甗（按）	説文鍑大口釜也	説文鍑呑釜也	同石本	
	館陶釜（前）	漢釜	缺	同石本	
	館陶釜	館陶釜、軹家釜	軹家釜、館陶釜	軹家釜、館陶釜	順序不同

（續表）

卷數	器名	石本	朱本	孫本	備注
二十	館陶釜（按）	竇皇后女嫖封	竇皇后女則封	竇皇后女□封	
		然則景帝時官名長信	長則景帝時官名長信	□則景帝時官名長信	
		銘雖無年月	同石本	銘雖無年□	
	軹家釜	無	前有「館陶釜一次軹家釜一」	同朱本	
	軹家甑（前）	漢甑	缺	同石本	
	軹家甑	銘、釋「軹家容三斗……」	同石本	銘、釋「軹家容四斗五升……」	孫本軹家釜與軹家甑銘、釋與石本互乙
	軹家甑（按）	亦藏京兆孫氏	亦藏京兆	同朱本	
	梁山銷（前）	漢銷	「漢銷」、「梁山銷」器名並缺	同石本	
	書言府弩機（按）	東漢孝安皇帝	後漢孝安皇帝	同石本	
		舉閏則知十月也	同石本	舉閏則知月也	
		石渠之屬也蓋漢之武庫	石渠之屬□蓋漢之武庫	石渠之屬此蓋漢之武庫	
		隨府有之如盾省是也	隨府有如盾省是也	隨府有之如盾者是也	
		尤在所慎者	同石本	尤在所□者	
	卷末	「江州公使庫」等十行字	無	同朱本	

附二　宋拓《款識》各本題跋、印記釋文

（一）題記釋文按其在原書出現之順序。

（二）題記者之印記，釋文直接標示於署名後括弧内。

（三）題記外之收藏等印記，依出現順序附於各本之後。

一、史語所藏第十七卷

宋榻石鼓文 雲浦題

岐陽石鼓文己未（一九一九）元旦寒雲（八經閣）

歷代鐘鼎彝器欵識法帖卷十七 存石鼓文。乙卯十月寒雲。（抱存小印）

道光三年癸未（一八二三）仲春日觀於小雪浪齋，［時］將有七千里之行，未遑跋也。春海程恩澤。

道光四年（一八二四）四月合家藏本通校誤字。漢陽葉志詵記。（志詵之印）

薛氏金石款識最號精博，此兩卷以紙墨驗之，蓋宋拓也。摹石鼓文與原拓本校之，時有脱字舛文。爾時石在燕地，臨安難得墨本，或僅據重摹者入石耳。然以視萬歷中朱拓本，則神明十倍矣。蘭屏寶之，宜哉！莆田郭尚先。（郭尚先印）

此第十七，一卷，惟缺首數行。郭跋則謂兩卷，當別有一卷。觀朱跋與題籤，必久經散失，不知仍在人間否耶？寒雲記於倦繡室。（寒雲）

萬曆中朱拓本即萬曆十六年（一五八八）萬岳山人校刊者，猶不逮崇禎中朱謀垔刻本也。（袁二）

庚申（一九二〇）五月，曾植觀。

乙卯（一九一五）冬日，李盛鐸觀。

丙辰（一九一六）春易順鼎獲觀。

余昔年編《積古齋款識》，有金玉而無石刻。薛書將石鼓列入，或以爲非體例，其實石以鼓名，雖非彝而亦可謂器也。若將岣嶁等碑刻入，乃可謂之非體例，且不勝載也。此摹石鼓，雖有脱舛，尚不失籀史榘矱。冬［日］無事，晴窗借臨一過，將以補舊編款識之闕云。道光甲申（四年，一八二四）嘉平月立春前三日當湖朱爲弼跋。（朱爲弼印、茮堂）

石鼓文一卷，爲薛氏《歷代鐘鼎彝器款識法帖》原石殘本，楮墨沈雅，確爲宋拓。按是書見於晁氏《讀書志》《宋史・藝文志》、陳氏《書録解題》、吾邱衍《學古編》，皆不言何本，既題曰「法帖」，必刻石無疑。明崇禎中朱謀垔刊本，謂得尚功手書本授梓，且摹刻元明名家諸跋，後藏書家著録影本，皆從此出；《平津藏書記》稱儀徵即據此重刊。嚴可均亦有影摹宋寫本，近巨卿丈得之付雕，其中石鼓文獨完，與世傳楊升菴僞本略同，是諸刻所宗，皆有可疑。石本向無完帙，即殘幀斷册，而獲者亦珍同珪璧，且獨罕見於著録。沅叔爲購得此册，校諸時本，可以矯失正僞者頗多，與他選集次第亦異，數十年來之疑團，視此可以了然矣。惜前之藏者，徒以宋拓視之，不知表揚於世，幾使世人不得見薛氏祖本之真面目也。當取石影印，用資流布云爾。時乙卯（民國四年，一九一五）十月二十二日，寒雲。（□□、慎行）

偶以此本校阮氏所刻，録其脱誤於下。此本每器標題前，更標周鐸、周鼓、周琥諸字，阮本無之。鐸釋文「鳳棲木之狀」，脱「木」字；「金鐸通鼓」，脱「鼓」字。鼓一，釋文「滔=」脱「=」，「後」誤「復」；鼓二，釋文「騕」誤「驂」、「扯」誤「[illegible]」、「余」誤「[illegible]」；鼓三，「[illegible]」誤「[illegible]」；鼓四，「[illegible]」誤「[illegible]」；鼓五，「[illegible]」誤「[illegible]」，釋文「盗」誤「益」、「[illegible]」誤「[illegible]」；鼓六，「[illegible]」誤「[illegible]」；鼓七，釋文「莽」誤「莾」，「椝」誤「滌」；鼓八，釋文「趩」誤「趯」，「樸」誤「僕」；鼓九，釋文「敔」誤「敔」；鼓十，「[illegible]」誤「[illegible]」。琥釋文「加方明於其上」，「方」誤「文」，脱「明於」二字；「蓋以日辰爲號」，「號」誤「琥」；「或云」，「云」誤；「以此器之虎形」，脱「之」字。兹舉其要者已如此，其俗體缺畫尚難備盡。又如鼓十，釋文「敬」字，此本作「茍」，蓋避宋諱，阮本不缺筆，則所本非出自宋本可知也。二十三日，倚枕率書。（袁克文）

頃所校阮刻印本過，遲又得初印重校一過，有未脱誤而緣於摹印模糊者，如鼓一「滔=」未脱重文，惟「滔」作「[illegible]」，似與篆文不合；又鼓五篆文亦未減筆，因附記於此。寒雲。（克文）

其他印記：

佞宋、小雪浪齋鑑藏金石文字、寒雲鑒賞之鉩、晉府書畫之印、皕宋書藏主人廿九歲小景、侍兒文雲掌記、寒雲如意、長定齋圖書記、問□鑒賞、樂緯。丹斧。志詵之印。寶楷齋。錸城劉雲甫鑑藏金石書畫之章。皇二子、錸城劉泉家藏、後百宋一廛、翁方綱、寒雲秘笈珍藏之印、台山雲浦、蘭卿審定。長毋相忘、此生緣分、與身俱存亡、後百宋一廛、偶一爲之、壺中日月。

二、考古所藏第十八卷

道光四年(一八二四)四月望日借校一過。葉志詵記。(志詵之印)

右金石款識第十八卷，以明朱謀亜刊本校之悉同，惟彼本秦璽向巨源本第一，畢景儒本第三耳。郭尚先記。(郭尚先印)

三代鐘鼎彝器至宋而成書，自宣和殿《博古》及《考古》諸圖、王嘯堂《集古録》等書，指不勝屈。惟吾浙薛氏尚功《款識》蒐羅既富，辨釋亦博，皆自書上石，不特篆法渾成，隸法奇古，即楷書亦上逼顔柳，題爲法帖，良[不]誣也。惜石刻入元代毁以累塔，摹本多[亥]豕，而搨本絶少。余於三十年前得清吟[堂]高氏舊藏此刻一册，惟漢器武安侯鈁[以]下數種耳，秦器已失，何論周以前耶。今觀蘭卿先生所藏十七、十八兩册，墨色入古，篆畫精妙，定爲初搨善本，洵吉光片羽也。先生好古不勌，他日得全本見眎，愈增眼[福]矣。右甫朱爲弼記。(朱爲弼印、茮堂)

其他印記：

黄理、□□審定、小雪浪齋鑑藏金石文字、石廬珍藏金石書畫經籍之印。敬德堂圖書印、晉府圖書、子子孫孫永寶用。石廬祕笈、亞傑審定、秋儂、□、志詵之印、蘭卿審定、黄理、曾藏石廬。

三、黄丕烈舊藏卷七至十六、十九、二十

宋石刻江州公庫本《鐘鼎彝器款識帖》，存七、八至十五、六卷，又十九、二十卷，共殘帙六册。相傳爲常熟歸氏物也，五柳居偶得之而售於余，明時兩刻，近時重刊皆未溯源石刻，余故珍重獲之。此誠希世之寶，豈可以殘帙忽視乎！壬申(一八一二)除夕前六日，復翁。(千頃陂、黄丕烈印)

道光戊申(一八四八)春三月朔日，葉志詵借觀。(葉志詵)

其他印記：

羅氏家藏、子孫保之。文琛、厚齋。民部尚書郎、汪士鐘印、閬源所藏金石文字。朱善旂借觀記。封、古雅。

四、上海圖書館藏殘本　存卷十四、十七、十八、二十殘葉

宋拓薛尚功鐘鼎款識法帖 原刻殘本　庚寅(一九五〇)春三月吴湖帆題簽(倩盦)

薛氏鐘鼎款識殘刻 原石宋拓本　漢陽葉氏平安館舊藏　同治戊辰(一八六八)九月，得於都門，屬遂生書檢。鄭齋記(樹鏞私印)

薛尚功鐘鼎款識殘刻　宋拓墨本　葉氏平安館舊藏　同治戊辰八月，客都門興勝禪院題。鄭齋

薛氏鐘鼎款識殘册 宋拓本　戊辰冬(一八六八)，胡澍署首(澍印)

薛氏鐘鼎欵識殘册目録(鄭齋金石)(編按：原書朱筆爲吴湖帆校改)

宰辟父敦二 釋文三行 卷十四

宰辟父敦三(跋三行)

尨敦 銘缺三行　釋文缺三行

郱敦一

郱敦二(蓋)器銘存三行半

郱敦三 銘全　釋文缺七行

師䇃敦 釋文缺二行

師毁敦 銘存三行

牧敦 銘缺十二行

敔敦

石鼓第二 卷十七 存五行

谷口甬 卷十八 銘缺

○漢鈁

武安侯鈁

○漢鼎

李氏鼎

鮑氏鼎

汾陰侯鼎

定陶鼎

汾陰宮鼎
上林鼎
孝成鼎
好時鼎
卷二十
〇漢鐙
上林榮宮鐙 銘一行誤裝在末葉　更正
首山宮鐙
甘泉上林宮鐙 僅存標題　銘及釋文俱缺　與首山宮鐙倒裝　更正
林華觀行鐙

據前明朱氏刻本，上林鼎在好時鼎後，此册裝誤。更正。

同治己巳（一八六九）春正月校勘紀存，時居吴門。鄭齋。（沈均初校金石刻之印）

右目爲外祖川沙沈韻初先生所書。卷十四遺録目録二器，又郱敦二器銘誤蓋銘，兹用朱文校正補入其中。漢鈁、漢鼎、漢鐙爲標類非目，故圈删。其他注誤裝四處，皆據之更正重裝。右目書於同治己巳，越今已八十一年。民國庚寅鏡塘錢君出觀校勘付裝，吴湖帆記。（倩盦）

薛氏鐘鼎款識殘拓本 東卿所藏　覃溪題（方綱）

宋拓原刻殘本，存廿五器，廿八葉。
第十四卷　宰辟父敦二至卷終敔敦止，凡十器，十五葉。
第十七卷　岐陽石鼓二，殘文一葉。
第十八卷　谷口甬至好時鼎止，凡十器，九葉。
第二十卷　卷首上林榮宮鐙至林華觀行鐙，凡四器，三葉。甘泉上林宮行鐙祇存標目一行，器釋俱不存。

按薛尚功《鐘鼎款識法帖》計收夏、商、周、秦、漢金石文字凡五百十一器，分二十卷。薛氏生于南宋初紹興間，越今在八百年左右。此帖所載諸器，除岐陽十鼓猶煊赫存立于天壤間外，其他吉金之屬幾乎百不一存。甚矣，滄桑變幻。對此僅存殘楮賸麝，猶及摩挲，能無慨幸耶！（湖颿長壽）

歷代鐘鼎彝器欵識法帖卷第十四 周器欵識
散季敦、叜敦、師毛父敦、孟姜敦、虢姜敦、𢦏敦、宰辟父敦一。以上缺。
宰辟父敦二
缺器文、蓋文各七行，釋文四行。僅存釋文後三行。
郱敦三　古器物銘
卷十四終 存十器，原第十四卷，凡十七器。

歷代鐘鼎彝器款識法帖卷第十七 僅存此一葉
岐陽石鼓二　前缺廿四字，重文一。（湖颿長壽）

法帖第十七卷 周器款識，都十三器。
平陸戈、鳳棲鐸、岐陽石鼓一至十（存第二鼓殘文十九字，重文二字）、琥。

按琥爲六瑞玉之一，此所收者有「[glyph]十三」三字，爲銅琥，非玉琥也。

薛氏法帖所收五百十一器中，祇第十七卷中岐陽石鼓十器爲石，第十八卷中秦璽三器爲玉，其他四百九十八器皆金屬也。（倩盦）

歷代鐘鼎彝器欵識法帖卷第十八 秦器欵識：玉璽三、秦權、平陽斤；周器欵識：周陽侯鐘，以上缺；卷末好時鼎後缺侈耳甗、高奴甗二器。
谷口銅甬 銘文缺

此釋作「載」不誤，不解其跋内何又誤釋爲「飼」也。是「𩚬」非「飼」，是「宮」非「官」。辛未（一八一一）十一月十日，方綱識。（好時鼎「長樂載宮二斤」旁注）

歷代鐘鼎彝器欵識法帖卷第二十
卷末後缺十一器

薛用敏《鐘鼎款識》第十八卷殘拓本，谷口銅甬以下至上林鼎凡十段，惟谷口銅甬一段篆文已失去矣。好時鼎跋雖詳述五時祠事，然此銘云「長樂𩚬宮」，（此是「宮」字非「官」字，跋内或作「官」者誤耳。「𩚬」字本从「丮」从「食」，才聲，即「載」字也，亦見於岐陽癸鼓。此器篆文偶省「丮」作「[glyph]」，與「人」篆作「[glyph]」者迥別。薛氏不知而誤以爲「食」旁加「人」，釋作「飼」字，則謬甚矣。𩚬，設飪也，正與長樂宮之鼎器義合。）以此長樂𩚬宮之銘，合諸好時共厨，則好時乃是右扶風邑名。《漢書·地理志》云：「好時有梁山宫」，薛氏此帖第廿卷梁山銅鋗銘後有「扶」字，薛跋亦援好時鼎銘後有「山」字以證之，是也。又武安侯鈁跋云：「楚思王子愋，元壽元始中再封武安侯」，今重刻《款識》誤脱「元壽」二字，可見後來鋟木之本不依原石舊拓，失真者多矣。然此王子愋以建平四年封武安侯，元始元年復封武安侯，此跋誤讀史表，乃以其元壽失侯之年，爲其初封武安侯之年，則亦誤也。安得備見薛氏石本詳校證之，庶有裨益耶。東卿博雅嗜古，更祝其繼此日有新得耳。嘉慶辛未（一八一一）冬十一月北平翁方綱，時年七十有九。（翁方綱、覃谿）

好時鼎銘間釋文原作「載」，「載」即「韯」字，初不誤也，不解其跋何以又釋爲「飼」。以此驗之，則薛氏此帖釋與跋未必皆出一手也。原拓墨本今無從質矣，不若王復齋《鐘鼎款識》尚存榮芑、畢良史諸家題跡也。攷訂至南宋而益精，然亦恃其攷訂之詳，而漸不甘於闕疑，此亦研經學者所宜鑒耳。方綱又識。（覃谿）

嘉慶九年（一八〇四）二月十日，獲觀於武陵使署之積古齋。崑山王學浩。（浩印、孟養）

薛尚功《鐘鼎款識》本稱法帖，後人始刻印爲書，是以宋影鈔本皆稱法帖也。此十二葉爲初搨不全本，可見宋時初刻精妙本來面目，極可珍也。此册舊爲江村高氏藏本，今歸平湖朱氏右甫。右甫今爲予編《鐘鼎款識》續編，寶此册爲淵原矣。嘉慶九年春二月十八日，揚州阮元識於八甎吟館。（阮元私印）

嘉慶己巳（一八〇九）長至前二日，海鹽吴修觀于海藏室。（修、思亭）

嘉慶十有四年（一八〇九）青龍己巳長至之夜，桐城姚元之觀。

《鐘鼎款識》石刻向在臨安，宋元易代之時毁於兵燹，今片石不存矣。予曾見吴下繆氏所藏硃搨本、姚君南谿所藏不全本，今不知歸於何人。嘉慶十四年冬至日下，茮堂先生出此見示，爰題數語以誌眼福。甘泉江藩。（江藩、鄭堂、子屏父）

嘉慶壬申（一八一二）三月十有四日，當塗黄左田在軒、蕪湖王潤生、歙江元卿、黄梅喻萊峰公輔觀。

嘉慶丙子（一八一六）夏至後一日，鮑東方、江元卿、黄在軒小集鶴露軒，東卿携此册來同觀，屬吴榮光記此。（石雲山人）

右甫朱爲弼曾藏於經注經齋。（爲弼、右父）

道光己丑（一八二九）五月，青州王筠、李璋煜、劉喜海、杭州許槤同觀。（珊林眼福、許槤）

光緒四年（一八七八）十月庚寅，清卿携薛氏《鐘鼎款識》宋拓殘本過寒齋相示，據翁跋僅十段，阮跋僅十二葉，今點檢此册實得廿六段卅五葉，當是平安館後得孳多坿益之。時同觀者錢唐汪鳴鑾、吴顧肇熙、常熟曾之撰、豐潤張佩綸、張人駿。南皮張之洞記於蜀八甎館。（張

庚寅春日，鏡塘兄携觀薛氏《鐘鼎款識》宋拓殘頁孤本，復爲重加檢理，校正顛倒，裝爲二十八葉。吴湖帆記。（吴湖颿）

辛卯（一九五一）春日，古杭王福厂獲觀於淞濱。（持默翁、福厂七十後書）

其他印記：

墨寶、吴氏金石。數青草堂、湖颿鑑賞。吴湖颿、鏡塘審定。吴越世家。倩盦。湖颿長壽。錢鏡塘印。錢鏡塘收藏印、蘇齋墨緣。錢鏡珍藏。覃溪審定、荷屋曾觀、洪瑹印信、數青堂中銘心絶品、江士相、鮑東方。梅景書屋、吴大澂印。鏡塘心賞。海昌錢氏數青草堂珍藏金石書畫印。

《歷代鐘鼎彝器款識法帖》石本考

高巖

歷代鐘鼎彝器款識法帖，宋薛尚功編次並釋音，宋代金石學重要著作。傳世宋本僅有石刻拓本，木刻本最早者爲明代刻本。原石在江州公使庫，鐫造二十卷，計石二十四片，宋紹興十四年刻，原石宋亡以後不存，清朱爲弼有「惜石刻入元毁以累塔」、清江藩有「宋元易代之時，毁於兵燹，今片石不存矣」之説，傳世石本流傳甚稀，皆爲宋本。

一、前人關於石本之研究

前人關於此帖石本之記録，最早者爲宋曾宏父《石刻鋪敘》，明清兩代，皆有所引。今所見傳世石本，有臺北傅斯年圖書館藏卷十三、十四殘十九頁，爲明清内閣大庫中發現；又藏卷十七，首失半開，黑紙補足；中國社科院考古研究所藏卷十八（第一批國家珍貴古籍名録，編號00717）；上海圖書館藏卷十四、十七、十八、二十殘頁合册，上兩卷較完整，餘者皆爲殘頁。

此帖石本之研究者，除上述所言拓本册尾題跋及簡要記録之外，民國以來研究成文者，計：

徐中舒民國十九年五月二十七日作《宋拓石本歷代鐘鼎彝器款識法帖殘葉跋》（下簡稱「徐氏跋文」），見《史語所集刊》第二本第二分，民國十九年八月。徐氏又作《宋拓石本歷代鐘鼎彝器款識法帖殘本再跋》（下簡稱「徐氏再跋文」），見《史語所集刊》第二本第四分，民國二十一年；同年三月史語所珂羅版景印《歷代鐘鼎彝器款識法帖殘本》一百部，即傅斯年圖書館藏卷十三、十四殘十九頁，後附徐氏再跋文；又一九九九年六月膠印再版。兩文後收録於《徐中舒歷史論文選輯》，中華書局，一九八九年九月。徐氏再跋文收入選輯時有删節。

容庚民國二十一年八月作《宋代吉金書籍述評》，見《史語所集刊外編》之《蔡元培先生六十五歲慶祝論文集》，民國二十二年；容氏一九六三年五月修改補充；後抽出此帖内容，題曰《歷代鐘鼎彝器款識法帖述評》（以下簡稱「容氏文」），見《歷代鐘鼎彝器款識法帖》木刻景本，中華書局，一九八六年五月。

王世民《記所見薛氏鐘鼎款識原石宋拓殘本》（以下簡稱「王氏文」），見《蘇秉琦考古五十五年論文集》，文物出版社，一九八九年八月；後有修訂，見王世民著《商周銅器與考古學史論集》，藝文印書館，二〇〇八年三月。

上四篇文中，徐氏文著重研究傅斯年圖書館藏卷十三、十四殘十九頁；容氏文著重研究石本與木本之别；王氏文著重研究社科院考古所藏卷十八及上圖藏卷十四、十七、十八、二十殘頁合册兩種。由於石本流傳甚稀，徐中舒見殘十九頁原本，容庚見殘十九頁景本，王世民見者最多，上四種皆見原本或景本。現將上述學者之觀點互爲印證，略述四本之流傳，並補未盡之資料。

傅斯年圖書館藏卷十三、十四殘十九頁。爲明清内閣大庫中發現，當爲《内閣大庫檔册》（《玉簡齋叢書》，宣統庚戌校刊）所載騰字櫃中「破爛法帖一包」，即明代亡佚之殘餘，知石本在明代即未見全本。

傅斯年圖書館又藏卷十七，首失半開，黑紙補足。此本原爲明晉藩王府所藏。後歸李彦彬（蘭屏）、李彦章（蘭卿），時郭尚先、朱爲弼跋，程恩澤、葉志詵觀款。又歸劉泉（雲甫），其册首題簽。又歸沈曾桐（子封，曾植弟）。又袁克文民國四年乙卯十月二十一日經李盛鐸、傅增湘之介購得，時李盛鐸、易順鼎觀款，袁氏册首兩題、册尾五跋。袁氏殁，於民國二十六年前後在廠肆求售，北平圖書館以四百五十元購得；因史語所原有十九頁殘紙，傅斯年致信北平圖書館副館長袁同禮，望能購藏。後北平圖書館以原價相讓，今藏傅斯年圖書館。此册原僅見國家圖書館藏民國二十六年之攝影本，題曰《岐陽石鼓文》（館藏號古491.20/566），今傅圖之彩色照片與民國攝影本相較，原本較民國時期又有蟲蛀，民國照片本之珍貴即在此。照片爲民國二十六年所攝，知此時暫存北平圖書館。

社科院考古所藏卷十八。此本原爲明晉藩府所藏。後歸李彦章（蘭卿）；時郭尚先、朱爲弼跋，葉志詵觀款，朱跋有「惜石刻入元毁以累塔」之說。又歸福州石廬主人林鈞，林氏《石廬金石書志》卷八著録此册，談及其爲民國六年丁巳秋間得諸李氏後人。一九五七年，考古所所長鄭振鐸得自林氏，至此皆爲册頁裝。一九八三年由張明善重裝改卷。

傅圖藏卷十七，首缺半開，用黑紙補足，册首左半開右上鈐「晉府書畫之印」，知此右半開在明代以前即已缺損；考古所藏卷十八册末開鈐「敬德堂圖書印」、「晉府圖書」。此三印與國家圖書館藏唐末五代拓柳公權書《神策軍碑》鈐印位置相同，符合明晉府鈐印方式。由此可知此兩册在晉府時原爲一册，歸李彦章時已分爲二（朱爲弼在卷十八石本跋中言及兩册），李氏後人又將兩册分別售出。

上海圖書館藏卷十四、十七、十八、二十殘頁合册。此册原爲清吟堂高士奇所藏。後歸朱爲弼（右甫，茮堂），考古所藏卷十八朱氏跋言「余三十年前得清吟堂高氏舊藏此刻一册，惟漢器武安侯鈁以下數種耳」，即此本，當爲卷十八殘頁（原裝爲十二頁），計十器。時阮元、江藩題跋，江氏跋有「宋元易代之時，毀於兵燹，今片石不存矣」之説，王學浩、吴修、姚元之觀款，朱氏題款於其後，至清嘉慶十四年冬至，尚在朱氏經注經齋。清嘉慶十六年冬月之前即歸葉志詵平安館，時翁方綱題簽，又册内朱筆作注，册尾兩跋，謂「第十八卷殘拓本，谷口銅甬以下至上林鼎凡十段」，知翁氏見僅卷十八殘頁。文見《復初齋文集》卷二十八，有修訂。當塗黄左田在軒、蕪湖王潤生、歙江元卿、黄梅喻萊峰公輔觀，吴榮光題記，青州王筠、李璋煜、劉喜海、杭州許槤同觀。此册至清同治二年葉氏殁，皆在平安館中。清同治七年八月之前歸沈樹鏞，沈氏題兩簽，又書殘册目録，時胡澍題首。清光緒四年之前即歸吴大澂，時張之洞跋。張氏所見爲二十六段，三十五頁，即四殘卷合册。《前塵夢影録》江標注謂「標見宋石殘拓本於吴愙齋中」，即此本。一九五〇年之前即歸錢鏡塘（數青草堂），時吴湖帆爲之重加檢理，校正顛倒，裝爲二十八頁，又題簽、書目、作跋，王福庵觀款；又做書囊及木盒，張石園題書囊，木盒刻翁方綱題簽字。一九五六年方詩銘經手購自錢氏，歸上海市文物管理委員會，今藏上海圖書館古籍善本部。歸上圖之後，顧廷龍以傅斯年圖書館藏内閣大庫殘頁一紙照片相校，存於册内，照片後有顧氏字爲證。

上述四本之傳承。徐中舒、容庚、王世民文中，皆引用《蕘圃藏書題識》所言黄丕烈藏十二卷石本，因其存卷最多，當爲此帖之冠；然此本自黄氏著録之後，未見於世，徐、容、王三學者所未見，深以爲憾。

二、黄丕烈藏十二卷石本之發現

近年黄丕烈藏十二卷石本重現於世，共六册，一册兩卷，存卷七至十六，又卷十九、二十，共十二卷。宋拓宋裝本。此六册置於楠木書匣中，上刻「宋拓江州公庫本鐘鼎彝器帖　計六册　藝芸書舍藏」八分書。

甲册，存卷七、八。册首鈐「羅氏家藏」朱文印、「子孫保之」朱文印、「文琛」白文印、「厚齋」朱文印、「閬原所藏金石文字」朱文印，册尾鈐「封」朱文印、「古」白文印、「雅」白文印、「民部尚書郎」朱文印、「汪士鐘印」白文印。

乙册，存卷九、十。册首鈐「文琛」白文印、「厚齋」朱文印、「閬原所藏金石文字」朱文印，册尾鈐「民部尚書郎」朱文印、「汪士鐘印」白文印。

丙册，存卷十一、十二。册首鈐「文琛」白文印、「厚齋」朱文印、「閬原所藏金石文字」朱文印，册尾鈐「民部尚書郎」朱文印、「汪士鐘印」白文印。

丁册，存卷十三、十四。册首鈐「文琛」白文印、「厚齋」朱文印、「閬原所藏金石文字」朱文印，册内鈐「羅氏家藏」朱文印、「子孫保之」朱文印，册尾鈐「封」朱文印、「古」白文印、「雅」白文印、「民部尚書郎」朱文印、「汪士鐘印」白文印。

戊册，存卷十五、十六。册首鈐「文琛」白文印、「厚齋」朱文印、「閬原所藏金石文字」朱文印，册尾鈐「民部尚書郎」朱文印、「汪士鐘印」白文印。

己册，存卷十九、二十。册首鈐「文琛」白文印、「厚齋」朱文印、「閬原所藏金石文字」朱文印，册尾鈐「封」朱文印、「古」白文印、「雅」白文印、「民部尚書郎」朱文印、「汪士鐘印」白文印、「朱善旗借觀記」朱文印。

上六册，戊册卷十五首失半開，當爲宋時缺損，用黑紙補足；餘十一卷完好無缺，每卷卷首之卷號用墨隱去。

己册二十卷卷尾有黄丕烈朱筆跋語，文曰：

宋石刻江州公庫本《鐘鼎彝器款識法帖》，存七、八至十五、六卷，又十九、二十卷，共殘帙六册。相傳爲常熟歸氏物也，五柳居偶得之，而售於余。明時兩刻、近時重刊皆未溯源石刻，余故珍重獲之。此誠希世之寶，豈可以殘帙忽視乎？

壬申除夕前六日，復翁。（鈐「千頃陂」朱文印及「黄丕烈印」白文印）

又葉志詵朱筆觀款，文曰：

道光戊申春三月朔日，葉志詵借觀。（鈐「葉志詵」朱白文相間印）

此十二卷本見於各家書跋之中，今録其跋文並略作説明：

其一，《歷代鐘鼎彝器款識法帖》清平津館臨宋寫本，清劉世珩玉海堂刻本即依此寫本上版。前有孫星衍序，文曰：

曩客中州時，見薛氏《鐘鼎款識》石刻本於歸河丞朝煦處，未及細閲。後至京師，得明刻佳本，旋爲友人取去。阮中丞開府浙中，既以宋刻板本校梓行世，視舊本精善。及余再官東省，得見舊寫本，多元、明人印章，或題爲繭紙薛尚功手書者，未知是非，然紙色舊而篆文極工，核之阮氏刻本及近時本，篆體審正，釋文字句增多，可以訂别本誤改篆文及脱落釋文共若干處。記所見法帖本式樣正與此相似，雖不敢定爲薛氏手迹，其爲宋寫本無疑矣。亟屬嚴孝廉可均影臨古篆，蔣茂才嗣曾寫附釋文。或有原書筆誤，皆仍其舊，仍付剞劂以廣流傳。惟内有石鼓文字完備，此與世傳楊慎所見李東陽處唐拓本約略相同，即後人疑楊升庵僞作者。考韓文公作《石鼓歌》原有「君從何處得紙本，豪髮盡備無差訛」之句，是唐時自有完本，如薛氏作書時即見之，不應他本僅據殘字别石收録。然以爲後人增補入帙，何以紙色字畫，又與全書無異，豈薛氏以後得本追改成書耶？細核所補石鼓字，如旭=杲=之屬，驗今石本作𣅀=𥻘，似非無因。疑以存疑，已足爲升庵辨誣矣。鐘鼎文字自許叔重據以入《説文》，郭忠恕、夏竦俱有集録，偏傍字畫皆足考證小學原流。曾與嚴孝廉約爲《説文翼》一書，依許氏字例採集鐘鼎古篆，條舉件繫，而説其六義，以明先秦三代絶學。近世所出諸彝器雖多，此册尤爲古文祖石，未可聽其散佚。世有知音者，必能諒予好事之苦心也。

嘉慶丁卯正月，陽湖孫星衍序。

上孫氏序文與十二卷石本黄跋相互印證，知十二卷拓本原爲常熟歸朝煦所藏。

其二，臺灣圖書館藏《歷代鐘鼎彝器款識法帖》清康熙九年（一六七〇）黄公禾抄本，有黄丕烈跋語，又見於《蕘圃藏書題識》，文曰：

此叙用楊氏虚白堂所藏朱印本校，已多訛謬，然其本不知從何出，釋文節落爲多，想所摹款識，無可信矣。此書自以宋刻爲最佳，精鈔次之，明刻有二：一爲朱印本，此陸刻是也；一爲墨印本，余所收朱刻是也。在明刻本，朱又勝陸矣。余故校朱本於此鈔本上，而陸本之不如各本，已遜此鈔本，又何論朱本耶？後之讀是書者宜知之。癸酉十月十日，蕘翁識。

案朱謀垔刻本此山陰下，適脱第一頁之下半頁，第三頁之上半頁，手補於此書上方。復翁記。

嘉慶癸酉（一八一三）秋日，手校明刻朱謀垔本，此抄不知何本，多所節文，朱本皆有之，故余用朱筆校增。此雖出顧云美舊藏，並相傳爲其手書，然未全，故敢動筆校之。復翁。

嘉慶癸酉重陽後三日，用明朱謀垔刻本校，此鈔多脱誤，悉據以改正。唯篆文全非所審，不敢輕動。復翁。

明刻朱謀垔本校，九月寒露節校畢記。

余幼年讀書宏農楊氏，見架上有硃印《鐘鼎款識》一部，初不知爲何用也。及長而知搜訪書籍，次第購藏，有抄本《鐘鼎款識》兩部，一爲此本，一爲精抄本。其時因此部爲顧云美藏，且卷首多序文，歷載刻書原委，故以此爲佳。後聞朱謀垔有刻本，尋常墨印者，偶從他處見之，而未及購。昨歲得石刻殘本，取校此本獨勝。急覓朱本一對，無有也。頃書友從杭州歸，携得朱本，遂用硃筆手校於是，朱本止有謀垔序一篇，而此兼載朱刻以後序，並萬岳山人本序，想最後之本矣。萬岳山人本即硃印本，多所節文，此往往有節文，當即出硃印本。硃印本與朱本，後先不知誰何，約略定之，朱爲勝矣。余藏石刻殘本少一至六，又十七、十八共八卷，既無石刻，則朱本可據，因誌原委如右。復翁記。

其三，容庚《宋代吉金書籍述評》，文曰：

黄丕烈藏十二卷，缺一至六及十七、十八共八卷，見於《蕘圃藏書題識》，未得見。

上抄本黄跋與石本黄跋，容庚所述相互印證，知石本爲黄丕烈清嘉慶十七年（一八一二）壬申所得，爲十二卷。

其四，《歷代鐘鼎彝器款識法帖》清陸友桐臨寫明汲古閣抄本，爲繆荃孫藏本，民國時期古書流通處石印出版，前有參校書目，文曰：

陸校三種：田志山校補程氏焚餘本、明萬岳山人刻朱印本、明朱謀垔刻本。

繆校六種：宋石刻祖本（存十二卷，士禮居舊藏）、阮氏文選樓刻本、黄蕘翁校補顧云美鈔本（從吴興張氏借校）、倪闍公舊藏景鈔本（從泉唐丁氏借校）、周櫟園舊藏景鈔本（從仁和朱氏借校）、平津館鈔本（藝風自藏。孫淵如得繭紙薛尚功手寫原本，屬嚴鐵橋摹古篆，蔣嗣曾寫釋文，欲刻入《平津館叢書》，未果）。

康熙己亥陸友桐手寫本《歷代鐘鼎彝器款識法帖》二十卷爲藝風老人銘心絶品，藝風所藏此書，凡兩本。晚年以平津館鈔本售去，此本則珍爲秘笈，不輕示人。去歲敝處購得繆氏藏書，始知藝風嘗遍假南北各藏書家舊鈔精刻之本，以彙校此本，實爲畢生精力之所寄。友桐鈔之於前，藝風校之於後，允推此書第一善本。今特景印流布，並將二公參校諸本列目如右，庶幾讀此書者有以知二公用力之勤，亦以見景印之不容緩也。

上參校書目與十二卷石本黄跋相互印證，知「宋石刻祖本（存十二卷，士禮居舊藏）」者，即黄丕烈藏十二卷石本，士禮居爲黄氏藏書樓之名。

其五，國家圖書館藏《歷代鐘鼎彝器款識法帖》清阮元刻本（館藏號13635），有朱善旂跋語，文曰：

同郡魏塘程蘭川通守文榮藏宋石刻江州公庫本薛氏款識帖，七、八至十五、六卷，又十九、二十卷，共殘帙六册。向爲汪閬源觀察得之黄蕘圃孝廉丕烈家。二十卷後蕘翁以朱筆題其後云：「相傳爲常熟歸氏物，五柳居偶得之，而售於余。明時兩刻、近時重刊皆未溯源石刻，余故珍重獲之。此誠希世之寶，豈可以殘帙忽視乎？」道光戊申三月蘭川兄携來都門，因借校此册。此册訛字頗多，未暇悉改。自「江州公使庫」以下十行，石刻所有，此刻未載，因補録於後。先大夫向有宋石刻四卷，共兩册，爲葉東卿年丈於嘉慶庚午借去。客冬詢之，則云，爲何子毅兄紹業轉借不歸。子毅兄道光己亥冬已歸道山，詰其兄，僉以未見，無從追問矣。（鈐「朱善旂印」白文印）

楓溪程蘭川别駕止携宋拓本第十九、二十兩卷，石刻共一册，來都。予以日本紙手自影抄一通，存予所臨碑帖類。故此册訛字不復悉改，以另有摹本故也。己酉二月十九日，建卿又志。

其六，揚州圖書館藏《歷代鐘鼎彝器款識法帖》明朱謀垔刻本（第二批國家珍貴古籍名録，編號04331），有王憲成、朱善旂跋語，朱氏跋文曰：

蓉洲比部好古有緣，既精鈔讎校成善本，後又得此明刻。善旂以程蘭川别駕所藏宋拓石本重校是册，校出不同處，客臈已爲題。記其精鈔本約數千言，故不復再贅於此。惟金陵尚未收復，不知蘭川與石本如何下落，爲之遠想慨然。咸豐癸丑春蓂既望，當湖朱善旂識於宣武坊南之敬吾心室。（鈐「敬吾心室」朱文印及「朱善旂印」白文印）

上朱善旂兩書跋語相互印證，知十二卷石本歸黄丕烈、汪士鐘（藝芸書舍收藏），又歸程文榮（蘭川）。程氏於清道光二十八年戊申三月携十二卷石本之卷十九、二十即一册（前文所言「己册」）來都門，經朱善旂借觀。朱氏將此十二卷石本之源流及黄氏跋語書於自藏阮刻本之首，依石本卷二十册尾宋人牌記過録於自藏阮刻本之尾，依卷十九、二十石本一册用日本紙影抄一通，鈐「朱善旂借觀記」朱文印於石本卷二十。在朱氏借觀同時，此兩卷經葉志詵借觀，時清道光二十八年（一八四八）戊申春三月朔日，朱氏借觀印及葉氏觀款見石本卷二十册尾。由此可知，朱、葉二氏此時皆在京也。後五年，朱善旂爲王憲成（蓉洲）藏明朱謀垔刻本作跋，遠想程氏及其所藏十二卷石本，時清咸豐三年（一八五三）癸丑春暮既望；與此同時，太平天國軍攻陷江寧，通判程文榮殉節，見《清史稿・卷三百九十八・列傳一百八十五》，朱氏作跋時尚不知也。然程氏藏珍多毁於兵，此十二卷拓本未經劫難，存之於世，可謂有神靈護持。程氏著《南村帖考》《鐘鼎款識校誤》，後者僅見書目，未見原本，深以爲憾。

其七，莫友芝《郘亭知見傳本書目》卷三，文曰：

《歷代鐘鼎彝器款識法帖》二十卷，宋薛尚功撰。石刻宋拓本，嘉善程氏有之。明萬曆間硃印本，訛闕甚多。崇禎中朱謀垔校刊本。阮刊本。

上莫氏所記與朱善旂跋語相互印證，知嘉善程氏藏石刻宋拓本即黄丕烈藏十二卷拓本。

如前所述，此宋拓江州公庫本《歷代鐘鼎彝器款識法帖》十二卷，歸羅氏家藏（拓本鈐印，印風當在明季清初）；後歸常熟歸朝煦；又歸五柳居陶珠琳；又歸士禮居黄丕烈（復翁）；又歸藝芸書舍汪文琛（厚齋）、汪士鐘（閬源）父子，汪氏藝芸書舍做木匣護持；又歸程文榮，在程氏處時，經葉志詵、朱善旂借觀。

宋代吉金著録集大成者，以此帖爲最，與趙明誠《金石録》價值等同。《金石録》有宋木刻本流傳，此帖有宋拓十二卷石本重現，功不可没。其既可於公藏三家四册重複卷次校訂，又可彌補石本存世卷次過少之不足，且保存完好如新，文後附表一「《歷代鐘鼎彝器款識法帖》石本五種彙校」，可見每種存器之多寡，當以黄丕烈藏十二卷石本爲此帖之冠。

徐氏跋文曾云：

石本傳世既稀，兹將嘉、道以來，各家藏弆，見於著録者，備列於下。

歸朝煦藏石本——見玉海堂本孫星衍序。

黄蕘圃藏殘石本共十二卷（缺一至六、十七、十八，共八卷）——見《蕘圃藏書題識》。

嘉善程氏藏宋拓石刻本——見《郘亭知見傳本書目》。

吴大澂藏宋拓殘石本——見《前塵夢影録》江標《注》。

朱爲弼得高氏清吟堂舊藏漢器武安侯鈁以下數種——見《石廬金石志》。

林鈞藏宋刊殘本十七、十八兩册——見《石廬金石志》。

其列舉六種，今全部發現，内有著録重複者，今整理如下：歸朝煦藏石本、黄蕘圃藏殘石本、嘉善程氏藏宋拓石刻本當爲此次發現之黄丕烈藏十二卷石本；吴大澂藏宋拓殘石本、朱爲弼得高氏清吟堂舊藏漢器武安侯鈁以下數種當爲上海圖書館藏卷十四、十七、十八、二十殘頁合册；林鈞藏宋刊殘本十七、十八兩册，徐中舒所記有誤，卷十八石本原爲林鈞所藏，今藏社科院考古所，卷十七今藏傅斯年圖書館。

三、餘論

（一）石本之裝池

今所傳石本計五種，將其裝池説明如下：

傅斯年圖書館藏卷十三、十四殘十九頁，其先發現之三頁四周有破損，未見裱邊，後發現之十六頁爲民國時期重裝。

上海圖書館藏卷十四、十七、十八、二十殘頁合册爲吴湖帆重裝本，吴氏保留原裝之黑紙，衹每開寬窄有所變化。

傅斯年圖書館藏卷十七、社科院考古所藏卷十八兩册石本因破損嚴重，將上下黑紙裁去，僅留帖芯，現石本邊緣尚見有黑色補紙。卷十七民國時期攝影本較今日損傷較少；卷十八石本一九八三年重裝改卷時，王氏文指出「蠹蝕頗爲嚴重」；可知此二册殘損程度。

黄丕烈藏十二卷石本爲宋代原裝本，其特徵有：

其一，上下黑紙與帖芯用紙爲同時期者，此與宋拓《淳化閣帖》紹興國子監本十册（卷九藏上海圖書館，餘九卷藏美國華盛頓弗利爾美術館），宋原裝形式相同，即上下補紙，左右内容連接不補紙。

其二，背紙爲黄皮紙。

其三，封面爲一指半簾紋宋紙（一般册頁不用紙爲皮，多木或錦），後在五柳居陶珠琳或士禮居黄丕烈處修補。

其四，黄丕烈朱筆跋於一指半簾紋宋紙之上。

其五，每兩卷一册，與上文所言卷十七、卷十八兩卷一册之原裝形式相同。

其六，卷十五首失半開，用黑紙補足，此方式與傅斯年圖書館藏卷十七裱法相同，即卷首失半開，亦用黑紙補足，知此右半開在明代以前即已缺損。

其七，黄丕烈藏十二卷石本除缺少卷一至六外，又缺卷十七、十八，而分藏兩家之石本卷十七、十八曾入晉府，當與十二卷石本爲一套，宋元之際散佚也。故可以判定此十二卷石本當爲宋代原裝本，且精潔如新，彌足珍貴。

（二）石本與木刻本、抄本之别

《歷代鐘鼎彝器款識法帖》木刻本有明萬曆十六年（一五八八）萬岳山人硃印本，明崇禎六年（一六三三）朱謀垔刻本，清嘉慶二年（一七九七）阮元刻本，清光緒三十三年（一九〇七）劉世珩玉海堂刻本；石印本有民國時期古書流通處石印本。其中明萬岳山人硃印本（陸本）依姜松石摹寫本上板；明朱謀垔刻本依薛尚功手寫本摹寫上板；清阮元刻本依吴門袁氏廷檮影抄舊本，元所藏舊抄宋時石刻本、文瀾閣寫本校勘摹寫上板；清劉世珩玉海堂刻本依清孫星衍平津館臨宋寫本上板，平津館臨宋寫本依薛尚功手寫本摹寫；民國時期古書流通處石印本依清繆荃孫藏本，此爲清康熙五十八年（一七一九）陸友桐臨寫明汲古閣抄本。上多種版别，包含明清刻本及舊抄本，其中包括所謂薛尚功手寫本，文字雖略有不同，然大體面貌一致。今將石本與木刻本、抄本之别，略述如下：

其一，木刻本、抄本每卷卷首有卷次，無薛氏款，末卷尾無宋人牌記；石本每卷卷首有卷次，有「錢塘薛尚功編次並釋音」款，廿卷尾有宋人牌記。此宋人牌記僅見黄丕烈藏十二卷石本，其餘四種石本皆缺失，此當爲十二卷本最爲珍重者。

其二，木刻本、抄本每卷所收器名順序一致，木刻本有漏書器名之例，從略。石本則各别卷次器名順序與木刻本、抄本有不同，今相校，文後附表二「石本與木刻本、抄本器名順序之比較」。石本以黄丕烈藏十二卷石本並公藏卷十七、十八合校；經驗石本器銘順序不同者，無裝裱剪口，知爲石本原始順序。這裏需要説明，薛尚功所編次之順序以器物名稱爲依據，同名稱者相連。在相校的十四卷中有五卷不同，其中卷十、十五、十六、十九順序略有顛倒，但皆同一名稱器物相連，無優劣之别。卷二十則不同，石本卷首爲林華觀行鐙，接上林榮宫鐙、首山宫鐙、甘泉上林宫行鐙、甘泉内者鐙；木刻本、抄本順序爲上林榮宫鐙、首山宫鐙、甘泉上林宫行鐙、林華觀行鐙、甘泉内者鐙；可知石本將兩甘泉燈前後相連，更爲合理。又石本在周陽侯甗後，接館陶釜、軹家釜、軹家甑，木刻本、抄本順序爲周陽侯甗、軹家釜、館陶釜、軹家甑，可知石本「軹家」二器相連，既顧及到同一名稱器物相連，又將同地（「軹」爲地名）相連，更爲謹嚴。可以説，石本保留了薛尚功編次之宋代原始面貌，合理安排器物之先後順序，見古人治學之風。

除此以外，民國時期古書流通處石印本前有參校書目，所謂「宋石刻祖本（存十二卷，士禮居舊藏）」，袁克文《寒雲日記》亦有「石本爲薛氏祖本」之説；又因其名有「法帖」二字，知當先有石本，後有抄本、刻本，其石本之價值與抄本、刻本當不可同日而語，其爲祖本無疑。

（三）石本之重要價值

徐跋文指出，明楊士奇《文淵閣書目》所載此帖石本五種，皆爲不全本，後明孫能傳重編《内閣書目》中，上五種僅存一種，其餘皆亡佚；故徐氏有「薛書墨拓，在明初已難得完本」之説。明木刻萬岳山人硃印本及朱謀垔刻本，序言所述僅知抄本而未知石本，知此帖石本在明代當爲稀見；而抄本又從石本而來，其珍貴程度不同一般。

自宋《淳化閣帖》起，即有將銘文摹勒帖中之舉，薛氏所據諸書，徐再跋文已指出，今不贅述。其所據諸書宋本皆已不見，石本摹寫亦復嚴謹，筆畫不同者，必並存之；故徐氏有「宋代彝器款識之書，必以此爲最」之説，自當不虚。黄丕烈藏十二卷本外有木匣護持，上刻「宋拓江州公庫本鐘鼎彝器帖　計六册　藝芸書舍藏」，當知此爲官刻本，更爲世人所重。

（四）朱爲弼、朱善旂、葉志詵三人與石本之關係

朱爲弼在今藏社科院考古所石本跋云：「余三十年前得清吟堂高氏舊藏此刻一册。」即今藏上海圖書館石本之卷十八殘頁。朱氏在今藏傅斯年圖書館石本跋語署年清道光四年（一八二四）甲申嘉平月立春前三日，社科院考古所藏本當爲同時；可知朱氏得卷十八殘頁當在清乾隆五十九年（一七九四）前後，至清嘉慶十四年（一八〇九）冬至（上海圖書館藏本江藩爲朱氏跋時爲清嘉慶十四年）尚在朱氏經注經齋。葉志詵得今藏上海圖書館

石本之卷十八殘頁，當在清嘉慶十五年至十六年（上圖本翁方綱爲葉氏跋時爲清嘉慶十六年）。國家圖書館藏《歷代鐘鼎彝器款識法帖》清阮元刻本，朱善旂跋云：「先大夫向有宋石刻四卷，共兩册，爲葉東卿年丈於嘉慶庚午借去。客冬詢之，則云，爲何子毅兄紹業轉借不歸。子毅兄道光己亥冬已歸道山，詰其兄，畣以未見，無從追問矣。」跋文所言葉志詵（東卿）於清嘉慶十五年庚午自朱爲弼處借去宋石刻四卷，共兩册。

朱善旂所言四卷兩册與今藏上海圖書館卷十四、十七、十八、二十殘頁合册之關聯，有如下兩種可能：其一，朱善旂生於清嘉慶五年，葉志詵得朱爲弼本（上海圖書館藏本）爲清嘉慶十五年，朱善旂時年十歲，記憶當不爲深刻，此説當其父朱爲弼所告，或有誤記。其二，上海圖書館藏本在朱爲弼處時或爲卷十八殘頁一册，卷十四、十七、二十殘頁一册。社科院考古所藏本卷尾朱爲弼跋云曾得卷十八殘頁一册，因社科院考古所藏本亦爲卷十八，故朱氏無必要談及其他卷次，且朱跋時卷十八殘頁已歸葉氏。後翁方綱爲葉氏平安館藏卷十八殘頁作跋時，未見另一殘頁册，故張之洞跋語揣度其餘卷次殘頁「當是平安館後得」。

朱氏父子及葉氏三人，朱爲弼於清乾隆五十九年前後至清嘉慶十四年藏今歸上海圖書館石本，又清道光四年甲申嘉平月立春前三日見今藏社科院考古所石本並跋。朱善旂於清道光二十八年戊申三月在京見黄丕烈藏十二卷石本之卷十九、二十，計一册，於石本卷二十册尾鈐「朱善旂借觀記」朱文印，朱氏將此十二卷石本之源流及黄氏跋語書於自藏阮元刻本之首，依石本卷二十册尾宋人牌記過録於自藏阮刻本之尾，依卷十九、二十石本用日本紙影抄一通。葉志詵於清嘉慶十五年庚午得今藏上海圖書館石本，於清道光四年甲申四月見今藏傅斯年圖書館石本並觀款，於清道光四年甲申四月望日見今藏社科院考古所石本並觀款，於清道光二十八年戊申春三月朔日在京見黄丕烈藏十二卷石本之卷十九、二十（一册）並觀款，故葉氏所見當爲最多者。朱善旂跋阮元刻本謂，葉氏云朱爲弼藏四卷兩册爲何子毅兄紹業自葉氏處轉借不歸，當爲葉之托詞。

《歷代鐘鼎彝器款識法帖》石本之研究，自徐中舒先生、容庚先生到社科院考古所老館長王世民先生，幾代學者爲之努力。筆者依照前人研究成果略作梳理，非本人之功；黄丕烈藏十二卷石本之重現，是我輩之幸事，故將其流傳略述已見，自當不愧前人對晚輩之厚愛。

歲次戊戌夏月記於小佞宋居年四十一春

附一　《歷代鐘鼎彝器款識法帖》石本五種彙校

卷次	器名	黄丕烈舊藏本	傅斯年圖書館藏内閣大庫本	傅斯年圖書館藏袁克文本	社科院考古所藏本	上海圖書館藏本
卷一至六		缺	缺	缺	缺	缺
卷七	卷題兩行	全	缺	缺	缺	缺
	遲父鐘一	全	缺	缺	缺	缺
	遲父鐘二	全	缺	缺	缺	缺
	遲父鐘三	全	缺	缺	缺	缺
	遲父鐘四	全	缺	缺	缺	缺
	盄和鐘	全	缺	缺	缺	缺
	齊侯鎛鐘	全	缺	缺	缺	缺
卷八	卷題兩行	全	缺	缺	缺	缺
	齊侯鐘一	全	缺	缺	缺	缺
	齊侯鐘二	全	缺	缺	缺	缺
	齊侯鐘三	全	缺	缺	缺	缺
	齊侯鐘四	全	缺	缺	缺	缺
	齊侯鐘五	全	缺	缺	缺	缺
	齊侯鐘六	全	缺	缺	缺	缺
	齊侯鐘七	全	缺	缺	缺	缺
	齊侯鐘八	全	缺	缺	缺	缺
	齊侯鐘九	全	缺	缺	缺	缺
	齊侯鐘十	全	缺	缺	缺	缺
	齊侯鐘十一	全	缺	缺	缺	缺
	齊侯鐘十二	全	缺	缺	缺	缺
	齊侯鐘十三	全	缺	缺	缺	缺
	窖磬	全	缺	缺	缺	缺
卷九	卷題兩行	全	缺	缺	缺	缺
	象鼎	全	缺	缺	缺	缺
	鮮鼎	全	缺	缺	缺	缺

（續表）

卷次	器名	黄丕烈舊藏本	傅斯年圖書館藏内閣大庫本	傅斯年圖書館藏袁克文本	社科院考古所藏本	上海圖書館藏本
卷九	節鼎	全	缺	缺	缺	缺
	舉鼎	全	缺	缺	缺	缺
	䜌女鼎	全	缺	缺	缺	缺
	得鼎	全	缺	缺	缺	缺
	東宮鼎	全	缺	缺	缺	缺
	子父舉鼎	全	缺	缺	缺	缺
	益鼎	全	缺	缺	缺	缺
	大叔鼎	全	缺	缺	缺	缺
	中鼎	全	缺	缺	缺	缺
	伯鼎	全	缺	缺	缺	缺
	單冏父乙鼎	全	缺	缺	缺	缺
	王伯鼎	全	缺	缺	缺	缺
	單從鼎	全	缺	缺	缺	缺
	伯員鼎	全	缺	缺	缺	缺
	尹考鼎	全	缺	缺	缺	缺
	豐鼎	全	缺	缺	缺	缺
	宋公欒鼎	全	缺	缺	缺	缺
	伯咸鼎	全	缺	缺	缺	缺
	魯公鼎	全	缺	缺	缺	缺
	威君鼎	全	缺	缺	缺	缺
	宋右君田鼎	全	缺	缺	缺	缺
	師寏鼎	全	缺	缺	缺	缺
	宋君夫人鼎	全	缺	缺	缺	缺
	絲駒父鼎	全	缺	缺	缺	缺
	言肇鼎	全	缺	缺	缺	缺
	乙公鼎	全	缺	缺	缺	缺
	娟氏鼎	全	缺	缺	缺	缺
	尨生鼎	全	缺	缺	缺	缺
	伯鄀父鼎	全	缺	缺	缺	缺
	唯叔鼎	全	缺	缺	缺	缺

（續表）

卷次	器名	黄丕烈舊藏本	傅斯年圖書館藏内閣大庫本	傅斯年圖書館藏袁克文本	社科院考古所藏本	上海圖書館藏本
卷九	君季鼎	全	缺	缺	缺	缺
	圓寶鼎一	全	缺	缺	缺	缺
	圓寶鼎二	全	缺	缺	缺	缺
	孔文父飲鼎	全	缺	缺	缺	缺
	叔液鼎	全	缺	缺	缺	缺
	叔夜鼎	全	缺	缺	缺	缺
	齊莽史鼎	全	缺	缺	缺	缺
	仲偁父鼎	全	缺	缺	缺	缺
	趠鼎	全	缺	缺	缺	缺
卷十	卷題兩行	全	缺	缺	缺	缺
	王子吴鼎	全	缺	缺	缺	缺
	文王命癘鼎	全	缺	缺	缺	缺
	大夫始鼎	全	缺	缺	缺	缺
	癸亥父己鬲鼎	全	缺	缺	缺	缺
	南宫中鼎一	全	缺	缺	缺	缺
	南宫中鼎二	全	缺	缺	缺	缺
	南宫中鼎三	全	缺	缺	缺	缺
	季娟鼎	全	缺	缺	缺	缺
	公緘鼎	全	缺	缺	缺	缺
	師秦宫鼎	全	缺	缺	缺	缺
	伯碩父鼎	全	缺	缺	缺	缺
	史頌父鼎	全	缺	缺	缺	缺
	微欒鼎	全	缺	缺	缺	缺
	伯姬鼎	全	缺	缺	缺	缺
	晉姜鼎	全	缺	缺	缺	缺
	穆公鼎	全	缺	缺	缺	缺
卷十一	卷題兩行	全	缺	缺	缺	缺
	月季尊	全	缺	缺	缺	缺

（續表）

卷次	器名	黄丕烈舊藏本	傅斯年圖書館藏内閣大庫本	傅斯年圖書館藏袁克文本	社科院考古所藏本	上海圖書館藏本
卷十一	乙舉尊	全	缺	缺	缺	缺
	畧市尊	全	缺	缺	缺	缺
	伯克尊	全	缺	缺	缺	缺
	師艅尊	全	缺	缺	缺	缺
	召公尊	全	缺	缺	缺	缺
	高克尊	全	缺	缺	缺	缺
	孫卣	全	缺	缺	缺	缺
	伯寶卣一	全	缺	缺	缺	缺
	伯寶卣二	全	缺	缺	缺	缺
	伯寶卣三	全	缺	缺	缺	缺
	州卣	全	缺	缺	缺	缺
	大中卣	全	缺	缺	缺	缺
	師淮父卣	全	缺	缺	缺	缺
	尹卣	全	缺	缺	缺	缺
	單癸卣	全	缺	缺	缺	缺
	欒司徒卣	全	缺	缺	缺	缺
	召仲考父壺	全	缺	缺	缺	缺
	黄季舟	全	缺	缺	缺	缺
	子乙斝一	全	缺	缺	缺	缺
	子乙斝二	全	缺	缺	缺	缺
	父丁斝	全	缺	缺	缺	缺
卷十二	卷題兩行	全	缺	缺	缺	缺
	父貝觶	全	缺	缺	缺	缺
	雙弓角	全	缺	缺	缺	缺
	五彝	全	缺	缺	缺	缺
	伯宋彝	全	缺	缺	缺	缺
	雲雷彝	全	缺	缺	缺	缺
	雷文彝	全	缺	缺	缺	缺
	雞單彝	全	缺	缺	缺	缺

（續表）

卷次	器名	黄丕烈舊藏本	傅斯年圖書館藏内閣大庫本	傅斯年圖書館藏袁克文本	社科院考古所藏本	上海圖書館藏本
卷十二	虢叔彝	全	缺	缺	缺	缺
	篆帶彝	全	缺	缺	缺	缺
	囧從彝	全	缺	缺	缺	缺
	單從彝一	全	缺	缺	缺	缺
	單從彝二	全	缺	缺	缺	缺
	單從彝三	全	缺	缺	缺	缺
	單從彝四	全	缺	缺	缺	缺
	單從彝五	全	缺	缺	缺	缺
	司空彝	全	缺	缺	缺	缺
	召父彝	全	缺	缺	缺	缺
	叔寶彝	全	缺	缺	缺	缺
	品伯彝	全	缺	缺	缺	缺
	伯映彝	全	缺	缺	缺	缺
	叔匜	全	缺	缺	缺	缺
	父癸匜	全	缺	缺	缺	缺
	季姬匜	全	缺	缺	缺	缺
	孟皇父匜	全	缺	缺	缺	缺
	張伯匜	全	缺	缺	缺	缺
	寒戊匜	全	缺	缺	缺	缺
	司寇匜	全	缺	缺	缺	缺
	文姬匜	全	缺	缺	缺	缺
	義母匜	全	缺	缺	缺	缺
	齊侯匜	全	缺	缺	缺	缺
	杞公匜	全	缺	缺	缺	缺
	孟姜匜	全	缺	缺	缺	缺
	田季加匜	全	缺	缺	缺	缺
卷十三	卷題兩行	全	缺	缺	缺	缺
	兕敦一	全	缺	缺	缺	缺
	兕敦二	全	缺	缺	缺	缺
	兕敦三	全	缺	缺	缺	缺

（續表）

卷次	器名	黄丕烈舊藏本	傅斯年圖書館藏内閣大庫本	傅斯年圖書館藏袁克文本	社科院考古所藏本	上海圖書館藏本
卷十三	周虔敦一	全	缺	缺	缺	缺
	周虔敦二	全	缺	缺	缺	缺
	仲西父敦	全	缺	缺	缺	缺
	達敦	全	缺	缺	缺	缺
	叔旦敦	全	缺	缺	缺	缺
	伯庶父敦	全	缺	缺	缺	缺
	伯囧父敦	全	缺	缺	缺	缺
	史張父敦	全	缺	缺	缺	缺
	蒯仲敦	全	缺	缺	缺	缺
	師望敦	全	缺	缺	缺	缺
	雁侯敦	全	缺	缺	缺	缺
	剌公敦一	全	缺	缺	缺	缺
	剌公敦二	全	缺	缺	缺	缺
	屈生敦	全	缺	缺	缺	缺
	叔貂敦	全	缺	缺	缺	缺
	仲駒敦一	全	缺	缺	缺	缺
	仲駒敦二	全	殘存，不全	缺	缺	缺
	仲駒敦蓋	全	殘存，不全	缺	缺	缺
	肇父敦	全	殘存，不全	缺	缺	缺
卷十四	卷題兩行	全	全	缺	缺	缺
	散季敦	全	殘存，不全	缺	缺	缺
	⿱罒異敦	全	缺	缺	缺	缺
	師毛父敦	全	缺	缺	缺	缺
	孟姜敦	全	缺	缺	缺	缺
	虢姜敦	全	缺	缺	缺	缺
	戠敦	全	缺	缺	缺	缺
	宰辟父敦一	全	缺	缺	缺	缺
	宰辟父敦二	全	缺	缺	缺	殘存，不全
	宰辟父敦三	全	缺	缺	缺	全

（續表）

卷次	器名	黄丕烈舊藏本	傅斯年圖書館藏内閣大庫本	傅斯年圖書館藏袁克文本	社科院考古所藏本	上海圖書館藏本
卷十四	龙敦	全	全	缺	缺	殘存，不全
	郲敦一	全	全	缺	缺	全
	郲敦二	全	殘存，不全	缺	缺	殘存，不全
	郲敦三	全	殘存，不全	缺	缺	殘存，不全
	師𩛥敦	全	缺	缺	缺	殘存，不全
	師毀敦	全	缺	缺	缺	殘存，不全
	牧敦	全	缺	缺	缺	殘存，不全
	敔敦	全	缺	缺	缺	全
卷十五	卷題兩行	缺	缺	缺	缺	缺
	史黎簠一	缺	缺	缺	缺	缺
	史黎簠二	缺	缺	缺	缺	缺
	都子斯簠一	缺	缺	缺	缺	缺
	都子斯簠二	缺	缺	缺	缺	缺
	劉公簠	缺	缺	缺	缺	缺
	太公簠	缺	缺	缺	缺	缺
	叔邦父簠	缺	缺	缺	缺	缺
	張仲簠一	缺	缺	缺	缺	缺
	張仲簠二	缺	缺	缺	缺	缺
	張仲簠三	缺	缺	缺	缺	缺
	張仲簠四	殘存，不全	缺	缺	缺	缺
	師寏父簋一	全	缺	缺	缺	缺
	師寏父簋二	全	缺	缺	缺	缺
	師望簋	全	缺	缺	缺	缺
	京叔簋	全	缺	缺	缺	缺
	叔高父簋	全	缺	缺	缺	缺
	寅簋	全	缺	缺	缺	缺
	單疑生豆	全	缺	缺	缺	缺
	姬寏豆	全	缺	缺	缺	缺

（續表）

卷次	器名	黄丕烈舊藏本	傅斯年圖書館藏内閣大庫本	傅斯年圖書館藏袁克文本	社科院考古所藏本	上海圖書館藏本
卷十五	單從盉	全	缺	缺	缺	缺
	嘉仲盉	全	缺	缺	缺	缺
	伯王盉	全	缺	缺	缺	缺
卷十六	卷題兩行	全	缺	缺	缺	缺
	伯温父甗	全	缺	缺	缺	缺
	仲西父甗	全	缺	缺	缺	缺
	方寶甗	全	缺	缺	缺	缺
	仲信父方甗	全	缺	缺	缺	缺
	父乙甗	全	缺	缺	缺	缺
	慧季鬲	全	缺	缺	缺	缺
	丁父鬲	全	缺	缺	缺	缺
	伯鬲	全	缺	缺	缺	缺
	帛女鬲	全	缺	缺	缺	缺
	師鬲	全	缺	缺	缺	缺
	虢叔鬲一	全	缺	缺	缺	缺
	虢叔鬲二	全	缺	缺	缺	缺
	聿遠鬲	全	缺	缺	缺	缺
	亦鬲	全	缺	缺	缺	缺
	蔑敖鬲	全	缺	缺	缺	缺
	仲父鬲	全	缺	缺	缺	缺
	京姜鬲	全	缺	缺	缺	缺
	仲斯鬲	全	缺	缺	缺	缺
	某父鬲	全	缺	缺	缺	缺
	諸旅鬲	全	缺	缺	缺	缺
	史孫槃	全	缺	缺	缺	缺
	封比干墓銅槃	全	缺	缺	缺	缺
	魯正叔槃	全	缺	缺	缺	缺
	邛仲槃	全	缺	缺	缺	缺
	齊侯槃一	全	缺	缺	缺	缺
	齊侯槃二	全	缺	缺	缺	缺

（續表）

卷次	器名	黄丕烈舊藏本	傅斯年圖書館藏內閣大庫本	傅斯年圖書館藏袁克文本	社科院考古所藏本	上海圖書館藏本
卷十六	冀師盤	全	缺	缺	缺	缺
	伯索盂	全	缺	缺	缺	缺
	邛仲盦	全	缺	缺	缺	缺
卷十七	題名兩行	缺	缺	缺	缺	缺
	平陸戈	缺	缺	殘存，不全	缺	缺
	鳳棲鐸	缺	缺	全	缺	缺
	岐陽石鼓一	缺	缺	全	缺	缺
	岐陽石鼓二	缺	缺	全	缺	殘存，不全
	岐陽石鼓三	缺	缺	全	缺	缺
	岐陽石鼓四	缺	缺	全	缺	缺
	岐陽石鼓五	缺	缺	全	缺	缺
	岐陽石鼓六	缺	缺	全	缺	缺
	岐陽石鼓七	缺	缺	全	缺	缺
	岐陽石鼓八	缺	缺	全	缺	缺
	岐陽石鼓九	缺	缺	全	缺	缺
	岐陽石鼓十	缺	缺	全	缺	缺
	琥	缺	缺	全	缺	缺
卷十八	題名兩行	缺	缺	缺	全	缺
	璽一	缺	缺	缺	全	缺
	璽二	缺	缺	缺	全	缺
	璽三	缺	缺	缺	全	缺
	權	缺	缺	缺	全	缺
	平陽斤	缺	缺	缺	全	缺
	周陽侯鐘	缺	缺	缺	全	缺
	谷口甬	缺	缺	缺	全	殘存，不全
	武安侯鈁	缺	缺	缺	全	全
	李氏鼎	缺	缺	缺	全	全
	鮑氏鼎	缺	缺	缺	全	全
	汾陰侯鼎	缺	缺	缺	全	全

（續表）

卷次	器名	黄丕烈舊藏本	傅斯年圖書館藏內閣大庫本	傅斯年圖書館藏袁克文本	社科院考古所藏本	上海圖書館藏本
卷十八	定陶鼎	缺	缺	缺	全	全
	汾陰宮鼎	缺	缺	缺	全	全
	孝成鼎	缺	缺	缺	全	全
	好畤鼎	缺	缺	缺	全	全
	上林鼎	缺	缺	缺	全	全
	侈耳鬲	缺	缺	缺	全	缺
	高奴鬲	缺	缺	缺	全	缺
卷十九	題名兩行	全	缺	缺	缺	缺
	齊安鑪	全	缺	缺	缺	缺
	蓮勺鑪	全	缺	缺	缺	缺
	博山鑪	全	缺	缺	缺	缺
	丞相府漏壺	全	缺	缺	缺	缺
	太官壺	全	缺	缺	缺	缺
	綏和壺	全	缺	缺	缺	缺
	建光卮	全	缺	缺	缺	缺
	律管	全	缺	缺	缺	缺
	注水匜	全	缺	缺	缺	缺
	陽嘉洗	全	缺	缺	缺	缺
	長宜子孫洗	全	缺	缺	缺	缺
	宜子孫洗	全	缺	缺	缺	缺
	雙魚四錢大洗	全	缺	缺	缺	缺
	平周鉦	全	缺	缺	缺	缺
卷二十	題名兩行	全	缺	缺	缺	全
	林華觀行鐙	全	缺	缺	缺	全
	上林榮宮鐙	全	缺	缺	缺	全
	首山宮鐙	全	缺	缺	缺	全
	甘泉上林宮行鐙	全	缺	缺	缺	殘存，不全
	甘泉內者鐙	全	缺	缺	缺	缺

（續表）

卷次	器名	黄丕烈舊藏本	傅斯年圖書館藏內閣大庫本	傅斯年圖書館藏袁克文本	社科院考古所藏本	上海圖書館藏本
卷二十	龍虎鹿盧鐙	全	缺	缺	缺	缺
	耿氏鐙	全	缺	缺	缺	缺
	虹燭錠	全	缺	缺	缺	缺
	車宫承燭槃	全	缺	缺	缺	缺
	周陽侯甗	全	缺	缺	缺	缺
	館陶釜	全	缺	缺	缺	缺
	軹家釜	全	缺	缺	缺	缺
	軹家甑	全	缺	缺	缺	缺
	梁山鋗	全	缺	缺	缺	缺
	書言府弩機	全	缺	缺	缺	缺
	宋人牌記十行	全	缺	缺	缺	缺

附二　石本與木刻本、抄本器名順序之比較

卷次	石本	木刻本、抄本
卷十	王子吴鼎	同
	文王命癘鼎	同
	大夫始鼎	癸亥父己鬲鼎
	癸亥父己鬲鼎	大夫始鼎
	南宫中鼎一	同
	南宫中鼎二	同
	南宫中鼎三	同
	季娟鼎	同
	公緘鼎	同

（續表）

卷次	石本	木刻本、抄本
卷十	師秦宫鼎	同
	伯碩父鼎	同
	史頙父鼎	同
	微欒鼎	同
	伯姬鼎	同
	晉姜鼎	同
	穆公鼎	同
卷十五	張仲簠四	同
	師寏父簋一	同
	師寏父簋二	同
	師望簋	京叔簋
	京叔簋	師望簋
	叔高父簋	同
	寅簋	同
	單疑生豆	同
	姬寏豆	同
	單從盨	同
	嘉仲盨	伯王盨
	伯王盨	嘉仲盨
卷十六	伯温父甗	同
	仲酉父甗	同
	方寶甗	同
	仲信父方甗	同
	父乙甗	同
	慧季鬲	同
	丁父鬲	同
	伯鬲	同
	帛女鬲	同
	師鬲	同
	虢叔鬲一	同

（續表）

卷次	石本	木刻本、抄本
卷十六	虢叔鬲二	同
	聿遠鬲	同
	亦鬲	同
	蔑敖鬲	同
	仲父鬲	同
	京姜鬲	同
	仲斯鬲	某父鬲
	某父鬲	諸旅鬲
	諸旅鬲	仲斯鬲
	史孫槃	同
	封比干墓銅槃	同
	魯正叔槃	同
	邛仲槃	同
	齊侯槃一	同
	齊侯槃二	同
	冀師盤	同
	伯索盂	同
	邛仲奩	同
卷十九	齊安鑪	同
	蓮勺鑪	同
	博山鑪	同
	丞相府漏壺	同
	太官壺	同
	綏和壺	同
	建光卮	同
	律管	同
	注水匜	陽嘉洗
	陽嘉洗	長宜子孫洗
	長宜子孫洗	宜子孫洗
	宜子孫洗	雙魚四錢大洗

（續表）

卷次	石本	木刻本、抄本
卷十九	雙魚四錢大洗	平周鉦
	平周鉦	注水匜
卷二十	林華觀行鐙	上林榮宮鐙
	上林榮宮鐙	首山宮鐙
	首山宮鐙	甘泉上林宮行鐙
	甘泉上林宮行鐙	林華觀行鐙
	甘泉內者鐙	同
	龍虎鹿盧鐙	同
	耿氏鐙	同
	虹燭錠	同
	車宮承燭槃	同
	周陽侯甗	同
	館陶釜	軹家釜
	軹家釜	館陶釜
	軹家甑	同
	梁山鋗	同
	書言府弩機	同